普行法師全集 2

法華經易解

為示眾生佛之知見故，出現於世；
欲令眾生悟佛知見故，出現於世；
欲令眾生入佛知見故，出現於世

普行法師◆著

鄭　序

夫揚正教之眞傳，啓羣生之正信，語言宣說，最爲方便。是以：不二詶默，會於義空之門；一音振辯，應乎羣有之境。惟是，經筵宏張，上智與下愚同席；法幢樹處，鈍根共利器齊來。淺談則大心者鄙近；深入則小機者未達。且語言限於時空，難垂久遠，故欲機過而不遺，神會而不昧者，其惟文字乎？

法華經者，具稱「妙法蓮華經」，在佛法入華後三百餘載，始流通吾國，西晋時，竺法護尊者翻爲正法華，洎乎羅什三藏重譯，始爲今名—妙法蓮華經。在七種立名中屬於「法喻」之經。此經自入吾國，我祖天臺，謁南岳大師之時，妙得靈山同聽憶識，遂修法華三昧，位居五品，建一家大宗—天臺宗。計自漢至唐六百餘載，總歷羣籍四千餘軸，受持之盛，無逾於此。宋眞宗祥符三年《一〇一〇》，有張佛子者名慶，開封右軍巡院之獄吏也，好看此經，每有重囚就戮，則爲齋素持誦一月乃止。明太宗文皇帝曾爲本經御製序文，其爲朝野所欽崇，蓋可知矣。

日本於推古天皇八年《六〇〇》，遣使泛海來華，求傳此經，時值聖德太子攝政，曾講之於宮中，並作註疏，傳入吾國，日人曾誇稱「日本文化反輸入」。繼於聖武天皇天平十三年《七四一》，詔全國尼寺，必備此經十部，稱之爲法華滅罪寺，及入唐留學僧最澄返國《西元八。五》，亦依之以創天臺宗，今比叡山爲其發祥地焉。其後日蓮上人睹國難空前，曾云：「唯一拯救之道，除採用法華經以破邪外，別無良徑。」迨仁明（深草）天皇亦於承和三年《八三六》，詔諸國神社，讀法華經一部，必期靈驗。此本經東渡扶桑後之盛況也。

考中、日兩國過去之所以傾心崇信者，良以此經：以實相爲體，以一乘因果爲宗，以斷疑生信爲用，以無上醍醐爲教相。權爲實施，因實妙之融權；顯實有權，不廢權而唯實。以說在第五時，暢釋尊一代教化之本懷，爲最後之極說。於化儀，爲非頓、非漸、非秘密、非不定，但屬圓教，謂純圓獨妙也。故未達斯經，則佛法有一乘乃至五乘等凡聖、小大、偏圓、麤妙之別；一入斯經，則瓶盤釵釧，舉體皆金，而江河淮漢，咸滙於海，蓋斯經之妙，非建妙以揀麤，乃無麤而不妙也。

惟是，震旦乾竺，相去絕遠，梵語華言，重譯或殊，況屢遭斥滅之禍，生乎其後者，必蒐羅墜逸，徧觀會通，然後能定是非之眞。況自日本法華宗師，先有盲從龍女成佛，仍屬女身之誤，而近來復有附麗法華宗之創價學會，曲說阿私，佛頭著糞，謏聞之士，苟獲其一偏，遂執爲確然之論，斯亦過矣。嗚乎！闢邪說之膠固，伸正議於千載之下，不有辭章，學者將何所從哉！

普行法師者，沉慮四禪，凝心三藏，業行淸高，智道崇峙，常以弘化爲務，先後著有「金剛經探微述要」「成唯識論研習」等書，其所撰述，莫不博識洽聞，廣宣祕奧。今復著「法華經易解」，乘深達眞理之慧，運切符實事之思，施宜雅宜俗之文，作契時契機之釋。將付剞劂，索序不才，快鴻篇之先睹，爰抒懷於簡耑。

中華民國六十四年觀世音菩薩聖誕佛弟子鄭壽彭敬序於卜居之雙修樓

自序

行陰遷流，剎那不住，纔一彈指，不覺物換星移，已三易寒暑矣。我這軸教學草案——妙法蓮華經易解，總算隨着寫寫講講，講講寫寫的進度，圓滿結束了。照例得說幾句卷頭語，來敍述敍述，這椿夢裏佛事的幻起因緣。

多年前，有不少慕道之士，紛紛來函問難，概略彙為三案：一、三藏經典，汗牛充棟，淵博浩瀚，學人究應從那部入手？二、佛教，自佛滅度後，諸賢聖師，即裂教分宗，各樹一幟，乾竺已然，中土尤甚。後之學者，必仰承誰家法統，方能掌握筌罤的總綱，而獲得魚兎？三、佛教動輒講了生死，然在生死未了之前的現實問題，如：一般的天災人禍，刀兵疫癘，乃至舉世惶惶，視為末世將臨的核戰危機！不知佛教有沒有解決之道？

慚愧！我未得無礙智辯，對以上這一連串的問難，竟提不出一句，假使易地而處，我自己認為是最滿意的答案。那就只有期待於未來了。總想有一天，能把至理一極的妙法蓮華經，不妨徹法源底的作一簡易註解，假聖言量，來酬答此等問難，兼為入道之士，窮研佛理的一助。

良以本經三周說法，開權顯實，會三歸一，三草二木，無機不攝。若受持此經，便能感得二聖、二天、十羅刹女，說咒守護；又能感得普賢菩薩，乘六牙白象，現身說法；又能感得佛以手摩其頭，衣覆其體。因此，學人應從這部法華經入手，較爲妥當。這不就是對第一案的酬答嗎？

所謂裂教分宗，不過是諸賢聖師，各據其所尊的教乘，發揮精義，樹立一家風儀，師資相承，應緣化物而已。惟本經，分別於安樂行品等，兼明禪、律；於藥王本事品等，兼明淨土；於陀羅尼品，專說密咒；而統攝於諸法實相的十如是。所以台家尊本經爲圓教，依十如妙理，發爲一念三千，性具染淨的極談，一切法無不盡萃於是。因此，後之學者，要想於無邊佛法，如登高臨下，一覽無餘的話，捨台宗法華其誰？這不就是對第二案的酬答嗎？

三界諸有，老病死等的一切苦果，無不起因於貪、瞋、癡，這三毒的根本煩惱。佛在本經普門品裏，教人一心持念觀世音菩薩名號；菩薩便如枹鼓似的，感應迅疾，以神力加被持名衆生，使之免七難，離三毒，苦因苦果，一時俱寂。這不就是對第三案的酬答嗎？

果然願無虛發，逮六十一年春，應寺衆所請，宣講法華，權衡衆機，不得不先將名句分解剖析；再將經文翻成語體。這樣進度雖緩，却已收到了奇效。無何，聽衆又請先將講稿陸續交菩提樹雜誌，分期連載，俾便研讀；圓滿後，再出版流通，廣度有緣。

衲障重根鈍，幸蒙三寶加被，歷時三載，終於達成了這一願望。或問：是亦遠承金河顧命，行普賢之行歟？曰：忝屬佛子，不爾何爲？此序。

中華民國六十四年三月釋普行於臺灣田中鼓山寺

凡例

一、本著、爲適應時代機緣，使學人易於領解起見；除將必須解釋的名句，逐一解釋外，並將經文譯爲語體，使之通俗，庶免扞格。

二、爲縮減篇幅，避免煩瑣計；在前面已經解釋過的同一名相，到後面就不再爲解釋了。又、凡無關宏旨的名相（如三十二相等），但釋其總相的要義，而不一一釋其別相。

三、語譯經文，尤其是偈頌；但求達義，不拘體制。故開、合不定，損、益並用；甚或非將前後句倒置不可者，亦在所難免。

妙法蓮華經易解目錄

甲　釋名題……一
乙　述譯傳……七
丙　解正文……八—六四四
序品第一……八
方便品第二……五七
譬喻品第三……一〇六
信解品第四……一七二
藥草喻品第五……二一七
授記品第六……二三九
化城喻品第七……二五五
五百弟子受記品第八……三〇六
授學無學人記品第九……三二五

法師品第十……三三四
見寶塔品第十一……三五二
提婆達多品第十二……三七一
持品第十三……三八五
安樂行品第十四……三九四
從地涌出品第十五……四二二
如來壽量品第十六……四四二
分別功德品第十七……四六一
隨喜功德品第十八……四八一
法師功德品第十九……四九一
常不輕菩薩品第二十……五一三
如來神力品第二十一……五二五
囑累品第二十二……五三三
藥王菩薩本事品第二十三……五三七
妙音菩薩品第二十四……五五八

觀世音菩薩普門品第二十五……五七六
陀羅尼品第二十六……六〇八
妙莊嚴王本事品第二十七……六一八
普賢菩薩勸發品第二十八……六三二

妙法蓮華經易解

甲、釋名題

台家釋經，例於文前將一經所詮的幽玄義理，分爲五重緒論：1釋名、2辨體、3明宗、4論用、5判教。名爲「五重玄義」。今但釋名，餘四不論。

「妙法蓮華經」，是本經的名題。妙法本無可名，爲使學人顧名思義而入妙悟、起妙行、得妙果，如玄義所謂：「尋途趣遠，而至於極」故，强立名題。題分通、別，今先釋別題，次釋通題，再次總釋。

一、別　題

「妙法蓮華」四字，叫做別題，因爲是本經特立的名稱，不同於他經之故。衆經立名，雖各別不同，然據古德所判，不外三義總括九種的原則。

一、以一義立者有五：1單以人立，如「佛說阿彌陀」等；2單以法立，如「大涅槃」

等；3單以喩立，如「金光明」等；4單以處立，如「楞伽」等；5單以時立，如「時非時」等。

二、以二義立者有三：1合人、法立，如「維摩詰不思議解脫」等；2合人、喩立，如「如來師子吼」等；3合法、喩立，如「金剛般若波羅密」等。

三、以三義立者有一：合人、法、喩立，如「大方廣佛華嚴」等。

本經名題，是合法、喩二義而立的。「妙法」爲法，「蓮華」爲喩。今依次釋之如下：

妙法—梵語「薩」，此翻爲「妙」，含有不可思議，及精微深遠之義。梵語「達摩」，此翻爲「法」，義謂「通於一切」。卽宇宙萬有，無論有形無形，情與非情，生滅與不生滅等，都叫做「法」。唯識家釋法爲「軌持」：軌爲「軌範」，可生物解，例如循著「五位百法」的軌範，可以生起對心法乃至無爲法等意義的了解；持爲「任持」，不捨自相，例如動植各物，都能維持其體相，不與他體混亂。但本經所謂的妙法，南嶽大師略擧：衆生法、佛法、心法三種。

一、衆生法妙：衆生不了眞如法一，起無明妄惑，造有漏諸業，感生死苦報，這惑、業、苦三道，就叫做「衆生法」。然此衆生法中，却覆藏著有他從不改變，曾未覺了的本具佛性，一旦遇佛法因緣，便能悟入佛之知見，覺所未覺而還其本來。如經云：「爲示衆生佛之知見故，出現於世；欲令衆生悟佛知見故，出現於世；欲令衆生入佛知見故，出現於世」。所以說是衆生法妙。

二、佛法妙：佛的妙法，廣說無量，約說不過有三：1所得法妙，如經云：「無漏不思議，甚深微妙法，我今已具得」。2所知法妙，如經云：「如是大果報，種種性相義，我及十方佛，乃能知是事」。3所說法妙，如經云：「無量衆所尊，爲說實相印」。這三法，如其次第卽：理法聚、智法聚、功德法聚的法、報、應三身，一一皆妙，赅盡佛法無遺。所以說是佛法妙。

三、心法妙：萬法唯心，心生萬法，一心總爲十界迷悟之所依：迷則是心是衆生；悟則是心是佛；迷則分別凡聖，十界緣起，事理乖謬；悟則凡聖都非，緣起性空，卽事卽理，事理融通，自在無礙。所以經云：「諸佛解脫，當於衆生心行中求」。所以說是心法妙。

據此、心爲佛及衆生之總，佛及衆生爲心之別；總者總其別，別者別其總；如是心、佛、衆生，互攝互融，實無差別，所以叫做「妙法」。此外，妙法之所以爲妙，尚有如下二義：

一、相待妙：對粗說妙，叫做相待。如法華義疏，以今日法華的妙因妙果，與昔日諸教的粗因粗果相待爲論。法華玄義，以今日法華滿字之妙，與昔日鹿苑半字之粗相待爲論。他如，常待無常，無漏待漏，例此可知。這就叫做相待妙。

二、絕待妙：非對粗說妙，叫做絕待。爲實施權，開權顯實，權實相卽；從本垂迹，開迹顯本，本迹不離。如是泯三歸一，泯迹歸本，佛法界外，更無他法與之相對，無可名妙，强名絕待。因此，古德解釋妙法：或說妙法爲「非三非一，非大非小」；或說妙法爲「圓融三諦」；或說妙法爲「十如權實」。然而，妙法雖橫說、竪說、塵說、刹說，終非言說之所能及。所以經云：「是法不可示，言辭相寂滅」。這就叫做絕待妙。

蓮華—梵語「芬陀利」，此翻爲蓮華，在本經題裏，是個喩詞。妙法難解，言語道斷，利根上士，可以不假譬喩，卽名解理；中下根人，須從喩解。因此、不得不假易解的蓮華，來喩明難解的妙法了。

問：經中尙有七喩，何以獨取蓮華爲喩？答：經家判本經前十四品，在教理上開權顯實，叫做「迹門」；後十四品，在佛身上開迹顯本，叫做「本門」。經中雖尙有七喩，然火宅、窮子、藥草、化城、繫珠、輪王六喩，只能喩迹門的開權顯實；良醫一喩，只能喩本門的開迹顯本。都不能如蓮華一樣，可以通喩一期的開顯，所以獨取蓮華爲喩。試釋之如下：

一、爲蓮故華，喩迹門的爲實施權：佛自成道以來，四十餘年所說的三乘教法，無非爲說一乘實法的機緣未至，權宜一時的方便施爲。所以經云：「知第一寂滅，以方便力故，雖示種種道，其實爲佛乘」。這好像蓮爲結實而開華一樣。

又喻本門的從本垂迹：佛自王宮誕生，至鶴樹入滅，八相成道之身，並非眞實；不過從久遠所成的法身，爲度衆生，一時垂迹而已。所以經云：「我實成佛已來，久遠若斯，但以方便敎化衆生，令入佛道」。這也好像蓮爲結實而開華一樣。

二、華開蓮現，喻迹門的開權顯實：三乘法雖爲一乘實法所施的權方便，權中有實，實不離權；然在法華會的機緣未至已前，學人但見三乘，而不能卽三見一，及至法華會上，佛爲開示：「如來但以一佛乘故，爲衆生說法，無有餘乘，若二若三」已後，才恍然大悟。所以舍利弗說：「我聞是法音，得所未曾有，心懷大歡喜，疑網皆已除，昔來蒙佛敎，不失於大乘」。這好像蓮實隱在華中，華開才現出一樣。

又喻本門的開迹顯本：今佛化身，雖是從本地的法身所垂迹；然在法華會前，衆生但見垂迹的化佛，而不見法身佛。所以佛爲開示的說：「皆謂今釋迦牟尼佛，出釋氏宮，去伽耶城不遠，坐道場得阿耨多羅三藐三菩提；然善男子，我實成佛已來，無量無邊百千萬億那由他劫」。這也好像蓮在華中，華開蓮現一樣。

三、華落蓮成，喻迹門的廢權立實：既已開權顯實，便應卽權見實，歸無上道，名謂廢權立實。所以經云：「正直捨方便，但說無上道」。這好像蓮華開已凋謝，只有成熟的蓮實可資收穫一樣。

又喻本門的廢迹立本：既已開迹顯本，便應泯迹歸本，名謂廢立。所以經云：「爾來無量劫，爲度衆生故，方便現涅槃，而實不滅度」。這也彷彿像華落蓮成。

問：水陸草木之花甚多，何以獨取蓮華來譬喻妙法呢？答：他花雖多，或非出於污泥濁水；或雖出於污泥濁水而不鮮潔；或狂花無果；或先花後果。都不如蓮華具有與妙法相似的意義，所以除取之以喻一期開顯外，尚有如下三喻：

一、蓮華雖出於污泥濁水，而不爲污濁所染；雖不爲污濁所染，却又不離於污濁。這好像妙法迥超有、空，非有非空；不離有、空，即有即空的圓融中道一樣。

二、蓮華不有則已，有則華果同時。這好像妙法不說則已，說則因果雙舉一樣。

三、蓮華微妙鮮潔，爲羣花第一。這也和一乘爲五乘的第一相似。

二、通　題

經—梵語「修多羅」，此翻爲「經」。因爲是一切經的通稱，所以叫做通題。經字的本義，按修多羅的解釋爲「線」，由線的功用，引申爲：貫串、攝持、契合三義。就是說：能貫串佛語，攝持不失，上契佛心，下契衆機的就叫做「經」。若按我國「經」字的解釋，較修多羅的含義尤爲深廣，玆略擧四義如下：1縱貫——如布帛的橫線爲「緯」，縱貫橫線的直線爲「經」。這已該攝了修多羅的含義無遺。2聖言——凡是聖人所說的言教，都叫做「經」。如佛家的大藏經，儒家的十三經等。3常——凡是常不改易的道理和法度，都叫做「經」。如本經說：「是法住法位，世間相常住」。4歷——凡屬親身閱歷，實際證到的事物之理，都叫做「經」。如本經說：「自證無上道，大乘平等法」。如是四義具足，通名爲「經」。

三、總釋全題

妙法蓮華經——妙法爲「所詮」；經爲「能詮」；蓮華爲「喻」。因爲本經所詮的妙法，離言絕思，義趣難解，所謂「我法妙難思」；故特假易知的蓮華爲喻，來顯示妙法之妙，所以叫做「妙法蓮華經」。

乙、述譯傳

本經由印度傳入中國，約有三譯：第一次，是燉煌沙門竺法護，於西晉惠帝永康年間（公元三〇〇年），在長安青門譯出二十八品，名正法華。第二次，是龜玆國（卽今新疆之庫倫）沙門鳩摩羅什，於東晉安帝義熙年間（公元三九七年），在長安西明園譯出二十七品（缺提婆達多品，後由眞諦譯出，安於寶塔品後），名妙法蓮華。第三次，是北天竺沙門闍那崛多及達磨笈多二師，於隋文帝仁壽年間（公元六〇一年），在長安大興善寺譯出二十八品，亦名妙法蓮華。

本經雖有三譯，然爲世所尊尙而普徧弘揚的，唯是什公的譯本。因爲什公譯經，是採取意譯的方式，義旣信實，辭亦暢達，遠非其他拘於梵文文法的直譯可比。至於什公所譯，何以缺提婆一品？這問題，雖自古議論紛紜，莫衷一是；然如無此品梗塞於塔、持二品之間，則文義啣接流暢，是無可否認的。可見世稱什公爲七佛以來，譯經第一，並非無因。

丙、解正文

序品第一

「序」，是序述；「品」，是章段的別名。結經者將全經義類分爲二十八段，第一段是序述法會緣起，所以名爲序品第一。

如是我聞

【註解】這是阿難尊者，承佛遺命，冠於一切經首的一句話。「如是」——是指佛所說之法爲眞實如理。「我」——是阿難隨俗自稱。「聞」——是聽聞。

【語譯】這眞實如理的妙法蓮華經，是我阿難親自聽佛說的。

一時佛住王舍城，耆闍崛山中。

【註解】「一時」——是說經的時候。「佛」——是梵語佛陀的略稱，翻成我們中國的話，叫做「覺者」。覺有二義：1覺察煩惱；2覺悟性相。又有三義：1自覺，簡非凡夫；2覺他，簡非二乘；3覺行窮滿，簡非菩薩。亦卽所謂的「無上正等正覺」。「王舍城」——是中印度摩伽陀國的京都城名。「耆闍崛山」——翻爲靈鷲山。因此山形似鷲，又爲聖者所居，故名靈鷲。

【語譯】佛說這經的時候，是住在中印度摩伽陀國王舍城外的靈鷲山裏。

與大比丘衆萬二千人俱，皆是阿羅漢，諸漏已盡，無復煩惱，逮得己利，盡諸有結，心得自在

【註解】「大比丘衆」——大，是讚美之詞。比丘，具有三義：1破惡，卽以戒、定、慧三學，破除身、口七支，及三界見思之惡；2怖魔，卽出家，發大心、證大果，皆爲魔所驚怖；3乞士，即乞法以資慧命，乞食以養色身之士。衆，是利和同均、身和同住、口和無諍、意和同悅的和合僧。

「阿羅漢」——具有三義：1殺賊，即滅殺劫奪慧命的煩惱賊；2應供，即應受人天供養；3無生，即永入涅槃不再受生死果報。

「諸漏已盡」——漏，是煩惱的異名，他能把有情從六根門，漏到生死苦海。斷盡三界煩惱，叫做「諸漏已盡」。

「盡諸有結」——有，是三界的異名，有情被三界生死所繫縛，不得解脫，叫做「有結」，解脫了三界生死的繫縛，叫做「盡諸有結」。

【語譯】同佛住在一起的，還有大比丘衆一萬二千人，他們都是阿羅漢，諸漏已盡，不復更生煩惱，雖未能利他，却已得到了自利——出離三界，游心空寂，而自在解脫。

其名曰：阿若憍陳如、摩訶迦葉、優樓頻螺迦葉、伽耶迦葉、那提迦葉、舍利弗、大目犍連、摩訶迦旃延、阿㝹樓駄、劫賓那、憍梵波提、離婆多、畢陵伽婆蹉、薄拘羅、摩訶拘絺羅、難陀、孫陀羅難陀、富樓那彌多羅尼子、須菩提、阿難、羅睺羅、如是衆所知識，大阿羅漢等。

【註解】阿若憍陳如——翻爲「解本際」。是佛在鹿野苑初轉法輪時，首先得度的五比丘之一。

摩訶迦葉——此翻摩訶爲「大」，迦葉爲「飲光」。乃婆羅門種之一姓。名叫「畢波羅」。因其修頭陀大行，故稱爲大；因其身光甚强，能飲吞他光，故姓飲光；因其父母禱於畢波羅樹神而生，故名「畢波羅」。

優樓頻螺迦葉——此翻優樓頻螺爲「木瓜林」。因其住近此林，故取以爲名。

伽耶迦葉——昔爲事火外道，率徒住伽耶城內，故以伽耶爲名，歸佛後仍名「伽耶」。

那提迦葉——因在那提河邊得道，故取河名爲名。

舍利弗——舍利，是其母名。此翻舍利爲「身」，弗爲「子」。因其是舍利之子，故名「舍利弗」，或「舍利子」，或「身子」。

大目犍連——此翻「大採菽」。因其先人以採菽爲生，故姓「採菽」；因其有大神通，故稱爲「大」；又因其母禱於尼拘律陀樹神而生，故名「尼拘律陀」。

摩訶迦旃延——此翻「扇繩」。因其幼年喪父，母子相依，如繩繫扇，故名「扇繩」。

阿㝹樓馱——此翻「無貧」。因其於過去世，曾以稗飯施辟支佛，感九十一刧不受貧困，故名「無貧」。

刧賓那——此翻「房宿」。因父母禱於房宿星而生，故名「房宿」。

憍梵波提——此翻「牛呞」。因其前世爲牛，宿習未改，食畢轉嚼，作牛呞狀，故名「牛呞」。

離婆多——此翻「假和合」。因其曾遇二鬼爭屍，隨悟人身爲假和合，而出家得道。

畢陵伽婆蹉——此翻「餘習」。因過去五百世爲婆羅門，憍慢習染，至今猶存，故名「餘習」。

薄拘羅——此翻「善容」。因其容貌端正故名。

摩訶拘絺羅——此翻「大膝」。因膝骨高大，故名「大膝」。

難陀——此翻爲「喜」。本牧牛人，因以牧牛事問佛，知佛具一切種智，隨喜出家，故名爲「喜」。

孫陀羅難陀——孫陀羅，是其妻名，因喜愛其妻，故名「孫陀羅難陀」。是佛最小的胞弟。

富樓那彌多羅尼子——父名「富樓那」，此翻爲「滿」；母名「彌多羅尼」，此翻爲「慈」；因其是滿慈之子，故名「滿慈子」。

須菩提——此翻「空生」。因善解空理，爲空而生，故名「空生」。

阿難——此翻「慶喜」。是佛的堂弟，因其生時，正値佛成道日，擧國大慶，故名「慶喜」。

羅睺羅——此翻「覆障」。是佛出家時之遺腹子。以過去世曾塞鼠穴六日之因，感今生處胎六年之報，故名「覆障」。

【語譯】在一萬二千人中，略舉二十一位，以概其餘。他們的名字叫做：阿若憍陳如、摩訶迦葉、優樓頻螺迦葉、伽耶迦葉、那提迦葉、舍利弗、大目犍連、摩訶迦旃延、阿㝹樓䭾、劫賓那、憍梵波提、離婆多、畢陵伽婆蹉、薄拘羅、摩訶拘絺羅、難陀、孫陀羅難陀、富樓那彌多羅尼子、須菩提、阿難、羅睺羅。如是等一萬二千人，都是德高名重，衆所知識的大阿羅漢。雖阿難和羅睺羅，尚在有學，却是衆所知識，故亦入列。

復有學無學二千人。

【註解】「有學無學」——但斷見惑及欲界思惑的初、二、三果，叫做「有學」。斷盡三界見思的四果阿羅漢，叫做「無學」。

【語譯】其次還有非衆所知的有學、無學二千人。

摩訶波闍波提比丘尼，與眷屬六千人俱。羅睺羅母耶輸陀羅比丘尼，亦與眷屬俱。

【註解】摩訶波闍波提——此翻「大愛道」，是佛的姨母。「尼」——是女人的通稱。耶輸陀羅——此翻「華色」。

【語譯】其次還有摩訶波闍婆提比丘尼，和他所屬的法眷六千人同在；羅睺羅的母親耶輸陀羅比丘尼，也和他的法眷同在。

菩薩摩訶薩八萬人。皆於阿耨多羅三藐三菩提不退轉。皆得陀羅尼樂說辯才，轉不退轉法輪。供養無量百千諸佛，於諸佛所，植衆德本，常爲諸佛之所稱歎，以慈修身，善入佛慧，通達大智，到於彼岸，名稱普聞無量世界，能度無數百千衆生。

【註解】「菩薩摩訶薩」——是菩提薩埵摩訶菩提薩埵之略。此翻菩提爲「覺」，薩埵爲「有情」，摩訶爲「大」，合爲「覺有情大覺有情」因爲但說覺有情，亦通二乘，所以又說大覺有情，以示區別。意謂：這覺有情，是具大智、修大行、求大果的覺有情。

「阿耨多羅三藐三菩提」——是佛的智慧。此翻阿爲「無」；耨多羅爲「上」；三爲「正」；藐爲「等」，合爲「無上正等正覺」。凡夫執有，迷於生死而不覺；外道邪見，不解眞理，覺而不正；二乘證但空理，生死自了，其覺雖正而不等；菩薩空有不著，自利利他，雖正等正覺，而覺行未滿，還不能稱爲無上；唯佛覺行圓滿，無以爲上，所以稱爲「無上正等正覺」。

「不退轉」——菩薩於無上覺修得的位次、利他的大行、正念的中道，永不退失，叫做不退轉。

「陀羅尼樂說辯才」——此翻陀羅尼為「總持」，即總一切法，持無量義之謂。樂說辯才，即「樂說無礙」、「言詞無礙」。合為法、義、詞、樂說的四無礙解。

「轉不退轉法輪」——菩薩說法，圓融無礙，叫做轉法輪；法輪常轉，叫做不退。

【語譯】其次還有菩薩摩訶薩八萬人，都於阿耨多羅三藐三菩提，永不退轉。又都得到了總持一切法義，及樂說辯才的四無礙解，轉不退法輪。為什麼能夠這樣？因為菩薩曾於往昔供養過無量百千諸佛，在諸佛座下，萬行具足，深深的種植了能生菩提的衆德之本，常為諸佛所稱讚，說菩薩能以無緣大慈，修無生示生的六道之身，善入佛慧，通達大智，到二死永寂的菩提彼岸。因此菩薩的名稱，普遍的遠聞於無量世界，能度無數百千衆生。

其名曰：文殊師利菩薩、觀世音菩薩、得大勢至菩薩、常精進菩薩、不休息菩薩、寶掌菩薩、藥王菩薩、勇施菩薩、寶月菩薩、月光菩薩、滿月菩薩、大力菩薩、無量力菩薩、越三界菩薩、䟦陀婆羅菩薩、彌勒菩薩、寶積菩薩、導師菩薩，如是等菩薩摩訶薩八萬人俱。

【註解】「文殊師利」——此翻「妙德」。思益經云：『雖說諸法而不起法相，不起非法相，故名「妙德」。』

「觀世音」——寶藏佛云：『汝觀一切衆生，生大慈心，今當字汝為「觀世音」。』

「得大勢至」——思益經云：『我投足處，震動三千大千世界及魔宮殿，故名「大勢至」。』

「常精進」——此菩薩，常於利他之行，精進不退，故名。

「不休息」——此菩薩，勤修梵行，無暇暫歇，故名。

「寶掌」——此菩薩，職掌法寶，爲人宣說，故名。

「藥王」——此菩薩，於過去世，常以醫藥救人病苦，故名。

「勇施」——此菩薩，發心勇猛，大開施門，故名。

「寶月」——此菩薩，智慧光明，如寶如月，故名。

「月光」——此菩薩，慧光如月，能破癡闇，故名。

「滿月」——此菩薩，慧光遍照，圓滿如月，故名。

「大力」——此菩薩，有摧毀三界煩惱及二乘迷倒之力，故名。

「無量力」——此菩薩，無相之力，不可稱量，故名。

「越三界」——此菩薩，慧超生滅，智越三有，故名。

「跋陀婆羅」——此翻善守。能守護三業，使離過非，作利他行，故名。

「彌勒」——此翻「慈氏」。得慈心三昧，故名「慈氏」。或說：菩薩姓「慈」，名「阿夷多」——翻爲「無勝」。

「寶積」——此菩薩，法寶充裕，故名。

「導師」——弘範三界，引導愚萌，悟入佛道，故名「導師菩薩」。

【語譯】在這八萬人中，略舉十八位以概其餘，他們的名字是：文殊師利菩薩、觀世音菩薩、得大勢至菩薩、常精進菩薩、不休息菩薩、寶掌菩薩、藥王菩薩、勇施菩薩、寶月菩薩、月光菩薩、滿月菩薩、大力菩薩、無量力菩薩、越三界菩薩、跋陀婆羅菩薩、彌勒菩薩、寶積菩薩、導師菩薩，像這類的菩薩摩訶薩八萬人，都與佛同在。

爾時釋提桓因與其眷屬二萬天子俱。復有名：月天子、普光天子、寶光天子、四大天王，與其眷屬萬天子俱。自在天子、大自在天子，與其眷屬三萬天子俱。娑婆世界主梵天王—尸棄大梵、光明大梵等，與其眷屬二千天子俱。

【註解】上列菩薩衆竟，此下列天等凡衆。「釋提桓因」——或云「帝釋」，是欲界第二重天的忉利天主。雜阿含云：有一比丘問佛：何故名釋提桓因？佛答：本爲人時，行於頓施，堪能作主，故名釋提桓因。

「月天子」——就是月宮的天子，爲勢至菩薩所化現。問：科學家現已登陸月球，何以不見月天子？答：衆生的業報各別，所見亦異，科學家肉眼所見的月球，與天眼所見的月宮不同，如何能見月天子？

「普光天子」——就是明星天子，位於北辰，爲虛空藏菩薩所化現。

「寶光天子」——就是日天子。爲觀音菩薩所化現。合上月光、普光，名三光天子，爲帝釋的輔臣。

「四大天王」——是欲界第一重天「四天王天」的天主，帝釋的外臣。以須彌山腰爲中心，分住四方，各護下界一洲：東方天王，名治國主，護東勝身洲；南方天王，名增長主，護南閻浮洲；西方天王，名雜語主，護西牛貨洲；北方天王，名多聞主，護北瞿盧洲。所以又名爲護世四天王。

「自在天子」——是欲界第五重天的化樂天主。隨心所欲，化現樂境，故名自在。

「大自在天子」——是欲界第六重他化自在天主。凡所樂境，皆他代化，自不費力，故名大自在。

「娑婆世界主梵天王——尸棄大梵」——娑婆，此翻爲「忍」，其土衆生，安忍煩惱，不肯出離，故名娑婆世界。梵，此翻「離欲」，離欲界繫，上生色界，故名爲梵。梵天王，是娑婆世界主，名叫尸棄大梵。尸棄，此翻爲「火」，因此天王，是修火光定而斷惑的，故名尸棄大梵。屬色界初禪。

「光明大梵」——即少光天、無量光天、光音天等的總稱。因此三天的天人，果報殊勝，身有光明，故名光明大梵。屬色界二禪。

「等」——色界四禪，共十八天，今略舉尸棄、光明以概餘等。

【語譯】此時，欲界的忉利天主釋提桓因，和他的眷屬兩萬天子同在。還有帝釋的輔臣，名叫：月天子、普光天子、寶光天子，以及四大部洲的外護四大天王，和他們的眷屬一萬天子同在；自在天子、大自在天子，和他們的眷屬三萬天子同在。還有統轄大千娑婆世界的天主梵天王——尸棄大梵，及光明大梵等的色界十八梵天，和他們的眷屬一萬二千天子同在。

有八龍王：難陀龍王、跋難陀龍王、娑伽羅龍王、和修吉龍王、德叉迦龍王、阿那婆達多龍王、摩那斯龍王、優鉢羅龍王等，各與若干百千眷屬俱

【註解】「龍」——是鱗蟲之長，能上下於天，幽明變化。「難陀、跋難陀」——譯爲歡喜、賢歡喜，是兄弟二龍，常使甘霖沛潤，人皆歡喜。「娑伽羅」——譯爲鹹海，此龍以住處得名。「和修吉」——譯爲多頭。「德叉迦」——譯爲多舌。「阿那婆達多」——譯爲無熱，此龍住阿耨多池，清涼無熱。「摩那斯」——譯爲慈心，亦名大身。此龍常橫身作堤，以防水患。「優鉢羅」——譯爲蓮花池。此龍亦以住處得名。

【語譯】有八種龍王：一是難陀龍王；二是跋難陀龍王；三是娑伽羅龍王；四是和修吉

龍王；五是德叉迦龍王；六是阿那婆達多龍王；七是摩那斯龍王；八是優鉢羅龍王。此等龍王，各自和他們的若干百千眷屬同在。

有四緊那羅王：法緊那羅王、妙法緊那羅王、大法緊那羅王、持法緊那羅王。各與若干百千眷屬俱。

【註解】「緊那羅」——譯為「歌神」，形貌似人，頭有一角，為帝釋詠讚佛法的歌神。法緊那羅，是詠讚四諦法的。妙法緊那羅，是詠讚十二因緣法的。大法緊那羅，是詠讚六度法的。持法緊那羅，是總讚以上三法的。

【語譯】有四種為帝釋詠讚佛法的歌神緊那羅王：一是讚四諦法的法緊那羅王；二是讚十二因緣法的妙法緊那羅王；三是讚六度法的大法緊那羅王；四是總讚一切法的持法緊那羅王。這四種緊那羅王，也各自和他們的若干百千眷屬同在。

有四乾闥婆王：樂乾闥婆王、樂音乾闥婆王、美乾闥婆王、美音乾闥婆王、各與若干百千眷屬俱。

【註解】「乾闥婆」——譯為「香陰」，因身出闇香故名，為帝釋讚佛的樂神。樂乾闥婆，是無聲的樂神，即緣竿倒擲之技。樂音乾闥婆，是有聲的樂神，如管弦簫笛之類。美乾闥婆，是美妙無聲的樂神。美音乾闥婆，是美妙有聲的樂神。

【語譯】有四種爲帝釋讚佛的樂神乾闥婆王：一是奏無聲之樂的樂乾闥婆王；二是奏有聲之樂的樂音乾闥婆王；三是美妙無聲的美乾闥婆王；四是美妙有聲的美音乾闥婆王。這四種乾闥婆王，也各自和他們的若干百千眷屬同在。

有四阿修羅王：婆稚阿修羅王、佉羅騫駄阿修羅王、毘摩質多羅阿修羅王、羅睺阿修羅王。各與若干百千眷屬俱。

【註解】「阿修羅」——譯爲「無端」，因貌醜好鬪故名。「婆稚」——譯爲「被縛」，此阿修羅，曾被帝釋所縛故名。「佉羅騫駄」——譯爲「廣肩」，此阿修羅，能擔水淤城故名。「毘摩質多羅」——譯爲「響高」，此阿修羅，從所住海水波音得名。「羅睺」——譯爲「覆障」，此阿修羅，能以手障月故名。

【語譯】有四種阿修羅王：一是婆稚阿修羅王；二是佉羅騫駄阿修羅王；三是毘摩質多羅阿修羅王；四是羅睺阿修羅王。這四種阿修羅王，也各自和他們的若干百千眷屬同在。

有四迦樓羅王：大威德迦樓羅王、大身迦樓羅王、大滿迦樓羅王、如意迦樓羅王。各與若干百千眷屬俱。

【註解】「迦樓羅」——譯爲「金翅鳥」。此鳥翅色如金，以食龍爲生。「大威德」——此鳥德勝羣輩，威攝諸龍。「大身」——此鳥展翅三百六十萬里。「大滿」——此鳥食龍大滿其意。「如意」——此鳥頸上有如意珠。

【語譯】有四種迦樓羅王：一是大威德迦樓羅王；二是大身迦樓羅王；三是大滿迦樓羅王；四是如意迦樓羅王。這四種迦樓羅王，也各自和他們的若干百千眷屬同在。

韋提希子阿闍世王，與若干百千眷屬俱。

【註解】「韋提希」——譯為「思惟」。是摩羯陀國頻婆娑羅王的夫人，阿闍世王之母。「阿闍世」——譯為「未生怨」。因其弒父之怨結在生前，故得此名。雖造五逆，未斷善根，故來聽法。

【語譯】韋提希的兒子——阿闍世王，和他的若干百千眷屬同在。

各禮佛足，退坐一面。

【註解】「禮佛足」——禮佛時，仰兩掌與佛足相接，名接足禮。

【語譯】總上四衆八部，都已齊集，各自禮佛足後，退坐一面，待佛說法。

爾時世尊，四衆圍繞，供養恭敬，尊重讚歎！為諸菩薩說大乘經，名無量義，教菩薩法，佛所護念。

【註解】「世尊」——佛為世間所尊仰，故稱佛為世尊。

「四衆圍繞」——四衆，卽出家男、女和在家男、女的總稱。圍繞，是一種禮佛的儀式，卽今所謂的繞佛，譬如衆星之環拱北辰。

「供養」——不但香花並陳叫做供養，亦通三業：1恭敬，是身業供養，如合掌叉手；2尊重，是意業供養，如一心瞻仰；3讚歎，是語業供養，卽讚美稱歎。

「大乘經名無量義」——佛對大機人所說的大法，能乘載行人到大菩提果地，叫做大乘經。此經義趣是無相無不相的「實相」。無相，則萬法歸於一義；無不相，則一義能生萬法。所以名叫無量義。

【語譯】這時候的世尊，受四衆圍繞，供養：恭敬、尊重、讚歎！為諸菩薩們說大乘經，這大乘經名叫「無量義」，是教授菩薩的法門，也是佛所護念不失正觀的要道。

佛說是經已，結跏趺坐，入於無量義處三昧，身心不動。

【註解】「結跏趺坐」——卽兩腿相疊，端身靜坐，為入定的前緣。

「無量義處三昧」——三昧，譯為「正定」。實相能生無量義，所以是無量義的依處；無量義處三昧，卽實相三昧。先說無量義經，是定能生慧，雖寂而照；次入無量義定，是慧能引定，雖照而寂。寂照同時，定慧不二，叫做正定。

【語譯】佛說了這無量義經已罷，便結跏趺而坐，入於無量義處三昧，身心都寂然不動了。

是時雨天曼陀羅華，摩訶曼陀羅華，曼殊沙華，摩訶曼殊沙華，而散佛上，及諸大衆。

【註解】曼陀羅等四華，如其次第譯爲：白圓華、大白圓華、赤圓華、大赤圓華。前二白華，表聲聞、緣覺成佛。後二赤華、表人、天成佛。

【語譯】這時天雨紛紛，降下了曼陀羅華、大曼陀羅華、曼殊沙華、大曼殊沙華，散在佛的上空，及諸大衆之上，以資供養。

普佛世界，六種震動。

【註解】「佛世界」——卽佛所主化的國土。「六種震動」——大般若經說是：動、涌、震、擊、吼、爆。前三種是說動的形狀；後三種是說動的聲音。世俗之見，認爲這樣震動，豈不比現在的地震還要遭殃？應知這是表示無明牢固，須於住、行、向、地、等覺、妙覺，六番破除，方能成佛。

【語譯】佛以神通力故，感得普佛世界，發生了動、涌、震、擊、吼、爆的六種震動。

爾時會中：比丘、比丘尼、優婆塞、優婆夷、天、龍、夜叉、乾闥婆、阿修羅、迦樓羅、緊那羅，摩睺羅伽人非人，及諸小王，轉輪聖王。是諸大衆，得未曾有，歡喜合掌，一心觀佛。

【註解】「優婆塞、優婆夷」——譯爲「淸信男、淸信女」，卽在家二衆。「夜叉」——譯爲「捷疾鬼」。「摩睺羅伽」——譯爲「大蟒神」。「人非人」——卽八部鬼神所變，似人非人。舍利弗問經云：「八部皆名人非人」。「轉輪聖王」——人壽增至八萬歲以上，始有輪王出世，轉其千輻輪寶，威伏一切，王四天下。

【語譯】這時在無量義會中的比丘、比丘尼、優婆塞、優婆夷；及天、龍、夜叉、乾闥婆、阿修羅、迦樓羅、緊那羅、摩睺羅伽等似人非人；以及諸小國王、轉輪聖王，此等大衆，都不曾見過這雨華動地的瑞相，所以很歡喜的合起掌來，一心觀佛，表示歸敬。

爾時佛放眉間白毫相光，照東方萬八千世界，靡不周遍，下至阿鼻地獄，上至阿迦尼吒天。於此世界，盡見彼土六趣衆生；又見彼土現在諸佛，及聞諸佛所說經法；復見彼諸比丘、比丘尼、優婆塞、優婆夷、諸修行得道者；復見諸菩薩摩訶薩，種種因緣、種種信解、種種相貌，行菩薩道；復見諸佛般涅槃者；復見諸佛般涅槃後，以佛舍利起七寶塔。

【註解】「眉間白毫相光」——眉間白毫，是佛三十二相之一，如瑠璃管狀。從中放光，以表中道慧光照耀，破一切無明癡闇。

「照東方萬八千土」——佛光普照，何以但照東方？這問題，古德論者不一：或謂東方屬震；或謂應東方衆生機感。今解：衆生爲情執所局，妄指日出爲東，日沒爲西，其實日是恒星，那裏有什麼出沒？不過錯把舟行當作岸移罷了。據此可知東卽西，西卽東，乃至四維上下亦復如是。故但擧東方，使知一卽一切，以破衆生情執。萬八千土，是十八界的表法。

「阿鼻地獄」——卽無間地獄。造五逆罪，墮此地獄，受苦無間。

「阿迦尼吒天」——卽色界最高之「色究竟天」。

「六趣衆生」——卽天、人、阿修羅、地獄、餓鬼、畜生六道。衆生於此六道，死此趣彼，故名六趣，亦名六道。

「種種因緣」，藏識所藏的種子叫做「因」，如修道之心；助此種子使起現行法的叫做「緣」，如聞法之境；心境不一，故云種種。

「種種信解」——不疑爲「信」；達理爲「解」；信解的法門很多，故云種種。

「種種相貌」——行化的迹象，叫做「相貌」；萬行差別，故云種種。

「般涅槃」——是「摩訶般涅槃那」之略，譯爲「大滅度」。法身爲「大」；解脫爲「滅」；般若爲度。具此三德，名「大滅度」。

「舍利」——譯爲「靈骨」，爲戒、定、慧三學熏修的結晶體。

「七寶塔」——塔，爲供養舍利，以揭示高德的一種建築物。其形如錐，重簷七級。或謂佛塔八級，菩薩七級，緣覺聲聞，依次而減。七寶是：金、銀、琉璃、硨磲、瑪瑙、眞珠、玫瑰。以七寶建塔，故名「七寶塔」。

【語譯】此時，佛從眉間白毫相中，放出智慧之光，照東方萬八千世界，無不周遍，下自阿鼻地獄，上至色究竟天。在佛光照耀之下，於此世界，立不移處，便能見到彼土六事：一、六趣衆生；二、現在諸佛，及諸佛所說的經法；三、諸比丘、比丘尼、優婆塞、優婆夷，這修行得道的四衆弟子；四、諸菩薩摩訶薩種種因緣、種種信解、種種相貌，行菩薩道；五、諸佛化緣既盡，入大滅度；六、諸佛滅度後，衆生爲供佛舍利，建七寶塔，以揭示高德。

爾時彌勒菩薩，作是念：今者世尊現神變相，以何因緣而有此瑞？今佛世尊入於三昧，是不可思議現希有事，當以問誰，誰能答者？復作是念：是文殊師利法王之子，已曾親近供養過去無量諸佛，必應見此希有之相，我今當問。

【註解】「神變」——不可測知，叫做神；非常之事，叫做變；卽神通變化之謂。「不可思議」——離心緣相，叫做不可思；離言說相，叫做不可議。「法王子」——佛爲法王，菩薩生於法王之法，故名法王子。

【語譯】此時彌勒菩薩，作是疑念，他想：今天世尊，放光動地，現此神通變化之相，以什麼因緣而有此祥瑞之兆呢？現在佛已入定，這不可思議的希有之事，既不能問佛，應當問誰，誰能解答？

彌勒又作是念，他這樣決定：我看這文殊師利，是法王之子，他曾經親近供養過過去無量諸佛，必然見過這樣曠劫希有的瑞相，欲知山上路，須問過來人，我現在就應當問他。

爾時比丘、比丘尼、優婆塞、優婆夷，及諸天龍鬼神等，咸作此念：是佛光明神通之相，今當問誰？

【註解】如前已解。

【語譯】此時會中的比丘、比丘尼、優婆塞、優婆夷，及諸天龍鬼神等四衆八部，也都同彌勒菩薩一樣的作此疑念：「此佛所現的光明神通之相，是何因緣，應當問誰？」

爾時彌勒菩薩欲自決疑，又觀四衆：比丘、比丘尼、優婆塞、優婆夷，及諸天龍鬼神等衆會之心，而問文殊師利言：以何因緣，而有此瑞神通之相，放大光明照於東方萬八千土，悉見彼佛國界莊嚴。

【註解】「莊嚴」——即莊敬嚴肅之義。以功德莊嚴報身，以事相莊嚴報土。餘如前釋。

【語譯】此時彌勒菩薩，正擬開口發問，來決斷自己胸中的疑難，適又觀察比丘、比丘尼、優婆塞、優婆夷，及諸天龍鬼神等四衆八部的心情，同自己一樣，於是向文殊師利問道：法王子啊！世尊以何因緣，而有此祥瑞的神通之相，放大光明，照東方萬八千土，使本土衆生，盡都見到彼佛國界的依正莊嚴呢？

於是彌勒菩薩，欲重宣此義，以偈問曰：文殊師利！導師何故，眉間白毫，大光普照，雨曼陀羅，曼殊沙華，栴檀香風，悅可衆心；以是因緣，地皆嚴淨，而此世界，六種震動；時四部衆，咸皆歡喜，身意快然，得未曾有！

【註解】「於是」——是承接上文，開拓下文之詞。「偈」——梵語「偈陀」之略。華譯為「頌」。每頌四句，每句字數相等。梵文有散華、貫華之別：散華即長行，貫華即偈頌。偈頌雖為重宣前義而起，然亦頗有出入，或長行顯而偈頌隱；或長行隱而偈頌顯，互為隱顯，故須重頌。此下共六十二頌，這四頌是問本土瑞相。

「導師」——是佛的稱號，或佛菩薩的通稱。引導衆生入佛知見，故稱導師。

「栴檀香風」——栴檀，是一種香木，風香猶如栴檀，故曰栴檀香風。

【語譯】於是，彌勒菩薩，想把前面發問的意思，再宣說一遍，乃改換語法，以偈問曰：文殊師利！導師為什麼緣故？從眉間白毫，放大光明，遍照一切；天雨曼陀羅華、曼殊沙華，乘著習習的栴檀香風，繽紛亂墜，使衆心適悅；以此神變因緣，這娑婆世界的大地，都感得六種震動！此時在會的四衆八部，皆大歡喜，身心爽快，是從來所沒有的呢？

眉間光明，照於東方，萬八千土，皆如金色，從阿鼻獄，上至有頂。諸世界中，六道衆生，生死所趣，善惡業緣，受報好醜，於此悉見。

【註解】這三頌是問彼土六趣。「有頂」——卽色界最高頂的色究竟天。「六道」——就是六趣。俱見前釋。「善惡業緣」——就是造善造惡的因緣。「受報好醜」——就是福罪的報果。

【語譯】佛的眉間光明，照得東方萬八千土，都如金色一般。下自阿鼻地獄，上至色界有頂，這一切世界中的六道衆生，他們的生死所趣、善惡業緣、受報好醜，在我們這裏，都可以見到。

又覩諸佛，聖主師子，演說經典，微妙第一。其聲淸淨，出柔軟音，敎授菩薩，無數億萬。梵音深妙，令人樂聞，各於世界，講說正法，種種因緣，以無量喩，照明佛法，開悟衆生。

【註解】這四頌是問彼土諸佛說法。「聖主師子」——佛是三乘聖者之主，猶如師子爲獸中之王。故稱佛爲聖主師子。

【語譯】又見諸佛——聖主師子，在演說經文典章裏所詮的一乘妙理。其聲音淸淨無垢，柔軟和順，所教授的菩薩，有無數萬億之多。以此令人樂聞的深妙梵音，各於其化土講說正法。爲適應聞者的種種因緣，以無量譬喻來闡明佛法，使衆生開解了悟。

若人遭苦，厭老病死，爲說涅槃，盡諸苦際。若人有福，曾供養佛，志求勝法，爲說緣覺。若有佛子，修種種行，求無上慧，爲說淨道。

【註解】這三頌是問彼土四衆得道。「涅槃」——是指小乘證但空理的有餘涅槃而言。「勝法」——即勝於四諦的十二因緣法。「緣覺」——觀十二因緣，覺眞諦理。「佛子」——菩薩能紹繼佛種，故稱佛子。「無上慧」——即是佛的智慧。

【語譯】倘若有遭遇苦惱，厭惡生老病死的人，便爲他說苦、集、滅、道，證但空理的有餘涅槃，使他斷盡見思，了脫三界生死苦際，得聲聞果。若有修福，曾供養佛，志求勝法的人，便爲他說十二因緣，使他覺了眞諦之理，得支佛果。若有修自利利他的種種大行，求無上佛慧的菩薩，便爲他說清淨的六度之道，使他了達三輪體空，得菩提大果。

文殊師利，我住於此，見聞若斯；及千億事，如是衆多，今當略說。

【註解】這一頌半是結前起後。若斯以上是結束前問；以下是開起後問。

【語譯】文殊師利！我住在這娑婆世界，足不移步，見彼萬八千土，聞諸佛說法，不過如是而已；還有千億之多的事相，今當略說如下：

我見彼土，恒沙菩薩，種種因緣，而求佛道。

【註解】這一頌是總問彼土行道的大士。「恒沙」——是恒河裏的沙。此河發源於喜馬拉雅山的南麓，橫貫於印度河和蒲蘭達江之間，東南奔流至孟加拉灣入印度洋，長達一六八〇里。經中常舉此河之沙以喻數量之多。

【語譯】我見彼土，如恒河沙數之多的菩薩，以種種修行因緣，求成佛之道。

或有行施，金銀珊瑚，眞珠摩尼，硨磲碼碯，金剛諸珍，奴婢車乘，寶飾輦輿，歡喜布施，
回向佛道，願得是乘，三界第一，諸佛所歎。或有菩薩，駟馬寶車，欄楯華蓋，軒飾布施。
復見菩薩，身肉手足，及妻子施，求無上道。又見菩薩，頭目身體，欣樂施與，求佛智慧。

【註解】此下是按次第問行六度。這六頌是問行布施。「摩尼」——卽如意珠。「硨磲」——卽海中大貝，背有壟文，狀如車渠。「金剛」——卽金剛石，或名鑽石。「寶飾輦輿」——牽拽而行的車輛，叫做輦；肩荷而行的竹轎，叫做輿；以寶物莊嚴的，叫做寶飾。「駟馬」——卽四匹馬所駕大車。「欄楯」——車上的闌干，橫者爲欄，豎者爲楯。「華蓋」——卽華美的傘蓋。「軒飾」——車之高者爲軒；莊嚴爲飾。

【語譯】或有行布施的菩薩，以金銀、珊瑚、眞珠、摩尼、硨磲、碼碯、金剛，這一切價值連城的珍寶；以及給使的奴婢、運載的車輛、寶飾的輦輿、都毫不吝惜的歡喜布施；回轉此布施福德，趣向於成佛之道，願得此一乘妙法，爲三界第一，諸佛之所稱歎！或有菩薩，以駟馬寶車，用欄楯、華蓋，軒飾而行布施的。又見菩薩，以身肉手足，及妻子而行布施，以求無上佛道的。更見菩薩，視頭目身體，生滅如幻，欣然樂施與人，以求佛智慧的。

文殊師利，我見諸王，往詣佛所，問無上道，便捨樂土，宮殿臣妾，剃除鬚髮，而被法服。

【註解】這二頌是問持戒。「法服」——即出家受具足戒所披的三衣：1安陀會衣；2鬱多羅僧衣；3僧伽梨衣。如其次第譯爲：內衣、上衣、大衣。

【語譯】文殊師利！我見許多國王，去到佛的所在，向佛請問至高無上之道，便捨棄了素所躭樂的國土、宮殿、臣妾，剃除鬚髮，出家受具，披三法衣。

或見菩薩，而作比丘，獨處閑靜，樂誦經典。

【註解】這一頌是問忍度。忍有生忍、法忍之別：能忍受衆生的挫辱，而不起瞋惱，叫做生忍；安住於無生的法理，而不動念，叫做法忍。此屬法忍。

【語譯】或見菩薩而作安忍孤寂的比丘，獨個兒在閑林幽谷的僻靜之處，樂誦經典。

又見菩薩，勇猛精進，入於深山，思惟佛道。

【註解】這一頌是問精進。

【語譯】又見菩薩勇猛精進，不避險難，入於懸崖絕壑，鶴唳猿啼的深山，思惟佛道。

又見離欲，常處空閑，深修禪定，得五神通。又見菩薩，安禪合掌，以千萬偈，讚諸法王。

【註解】這二頌是問禪定。「禪定」——禪，是梵語「禪那」之略，譯爲靜慮，卽心體寂靜而思慮之義；定，是梵語「三昧」的譯名，卽心定於一境而離散動之義；心體寂靜，卽是定心一境，所以名爲「禪定」。

「五神通」——不可測知，叫做神；無所障礙，叫做通。神通有五：1天眼通；2天耳通；3他心通；4宿命通；5如意通。

【語譯】又見菩薩厭離五欲，常常處於空閑絕欲之境，深修禪定，得五神通。又見菩薩定慧不二，動靜一如，故能安禪合掌，以千萬偈頌，讚諸法王！

復見菩薩，智深志固，能問諸佛，聞悉受持。又見佛子，定慧具足，以無量喻，爲衆講法，欣樂說法，化諸菩薩，破魔兵衆，而擊法鼓。

【註解】這三頌是問般若。「定慧具足」——卽禪定、智慧二皆具足，簡非小乘的定多慧少。

「破魔兵衆」——魔兵有四：1惱害有情身心的貪等煩惱叫做「煩惱魔」；2能生煩惱的色等五陰，叫做「五陰魔」；3死能斷人命根，叫做「死魔」；4大自在天，能妨害善業，叫做「天魔」。

「擊法鼓」——是說法的喻詞。宣說爲擊，法理爲鼓。說法能使人警覺，故名擊法鼓。

【語譯】又見菩薩，由於智慧深遠，志願堅固，所以才能向諸佛問法，凡有所聞，都能悉心領受，持之不失。又見佛子，由於定慧具足，所以才能引無量譬喻，爲大衆講法。這樣樂說不厭的化諸菩薩，擊大法鼓，破魔兵衆！

又見菩薩，寂然宴默，天龍恭敬，不以爲喜。又見菩薩，處林放光，濟地獄苦，令入佛道。

【註解】此下是不按六度次第，隨見隨問。這二頌是問禪定。

【語譯】又見菩薩行自利的「捨禪」，寂然宴坐，默絕言象，雖天龍恭敬，也不以爲喜。又見菩薩行利他的「悲禪」，安處林下，入月愛三昧，放清淨光明，拔濟地獄裏的苦惱有情，教他們都頓超十地，入於佛道。

又見佛子，未嘗睡眠，經行林中，勤求佛道。

【註解】這一頌是問精進。「睡眠」——爲五蓋之一，心昏身重，能蓋覆心性，不使修觀。「經行」——心不外緣，身不搖擺，於一定範圍的地區往復而行，以對治睡眠。

【語譯】又見佛子，未嘗睡眠，每於林中經行，勤求佛道。

又見具戒，威儀無缺，淨如寶珠，以求佛道。

【註解】這一頌是問持戒。「具戒」——戒的特質，是止一切惡，作一切善。比丘受持二百五十戒，比丘尼受持三百四十八戒，叫做具戒。

「威儀」——行、住、坐、臥，有一定的儀則，不損德威，叫做四威儀。擴而充之有八萬威儀。這是賅屬於具戒的細行。

【語譯】又見受具足戒的人，八萬細行，威儀無缺，持此淨戒，猶如寶珠，以求佛道。

又見佛子，住忍辱力，增上慢人，惡罵捶打，皆悉能忍，以求佛道。

【註解】這一頌半是問忍辱。前問屬於「法忍」，此屬「生忍」。「增上慢人」——爲七慢之一。以未得謂得，未證謂證，而輕慢他人。

【語譯】又見佛子，安住於忍辱之力，縱被增上慢人，惡口詈罵，揮拳捶打，都能忍耐，不起瞋惱，以求佛道。

又見菩薩，離諸戲笑，及癡眷屬，親近智者，一心除亂，攝念山林，億千萬歲，以求佛道。

【註解】這二頌又是問禪。如文易解。

【語譯】又見菩薩，遠離嬉戲訕笑，及愚癡的眷屬，去親近有智慧的行者，爲的要一心除掉那煩亂障道的因緣，好攝持正念於山間林下，億千萬歲如一刹那以求佛道。

或見菩薩，肴饍飲食，百種湯藥，施佛及僧。名衣上服，價值千萬，或無價衣，施佛及僧。千萬億種，栴檀寶舍，衆妙臥具，施佛及僧。清淨園林，華果茂盛，流泉浴池，施佛及僧。如是等施，種種微妙，歡喜無厭，求無上道。

【註解】這五頌又是問布施。前施是以衆生爲對象，今施是供養佛僧。

【語譯】或見菩薩，施佛及僧以如下四事：一、以佳餚美饍的上好飲食，及百種湯藥。二、以價值千萬，甚至無價的名衣上服。三、以旃檀香木所造的寶貴宅舍，及床帳被褥等的衆妙臥具。四、以華果茂盛而有流泉浴池的清淨園林。以此等布施的種種微妙因緣，歡喜無厭的求無上道。

或有菩薩，說寂滅法，種種敎詔，無數衆生。或見菩薩，觀諸法性，無有二相，猶如虛空。又見佛子，心無所著，以此妙慧，求無上道。

【註解】這三頌又是問般若。「寂滅法」——是涅槃法的譯名，亦卽所謂的一乘妙法。如方便品云：「諸法從本來，常自寂滅相」。

「法性」——卽實相、眞如、涅槃等的同體異名。眞如爲萬法之體，無論在染、在淨、在有情數、非情數，都不會改變，所以名爲法性。

【語譯】或有菩薩，說寂滅法；理旣寂滅，言語道斷，那復可說？然菩薩，還要設種種方便，敎訓詔示無數衆生。或見菩薩，觀諸法性；諸法性空，心行處滅，那復可觀？然菩薩，猶以三觀之智，觀此法性，三諦相卽，無有二相，好像虛空一般。又見佛子，達法性空，心無所著，卽以無著的妙慧，求無上道。

文殊師利，又有菩薩，佛滅度後，供養舍利。又見佛子，造諸塔廟，無數恒沙，嚴飾國界；寶塔高妙，五千由旬，縱廣正等，二千由旬；一一塔廟，各千幢旛，珠交露幔，寶鈴和鳴；諸天龍神，人及非人，香華伎樂，常以供養。文殊師利，諸佛子等，爲供舍利，嚴飾塔廟，國界自然，殊特妙好，如天樹王，其華開敷。

【註解】這七頌是問供佛舍利。「由旬」——譯爲驛程，約四十里。「幢旛」——卽旌旗標幟之類。「露幔」——卽塔的層簷，亦名露盤。「人及非人」——人非八部，八部非人，人與八部並舉，故曰「人及非人」。「天樹王」——忉利天上有一株樹，高五千由旬，枝葉開展亦五千由旬，故稱天樹王。「開敷」——卽開展散佈之義。

【語譯】文殊師利！又有菩薩，他於佛滅度後，供養佛的舍利，表示崇敬。又見佛子，建造塔廟有無數恒沙之多，以莊嚴國土。寶塔的勝妙：以立體而論，高聳雲漢，五千由旬；以面積而論，縱橫相等，各二千由旬。每一塔廟，各樹千竿幢旛；珠羅交錯，以作層簷；風動寶鈴，鳴聲和雅。無論諸天龍神，人及非人，都常以香華、伎藝、音樂，供養塔廟。

文殊師利！此等佛子，爲供佛舍利而嚴飾塔廟，他們的國土，自然也顯得特殊美妙，好像天樹王華的開敷一樣。

佛放一光，我及衆會，見此國界，種種殊妙，諸佛神力，智慧希有。放一淨光，照無量國，

我等見此，得未曾有！佛子文殊，願決衆疑，四衆欣仰，瞻仁及我。世尊何故，放斯光明？佛子時答，決疑令喜。何所饒益，演斯光明？佛坐道場，所得妙法，爲欲說此，爲當授記？示諸佛土，衆寶嚴淨，及見諸佛，此非小緣，文殊當知。四衆龍神，瞻察仁者，爲說何等？

【註解】這八頌是請答所問。「授記」——卽佛預言因地行人，某人於某刧中作佛，號某如來，國土眷屬如何如何。

【語譯】佛放一光，使我和會中的大衆，見到這東方一萬八千國界的種種殊妙，及諸佛的神力智慧，希有罕見！此佛放一淨光，照彼無量國土的奇特之事，我們還是初次看見，前所未有。

佛子文殊！願爲大衆一決此疑，因爲四衆都在瞻仰著你我，正如大旱之望雲霓呢。世尊爲什麼放此光明？我彌勒既無從得知，那就只有轉請佛子卽時作答，以決衆疑，使之歡喜鼓舞了。有什麼饒益衆生之事而演此光明？爲欲說此佛坐道場所得的無上妙法呢，還是將爲菩薩授記？總而言之，佛放眉間光明，顯示諸佛國土衆寶嚴淨，及見諸佛；這種種瑞相，並非小緣，而是爲一大事因緣喲！文殊！你是法王之子，應當知此。四衆龍神，都瞻仰仁者，希望給他們解答，佛放光現瑞，究竟爲的是什麼？

爾時文殊師利，語彌勒菩薩摩訶薩，及諸大士，善男子等：如我惟忖，今佛世尊，欲說大法

，雨大法雨，吹大法螺，擊大法鼓，演大法義。

【註解】上來彌勒問竟，此下是文殊的答覆。「大士」——是菩薩的通稱。「善男子」——稱出家在家的男女二衆爲善男子、善女人。

「雨大法雨」——喻佛所說大法，能使聲聞囘小向大，及摧毀邪魔；如天降大雨，能沛潤枯苗，及消除熱惱。

「吹大法螺、擊大法鼓」——喻佛說法圓音普被，如吹大螺，擊大鼓的聲威遠震。

【語譯】此時，文殊師利，答覆彌勒菩薩，及在會的大士，善男子們，很客氣的這樣說：以我的思惟忖度，今天世尊放光現瑞，是將要說大乘法、雨大法雨、吹大法螺、擊大法鼓，以開演大法義趣的朕兆。

諸善男子，我於過去諸佛，曾見此瑞，放斯光已，卽說大法，是故當知，今佛現光亦復如是。欲令衆生，咸得聞知一切世間難信之法，故現斯瑞。

【註解】如文易解。

【語譯】諸善男子！我在過去諸佛座下，曾經見過這樣的瑞相，佛放此眉間白毫光後，接着就要說一乘大法。因此之故，當知今佛放光，也是這樣的。諸佛本懷，無非想教衆生，都能夠聞知這一切世間的難信之法，所以才現此瑞相。

諸善男子，如過去無量無邊不可思議阿僧祇劫，爾時有佛，號日月燈明、如來、應供、正徧知、明行足、善逝、世間解、無上士、調御丈夫、天人師、佛世尊演說正法，初善、中善、後善，其意深遠，其語巧妙，純一無雜，具足清淨梵行之相。爲求聲聞者，說應四諦法，度生老病死究竟涅槃。爲求辟支佛者，說應十二因緣法。爲諸菩薩，說應六波羅密，令得阿耨多羅三藐三菩提，成一切種智。

【註解】「阿僧祇刼」——譯爲無數長時。「日月燈明」——取日、月、燈三光之明，以喻佛的三德，故名。這是本尊佛的別號，不同與他佛的稱謂。如來以下十名，是諸佛的通號，玆分解如左：

1如來——理體不動爲如；妙用無方爲來；體用不二，故名如來。所以般若經云：「如來者，無所從來，亦無所去。」

2應供——體備萬德，應受人天供養，故名應供。

3正徧知——如來正覺，徧知一切眞、俗二諦。故名正徧知。

4明行足——宿命通、天眼通、漏盡通，叫做三明。修此三明之行，唯佛具足，故名明行足。

5善逝——善能往逝於涅槃彼岸，寂滅場地，故名善逝。

6世間解——世間情與非情的色心諸法唯佛能解，故名世間解。

7無上士——菩薩稱爲大士，大士之中唯佛無上，故名無上士。

8調御丈夫——佛是調和制御九界衆生的大丈夫，故名調御丈夫。

9天人師——說法應機，弘範三界，故名天人師。

10佛世尊——佛爲世所尊重，故名佛世尊。但成實、智度等論，有合無上調御丈夫爲一號，分佛、世尊爲二的；也有以世尊爲佛以上十號之總稱的。

「聲聞」——聞佛聲教，悟苦、集、滅、道四諦之理，斷見、思惑，證羅漢果的，叫做聲聞。

「辟支佛」——具有二義：一、從佛聞十二因緣法而覺悟的，叫做緣覺；二、獨自觀飛花落葉而覺悟的，叫做獨覺。十二因緣卽：1無明——無始以來的煩惱；2行——因無明緣起的善惡業行；3識——因過去的業行而緣起現世投胎的一念情識；4名色——因識而緣起但有色心之名，而無形體可見的胚胎；5六入——因名色而緣起的眼等六根；6觸——因六入而緣起出胎對事物的接觸；7受——因觸而緣起對苦樂等的感受；8愛——因受而緣起對苦境愛離，樂境愛合的欲愛；9取——因愛而緣起的執取；10有——因取而緣起後來欲、色、無色的三有；11生——因有而緣起來世之生；12老死——因生而緣起的衰老死亡。

「六波羅密」——譯爲六度，或六到彼岸，卽修布施、持戒、忍辱、精進、禪定、般若的六種梵行，如乘寶筏，由生死此岸，度過煩惱中流，到達菩提涅槃彼岸之義。

「阿耨多羅三藐三菩提」——譯爲無上正等正覺。卽眞正平等，覺知一切眞理的無上智慧。亦卽觀空假不二的「一切種智」。

【語譯】諸善男子！例如過去無量無邊不可思議阿僧祇刼，那時有一尊佛的名號，叫做日月燈明、如來、應供、正徧知、明行足、善逝、世間解、無上士、調御丈夫、天人師、佛世尊。彼佛演說正法，初、中、後三時皆善：初時善說華嚴大法，其義深遠；中時善說阿含、方等，藉權顯實，其語巧妙；後時善說法華、涅槃，總歸於非二非三純一無雜的實相平等。這三時敎相，都具足了遠離過非的淸淨梵行。

雖實相平等，然爲機敎相應，亦得於一說三：爲求聲聞的人，說四諦法以應之，敎他們度脫生老病死，究盡三界苦果，而入於涅槃；爲求辟支佛的人，說十二因緣法以應之，敎他們觀法法緣生，而徹悟眞理；爲求菩薩的大根人，說六度法以應之，敎他們得無上正等正覺的佛果，成一切種智。

次復有佛，亦名日月燈明；次復有佛，亦名日月燈明；如是二萬佛皆同一字，號日月燈明；又同一姓，姓頗羅墮。彌勒當知，初佛後佛，皆同一字，名日月燈明，十號具足，所可說法

，初中後善。

【註解】「頗羅墮」——譯爲利根，或捷疾。

【語譯】次於初佛以後，又有一佛，也名叫日月燈明；次於二佛以後，又有一佛，也名叫日月燈明。這樣依次有二萬佛出世，都是同一名字，號日月燈明。不但同名，而且還是同姓「頗羅墮」。彌勒！你應當知道，從前佛到後佛，都是同一名字叫日月燈明，以及如來、應供等十號具足，所有可說的法，也都是初、中、後三時俱善。

其最後佛，未出家時，有八王子：一名有意、二名善意、三名無量意、四名寶意、五名增意、六名除疑意、七名響意、八名法意。是八王子，威德自在，各領四天下，是諸王子，聞父出家得阿耨多羅三藐三菩提，悉捨王位，亦隨出家，發大乘意，常修梵行，皆爲法師，已於千萬佛所，植諸善本。

【註解】「八王子」——古有以八子表八正道的；也有表八識的。然八子皆名爲「意」，似與表法不合。今依經文作解如下：唯識論名恒審思量的第七識爲「意」。此意恒緣第八識，執有實我實法，故名「有意」；亦通善性，故名「善意」；不失寶性（如來藏），故名「寶意」；緣力增勝，故名「增意」；如谷響應，故名「響意」；恒緣法塵，故名「法意」；不可稱量故名「無量意」；疑意應除，故名「除疑意」。

【語譯】其最後一佛，在未出家前，做轉輪聖王的時候，生有八個王子：長子名叫有意；次子名叫善意；三子名叫無量意；四子名叫寶意；五子名叫增意；六子名叫除疑意；七子名嚮意；八子名法意。這八個王子的威德自在，各自領管着四大部洲。聽說父王出家證得無上正等正覺的佛果了，大家都一齊捨了王位，也隨父出家，而且發大乘意願，常修梵行，都做了深解大行的法師。爲什麼能够這樣超凡入聖？因爲他們已於過去世的千萬佛所，種植了衆善的本因。

是時日月燈明佛，說大乘經，名無量義，教菩薩法，佛所護念。說是經已，即於大衆中結跏趺坐，入於無量義處三昧，身心不動。是時天雨曼陀羅華、摩訶曼陀羅華、曼殊沙華、摩訶曼殊沙華，而散佛上及諸大衆，普佛世界六種震動。爾時會中比丘、比丘尼、優婆塞、優婆夷、天、龍、夜叉、乾闥婆、阿修羅、迦樓羅、緊那羅、摩睺羅伽，人非人、及諸小王、轉輪聖王等，是諸大衆，得未會有，歡喜合掌，一心觀佛。爾時如來，放眉間白毫相光，照東方萬八千佛土，靡不周遍，如今所見是諸佛土。

【註解】如前已解。

【語譯】這時候日月燈明佛，正在說大乘經，經名叫做無量義，是教授菩薩的法門，也是素爲佛所護念的要典。佛說此經已畢，便在大衆會中，結跏趺而坐，入於無量義處三昧，身心都寂然不動了。此時天雨曼陀羅華、大曼陀羅華、曼殊沙華、大曼殊沙華，紛紛的散落在佛及大衆之上，感得普佛世界，發生了六種震動！

這時會中的比丘、比丘尼、優婆塞、優婆夷、天、龍、夜叉、乾闥婆、阿修羅、加樓羅、緊那羅、摩睺羅伽這人非人；以及諸小國王、轉輪聖王等，因爲都不曾見過這雨華動地的瑞相，所以歡喜合掌，一心專注，瞻仰着佛的尊容。

正在這個時候，如來從眉間白毫相中，放出一道光明，照東方一萬八千佛土，無不周遍，也同今天所見這諸佛世界的種種瑞相一樣。

彌勒當知，爾時會中有二十億菩薩，樂欲聽法。是諸菩薩，見此光明普照佛土，得未曾有，欲知此光所爲因緣。

【註解】如文易解。

【語譯】彌勒！你應當知道，這時的無量義會中，有二十億菩薩，都樂意聽佛說法，他們偶爾見此光明遍照佛土，是從來所沒有的奇蹟，很想了解佛放此光爲的是什麼因緣？

時有菩薩，名曰妙光，有八百弟子，是時日月燈明佛，從三昧起，因妙光菩薩說大乘經，名妙法蓮華，敎菩薩法，佛所護念。

【註解】「妙光菩薩」——妙則不可思議，光能照破無明，所以菩薩名爲妙光。

「弟子」——唯弟與子的形儀和氣質，與父兄相似，故對就師受教者，稱爲弟子。

【語譯】當時有一位菩薩，名叫妙光，他有八百弟子。這時日月燈明佛，從無量義處三昧而起，因妙光菩薩當機之故，說大乘經，這大乘經的名字叫做妙法蓮華，教授菩薩的法門，也是佛所護念的要典。

六十小劫不起於座，時會聽者，亦坐一處，六十小劫身心不動，聽佛所說，謂如食頃。是時衆中，無有一人若身若心而生懈倦。

【註解】「小劫」——梵語劫波，譯爲長時。人壽自十歲起，每百年增加一歲，增至八萬四千歲，爲一增劫；再自八萬四千歲起，每百年減一歲，減至十歲，爲一減劫。合此一增一減，爲一小劫。二十小劫，爲一中劫。四中劫，爲一大劫。

【語譯】佛說此經，經六十小劫之久，不起法座。當時在會的聽衆，也坐在一處，六十小劫身心不動，聽佛所說，不過如吃一餐飯的時間那樣的短促。這時會中，並無一人身覺疲倦，心生懈怠的。

日月燈明佛，於六十小劫說是經已，卽於梵、魔、沙門、婆羅門，及天、人、阿修羅衆中，而宣此言：如來於今日中夜，當入無餘涅槃。

【註解】「梵、魔」——梵，是色界天主；魔，是欲界天主。

「沙門」——譯爲勤息。卽勤修佛道，息滅煩惱之義，爲出家人的總稱。

「婆羅門」——譯爲淨行。爲天竺奉侍大梵天而修淨行的一種族姓。

「無餘涅槃」——佛息應化之迹，歸於眞身之本，爲入無餘涅槃。又、唯識家立四種涅槃：1自性清淨涅槃；2有餘依涅槃；3無餘依涅槃；4無住處涅槃。這四種涅槃，凡夫具一餘三；三乘具三餘一；唯佛具四無餘，叫做無餘涅槃。

【語譯】日月燈明佛，於六十小劫，說此妙法蓮華經已罷，卽於梵、魔、沙門、婆羅門，及天、人、阿修羅等大衆中，作這樣的宣言：「如來化緣已盡，於今日中夜時分，就要入無餘涅槃了。」

時有菩薩，名曰德藏，日月燈明佛，卽授其記，告諸比丘：是德藏菩薩次當作佛，號曰淨身，多陀阿伽度、阿羅訶、三藐三佛陀。

【註解】「德藏菩薩」——菩薩含藏無量功德，故名德藏。「淨身」——佛身清淨，相好莊嚴，故號淨身。「多陀阿伽度」——譯爲如來。「阿羅訶」——譯爲應供。「三藐三佛陀」——譯爲正徧知。

【語譯】當時有一位菩薩，名叫德藏。日月燈明佛，卽予授記，告諸比丘說：這德藏菩薩，繼我滅度之後，次當作佛，號曰淨身、如來、應供、正徧知等十號具足。

佛授記已，便於中夜入無餘涅槃。佛滅度後，妙光菩薩，持此妙法蓮華經，滿八十小劫，爲人演說。

【註解】如前已解。

【語譯】佛予德藏菩薩授記已罷，便於中夜斛化歸本而入無餘涅槃了。佛滅度後，妙光菩薩受持此妙法蓮華經，滿足八十小劫，爲人演說，大事弘揚。

日月燈明佛八子，皆師妙光，妙光教化令其堅固阿耨多羅三藐三菩提。是諸王子，供養無量百千萬億佛已，皆成佛道。其最後成佛者，名曰然燈。八百弟子中，有一人號曰求名，貪著利養，雖復讀誦衆經而不通利，多所忘失，故號求名。是人亦以種諸善根因緣故，得值無量百千萬億諸佛，供養恭敬，尊重讚歎！彌勒當知，爾時妙光菩薩，豈異人乎？我身是也。求名菩薩，汝身是也。

【註解】「然燈」——佛出生時，身光如燈，故名然燈，及至成佛仍名然燈。爲釋迦因地第二僧祇的授記本師。

【語譯】日月燈明佛的八個王子，都依妙光菩薩爲師，妙光教他們於阿耨多羅三藐三菩提法，堅持固守。因此這八王子，於供養無量百千萬億佛後，盡都成就了佛道。其最後成佛的一位，名叫然燈。

在妙光菩薩的八百弟子中，有一個人號叫求名。因爲他貪著世間利養，雖也讀誦許多經典，但爲求名以隨利養故，不能了達通利，多半都忘失了，所以才號叫求名。

然而此人雖號求名，亦因曾種很多的善根因緣故，得遇無量百千萬億諸佛，供養恭敬，尊重讚歎。彌勒！你應當知道，此時的妙光菩薩，豈是他人？乃我身是；求名菩薩，就是你的前身啊。

今見此瑞，與本無異，是故惟忖，今日如來當說大乘經，名妙法蓮華，教菩薩法，佛所護念。

【註解】至此文殊的答覆，已告終結。如文易解。

【語譯】今天見此瑞相，與本來日月燈明佛所現的瑞相無異，因此我思惟忖度，今天釋迦如來當說大乘經典，名妙法蓮華，是教化菩薩的法門，而爲佛所護念。

爾時文殊師利於大衆中，欲重宣此義，而說偈言：我念過去世，無量無數劫，有佛人中尊，號日月燈明，世尊演說法，度無量衆生，無數億菩薩，令入佛智慧。佛未出家時，所生八王子，見大聖出家，亦隨修梵行。

【註解】此下是文殊菩薩，爲重宣前義，再說四十五頌。這三頌是重宣所見之佛及八子出家。

【語譯】此時文殊師利菩薩在大衆中，想把前面所說的意義，再重復一遍，於是他改用偈頌的語法這樣說道：我記得過去無量無數劫的時節，有佛出世爲人中之尊，號日月燈明。世尊說法度無量衆生，及無數億菩薩，教他們悟入佛的智慧。

佛在未出家前，做轉輪聖王時，所生的八個王子，他們見父王——大聖出家，也跟着出家去修清淨的梵行了。

時佛說大乘，經名無量義，於諸大衆中，而爲廣分別。佛說此經已，即於法座上，跏趺坐三昧，名無量義處。天雨曼陀華，天鼓自然鳴，諸天龍鬼神，供養人中尊。一切諸佛土，即時大震動，佛放眉間光，現諸希有事。

【註解】這四頌是重宣此土瑞相。如文易解。

【語譯】此時佛說大乘，經名叫做無量義，在大衆會中，將此無量法門的義理，作深廣詳盡的分別解說。佛說此經已畢，就在法座上，結跏趺而坐，入於無量義處三昧了。天雨曼陀羅華，天鼓也不擊自鳴，八部天龍鬼神，都一致供養恭敬此人中之尊。諸佛國土，也即時感得大大的震動。此時佛放眉間白毫相光，顯現出許多希有罕見的事兒！

此光照東方，萬八千佛土，示一切衆生，生死業報處。有見諸佛土，以衆寶莊嚴，琉璃玻瓈色，斯由佛光照。及見諸天人，龍神夜叉衆，乾闥緊那羅，各供養其佛。又見諸如來，自然

成佛道，身色如金山，端嚴甚微妙，如淨琉璃中，內現眞金像。世尊在大衆，敷演深法義，一一諸佛土，聲聞衆無數，因佛光所照，悉見彼大衆。或有諸比丘，在於山林中，精進持淨戒，猶如護明珠。又見諸菩薩，行施忍辱等，其數如恒沙，斯由佛光照。又見諸菩薩，深入諸禪定，身心寂不動，以求無上道。又見諸菩薩，知法寂滅相，各於其國土，說法求佛道。

【註解】這十頌是重宣他土瑞相。

「生死業報處」——業，是所造的生死業因；報，是所招的生死報果；處，是生死業報的所在地，卽三界五趣。餘如前解。

【語譯】此光遍照東方萬八千佛土，顯示彼土六道衆生的生死業報之處。還有看見諸佛國土，以百寶莊嚴，呈現着瑠璃玻瓈的晶瑩淨色，這都是由佛光所照見的。

還看見一切天、人、龍、神、夜叉、乾闥婆、緊那羅等，各自供養其國土主化的佛陀。又見一切如來，離方便加行，自爾契悟眞如法性而成佛道。身色輝煌，猶如金山，其端嚴微妙，好像淨琉璃中所現的眞金勝像一樣。彼佛世尊，在大衆中開演深妙法義。每一佛土，雖有無數聲聞，然因佛光所照，盡見彼等歷歷如數。還有許多比丘，在山林深處，精進不懈的嚴持淨戒，猶如龍護明珠似的，唯恐或失。

又見諸菩薩，修布施、忍辱等的六度萬行，其數有如恒河沙數之多。這也是由佛光所照見的。又見諸菩薩，深入禪定，身心都寂然不動，以求無上佛道。又見諸菩薩，了知諸法本來寂滅的實相之理，各自在他們的國土，弘法利生，以求佛道。

爾時四部衆，見日月燈佛，現大神通力，其心皆歡喜，各各自相問，是事何因緣？

【註解】這一頌半是重宣衆疑。如文易解。

【語譯】此時在會的四衆，見日月燈明佛，現偌大的神通之力，心皆歡喜，人人自思自語，心口相問，這現瑞的事兒，是什麼因緣？

天人所奉尊，適從三昧起，讚妙光菩薩，汝爲世間眼，一切所歸信，能奉持法藏，如我所說法，唯汝能證知。世尊既讚歎，令妙光歡喜，說是法華經，滿六十小劫，不起於此座，所說上妙法，是妙光法師，悉皆能受持。

【註解】這三頌是重宣付囑。「法藏」——卽佛所說的法，含藏有多義之謂。

【語譯】天人所供奉的世尊——日月燈明佛，適纔從三昧定起，讚歎妙光菩薩說：汝爲世間人天眼目，七衆所歸信，因爲你能奉持法藏啊。怎樣叫奉持法藏？如我所說的教法，唯有汝一人能够證悟眞理，知解法味。

世尊既讚歎妙光，令其歡喜已畢，便說此妙法蓮華經，滿六十小劫之久，不起法座，所說這無上妙法，那妙光法師全都能够受持。

佛說是法華，令衆歡喜已，尋卽於是日，告於天人衆，諸法實相義，已爲汝等說，我今於中夜，當入於涅槃，汝一心精進，當離於放逸，諸佛甚難值，億劫時一遇。世尊諸子等，聞佛入涅槃，各各懷悲惱，佛滅亦何速？

【註解】這四頌是重宣滅度。「諸法實相義」——卽眞如、法性等義的異名。謂諸法離於虛僞妄相，法法皆實之義。「放逸」——是大隨煩惱之一，能使惡法增長，善法損滅。

【語譯】燈明佛，說此法華經，令大衆歡喜已畢，卽於法會圓滿的當日，告訴天人等衆，這樣說：「諸法實相的妙義，已經給你們說過了，我出世的本懷已暢，化緣已盡，當於今日午夜入無餘涅槃！你們要一心精進，遠離放逸。當知諸佛難逢，歷時億劫，不過偶然一遇耳。」

世尊的八王子等，突然聽到佛要涅槃的話，個個都心懷悲惱，相顧失色的驚呼：「佛之入滅，何其速哉！何其速哉！」

聖主法之王，安慰無量衆，我若滅度時，汝等勿憂怖。是德藏菩薩，於無漏實相，心已得通達，其次當作佛，號曰爲淨身，亦度無量衆。

【註解】這二頌半是重宣授記。「聖主法之王」——佛爲諸聖之主，諸法之王。

【語譯】將要入滅的聖主法王，安慰無量大衆說：「我若滅度的時候，你們不要爲無佛而憂慼驚怖。這德藏菩薩，對於離了煩惱虛妄的無漏實相，心裏已經通暢了達，次我之後，當得作佛，號為淨身，他也同我一樣的度無量衆生。」

佛此夜滅度，如薪盡火滅，分布諸舍利，而起無量塔。比丘、比丘尼，其數如恒沙，倍復加精進，以求無上道。是妙光法師，奉持佛法藏，八十小劫中，廣宣法華經。

【註解】這三頌是重宣滅後持法。「薪盡火滅」以薪喻機，以火喻應。衆生的機薪既盡，如來的應火亦滅。這與小乘的灰身滅智不同。

【語譯】佛於此夜滅度，如薪盡火滅，後人為表示崇敬，把佛的舍利分布各方，建起無數供養舍利的寶塔。又有如恒沙之多的比丘、比丘尼，遵佛遺命，更復加倍精進的求無上道。這位受佛付囑的妙光法師，果然奉持佛的法藏，於八十小劫之中，廣說法華。

是諸八王子，妙光所開化，堅固無上道，當見無數佛。供養諸佛已，隨順行大道，相繼得成佛，轉次而授記。最後天中天，號曰然燈佛，諸仙之導師，度脫無量衆。是妙光法師，時有一弟子，心常懷懈怠，貪著於名利，求名利無厭，多遊族姓家，棄捨所習誦，廢忘不通利，以是因緣故，號之為求名，亦行衆善業，得見無數佛，供養於諸佛，隨順行大道，具六波羅密，今見釋師子，其後當作佛，號名曰彌勒，廣度諸衆生，其數無有量。

【註解】這八頌是重宣教化。「天中天」——是佛的尊號。因天在人之上，佛更在天之上，故稱佛爲天中天。「仙」——是修行人的通稱。般若燈論云：『聲聞菩薩等亦名爲仙。』

【語譯】這八王子，爲妙光菩薩所開導教化，堅持固守於無上道。因此當於來世見無數佛，於供養諸佛之餘，更隨順諸佛履行大道。直行到相繼成佛，展轉依次授補記別。最後成佛的一位天中天，號叫然燈，爲諸行人的導師，度脫無量衆生，出離生死。

這妙光法師，當時有一弟子，心常懈怠，貪著世間的名聞利養，勤求無厭。因此奔走豪門，遊族姓家，對其所習誦的經典，反倒廢棄忘失而不通利了。以是因緣，所以他的名號叫做「求名」。

然而，這求名菩薩，他不但求名，也還行了不少的善業。因此感得來世見無數佛，一一供養，隨行大道，具足了六度萬行。今見釋迦世尊，後當成佛，號叫「彌勒」，於龍華三會，廣度衆生，其數無量。

彼佛滅度後，懈怠者汝是，妙光法師者，今則我身是。

【註解】這一頌是結束所見。

【語譯】彼燈明佛滅度已後，那個懈怠而求名的，就是你彌勒；妙光法師，就是現在我文殊的前身。

我見燈明佛，本光瑞如是，以是知今佛，欲說法華經。今相如本瑞，是諸佛方便，今佛放光

明，助發實相義。

【註解】這二頌是判答決疑。

【語譯】我見燈明佛，放光現瑞而說法華，本昔如是。所以知道今佛現相欲說法華，與本瑞無異。然放光現瑞，不過是諸佛方便，用以助發實相的妙義而已。

諸人今當知，合掌一心待，佛當雨法雨，充足求道者，諸求三乘人，若有疑悔者，佛當為除斷，令盡無有餘。

【註解】這二頌是以勸人待聞，總結所答。

【語譯】衆人當知，合起掌來一心的期待着吧！佛當雨大法雨，以充滿求道者的渴望。諸求三乘的人，假使對一乘實相，有所疑惑的話；佛當為之除斷，令其三惑——見思、塵沙、無明，究盡無餘。

——序品竟——

方便品第二

方便，就是善巧。本品大義是說：理實一乘，幽深玄遠，必須巧施方便，假說為三，才能顯了。先於一乘分別說三，叫做權方便；後開權顯實，會三歸一，叫做實方便；即權即實，是第一方便，所以名為方便品。

爾時世尊！從三昧安詳而起，告舍利弗：諸佛智慧，甚深無量，其智慧門，難解難入，一切聲聞、辟支佛所不能知。

【註解】「安詳而起」——安詳，是適然自得之貌。定動自在，非由驚起，所以叫做安詳而起。

「告舍利弗」——舍利弗，是法會當機，聲聞衆中，智慧第一。欲令回小向大，故佛告之。

「諸佛智慧」——諸經對「智慧」的解釋，不一其說：或說爲一「如實」智。或分爲二：1照空爲一切智；2鑒有爲一切種智。或分爲權、實二智；眞、俗二智；如理、如量二智。然此諸佛智慧，却是指「實智」而言。

「智慧門」——卽入佛「實智」的方便「權智」之門，也就是一切教法。

【語譯】當文殊答覆彌勒的話，說完之時，世尊，從無量義定中，安詳而起，告舍利弗說：諸佛的智慧，徹法源底，甚深無量，其智慧之門，既難了解，更難悟入，不是聲聞、辟支佛這鈍根二乘所能知的。他們旣不能知方便爲實智之門，云何能入？那就只有站在門外了。

所以者何？佛曾親近百千萬億無數諸佛，盡行諸佛無量道法，勇猛精進，名稱普聞。成就甚

深未曾有法。隨宜所說，意趣難解。

【註解】如文易解。

【語譯】何故諸佛智慧，甚深無量，難解難入呢？那是因爲諸佛曾於往世，親近過百千萬億無數諸佛，盡都實行了那諸佛的無量道法，勇猛精進，銳志不退。因此，實至名歸的稱譽，十方普聞。這樣成就了從未曾有的一乘妙法，雖隨宜權說，而意趣深遠，還是很難了解的。

舍利弗！吾從成佛已來，種種因緣，種種譬喻，廣演言教，無數方便，引導衆生，令離諸著。所以者何？如來方便、知見波羅密，皆已具足。

【註解】「如來方便、知見波羅密」——方便，是如來的權智。知見波羅密，是如來的實智，亦卽「般若波羅密」的異名。般若翻爲智慧；波羅密，翻爲到彼岸。卽乘此智慧的法筏，能從生死此岸，到究竟涅槃彼岸之謂。

【語譯】舍利弗！我從久遠之世成佛以來，以三乘人入道不同的種種因緣，設種種譬喻，廣演言教，以無數方便，引導衆生，使之出離了三界煩惱及法愛等的染著。何以能夠這樣？因爲如來的方便善巧，及知見波羅密，都已圓滿具足之故。

舍利弗！如來知見，廣大深遠，無量無礙，力、無所畏、禪定、解脫、三昧，深入無際，成

就一切未曾有法。

【註解】「無量無礙」——有解「無量」爲慈、悲、喜、捨的四無量心；「無礙」爲法、義、辭、樂說的四無礙辯。法華論解爲無障無礙。

「力」——卽佛之十種智力：1知事物之道理與非道理的智力；2知衆生三世業報的智力；3知禪定、解脫、三昧的智力；4知衆生根性勝劣的智力；5知衆生知解的智力；6知種種境界的智力；7知行因所至果地的智力；8知天眼無礙智力；9知宿命智力；10永斷習氣智力。

「無所畏」——卽佛之四無畏：1具一切正智無所畏懼；2諸漏已盡無所畏懼；3對障害佛道之法無所畏懼；4說戒定慧等盡苦之道，無所畏懼。

「解脫」——解惑業之繫縛，脫三界之苦果。亦卽涅槃禪定的別稱。

【語譯】舍利弗！如來的知見，廣大甚深，無障無礙，十力、四無所畏、禪定、解脫、三昧，都盡行深入到無邊無際，成就了一切未曾有的一乘實法。

舍利弗！如來能種種分別，巧說諸法，言辭柔軟，悅可衆心。舍利弗！取要言之，無量無邊未曾有法，佛悉成就。

【註解】如文易解。

【語譯】舍利弗！如來能以種種分別剖析，巧說諸法，言語詞句柔軟和順，使衆人心裡悅服。舍利弗！總而言之，無量無邊的未曾有法，佛完全都成就了。

止！舍利弗，不須復說。所以者何？佛所成就第一希有難解之法，唯佛與佛，乃能究盡諸法實相。

【註解】「究盡諸法實相」下文自解。

【語譯】止！舍利弗，我不要再往下說了，爲什麼？因爲佛所成就的第一希有難解之法，唯獨佛與十方諸佛，才能究竟窮盡諸法實相的邊底。

所謂諸法：如是相、如是性、如是體、如是力、如是作、如是因、如是緣、如是果、如是報、如是本末究竟等。

【註解】「諸法」——卽下自地獄界，上至佛界的十界之法。這十界之法，一一互具：差別之「相」、不變之「性」、色身之「體」、功用之「力」、興造之「作」、感果之「因」、助因克果之「緣」、由因所感之「果」、酬因的苦樂之「報」。相爲「本」，報爲「末」；從本到末，若以空、假、中的三諦圓融觀之，其歸趣處，究竟皆是平等實相的如理。所以說：「如是相」乃至「如是本末究竟等」。學人悟此十如，方知天臺性具之說，並非無據。

【語譯】所謂諸法，即：下自地獄界，上至佛界，這十界之法，法法互具：如是之相、如是之性、如是之體、如是之力、如是之作、如是之因、如是之緣、如是之果、如是之報、如是從相之本，到報之末，即空即假即中，究竟平等。這就叫做「諸法實相」。

爾時世尊，欲重宣此義而說偈言：世雄不可量，諸天及世人，一切衆生類，無能知佛者，佛力無所畏，解脫諸三昧，及佛諸餘法，無能測量者。

【註解】此下是佛再說二十一頌，以重宣前義。這二頌是重宣權實二智。「世雄」——佛爲絕世之雄，能解世人之所難解；行世人之所難行；斷世人之所難斷；證世人之所難證。故稱世雄。

【語譯】世尊在告舍利弗的話說完之時，想再把這話裏的意義，宣說一遍，乃說偈道：佛的智慧，深不可量，無論諸天世人，以及一切衆生之類，沒有能知佛的。因爲佛的十力、四無所畏、解脫、三昧，及實智之餘的化他權法，沒有那個能够測量的。

本從無數佛、具足行諸道，甚深微妙法，難見難可了，於無量億劫，行此諸道已，道場得成果，我已悉知見。

【註解】這二頌是重宣佛行道得果。如文易解。

【語譯】諸佛本因從無數佛所，具足修行了諸佛的權實道法；而此道法，甚深難見，微妙難了。我怎樣知道的呢？我曾於無量億劫之久，行此道已，坐道場得成佛果，所以我於此甚深微妙之法，盡知盡見。

如是大果報，種種性相義，我及十方佛，乃能知是事。

【註解】這一頌是重宣十如唯佛能知。「如是大果報，種種性相義」——近指上文的「得成佛果」，遠指佛界的十如是。先舉大果報，後舉性相義，中間以「種種」二字明十如差別。

【語譯】像這坐道場得成的大果報，及種種性相究竟平等的義理，唯有我和十方諸佛，才能了知這諸法實相之事。

是法不可示，言辭相寂滅。諸餘衆生類，無有能得解，除諸菩薩衆，信力堅固者。

【註解】這一頌半是重宣離言實法，唯信能解。

【語譯】：這大果報法，非方所可示，言語可道。因此，除信力堅固的諸菩薩外，其餘的一切衆生之類，沒有能了解的。

諸佛弟子衆，曾供養諸佛，一切漏已盡，住是最後身，如是諸人等。其力所不堪。假使滿世間，皆如舍利弗，盡思共度量，不能測佛智。正使滿十方，皆如舍利弗，及餘諸弟子，亦滿十方刹，盡思共度量，亦復不能知。辟支佛利智，無漏最後身，亦滿十方界，其數如竹林，

斯等共一心，於億無量劫，欲思佛實智，莫能知少分。

【註解】這六頌是重宣二乘不知。「最後身」——是小乘極果，臨入無餘涅槃之前，所餘的最後依身——苦果。

【語譯】諸佛弟子，曾供養諸佛，盡斷三界見思，住最後依身。像這些如寒灰枯木的二乘人等，他們的力量薄弱，是不堪荷擔大法的。

假使滿世間的人，都像舍利弗的智慧一樣，用盡了他們的思量去忖度，也不能測知佛智。

卽令滿十方世界的人，智慧都如舍利弗；更加神通如目連、頭陀如迦葉、說法如滿慈、多聞如阿難、密行如羅雲，也充滿了十方刹土，盡其思量去忖度佛智，也不能知。

不但鈍根的聲聞，卽使如辟支佛的利智，其無漏最後身，也遍滿十方世界，數如竹林，讓他們共同一心，於無量億劫之久，去思佛實智，也不能略知少分。

新發意菩薩，供養無數佛，了達諸義趣，又能善說法，如稻麻竹葦，充滿十方刹，一心以妙智，於恒河沙劫，咸皆共思量，不能知佛智。不退諸菩薩，其數如恒沙，一心共思求，亦復不能知。

【註解】這三頌半是重宣菩薩不知。如文易解。

【語譯】不但二乘，就是初發大乘心的菩薩，曾供養無數諸佛，既能了達諸法義趣，又能善爲人說，其數又如稻、麻、竹、葦之多，充滿了十方刹土，一心以其勝妙智慧，共同思量，也不能測知佛智。

不但初發心，就是八地以上位登不退的諸大菩薩，其數如恒沙之多，大家一心思量尋求，也一樣的不能測知佛智。

又告舍利弗，無漏不思議，甚深微妙法，我今已具得，唯我知是相，十方佛亦然。舍利弗當知，諸佛語無異，於佛所說法，當生大信力，世尊法久後，要當說眞實。

【註解】這三頌是重宣唯佛能知，及勸信顯實。「無漏不思議」——實相妙法，離於垢染，叫做無漏；心行處滅，言語道斷，名不思議。

【語譯】世尊又告訴舍利弗說：這無漏不思議的甚深微妙之法，我今已完全證得，所以唯我能知此諸法實相，十方諸佛，亦復應然。

舍利弗！你應當知道，諸佛道同，語無別異，故對佛所說的法，應當生大信力，因爲世尊的法，初雖方便，久後畢竟要說眞實。怎可不信？

告諸聲聞衆，及求緣覺乘，我令脫苦縛，逮得涅槃者，佛以方便力，示以三乘教，衆生處處著，引之令得出。

【註解】這二頌是重宣開三乘方便。「聲聞緣覺」——如前已解。但此聲聞，似應包含大乘始教的「稱實聲聞」，終教的「假立聲聞」在內，方與以下三乘相合。

【語譯】佛又告訴一切聲聞，及求緣覺乘者說：我爲令人脫離生死苦惱的束縛，及得涅槃樂果之故，不得不以方便之力，示以三乘教法。這不過是爲衆生處處染着塵境，引導他們使之出離罷了。

爾時大衆中，有諸聲聞，漏盡阿羅漢，阿若憍陳如等，千二百人，及發聲聞辟支佛心比丘、比丘尼、優婆塞、優婆夷，各作是念：今者世尊，何故慇懃稱歎方便而作是言：佛所得法，甚深難解，有所言說，意趣難知，一切聲聞、辟支佛所不能及。佛說一解脫義，我等亦得此法，到於涅槃，而今不知是義所趣。

【註解】「千二百人」——憍陳如等五人、耶舍長者子朋黨五十人、三迦葉等師徒一千人、舍利弗及目犍連師徒各一百人。實爲一千二百五十五人。

【語譯】當佛說偈已罷之時，大衆中有一類聲聞漏盡阿羅漢，阿若憍陳如等千二百人，及初發聲聞、緣覺心的比丘、比丘尼、優婆塞、優婆夷，他們各自在心裏起了這麼一種疑惑，默然念道：今天世尊爲什麼慇懃稱歎方便而作此言：『不但佛所證的實法，甚深難解，就是所有權說的意趣，亦復難知，一切聲聞、辟支佛的智力，都不能及』呢？

佛前說三乘同斷煩惱，同了生死，無非是一種解脫的意義，我們也曾得了此法，證入涅槃，而今呢！反倒不知義之所趣了。

爾時舍利弗，知四衆心疑，自亦未了，而白佛言：世尊何因何緣，慇懃稱歎諸佛第一方便，甚深微妙難解之法？我自昔來，未曾從佛聞如是說，今者四衆咸皆有疑，惟願世尊敷演斯事。世尊何故慇懃稱歎，甚深微妙難解之法？

【註解】「第一方便」——前說三乘，是令悟入一乘的方便。而此方便，即權即實，唯佛能說，故稱第一。

【語譯】此時舍利弗，知四衆心疑，自己也不明了，那就只有向佛請示了，他說：世尊！爲什麼大事因緣，殷勤稱歎諸佛第一方便，及甚深微妙難解之法呢？我自往昔以來，從未聽佛這樣說過，現在四衆都有疑惑，唯一的願望，就是請世尊開演此事——世尊爲什麼殷勤稱歎那甚深微妙難解之法呢？

爾時舍利弗，欲重宣此義而說偈言：慧日大聖尊，久乃說是法，自說得如是，力無畏三昧，禪定解脫等，不可思議法，道場所得法，無能發問者，我意難可測，亦無能問者，無問而自說，稱歎所行道，智慧甚微妙，諸佛之所得。

【註解】此下是舍利弗再說十一頌，以重宣前義。這三頌半是重宣對權實二智的疑惑。

「慧日大聖尊」——佛的智慧，圓明如日，能照破無明，故以日爲喻，名曰「慧日」。佛在諸聖中最大最尊，故稱「大聖尊」。

【語譯】此時舍利弗，想把以上所說的意義再重復一遍，於是用偈頌來表達如下：智慧如日的大聖世尊，於成道的初中時期，未說此法，久後方說。佛自己說：「得此十力、四無畏、三昧、禪定、解脫等的不可思議之法；這坐道場所得的法，沒有那個能發問的。我意旣難測知，亦無人能問，那就只好無問自說，來稱歎所行道法的智慧，幽微玄妙，爲諸佛之所證得了。」

無漏諸羅漢。及求涅槃者，今皆墮疑網，佛何故說是？其求緣覺者，比丘比丘尼，諸天龍鬼神，及乾闥婆等，相視懷猶豫，瞻仰兩足尊，是事爲云何？願佛爲解說。

【註解】這三頌是重宣衆疑。「猶豫」——猶，是一種獸名。此獸多疑，豫防人害，時而上樹，時而又下，故以猶豫爲疑惑不定之詞。「兩足尊」——佛具足權實二智，最爲尊上，故稱兩足尊。

【語譯】已證涅槃的無漏四果阿羅漢，及求得涅槃的三果有學，現在都墮入疑網，他們疑佛何故說此？其次求緣覺的比丘、比丘尼，及一切天龍鬼神、乾闥婆等，也彼此相視，心懷猶豫，瞻仰着兩足尊的佛陀，這甚深微妙不可思議之事，到底是什麼？願佛慈悲，爲之解說。

於諸聲聞衆，佛說我第一，我今自於智，疑惑不能了，爲是究竟法，爲是所行道？

【註解】這一頌半是重宣自疑，如文易解。

【語譯】在一切聲聞衆中，佛說我舍利弗智慧第一，然而我自己對於佛智，也一樣的疑惑不能了解。爲是果地的究竟法呢，還是因地的所行道？

佛口所生子，合掌瞻仰待，願出微妙音，時爲如實說。

諸天龍神等，其數如恒沙，求佛諸菩薩，大數有八萬，又諸萬億國，轉輪聖王至，合掌以敬心，欲聞具足道。

【註解】這三頌是重宣大衆請決。

「佛口所生子」——佛子的法身，是從佛口聞法而生，故名佛口所生子。

「具足道」——昔說二乘半字教，不名具足，今請說一乘滿字教，方名具足。

【語譯】從佛口聞法所生的佛子們，都合掌虔誠的在瞻仰等待，願佛出微妙法音，即時爲他們如實而說。

諸天龍神等，其數如恒沙之多；求佛果的菩薩，大概的數目也有八萬；還有來自他方萬億國土的轉輪聖王，都合起掌來以恭敬心，欲聞具足的一乘妙道。

爾時佛告舍利弗，止止不須復說，若說是事，一切世間諸天及人，皆當驚疑。

【註解】「止止」——是表示不說的肯定之詞。

【語譯】此時佛告舍利弗說：「止！止！我不須要再說了。倘若說出這具足道的實事，那淺機的一切世間諸天人等，乍聞深法，當然要驚怖疑惑。」

舍利弗重白佛言：世尊，惟願說之，惟願說之。所以者何？是會無數百千萬億阿僧祇衆生，曾見諸佛，諸根猛利，智慧明了，聞佛所說，則能敬信。爾時舍利弗，欲重宣此義而說偈言：法王無上尊，惟說願勿慮，是會無量衆，有能敬信者。

【註解】「白」——是表明之義，以下告上之詞。如：表白、明白、禀白等。

【語譯】舍利弗於佛止而不說之時，二次請說重白佛言：「世尊！惟願說此，惟願說此。什麼緣故呢？這靈山會中雖有少數淺機的世間天人，然而還有百千萬億阿僧祇絕大多數的衆生，他們都曾見過諸佛，宿因非淺，六根猛利，智慧明了，聞佛所說深法，必能恭敬信受而不驚疑。」

這時舍利弗欲重宣此義而說偈曰：「大法之王的無上世尊！唯願說此，勿以少數淺機的人天爲慮，這會中還有無量的利根衆生，能够敬信大法的。」

佛復止舍利弗，若說是事，一切世間天人阿修羅皆當驚疑，增上慢比丘，將墜於大坑。爾時世尊重說偈言：止止不須說，我法妙難思，諸增上慢者，聞必不敬信。

【註解】增上慢等，如前序品已釋。

【語譯】佛對舍利弗的二次再請，復又阻止的說：「若說此事，一切世間天人阿修羅等皆當驚疑，尚屬無罪；要緊的是那些增上慢比丘，將爲慢法而墮入地獄大坑，受苦無窮。」

此時世尊重說偈曰：「止！止！不須再說，因爲我的妙法，絕慮難思，一切增上慢人，不聞還好，聞則必不敬信。」

爾時舍利弗重白佛言：世尊，惟願說之，惟願說之，今此會中，如我等比丘，百千萬億，世世已曾從佛受化，如此人等，必能敬信，長夜安隱，多所饒益。爾時舍利弗欲重宣此義而說偈言：無上兩足尊，願說第一法，我爲佛長子，唯垂分別說，是會無量衆，能敬信此法，佛已曾世世，教化如是等，皆一心合掌，欲聽受佛語。我等千二百，及餘求佛者，願爲此衆故，惟垂分別說。是等聞此法，則生大歡喜。

【註解】「長夜安隱」——長夜，是生死無明的喻詞；安隱，是出生死得涅槃的形容。

「第一法」——眞實之法，對三乘權教說爲第一。

【語譯】舍利弗在佛二次止說之時，再爲三請：「世尊！惟願說此，惟願說此，今此靈山會中，像我舍利弗這類的比丘，多至百千萬億，都曾經不止一世的從佛受過教化，他們必然能够敬信，因而出無明長夜，得涅槃安隱，那利益就更加多了。」

此時舍利弗欲重宣此義而說偈曰：「至高無上的兩足尊啊！惟願爲說第一妙法。我是佛最長的法子，惟願垂示憐愍，分別解說。這會中的無量大衆，也都能敬信此法，因爲佛曾經世世不斷的教化過他們，所以大家都一心合掌，想聽受佛語。還有我等千二百比丘，以及其餘求佛果的菩薩，惟願爲此大衆之故，垂示憐愍，分別解說。他們聞此大法，便會生起極大的歡喜。」

爾時世尊告舍利弗：汝已殷勤三請，豈得不說，汝今諦聽，善思念之，吾當爲汝分別解說。說此語時，會中有比丘、比丘尼、優婆塞、優婆夷五千人等，卽從座起，禮佛而退。所以者何？此輩罪根深重及增上慢，未得謂得，未證謂證，有如此失，是以不住，世尊默然而不制止。爾時佛告舍利弗：我今此衆，無復枝葉，純有貞實，舍利弗，如是增上慢人，退亦佳矣。汝今善聽，當爲汝說。舍利弗言：唯然世尊，願樂欲聞。

【註解】「諦聽」——卽不著名相，但取實義，所謂得魚忘筌。「貞實」——卽堅定信守之謂。

【語譯】在舍利弗三請已罷之時，世尊告訴舍利弗說：「汝旣已殷勤三請，我豈能不說。你現在要注意諦聽，善爲思念，我當假言說方便，給你分別解說。」佛說這話的時候，會中有比丘、比丘尼、優婆塞、優婆夷五千人等，卽從座起，禮佛辭退。他們退席的緣故是什麼呢？一則是宿世執小能生謗大的罪根深重；二則是今世於小乘道果，未得謂得，未證謂證的增上慢人。有此二失，所以不能安住於靈山大會，那就只有禮佛退席而去了。世尊也默然不予制止，聽其自便。

此時佛對舍利弗說：「我現在這會中的大衆，已竟沒有不堪大用的枝葉，都是槃槃大材，純粹的貞幹果實了。舍利弗！像這些害羣之馬的增上慢人，退席也好，你現在要好好的聽着，我當與你解說。」

舍利弗隨卽應諾的說：「是的世尊！我誓願樂於聽聞。」

佛告舍利弗：如是妙法，諸佛如來，時乃說之，如優曇鉢華，時一現耳。舍利弗！汝等當信佛之所說，言不虛妄。

【註解】「優曇鉢華」——名靈瑞華，或空起華。輪王出世，始爲一現，故舉之以喻法華，機熟乃說。

【語譯】佛告訴舍利弗說：像這一乘妙法，諸佛如來，不過爲適應時機，偶爾一說；好比優曇鉢華，遇輪王出世時，纔爲之一現。舍利弗！你們應當信佛所說的話，並非虛妄。

舍利弗！諸佛隨宜說法，意趣難解。所以者何？我以無數方便，種種因緣、譬喩、言辭，演說諸法，是法非思量分別之所能解，唯有諸佛乃能知之。

【註解】「隨宜說法意趣難解」——理實非三，隨衆生機宜方便說三，叫做「隨宜說法」。

雖隨宜說三，而意之所趣，實不在三而在一；說三在一，則三卽非三；爲一說三，則一卽非一；如是心無所寄，叫做「意趣難解」。是爲開權。

【語譯】舍利弗！諸佛隨衆生機宜所說的三乘權法，意之所趣，玄遠難解。爲什麼難解？我以無數方便：種種因緣、種種譬喻、種種言辭，爲種種機感不同的衆生，演說諸法；此法不是稟教的人，以思量分別的意識所能了解的，唯有諸佛的無分別智，才能知道。

所以者何？諸佛世尊，唯以一大事因緣故，出現於世。舍利弗！云何名諸佛世尊，唯以一大事因緣故，出現於世？諸佛世尊，欲令衆生開佛知見，使得淸淨故，出現於世；欲示衆生佛之知見故，出現於世；欲令衆生悟佛知見故，出現於世；欲令衆生入佛知見道故，出現於世。舍利弗！是爲諸佛以一大事因緣故，出現於世。

【註解】「一大事因緣」——佛的知見，不落二三，名之爲「一」；窮盡邊際，名之爲「大」；佛出現於世，名之爲「事」；衆生本具佛性爲「因」；佛令開、示、悟、入爲「緣」。

「佛知見」——就體而言，卽佛性、一乘、實相之理。所以涅槃經云：「究竟畢竟者，一切衆生所得一乘；一乘者名爲佛性」。就用而言，卽了知照見諸法實相之理的一切種智。所以壽量品云：「如來如實知見三界之相無有生死」。

【語譯】此法何以唯諸佛能知？因爲諸佛世尊的本懷，就是唯以這一樁大事因緣之故，才出現於世的。舍利弗！什麼叫諸佛世尊，唯以一大事因緣出現於世呢？諸佛世尊，欲令衆生開啓了他們爲五濁所閉的佛之知見，使得清淨故，所以才出現於世；欲指示衆生本具的佛之知見，十界平等，並無差別，所以才出現於世；欲令衆生了悟佛之知見，唯一佛乘，更無二三，所以才出現於世；欲令衆生入於佛的知見，登不退地，所以才出現於世。

舍利弗！這就是諸佛以一大事因緣，出現於世。

佛告舍利弗：諸佛如來，但教化菩薩，諸所有作，常爲一事，唯以佛之知見示悟衆生。舍利弗！如來但以一佛乘故，爲衆生說法，無有餘乘若二若三。舍利弗！一切十方諸佛，法亦如是。

【註解】此下明會權歸實，諸佛法同。「若二若三」——據法華義疏的解釋：「緣覺爲二乘，聲聞爲三乘」。當然以佛菩薩爲一乘了。

【語譯】佛告訴舍利弗說：諸佛如來，但教化菩薩，使成佛道，諸凡所有的三業作爲，常常爲此一事——唯以佛的知見，開示衆生，使之悟入。

舍利弗！如來但以一佛乘故，爲衆生說法，並沒有其餘的二乘三乘。若二若三，不過是方便假說而已。

舍利弗！非但我法，唯一佛乘，即一切十方諸佛的教法，也都是這樣的。

舍利弗！過去諸佛，以無量無數方便，種種因緣，譬喻言辭，而爲衆生演說諸法，是法皆爲一佛乘故。是諸衆生從諸佛聞法，究竟皆得一切種智。

【註解】「一切種智」——分而言之：一切智，是二乘智；道種智，是菩薩智；一切種智，是佛智。這是智度論所說。合而言之：佛智照空，如二乘所見，名一切智；佛智照假，如菩薩所見，名道種智；佛智照空假中皆見實相，名一切種智。這是止觀所說。

【語譯】舍利弗！在過去迦葉佛以前，乃至莊嚴劫中的諸佛，以無量方便：種種因緣、種種譬喻、種種言辭，爲衆生演說諸法。因爲此法雖有差別，而其旨趣無非爲一佛乘故，所以此等衆生，從諸佛聞法，究竟都得到了一切種智。

舍利弗！未來諸佛，當出於世，亦以無量無數方便，種種因緣，譬喻言辭，而爲衆生演說諸法。是法皆爲一佛乘故，是諸衆生從佛聞法，究竟皆得一切種智。

【註解】如上已解。

【語譯】舍利弗！到未來世彌勒佛以後，乃至星宿劫中的諸佛，當出現於世，也以無數方便：種種因緣、種種譬喻、種種言辭，爲衆生演說諸法。此法也都是爲一佛乘故，所以衆生從佛聞法，究竟皆得一切種智。

舍利弗！現在十方無量百千萬億佛土中，諸佛世尊，多所饒益，安樂衆生，是諸佛，亦以無量無數方便，種種因緣，譬喻言辭，而爲衆生演說諸法。是法皆爲一佛乘故，是諸衆生從佛聞法，究竟皆得一切種智。

【註解】如前已解。

【語譯】舍利弗！現在十方無量百千萬億佛土中的諸佛世尊，以很多饒厚的利益去安樂有情。此等佛，也是以無量方便：種種因緣、種種譬喻、種種言辭，爲衆生演說諸法。此法也都是爲一佛乘故，所以這一切衆生從佛聞法，究竟皆得一切種智。

舍利弗！是諸佛，但敎化菩薩。欲以佛之知見示衆生故；欲以佛之知見悟衆生故；欲令衆生入佛之知見故。

【註解】此總結以上諸佛法同。如前已解。

【語譯】舍利弗！這些十方三世諸佛，但敎化菩薩。爲何不敎化二乘？其故有三：1欲以佛的知見示衆生故；2欲以佛的知見悟衆生故；3欲令衆生入佛知見故。

舍利弗！我今亦復如是。知諸衆生，有種種欲，深心所著。隨其本性，以種種因緣、譬喻、言辭方便力，而爲說法。舍利弗！如此皆爲得一佛乘，一切種智故。舍利弗！十方世界中，尙無二乘，何況有三。

【註解】此下廣明釋迦權實二智。「種種欲」——即五乘欲樂。「深心所著」——即染著欲樂的因心很深。

【語譯】舍利弗！不但三世諸佛，法唯一乘，即我釋迦今世也是如此。知一切衆生有種種差別的欲樂，爲深心所著，由來已久，不得不適應機宜，隨着他們習染的本性，以種種因緣、種種譬喻、種種言辭的方便之力，爲之說法。

舍利弗！如此方便說法，都是爲使衆生得一佛乘及一切種智之故。

舍利弗！十方世界中，唯一眞如法界，二乘尚無，那裏有什麼三乘。

舍利弗！諸佛出於五濁惡世，所謂劫濁、煩惱濁、衆生濁、見濁、命濁，如是。舍利弗！劫濁亂時，衆生垢重，慳貪嫉妒，成就諸不善根故，諸佛以方便力，於一佛乘分別說三。

【註解】「五濁惡世」——世本非惡，因濁故惡。譬如投土入水，水便失其本淨，而名爲濁水惡水了。人壽由八萬歲減至二萬歲時，就開始濁起，爾後愈減愈濁，到釋迦出世時，已減至百歲，其濁已甚。濁數有五，玆分解如下：

一、劫濁——劫是時分，本不爲濁，因其餘四濁聚於此時而得濁名。當此之時，刀兵、飢饉、疫癘，三災並發，人心險惡，壽命短促，皆諸濁交湊所致。

二、煩惱濁——以五鈍使爲體：1於順境起「貪」；2於逆境起「瞋」；3對事理則無明「癡」闇；4對他人則傲「慢」不遜；5於善惡抉擇，則「疑」惑不定。這五法，煩動惱亂，使自性渾濁不清，故名煩惱濁。

三、衆生濁——以五陰和合爲體：1有形質留礙的「色」陰；2眼等五識，領納色等五境的「受」陰；3第六識分別計度的「想」陰；4第七識恒審思量，念念遷流的「行」陰；5第八識執持種子、壽、煖的「識」陰。衆生被此五法陰覆自性，不得清淨，故名衆生濁。

四、見濁——以五利使爲體：1不了五陰假合，執有實我的「身見」；2執此身死後或斷或常的「邊見」；3撥無因果的「邪見」；4執非涅槃而起涅槃之見的「見取見」；5取非理的戒禁而爲修因的「戒禁取見」。這五法，妄見昏昧，渾濁自性，故名見濁。

五、命濁——以見濁、煩惱濁的劣因，感得衆生濁的劣果，壽命短促，故名命濁。

因娑婆世界有此五濁，所以叫做五濁惡世。

【語譯】舍利弗！諸佛出現於五濁惡世，所謂的五濁就是：劫濁、煩惱濁、衆生濁、見濁、命濁。舍利弗！當此五濁渾亂之時，衆生的罪垢深重——慳吝、貪欲、嫉賢、妒能，成就了三途惡業的不善根機。因此之故，諸佛以方便之力，於一實佛乘，權說爲三。

舍利弗！若我弟子，自謂阿羅漢、辟支佛者，不聞不知，諸佛如來，但教化菩薩事。此非佛弟子、非阿羅漢、非辟支佛。

【註解】如前已解。

【語譯】舍利弗！設若我釋迦座下的弟子，自以謂他是阿羅漢、辟支佛，猶不聞知諸佛如來但教化菩薩無二無三之事，這不是佛弟子、不是阿羅漢、不是辟支佛。假定眞是佛子、阿羅漢、辟支佛的話，那有不聞知此事之理。

又舍利弗！是諸比丘、比丘尼，自謂已得阿羅漢，是最後身究竟涅槃，便不復志求阿耨多羅三藐三菩提。當知此輩，皆是增上慢人。所以者何？若有比丘實得阿羅漢，若不信此法，無有是處。

【註解】如文易解。

【語譯】還有，舍利弗！此等比丘、比丘尼，自以謂已斷見思二惑，得阿羅漢果，現在僅存的苦果，不過是將入究竟涅槃的最後身而已。以此爲足，就不再立志求無上菩提了，當知此輩，都是增上慢人。怎見得呢？若有比丘實在得了阿羅漢果，而不是增上慢人的話，就應當知道那不是究竟涅槃，進而信此大法才是；若不信此大法，無有是處。

除佛滅度後，現前無佛。所以者何？佛滅度後，如是等經，受持讀誦解義者，是人難得。若遇餘佛，於此法中，便得決了。舍利弗！汝等當一心信解，受持佛語，諸佛如來言無虛妄，無有餘乘，唯一佛乘。

【註解】如文易解。

【語譯】除了佛滅度後，現前無佛外，沒有那個不信大法的阿羅漢，不是增上慢人。什麼緣故呢？因爲佛滅度後，像這一乘實法的經典，能够受持讀誦解義的人，實在難得，所以他們是求之不得，而不是未得謂得的增上慢人。那末，他們到何時才能受持解義呢？若捨報後，生界外淨土，值遇餘佛聞此大法，這問題就解決了。

舍利弗！你們今幸遇佛聞法，就應當一心信解，受持佛語。諸佛如來言無虛妄，所謂「無有餘乘，唯一佛乘」的話，怎可不信。

爾時世尊，欲重宣此義而說偈言：比丘、比丘尼，有懷增上慢，優婆塞我慢，優婆夷不信。如是四衆等，其數有五千，不自見其過，於戒有缺漏，護惜其瑕疵。是小智已出，衆中之糟糠，佛威德故去。斯人尠福德，不堪受是法，此衆無枝葉，唯有諸貞實。

【註解】此下是以一百二十一頌，重宣前義。這四頌是重宣許說。

「瑕疵」——玉有玷點，叫做瑕；人有過非，叫做疵。以玉之玷喻人之過，叫做瑕疵。

「糟糠」——酒滓曰糟；穀皮曰糠。舉此以喻不堪載道的廢人，故曰「衆中之糟糠」。

「尠」——本尟字。義爲鮮少。

【語譯】此時，世尊想把前來所說的意義，再宣說一遍，乃說偈道：比丘和比丘尼中，有計著所得四禪爲究竟極果，別無大法的增上慢；近事男中，有計著無我爲我，除無我外別無大法的我慢；近事女中，有智淺偏狹而不信大法的。像這樣的四衆，其數就有五千，他們不能自見其過，對防非止惡的戒律尙有缺漏，護持瑕疵，諱疾忌醫。此等但有小智而無大慧的人，已經退出，他們在大衆中，好像酒米中必須要廢棄的糟糠，畏佛威德，故而離去。他們的福薄德鮮，不堪受此一乘大法。

現在這衆會中，已竟沒有那些不成器的枝葉，唯有一切堅固貞實的股幹了。

舍利弗善聽：諸佛所得法，無量方便力，而爲衆生說，衆生心所念，種種所行道，若干諸欲性，先世善惡業，佛悉知是已，以諸緣譬喩，言辭方便力，令一切歡喜。或說修多羅，伽陀及本事，本生未曾有，亦說於因緣，譬喩並祇夜，優婆提舍經，鈍根樂小法，貪著於生死，於諸無量佛，不行深妙道，衆苦所惱亂，爲是說涅槃。

【註解】這六頌是重宣諸佛開權。「或說」以下的修多羅、伽陀、本事、本生、未曾有、因緣、譬喩、祇夜、優婆提舍，爲小乘九部經名，玆分別釋之如下：

一、修多羅——解如前釋經題。但此爲九部經中之一，非三藏經部之總稱。

二、伽陀——譯爲孤頌，或諷頌。此爲孤起的諷詠之頌，而非重宣長行之義的重頌。

三、本事——爲梵語「伊帝目多伽」的譯名。說弟子前世經歷之事。

四、本生——爲梵語「闍陀伽」的譯名。說如來宿世受生及因地所行之事。

五、未曾有——爲梵語「阿浮陀達磨」的譯名。說佛菩薩現神通不思議事。

六、因緣——爲梵語「尼陀那」的譯名。說一切事物由來之處。

七、譬喻——爲梵語「阿波陀那」的譯名，說比類易知之事物，以顯難知之理。

八、祇夜——譯爲重頌。爲重宣前長行之義的偈頌，而非孤起。

九、優波提舍——譯爲論議。設問答以辨法相。

「衆苦」——即：生、老、病、死、愛別離、怨憎會、求不得、五陰盛的八苦。

【語譯】舍利弗！你好好聽着：諸佛所得的實法，要以無量方便的權智之力，隨衆生機宜而爲之說。怎樣隨機而說？凡衆生心中想要行的種種道、若干欲樂的習性、宿世所造的善惡業因，佛以權智照了盡知此已，便以種種因緣、譬喻、言辭的方便而爲之說，使一切衆生皆得歡喜。這方便法門都是些什麼？或說契經、孤頌、本事、本生、未曾有事，亦說因緣、譬喻、重頌、論議這九部經典。

爲什麼要說方便？因爲衆生根鈍：有的樂著小法，於無量佛所，不能行深妙大道；有的貪著生死，爲衆苦所惱亂，所以才給他們說這盡苦道的小乘涅槃。

我設是方便，令得入佛慧，未曾說汝等，當得成佛道。所以未曾說，說時未至故，今正是其

時，決定說大乘。我此九部法，隨順衆生說，入大乘爲本，以故說是經。

【註解】此下有十三頌，重宣諸佛顯實。這三頌是說顯實的大事因緣。如文易解。

【語譯】我假設這小乘的方便，雖非眞實，却是使之入於佛慧的門徑，但不曾說過汝等聲聞，當來得成佛道的話。所以未說的緣故，因爲衆生根鈍，說的時機還沒有到來。現在根機既熟，說時已至，那就決定要說平等實相的大乘了。

我從前所說的九部教法，是隨順衆生而說的假方便，究其實，還是以悟入大乘爲本，因此之故，所以要說這大乘經典。

有佛子心淨，柔軟亦利根，無量諸佛所，而行深妙道。爲此諸佛子，說是大乘經。我記如是人，來世成佛道，以深心念佛，修持淨戒故。此等聞得佛，大喜充徧身，佛知彼心行，故爲說大乘。聲聞若菩薩，聞我所說法，乃至於一偈，皆成佛無疑。十方佛土中，唯有一乘法，無二亦無三，除佛方便說，但以假名字，引導於衆生。說佛智慧故，諸佛出於世，唯此一事實，餘二則非眞。終不以小乘，濟度於衆生，佛自住大乘。如其所得法，定慧力莊嚴，以此度衆生，自證無上道，大乘平等法，若以小乘化，乃至於一人，則我墮慳貪，此事爲不可。

【註解】這十頌是重宣會權歸實。「有佛子心淨」——菩薩離凡夫二乘的有所得心，叫做佛子心淨。

「深心念佛」——求菩提大果，名爲念佛；念佛之心，名爲深心。法華義疏云：「以深心念佛者，了悟如來無生滅身也。」又引大品云：「云何念佛？謂無憶故，是爲念佛。」又曰：「內外並冥，緣觀俱寂，是眞念佛。」

【語譯】若有佛子心地淸淨，柔軟調伏，根器又利，又曾於無量佛所，行深妙大道，我不但爲這些佛子說大乘經，而且還要授與來世成佛的記別。因其以深心念佛，修持淨戒之故，此等佛子，聞授記得佛，大歡喜心便充滿了全身。佛知彼等念佛的深心，持戒的淨行，所以才爲他們說此大乘。

無論聲聞，或是菩薩，聞我所說全部大法，乃至最少一偈，都可成佛，那是決定無疑的。十方佛土裏，唯有一乘實法，沒有緣覺的二乘，也沒有聲聞的三乘，除佛方便權說二三；但那不過是假立名字，引導衆生而已。

爲說佛的智慧之故，諸佛出世，唯有說此一乘之事是實，其餘的聲、緣二乘，那就不是眞實了。佛終久不以此小乘去濟度衆生，自己却住於大乘；而是以如佛所得定慧之力的莊嚴大法，以度化衆生的。佛自己證了無上道的大乘平等之法，假使以小乘去度化衆生，乃至一人，那我就墮入慳貪的過失了。此事揆於平等之理，諸佛之心，是不可以的啊。

若人信歸佛，如來不欺誑，亦無貪嫉意，斷諸法中惡，故佛於十方，而獨無所畏。我以相嚴

身，光明照世間，無量衆所尊，爲說實相印。舍利弗當知，我本立誓願，欲令一切衆，如我等無異，如我昔所願，今者已滿足，化一切衆生，皆令入佛道。

【註解】這四頌半是重宣諸佛勸信。「實相印」——實相，是大乘佛法的印信，猶如政府頒布的法令，須以印信爲憑。說法亦然，要合此實相法印，方爲了義。「相嚴身」——佛身可見的部位爲相；微妙的色澤爲好。就化身言，相有三十二，好有八十。就報身言，則有八萬四千，乃至無量的相好，爲之莊嚴。

【語譯】若人以信心歸依於佛，如來決不以小乘欺誑度他，也沒有自貪法利嫉妒他人之意。諸法中的惡法，佛已究竟斷盡，所以唯佛於十方世界，獨無所畏。我以相好莊嚴之身的光明，徧照世間，爲無量大衆之所尊仰，爲此大衆說一乘平等的實相法印。舍利弗！你應當知道，我於本昔立大誓願，欲令一切衆生，同我平等無有別異。如我昔時所發的誓願，今已酬滿，化一切機緣成熟的衆生，皆入佛道。

若我遇衆生，盡教以佛道，無智者錯亂，迷惑不受教。

【註解】此下有九頌半重宣諸佛爲五濁開權。這一頌是總明五濁能障大法。如文易解。

【語譯】佛既發願令一切衆生成佛，何不對一切衆生皆說一乘？設若我遇一切衆生，盡都教以成佛之道，那沒有智慧的人，便錯亂迷惑，不受教化。

我知此衆生，未曾修善本，堅著於五欲，癡愛故生惱。以諸欲因緣，墜墮三惡道，輪廻六趣中，備受諸苦毒。

【註解】這二頌是別明衆生濁。「五欲」——色、聲、香、味、觸，這五塵境能引人生欲，故名五欲。

「三惡道」——卽六趣中的地獄、餓鬼、畜生。此三爲惡業衆生所行之道，故名三惡道。六趣如序品已解。

「善本」——法華文句云：「善本者，眞如實相也」。

【語譯】我知道此等衆生，不曾修學過無漏善的根本，堅固取著於五欲塵境，由無明癡而起貪愛，故生煩惱。以此五欲因緣，墮落於三途惡道，輪廻生死於六趣之中，備極忍受諸苦毒害的報果。

受胎之微形，世世常增長，薄德少福人，衆苦所逼迫。

【註解】這一頌是別明命濁。如文易解。

【語譯】由初受胎時的微細形狀，漸漸增長到老死，世世常是如此。這是因爲人的德薄福少，所以才爲生、老、死等的衆苦所逼迫。

入邪見稠林，若有若無等，依止此諸見，具足六十二。

【註解】這一頌是別明見濁。「六十二見」——外道計五陰各有四句，例如色陰四句：1色卽是我；2離色是我；3色大我小，我在色中；4我大色小，色在我內。如是五陰四句，成爲二十；再以三世乘之，則爲六十；再加根本斷、常，便具足六十二見。如是邪見多如稠林，故曰「邪見稠林」。

【語譯】入於邪見稠密之林：若執「有」的常見，執「無」的斷見；復依止此二見爲根本，具足了六十二見。

深著虛妄法，堅受不可捨，我慢自矜高，諂曲心不實。

【註解】這一頌是別明煩惱濁。貪著，是根本煩惱；諂曲，是小隨煩惱。略舉此二以概其餘。

【語譯】深著世間名利，如夢如幻的虛妄諸法，堅受貪圖，不肯捨棄。僥倖得志，則貢高我慢，自矜誇大；一朝失勢，則諂妄邪曲，心不眞實。

於千萬億劫，不聞佛名字，亦不聞正法，如是人難度。

【註解】這一頌是別明劫濁。如文易解。

【語譯】於千萬億劫之久，不曾聽說過佛的德號，當然也無從得聞正法。像這樣五濁障重的人，實在難予度化。

是故舍利弗，我爲設方便，說諸盡苦道，示之以涅槃。我雖說涅槃，是亦非眞滅，諸法從本來，常自寂滅相，佛子行道已，來世得作佛。

【註解】這二頌半是總明因濁開權，涅槃非實。

【語譯】因此五濁障重難度之故，舍利弗！我不得不爲施設方便，說諸盡苦之道，而示以涅槃的寂滅之法。我雖說涅槃，但這滅色取空的涅槃，並非眞滅。那末什麼是眞滅呢？若達諸法從本以來，性自眞常，寂滅無相的實相之理，卽色卽空，那才是眞滅。佛子修行此眞滅道已竟，來世當得作佛。

我有方便力，開示三乘法，一切諸世尊，皆說一乘道，今此諸大衆，皆應除疑惑，諸佛語無異，唯一無二乘。

【註解】這二頌是勸信開三顯一，諸佛無異。如文易解。

【語譯】我雖有方便之力，分別開示三乘教法，但一切諸佛世尊，都是初開方便，終歸要說一乘佛道，我當然也不例外。現在這會中的大衆，都應當除去心裏的疑惑，深信諸佛道同，語無別異，究竟唯有一乘，更無餘二。

過去無數劫，無量滅度佛，百千萬億種，其數不可量，如是諸世尊，種種緣譬喩，無數方便力，演說諸法相，是諸世尊等，皆說一乘法，化無量衆生，令入於佛道。又諸大聖主，知一

切世間，天人羣生類，深心之所欲，更以異方便，助顯第一義。

【註解】此下有二十七頌半舉過去諸佛，為開顯作證，這四頌半是總明開顯，餘二十三頌是別明開顯。

「異方便」——經家於此解說不一：有的說人天方便，與三乘有異；有的說大乘方便，與小乘有異；有的說神通方便，與說法有異。今依法華文句，以人、天、聲、緣，及藏、通、別的三教菩薩，這七方便作解。

【語譯】在過去無數劫的時期，有無量滅障度苦的佛，百千萬億種的族姓，此等世尊，儘管出世的時期不同，族姓不同，然而，皆以種種因緣譬喻的無數方便之力，演說一切法相，終歸於一乘實法，度無量衆生，令入佛道，却是一同。

又諸大聖主——佛，知一切世間的天人衆生之類，深心所著的欲樂不同，更以不同的七方便為助緣，來顯發這實相的第一義諦。

若有衆生類，值諸過去佛，若聞法布施，或持戒忍辱，精進禪智等，種種修福慧，如是諸人等，皆已成佛道。

【註解】這二頌是約菩薩乘以明開顯。六度雖是菩薩大行，但對第一義來說，仍為方便。前五度為修福，後一度為修慧。

【語譯】若有衆生之類，值遇過去諸佛，不但聞法，而且還修布施、持戒、忍辱、精進、禪定、智慧，這六度的種種福慧。這等人，以今天來看，他們都早已成佛了。

諸佛滅度後，若人善軟心，如是諸衆生，皆已成佛道。

【註解】這一頌是別約二乘以明開顯。法華文句引大品歎阿羅漢心調柔軟。又淨名云：「住調伏心是賢聖行」。所以判屬二乘。

【語譯】不但值佛聞法修行的皆已成佛。卽諸佛滅度後，設若有人善心柔軟，隨順一乘教理，此等大衆，以今天來看，他們也都已成佛了。

諸佛滅度已，供養舍利者，起萬億種塔，金銀及玻璃，硨磲與瑪瑙，玫瑰瑠璃珠，淸淨廣嚴飾，莊校於諸塔。或有起石廟，旃檀及沉水，木櫁並餘材，甎瓦泥土等。若於曠野中，積土成佛廟，乃至童子戲，聚沙爲佛塔。如是諸人等，皆已成佛道。

【註解】此下有二十頌是別約人天乘以明開顯。這四頌半是明起塔廟成佛。法華文句云：「但明造像起塔，故知是人天業」。人天有漏善業，何以成佛？法華義疏云：「人天善根是得佛之遠緣，故云成佛。」又云：「人天善根有二：一者習因；二者報因。報因感人天身；習因值佛菩薩，聞說大乘（略），是佛道種子」。

「玫瑰」——是石之美而圓者。說文謂是火齊珠。「嚴飾莊校」——卽嚴整妝飾之義。

「木榓」——形似白檀，略有香氣。

【語譯】諸佛滅度後，不但善軟心者皆已成佛。就是爲供養舍利，起萬億種塔，而以金銀、玻瓈、硨磲、瑪瑙、玫瑰、瑠璃、眞珠等的清淨寶物，嚴飾莊校；或有以石起廟，而以栴檀、沉香、木榓，及甎瓦泥土等建造殿宇；或於曠野積土成廟，乃至童子嬉戲聚沙爲塔，像這等人，以今天來看，他們也功不唐捐，都已成佛了。

若人爲佛故，建立諸形像，刻雕成衆相，皆已成佛道。或以七寶成，鍮鉐赤白銅，白鑞及鉛錫，鐵木及與泥。或以膠漆布，嚴飾作佛像。如是諸人等，皆已成佛道。

【註解】這三頌是明造像成佛。「鍮鉐」——質本是銅，色如黃金。

【語譯】不但起塔廟的皆已成佛。就是有人爲敬佛故，建立諸尊聖像：或以七寶雕砌而成；或以鍮鉐、銅鐵、白鑞、鉛錫鎔鑄而成；或以木刻泥塑，膠漆布帛，嚴飾佛像。此等人，以今天來看，他們也都已成佛道了。

彩畫作佛像，百福莊嚴相，自作若使人，皆已成佛道。乃至童子戲，若草木及筆，或以指爪甲，而畫作佛像。如是諸人等，漸漸積功德，具足大悲心，皆已成佛道。但敎化菩薩。度脫無量衆。

【註解】這三頌半是明畫像成佛。如文易解。

【語譯】不但以七寶建造佛像，即以彩色畫作百福莊嚴的佛像，不管是自作，或使人代作；乃至童子嬉戲，隨便以草木、筆墨、指甲畫作佛像。這等人，漸漸的積功累德，具足大慈悲心。也都成就佛道了。既已成佛，也一樣的但教化菩薩，度脫了無量衆生。

若人於塔廟，寶像及畫像，以華香旛蓋，敬心而供養，若使人作樂，擊鼓吹角貝，簫笛琴箜篌，琵琶鐃銅鈸。如是衆妙音，盡持以供養。或以歡喜心，歌唄頌佛德，乃至一小音，皆已成佛道。若人散亂心，乃至以一華，供養於畫像，漸見無數佛。或有人禮拜，或復但合掌，乃至舉一手，或復小低頭，以此供養像，漸見無量佛。自成無上道，廣度無數衆，入無餘涅槃，如薪盡火滅。

【註解】這七頌是明供養成佛。「角貝」——是一種動物，名八角貝，亦名牛角螺。以其殼製作樂器，名為法螺。以下乃至銅鈸，皆樂器名。「歌唄」——即讚佛的歌詠。「無餘涅槃」——如序品已解。

【語譯】不但畫像成佛，即或有人於塔廟裏佛像之前，以華、香、幡、蓋，敬心供養；或使人奏樂：擊鼓、吹角貝，以及簫、笛、琴、箜篌、琵琶、鐃鈸，這些衆妙之音，都用作供養；或以歡喜心歌詠梵唄，讚頌佛德，乃至一小音聲。他們當時的功德雖小，以現在來看，也都如涓滴之水，滙入大海而成就佛道了。

不但敬心供養，以華香鼓樂，即或有人以散亂心，乃至以一華供養於佛像之前；或作禮拜，或但合掌，乃至一舉手、一低頭，以此等儀式來供養佛像。他們也都以此習因，漸見無量諸佛而成就佛道了。不但自己成佛，還要廣度無數衆生，入無餘涅槃，機盡應亡，好像薪盡火滅似的。

若人散亂心，入於塔廟中，一稱南無佛，皆已成佛道。

【註解】這一頌是明念佛成佛。「稱南無佛」——南無，譯爲「歸命」。南無佛，即歸命於佛之義。稱南無佛，即稱名念佛。例如：淨土行者，稱念「南無阿彌陀佛」六字洪名，臨終佛來接引，即生成佛。

【語譯】不但供像成佛，即或有人，以散亂心進入塔廟之中，稱一聲「南無佛」，也都成就佛道了。

於諸過去佛，在世或滅後，若有聞是法，皆已成佛道。

【註解】這一頌是總結過去諸佛開顯。如文易解。

【語譯】於過去世的一切諸佛，無論是佛住世，抑或滅後，倘若有人直接間接聞此開權顯實的妙法者，都已成就佛道了。

未來諸世尊，其數無有量，是諸如來等，亦方便說法。一切諸如來，以無量方便，度脫諸衆

生，入佛無漏智。若有聞法者，無一不成佛。

【註解】此下有六頌半，舉未來佛爲開顯作證。這二頌半正明開顯。

【語譯】不但往世諸佛，方便說法，就是到了未來世，無量諸佛世尊，也一樣的以方便說法。一切如來，以無量方便說法，無非爲度脫衆生，入於佛的無漏智慧。若有聞此法者，沒有一人不成佛的。

諸佛本誓願，我所行佛道，普欲令衆生，亦同得此道。未來世諸佛，雖說百千億，無數諸法門，其實爲一乘。諸佛兩足尊，知法常無性，佛種從緣起，是故說一乘。是法住法位，世間相常住，於道場知已，導師方便說。

【註解】這四頌是明開顯之由。「知法常無性」——知，是能證之智；法，是所證之法；常無性，是所證之理。佛智所證的一切法，理實常如，自性本無。故曰知法常無性。

「佛種從緣起」——佛種，就是佛性；也就是「常無性」之理。因爲涅槃經上說：「佛性者，即是無上菩提中道種子」；又說：「佛性，即是第一義空」。常無性，即是空義之故。佛種，是從聞一乘教法，了解常無性之理而緣起的。所以說「佛種從緣起」。

「是法住法位」——第一個法字，指一切法而言；第二個法字，指眞如法性而言。一切法，本性空寂，如如不動，安住於眞如法位，叫做「是法住法位」。所以智度論謂：法性、法界、法位、法住，皆眞如異名。

「世間相常住」——衆生不了法住法位，所以凡夫見世間相有；二乘見世間相空；有、空卽是生滅無常。唯佛證知法住法位，見世間相非有非空；非有非空卽是不生滅的常住眞如，所以說「世間相常住」。

【語譯】諸佛本來的誓願，是把佛所行的平等大道，普遍的欲令衆生，也同諸佛一樣的得此大道。未來世諸佛，雖也說有百千億的無數方便法門，究其實，爲的還是一乘佛道。

權實兩足的諸佛世尊，證知一切法，本來空寂，常無自性，佛性種子，是從聞法了義而緣起的，所以才說一乘實法。

這一切法，安住於眞如法位，卽世間生滅妄相，便是常住眞如。佛坐道場證知此理，妙絕言思，本不可說；然而爲給衆生作導師故，不得不假名相的方便而說此妙法了。

> **天人所供養，現在十方佛，其數如恒沙。出現於世間，安隱衆生故，亦說如是法。知第一寂滅，以方便力故，雖示種種道，其實爲佛乘，知衆生諸行，深心之所念，過去所習業，欲性精進力，及諸根利鈍，以種種因緣，譬喻亦言辭，隨應方便說。**

【註解】這四頌半是舉現在佛爲開顯作證。「安隱衆生」——安隱，就是安穩。衆生執有執空，淪於分段、變易二種生死，不得安隱。佛爲說中道實相，使之出離二死，叫做安穩衆生。

「第一寂滅」——中道實相的空義，對二乘但空來說，叫做第一義空，第一義空，就是第一寂滅。

【語譯】爲天人所供養的現在十方諸佛，其數如恒沙之多，出現於世。爲令衆生，離二種生死，於中道實相而得安隱之故；也同往佛一樣的說此一乘實法。

諸佛證知第一義空的實相寂滅之法，本無言說。以方便力故，雖也開示種種不同的道法，其實還是爲一乘而說。

佛知衆生所行的道、深心所念的意境、過去所習的業因、嗜欲的慣性、精進的能力、根器的利鈍，以種種因緣、譬喻、言辭，隨其機感所應，方便爲說。

今我亦如是，安隱衆生故，以種種法門，宣示於佛道。我以智慧力，知衆生性欲，方便說諸法，皆令得歡喜。

【註解】此下有四十三頌半，明釋迦隨同開顯。這二頌是總明開顯，餘四十一頌半別明開顯。

【語譯】不但十方諸佛，就是我釋迦也是如此，爲安隱衆生之故，以種種法門，宣示佛道。我以智慧之力，知衆生根性差別，欲樂不同，隨其所宜，說方便諸法，使他們都得到法益的歡喜。

舍利弗當知，我以佛眼觀，見六道衆生，貧窮無福慧，入生死險道，相續苦不斷，深著於五欲，如犛牛愛尾，以貪愛自蔽，盲瞑無所見，不求大勢佛，及與斷苦法，深入諸邪見，以苦欲捨苦，爲是衆生故，而起大悲心。

【註解】這四頌是明大悲之所由起。「佛眼」——人具肉眼，但見障內；天具天眼，見無所障；二乘具慧眼，但能了空；菩薩具法眼，並觀俗諦。唯佛圓具以上四眼，能照了諸法實相。所以法華文句云：「四眼入佛眼，皆名佛眼」。

「犛牛愛尾」——犛牛，是一種獸名。尾長如絲，可飾旄麾。面毛遮眼，見境不眞。往往因愛護其尾，避人捕捉，墮坑而死。故以犛牛愛尾，喻衆生因貪愛五欲，備受諸苦。

「以苦捨苦」——外道邪見，或以灰塗身、或裸形露體、或持牛狗等戒，啃草噉糞。以此苦行，欲捨苦報。

【語譯】舍利弗！你應當知道：我以佛眼觀見六道衆生，貧困窮窘，無福無慧，走入了生死險惡的道途！生生死死，苦因苦果相續不斷。這是因爲深著五欲塵境，好像犛牛愛尾，以貪愛自蔽，盲目冥暗而無所見。他們不但不求有大勢力能醫苦病的佛，及能斷苦病的平等法藥；而且深入邪見，妄以苦行欲捨苦報。我爲此等衆生，起同體大悲的心懷。

我始坐道場，觀樹亦經行，於三七日中，思惟如是事，我所得智慧，微妙最第一。衆生諸根鈍，著樂癡所盲，如斯之等類，云何而可度？

【註解】這二頌半明不可說一。「觀樹亦經行」——諸家多以「觀樹，爲欲報樹恩；經行，爲欲報地恩」作解。若如此釋，便與下文「思惟如是事」不相關屬了。今解觀樹經行，爲思惟之助緣。我們也常爲思惟繞室而走，或注視一物。試一體會便知。

【語譯】我最初坐菩提道場，得成正覺，於三七日中，觀樹經行在思惟此事：我所得的智慧，是如此的微妙最爲第一；而衆生的根性，又是那樣的暗鈍，貪著世間欲樂，爲癡愛所蔽，盲了智慧之眼。像這一類的衆生，如何可以一乘妙法去度脫他們？

爾時諸梵王，及諸天帝釋，護世四天王，及大自在天，並餘諸天衆，眷屬百千萬，恭敬合掌禮，請我轉法輪。

【註解】這二頌明諸天請說。如前已解。

【語譯】正在思惟之時，三千大千世界所有的諸梵天王、諸天帝釋、護世四天王、大自在天，並其餘的一切天衆，及其眷屬，都百千萬，一齊恭敬合掌作禮，請我爲衆生轉大法輪。

我即自思惟，若但讚佛乘，衆生沒在苦，不能信是法。破法不信故，墜於三惡道，我寧不說

法，疾入於涅槃。

【註解】這二頌明拒請息化。如文易解。

【語譯】我即自心思惟：若但讚佛乘轉大法輪；則衆生正淪沒在生死苦海，不能信此大法；必因不信而起謗破法，墮落於三途惡道。如此，非但無益而且有害，我寧可不說法，疾速息化入於寂滅的涅槃。

尋念過去佛，所行方便力，我今所得道，亦應說三乘。作是思惟時，十方佛皆現，梵音慰喻我，善哉釋迦文，第一之導師，得是無上法，隨諸一切佛，而用方便力。我等亦皆得，最妙第一法，為諸衆生類，分別說三乘。少智樂小法，不自信作佛，是故以方便，分別說諸果。雖復說三乘，但為教菩薩。

【註解】這五頌半明擬說方便，諸佛慰喻。「釋迦文」——為釋迦牟尼之訛略。或有釋「文」為「儒」者非也。

【語譯】尋又思念，過去諸佛所行的方便之力。我今天所得的妙道，也應當隨順諸佛，說三乘教法。

正在作此思惟之時，十方諸佛皆現身在前，以梵語音聲安慰於我的說：善哉！釋迦牟尼，你可以說是引導衆生，入於佛慧的第一導師。因為你得此無上妙法，而能隨順一切諸佛，用三乘方便，巧逗衆機啊。我等也都得了最妙的一乘實法，爲衆生分別說三。爲什麼要分別說三？衆生智少，樂著小法，他不信自己能夠作佛；因此之故，才以方便之力，分別說三乘報果；雖說三乘，然佛的本懷，實爲教化菩薩。言在此而意在彼。

舍利弗當知，我聞聖師子，深淨微妙音，稱南無諸佛，復作如是念：我出濁惡世，如諸佛所說，我亦隨順行。

【註解】這二頌是明釋迦酬答諸佛，隨順方便。如文易解。

【語譯】舍利弗！你應當知道：我聽了諸佛深微淨妙的歎善聲音，隨即稱一聲「南無諸佛」，又作這樣的思念：我釋迦出現於五濁惡世，大法難設，也應當如諸佛所說的方便，隨順而行。

思惟是事已，卽趣波羅奈，諸法寂滅相，不可以言宣，以方便力故，爲五比丘說，是名轉法輪，便有涅槃音，及以阿羅漢，法僧差別名。

【註解】這二頌半是說法定名。「波羅奈」——是中印度的一個國名。因其位於恒河流域，故又名「江繞」。鹿野苑卽在此國境。

「五比丘」——1憍陳如、2額鞞、3跋提、4十力迦葉、5摩男俱利。

「涅槃音……差別名」——佛說四諦法的宗趣，在於寂滅的涅槃。五比丘聞涅槃音，得阿羅漢果。涅槃音是法；阿羅漢是僧；差別名，是方便假立，不可執實。

【語譯】思惟此事已竟，即赴波羅奈，將本無差別，不可以言說的諸法實相，以方便之力，爲鹿野苑的五比丘說。這說法的名稱，就叫做「轉法輪」。從此，便有涅槃音，以及阿羅漢，這法、僧差別的假名。

從久遠劫來，讚示涅槃法，生死苦永盡，我常如是說。

【註解】這一頌明爲實施權，由來已久。如文易解。

【語譯】何以佛初轉法輪，聞者便證阿羅漢果？爲實施權，並非自今日始，乃從久遠劫來，早已宣示涅槃之法，令小機衆生，生死之苦，永盡無餘。我常常是這樣說的啊。

舍利弗當知，我見佛子等，志求佛道者，無量千萬億，咸以恭敬心，皆來至佛所，曾從諸佛聞，方便所說法。

【註解】這二頌明從三乘方便，發大乘機。如文易解。

【語譯】舍利弗！你應當知道：我見無量千萬億志願求佛道的佛子們，都以恭敬心來到靈山會所，他們也曾從其他諸佛，聞過方便法門。

我卽作是念，如來所以出，爲說佛慧故，今正是其時。舍利弗當知，鈍根小智人，著相憍慢者，不能信是法，今我喜無畏。

【註解】這二頌又一句，是明大化時至。如文易解。

【語譯】我見佛子來求佛道，卽作是念：如來所以出世，本爲說佛智慧，而今適逢其會，正是說時。何以昔非說時？舍利弗！你應當知道：昔日的鈍根小智，著相凡夫，具大憍慢者，不能信此大法，他們已退席離去，我今可以一暢本懷，沒有因謗大法而墮入惡道之可畏了。

於諸菩薩中，正直捨方便，但說無上道。菩薩聞是法，疑網皆已除，千二百羅漢，悉亦當作佛。

【註解】這一頌又三句，是正明顯實。「正直捨方便」——正直，是對偏曲而言：一乘實法，正而非偏，直而非曲；三乘方便，偏而非正，曲而非直。今大機旣熟，故爲正直而捨棄方便。

【語譯】旣無謗大墮惡之可畏，那就要在大機的諸菩薩中，爲正直而捨棄方便，但說一乘的無上道了。不唯菩薩一聞此法，對前說三乘差別的疑網，都已斷除；就是那千二百羅漢，當來也都要成佛。羅漢成佛，必先斷疑；菩薩斷疑，必定成佛；那是不消說的了。

如三世諸佛，說法之儀式，我今亦如是，說無分別法。諸佛興出世，懸遠值遇難；正使出於世，說是法復難；無量無數劫，聞是法亦難；能聽是法者，斯人亦復難。譬如優曇華，一切

皆愛樂，天人所希有，時時乃一出。聞法歡喜讚，乃至發一言，則爲已供養，一切三世佛，
是人甚希有，過於優曇華。

【註解】這五頌半是歎法希有。如文易解。

【語譯】先方便說三，後會三歸一；一三不二，權實無別，這是三世諸佛說法的儀式軌範。我釋迦如今也同諸佛一樣的說此無分別法。

諸佛出世，佛佛之間，相隔懸遠，值遇很難；縱使遇佛出世，說此妙法的機緣亦難；縱經無量無數劫之久，如盲龜浮木，聞此妙法的時會亦難；縱遇時會，而能不當面錯過，聽信此法的人，亦復不易。

這妙法，譬如應瑞而現的優曇華，一切衆生悉皆愛樂，爲天上人間所希有，時而又時，久久才出現一次。

若聞此法，歡喜讚歎，乃至略讚一言，那就算能修法供養於三世諸佛了。這種人的甚爲希有，還要超過了優曇華。

汝等勿有疑，我爲諸法王，普告諸大衆，但以一乘道，敎化諸菩薩，無聲聞弟子。汝等舍利
弗，聲聞及菩薩，當知是妙法，諸佛之秘要。以五濁惡世，但樂著諸欲，如是等衆生，終不
求佛道。

【註解】這三頌半是勸信除疑。「秘要」——輕易不說，叫做「秘」；宗歸一乘，叫做「要」。

【語譯】你們不要疑惑，世間人王尚無二言，何況我爲諸法之王？今普告大衆：如來但以一乘佛道，化諸菩薩，並無所謂的聲聞弟子。舍利弗！你們在會的聲聞，以及菩薩，都應當知道這一乘妙法，是諸佛秘而不宣的宗要啊！爲什麼一乘宗要秘而不宣？因爲五濁惡世的人，只是貪着欲境，此等衆生，終於沉淪生死，不求佛道。

當來世惡人，聞佛說一乘，迷惑不信受，破法墮惡道，有慚愧清淨，志求佛道者，當爲如是等，廣讚一乘道。

【註解】這二頌明弘經必須鑒機。如文易解。

【語譯】那末，此經應如何弘傳？當來之世的惡濁之人，聞佛所說的一乘妙法，迷惑顛倒，不能信受，必致破壞正法，墮落於三途惡道；此等人，勿予輕說。若有自知慚愧，離垢清淨，志願求佛道的，應當爲這些大機人，廣說一乘妙道。

舍利弗當知，諸佛法如是，以萬億方便，隨宜而說法，其不習學者，不能曉了此。汝等既已知，諸佛世之師，隨宜方便事，無復諸疑惑，心生大歡喜，自知當作佛。

【註解】這三頌是總結秘要，略爲授記。如文易解。

【語譯】舍利弗！你應當知道：諸佛之法，都是這樣的：先以萬億之多的方便法門隨宜而說，後顯眞實。其有自甘暴棄，不肯修學的人，不能曉了此義。你們旣知諸佛爲世間導師，隨宜方便之事，無復再有「封滯小乘，不信大法」的疑惑，生起了大歡喜心，自知當得作佛。

——方便品竟——

譬喩品第三

比類爲「譬」；曉知爲「喩」；假託淺近之事，比類深遠之理，以曉知未悟，叫做「譬喩」。前方便品中，直說開權顯實，會三歸一，上根人一聞便悟，中根人聞猶未達，故須擧喩以明。如法華文句云：「大悲不已，巧智無邊，更動樹訓風，擧扇喩月，使其悟解，故言譬喩。」

但本品爲舍利弗由解前「法說」後而請說的，故於說譬喩前，有舍利弗的自述領解一段。

爾時舍利弗，踴躍歡喜，卽起合掌，瞻仰尊顏，而白佛言：今從世尊聞此法音，心懷踴躍，得未曾有。

【註解】此下先序舍利弗自述領解，爲請譬說的前緣。「踴躍歡喜」——歡喜發於內，踴躍形於外：卽歡喜之極，不覺舞蹈之義。

【語譯】舍利弗聞佛說方便已罷之時，歡喜已極，不覺踴躍！卽避席而起，合起掌來瞻仰著佛的尊容，他這樣向佛說道：今從世尊聽到這方便法說的妙音，心懷暢快，歡喜踴躍，是從來所沒有的！

所以者何？我昔從佛聞如是法，見諸菩薩受記作佛，而我等不預斯事，甚自感傷，失於如來無量知見。

【註解】這是舍利弗爲顯今日之得，先述昔日之失。「聞如是法」——指方等經中的大乘實慧，與今法無異。

【語譯】爲什麼這樣歡喜？我往昔從佛聞如此大法，見諸菩薩都受記作佛，獨我等小乘，不得參預此事，深自感傷，失却了如來的無量知見。

世尊！我常獨處山林樹下，若坐若行，每作是念：我等同入法性，云何如來以小乘法而見濟度，是我等咎，非世尊也。所以者何？若我等待說所因，成就阿耨多羅三藐三菩提者，必以大乘而得度脫，然我等不解方便隨宜所說，初聞佛法，遇便信受，思惟取證。

【註解】這是舍利弗述昔日之疑，顯今日之解。「同入法性」——法性，卽是實相。三乘共證，故曰「同入」。然入有淺深，機淺法深，隨成過咎。

「待說所因」——待說，是等待佛說。所因，卽菩提大果之因：或謂六度諸行；或謂三乘方便。

【語譯】世尊！我常常獨自處於山林樹下，或靜坐，或經行，都在思念此事：我等聲聞，與諸菩薩，同師如來，同入法性，爲什麼如來以大乘濟度菩薩，以小乘濟度我等？今日聞佛說「但敎化菩薩，無有餘乘」等語，方知這是我等迷權惑實的過咎；並不是世尊的敎理，有什麼大小不等的偏頗。

假如我等，待佛說出「小法原是菩提大果之因，而不是菩提大果」時，則我等就不會誤權爲實，必然也同菩薩一樣，以大乘得度了。然而，我等竟不解方便爲隨宜所說，初聞四諦，卽便信受，復以意識思惟，而取證小果；誰知如來更有不思議的一乘大法。這豈不是我等迷權惑實的過咎嗎？

世尊！我從昔來，終日竟夜，每自剋責，而今從佛聞所未聞未曾有法，斷諸疑悔，身意泰然，快得安隱，今日乃知眞是佛子，從佛口生，從法化生，得佛法分。

【註解】這是舍利弗自述領解的總結。「剋責」——剋，本「剋」字；亦通「克」，克制之義。責，是責備。剋責，卽憂鬱悱憤之義。

「眞是佛子」——聲聞四果及緣覺，爲五佛子。一乘紹繼佛種，對小乘而言，名「眞佛子」。

「疑悔」——悔昔失大；疑一說三。

【語譯】世尊！我從往昔聞方等以來，終日、通宵，每自尅責，憂鬱悱憤，而今從佛聞此「二乘成佛」，前所未聞的未曾有法，疑悔盡斷，身心泰然得快活安隱。今日方知眞是佛子，聞慧從佛口生，思慧從法化生，這樣才得了大乘佛法的分兒。

爾時舍利弗，欲重宣此義而說偈言：我聞是法音，得所未曾有，心懷大歡喜，疑網皆已除。昔來蒙佛教，不失於大乘。佛音甚希有，能除衆生惱，我已得漏盡，聞亦除憂惱。

【註解】此下有二十五頌半，重宣前義。這二頌半，是歎法希有，能除疑惱。

「昔來從佛教，不失於大乘」——昔說大因卽是小果；小果原是大因，故不失爲大乘。

【語譯】此時舍利弗，爲重宣前義，說偈頌道：我聽了這開三顯一，一三不二的法音，希罕得前所未有。心裏最歡喜的是：一則疑網都已除滅；二則昔來蒙佛教化，原不失爲大乘。

佛的法音，甚爲希有，不但昔說三乘，能除衆生三界見思惑的憂惱；卽我舍利弗，已得漏盡阿羅漢，聞佛一乘法音，也除却了「失大取小」悱悱憤憤的憂惱。

我處於山谷，或在林樹下，若坐若經行，常思惟是事，嗚呼深自責；云何而自欺，我等亦佛

子，同入無漏法，不能於未來，演說無上道。金色三十二，十力諸解脫，同共一法中，而不得此事，八十種妙好，十八不共法，如是等功德，而我皆已失。我獨經行時，見佛在大衆，名聞滿十方，廣饒益衆生，自惟失此利，我爲自欺誑。

【註解】這六頌，是思惟自責。「嗚呼」——傷感嗟歎之辭。

「金色三十二」——佛身金色，具有「頂上肉髻」乃至「足底安平」等的三十二相。

「十力諸解脫」——十力，如前已解。諸解脫，卽空、無相、無願的三解脫。乃至八解脫等。

「八十種妙好」——更細分三十二相之形，爲八十種好，所以亦名「八十隨形好」。

「十八不共法」——從「身無失」乃至「智慧知現在世」，這十八法，唯佛獨具，不與二乘、菩薩所共有，所以叫做十八不共法。

【語譯】我處於深山幽谷裏，或在樹林下，行坐之間，時常思惟此事，很傷感的深自責難：爲什麼住於小法，自己欺騙自己？菩薩是佛子，我們也是佛子，大家同入無漏法性，不是一樣嗎？何以同一法中，我們不能受記作佛，於未來世演說無上道呢？既不能作佛，那如來的金色三十二相、十力、諸解脫、十八不共法等的功德，我們也都失掉了。

我獨自在經行的時候，想起在大會中見佛是四衆雲從；我但名聞五印，佛則名聞十方；

我但一己自利，佛則饒益衆生。自思自惟，失此大利，乃我等迷權惑實的自我欺誑。

我常於日夜，每思惟是事，欲以問世尊，爲失不爲失？我常見世尊，稱讚諸菩薩，以是於日夜，籌量如是事。今聞佛音聲，隨宜而說法，無漏難思議，令衆至道場。我本著邪見，爲諸梵志師，世尊知我心，拔邪說涅槃，我悉除邪見，於空法得證。爾時心自謂，得至於滅度，而今乃自覺，非是實滅度。若得作佛時，具三十二相，天人夜叉衆，龍神等恭敬，是時乃可謂，永盡滅無餘。佛於大衆中，說我當作佛，聞如是法音，疑悔悉已除。

【註解】這八頌，是說除昔疑悔。「梵志」——外道出家，名爲梵志。

【語譯】我時常終日竟夜，思惟此事：想請問世尊，究竟我於大乘，是失呢，還是不失？若失，何以與菩薩同入法性；若不失，又何以與菩薩得果有異？我常見世尊，稱讚菩薩，貶斥我等，所以日夜籌度思量這檔子事。今聞佛言教音聲，始知隨宜說法，不過是以無漏難思議的大乘，令衆生同歸道場，成正覺而已。

我本來著於邪見稠林，爲五百梵志之師，世尊察知我心，爲我拔除邪見而說涅槃；我即依教盡除邪見　證入了這空性的滅諦。那時，我心裏自以謂得了滅度而躊躇滿志；如今才覺得那是小乘偏空，而不是實在的滅度；倘若成佛，則具足三十二相，爲天、人、夜叉、龍神等衆所恭敬，這時，才可以說是五住永盡，更無餘惑，而究竟滅度了。

佛在大衆中，說我當得作佛。聞此法音，頓覺這日夜思惟的疑悔之事，都已釋然冰消的滅除了。

初聞佛所說，心中大驚疑，將非魔作佛，惱亂我心耶？佛以種種緣，譬喻巧言說，其心安如海，我聞疑網斷。佛說過去世，無量滅度佛，安住方便中，亦皆說是法。現在未來佛，其數無有量，亦以諸方便，演說如是法。如今者世尊，從生及出家，得道轉法輪，亦以方便說。世尊說實道，波旬無此事，以是我定知，非是魔作佛，我墮迷網故，謂是魔所為。聞佛柔軟音，深遠甚微妙，演暢清淨法，我心大歡喜，疑悔永已盡，安住實智中，我定當作佛，為天人所敬，轉無上法輪，敎化諸菩薩。

【註解】這九頌，是說領解開顯。「波旬」——梵語波卑夜，譯為「惡者」。亦卽天魔的別名。「實智」——如來達於實相如理之智。亦名根本智。

【語譯】開宗之初，聞佛略說開三顯一，心中大起驚疑！豈非魔王詐僞作佛，特來惱亂我心嗎？今聞佛以種種因緣、譬喻，善巧言說，方知為實施權，心安如海，波濤澄靜，而疑網盡斷。

佛說：過去世，有無量已竟息化而滅度了的佛，也都是安住於方便敎中，說如是實法；現在和未來世的無量諸佛，也以三乘方便，演說這一乘實法；如今釋迦世尊，從降生經出家、得道，到轉法輪，也是以方便說法。世尊說方便顯實之道，波旬則無此事，所以我決定知道，非魔作佛，因爲我自己墮入迷網之故，誤認是魔之所爲了。

聞佛以柔軟圓音，深遠微妙，演說這權實不二的無漏清淨之法，使我心大歡喜，疑網永盡，安住於實智之中。我自信當來一定作佛，爲天人所恭敬，轉無上法輪，教化諸菩薩。

爾時佛告舍利弗：我今於天人沙門婆羅門等大衆中說，我昔曾於二萬億佛所，爲無上道故，常教化汝，汝亦長夜隨我受學，我以方便引導汝故，生我法中。舍利弗！我昔教汝志願佛道，汝今悉忘，而便自謂已得滅度。我今還欲令汝憶念本願所行道故，爲諸聲聞說是大乘經，名妙法蓮華，教菩薩法，佛所護念。

【註解】上來舍利弗自述領解已竟。此爲佛說其領解不謬的遠緣。

「沙門」——譯爲「勤息煩惱」，爲出家人的總稱。「婆羅門」——譯爲「淨行」，是天竺修梵天法的一種族姓，故亦名「梵志」。

【語譯】此時，佛告舍利弗說：我今天在天、人、沙門、婆羅門等的大衆中說，讓大家知道，我往昔曾在二萬億佛的處所，爲的要成就無上佛道之故，常以大乘教化於汝，汝亦於無明長夜，隨我受學；由於以我方便引導汝故，生我法中而爲佛子。

舍利弗！我昔日教你立大志願以求佛道，你今天都已忘失，便取小果，自以謂已得滅度。我現在還想教你追念本願所行的佛道，所以為諸聲聞說此大乘經典，名「妙法蓮華」，是教授菩薩的一乘實法，也是佛所護念的秘要。

舍利弗！汝於未來世，過無量無邊不可思議劫，供養若干千萬億佛，奉持正法，具足菩薩所行之道，當得作佛，號曰：華光如來、應供、正徧知、明行足、善逝、世間解、無上士、調御丈夫、天人師、佛世尊。國名離垢，其土平正，清淨嚴飾，安隱豐樂，天人熾盛，琉璃為地，有八交道，黃金為繩，以界其側，其傍各有七寶行樹，常有華果。

【註解】此下是與身子授記，證其所述領解是實。依次明佛號、國土、說法、劫名、壽量、轉記、滅後法住。此明佛號、國土。

「華光」——以華表行因，光表果地，故號「華光」。餘如前解。

【語譯】舍利弗！汝於來世，經過無量無邊不可思議劫數之久，供養若干千萬億佛以植福；奉持正法以修慧；福慧圓滿，具足了菩薩所行之道，當得作佛。別號叫做「華光」，通號謂：如來、應供、正徧知、明行足、善逝、世間解、無上士、調御丈夫、天人師、佛世尊。

國土名叫「離垢」，其土平正，無丘陵坑坎；清淨嚴飾，無雜穢染污；物阜年豐，安隱康樂；天人熾盛，無三途惡道；琉璃為地，無沙石泥土；有通往八方的交通大道；道路兩側，以金繩爲界；道傍有七寶樹，排列成行，常有華果。

華光如來，亦以三乘教化衆生。舍利弗！彼佛出時，雖非惡世，以本願故，說三乘法。

【註解】此明說法。如文易解。

【語譯】華光如來，也同諸佛一樣以三乘方便，教化衆生。彼佛土淨，何以亦說三乘？舍利弗！彼佛出時，雖非五濁惡世；然而，以其因地的本願力故，也說三乘教法。

其劫名大寶莊嚴。何故名大寶莊嚴？其國中以菩薩爲大寶故。彼諸菩薩，無量無邊，不可思議，算數譬喻所不能及，非佛智力無能知者。若欲行時，寶華承足。此諸菩薩，非初發意，皆久植德本，於無量百千萬億佛所，淨修梵行，恒爲諸佛之所稱歎，常修佛慧，具大神通，善知一切諸法之門，質直無僞，志念堅固。如是菩薩，充滿其國。

【註解】此明劫名。如文易解。

【語譯】華光如來出世時的劫名，叫做「大寶莊嚴」。爲什麼名大寶莊嚴？因爲他的國度，不是以金銀珠玉爲寶，而是以菩薩爲大寶的緣故。菩薩怎樣可以爲寶？有如下五事：㈠彼國菩薩，有無量無邊，不可思議之多，算數譬喻所不能及，除佛智力以外，沒有那個能夠知道的。㈡菩薩若欲出行，自有寶華承足，無須著地。㈢此等菩薩，並非初發大心，都是久植德本，曾於無量百千萬億佛所，修清淨梵行，恒爲諸佛之所稱歎。㈣常修佛慧，具大神通，善能了知一切諸法的入道之門。(五)樸實正直，毫無虛僞，志願堅固。

像這樣的菩薩，充滿了彼佛的國土。故以菩薩爲國之大寶。

舍利弗！華光佛壽十二小劫，除爲王子未作佛時。其國人民，壽八小劫。

【註解】此明壽量。如文易解。

【語譯】舍利弗！華光佛，光是一期應化的壽量，就有十二小劫，爲王子時及未成佛前的修道期間，還不在此數。其國人民，也享壽到八小劫之久。

華光如來，過十二小劫，授堅滿菩薩阿耨多羅三藐三菩提記，告諸比丘：是堅滿菩薩，次當作佛，號曰華足安行、多陀阿伽度、阿羅訶、三藐三佛陀。其佛國土，亦復如是。

【註解】此明轉記。「堅滿菩薩」——補處菩薩，志堅願滿，故名堅滿。「華足安行」——卽以寶華承足，安步而行之謂。餘如前解。

【語譯】華光如來，過了十二小劫已後，授予堅滿菩薩以無上菩提之記，告訴諸比丘說：這堅滿菩薩，繼我之後，次當作佛，號曰華足安行，及如來、應供、正徧知等十號具足。其佛國土，也同華光如來的國土，是一樣的莊嚴。

舍利弗！是華光佛滅度之後，正法住世三十二小劫，像法住世亦三十二小劫。

【註解】此明滅後法住。「正法住世」——佛滅度後的初期，法儀未改，行人尚能以現量體悟正法，教、理、行、果，却還具備，叫做正法住世。「像法住世」——去聖時遙，道化漸訛，行人惟以比量倣效像似的佛法，雖有教、理、行，却無人證果，叫做像法住世。

【語譯】舍利弗！這華光佛滅度之後，正法住世三十二小劫；此時法儀未改，與佛世無異。像法住世也三十二小劫；此時道化訛替，就非復佛世了。

爾時世尊，欲重宣此義而說偈言：舍利弗來世，成佛普智尊，號名曰華光，當度無量衆。供養無數佛，具足菩薩行，十力等功德，證於無上道。

【註解】此下是以十一頌半，重宣前義。這二頌是重宣成佛因果。「普智」——卽一切智，或正徧智。

【語譯】此時世尊，想把前面所說的意義，重新宣示一遍，於是說偈頌道：舍利弗！你來世成佛，具一切智，爲世人所尊仰，號叫華光，當然要度脫無量衆生，自不待言。因爲你供養過無數諸佛，具足了菩薩大行、十力、四無畏、十八不共法等的種種功德；才證得了這無上佛道。

過無量劫已，劫名大寶嚴，世界名離垢，清淨無瑕穢，以瑠璃爲地，金繩界其道，七寶雜色樹，常有華果實。彼國諸菩薩，志念常堅固，神通波羅密，皆已悉具足，於無數佛所，善學菩薩道，如是等大士，華光佛所化。

【註解】這四頌，是重宣劫名、國土、菩薩。如前已解。

【語譯】自今已去，過無量劫，那時的劫名為「大寶莊嚴」；世界名為「離垢」。怎樣離垢？清淨無有瑕疵蕪穢，而以琉璃為地；金繩界於道路兩側；七寶間雜，五色燦爛的行樹，常有華果。怎樣莊嚴？彼國的諸位菩薩，志願堅固，六神通及六波羅密，都已具足，於無數佛所，善為修學菩薩之道。此等大士，都是華光如來所教化的。

佛為王子時，棄國捨世榮，於最末後身，出家成佛道。華光佛住世，壽十二小劫，其國人民衆，壽命八小劫。

【註解】這二頌，是重宣壽量。

【語譯】華光佛為王子時，做在家菩薩，徹悟了「人間富貴華間露，世上功名水上漚」，於是他捨棄了國嗣的世間榮華，於最末後的等覺之身，出家成佛。華光佛住世的壽量有十二小劫，他那國中的人民，壽命也有八小劫。

佛滅度之後，正法住於世，三十二小劫，廣度諸衆生。正法滅盡已，像法三十二。舍利廣流布，天人普供養。

【註解】這二頌，是重宣法住，及供養舍利。

【語譯】華光佛滅度之後，正法住世，三十二小劫，廣度一切衆生。正法滅盡已後，像法住世，也三十二小劫。佛的舍利，廣汎的流布於天上人間，普同供養。

華光佛所爲，其事皆如是，其兩足聖尊，最勝無倫匹，彼卽是汝身，宜應自欣慶。

【註解】這一頌半，是總結以上授記。

【語譯】華光佛所作的應化之事，率皆如是。可知其福慧兩足，在聖者之中最尊、最勝，沒有那個能與比倫匹偶的。

彼華光佛，就是你舍利弗的後身，你應該自覺欣慰慶幸了。

爾時四部衆，比丘、比丘尼、優婆塞、優婆夷、天、龍、夜叉、乾闥婆、阿修羅、迦樓羅、緊那羅、摩睺羅伽等大衆，見舍利弗於佛前受阿耨多羅三藐三菩提記，心大歡喜踊躍無量。

【註解】此下明四衆等歡喜、供養、領解。此明歡喜。如序品已解。

【語譯】於佛授舍利弗記已罷之時，會中的四部衆：比丘、比丘尼、優婆塞、優婆夷；及天、龍、夜叉、乾闥婆、阿修羅、迦樓羅、緊那羅、摩睺羅伽等八部大衆；他們看見舍利弗，在佛前受阿耨多羅三藐三菩提記，都歡喜若狂，不禁手舞足蹈的踊躍起來。

各各脫身所着上衣，以供養佛。釋提桓因、梵天王等，與無數天子，亦以天妙衣、天曼陀羅華、摩訶曼陀羅華等，供養於佛。所散天衣，住虛空中而自迴轉。諸天伎樂，百千萬種，於虛空中一時俱作，雨衆天華，而作是言：佛昔於波羅奈初轉法輪，今乃復轉無上最大法輪。

【註解】此明供養、領解。如前序品已解。

【語譯】這僧俗四衆，各各脫去自身所著的上衣，以供養佛。釋提桓因、梵天王等與無數天子，也以天上的妙衣、曼陀羅華、摩訶曼陀羅華等，供養於佛；其所散的天衣、天華，在虛空中旋轉廻環，飄飄欲舞；諸天的技藝音樂，百千萬種，也在空中同時俱作。他們一邊散着天華，一邊讚美的說：佛於昔日在波羅奈的鹿野苑中，初轉四諦法輪；今天在靈山會上，又轉無上圓妙的最大法輪。

爾時諸天子，欲重宣此義而說偈言：昔於波羅奈，轉四諦法輪，分別說諸法，五衆之生滅；今復轉最妙，無上大法輪，是法甚深奧，少有能信者。

【註解】此下有六頌半，爲諸天重宣前義。這二頌重宣開顯。「五衆生滅」——卽色、受、想、行、識五衆聚散，生滅無常。

【語譯】此時諸天子等，想把前面所說的意義，重新宣說一遍，於是他改用偈頌的語氣這樣說：佛昔日在波羅奈轉苦、集、滅、道的四諦法輪，分別解說小乘諸法，五陰無常生滅之理；現在又轉最妙無上的大乘法輪，此法深微奧秘，很少有人能够信受。

我等從昔來，數聞世尊說，未曾聞如是，深妙之上法。世尊說是法，我等皆隨喜。大智舍利弗，今得受尊記，我等亦如是，必當得作佛，於一切世間，最尊無有上。佛道叵思議，方便

隨宜說，我所有福業，今世若過世，及見佛功德，盡回向佛道。

【註解】這四頌半，重宣領解回向。「叵」——音頗，不可之義。

「福業」——所作之業，能感世、出世間之福報，故名福業。

「回向」——回轉所修的功德，趣向於所期望之事，叫做回向。

【語譯】我等諸天，從昔日鹿苑已來，四十餘年，數數聞世尊說法；但都屬粗淺，未曾聞過這樣深妙的至上之法，世尊說此妙法，我等都隨順歡喜。有大智慧的舍利弗，今得受世尊的成佛之記；我等諸天，也是如此，必定當來得以作佛，於一切世間，最爲崇高，更無有上。

佛道是不可思議的，說三說一，都是隨宜方便。我所有的福業，無論今世，或是過去，以及見佛的種種功德，盡都回向於成佛之道。

爾時舍利弗白佛言：世尊！我今無復疑悔，親於佛前得受阿耨多羅三藐三菩提記。是諸千二百心自在者，昔住學地，佛常敎化，言我法能離生老病死，究竟涅槃。是學無學人，亦各自以離我見，及有無見等，謂得涅槃；而今於世尊前，聞所未聞，皆墮疑惑。善哉世尊願爲四衆說其因緣，令離疑悔。

【註解】這是舍利弗，雖自慶領解，猶憐衆疑，代爲請說。「我法」——卽四諦法。「

究竟涅槃」——即小乘的無餘涅槃。「我見」——就是身見。「有無見」——就是邊見。俱如前解。

【語譯】此時舍利弗向佛表白的說：世尊！我今已解佛所說的方便開顯，不再有「同入法性、不預菩薩受記」的疑悔，因爲我親於佛前，受佛所授的無上菩提之記了。

然而，這我執已空，心得自在的千二百人，他們昔日我執未空，尚住有學位時，佛常教化他們說：「我法能離生老病死，究竟涅槃」。因此，這些學無學人，也各自以離了我見，及有、無二見等，謂爲已斷見、思，得究竟涅槃；而今又在世尊座前，得聞前所未聞的權實之法，都墮入了疑網——何以前說三乘爲究竟，今說一乘爲眞實呢？

善哉世尊！願爲在會的四衆，說此前三後一的因緣，使他們離了疑悔。

爾時佛告舍利弗：我先不言諸佛世尊，以種種因緣譬喻言辭方便說法，皆爲阿耨多羅三藐三菩提耶？是諸所說，皆爲化菩薩故。然舍利弗，今當復以譬喻更明此義，諸有智者以譬喻得解。

【註解】此佛許說譬喻。如文易解。

【語譯】佛於舍利弗代衆請說已罷之時，告訴舍利弗說：我先前不是說過「諸佛世尊，以種種因緣、譬喻、言辭的方便說法，都是爲阿耨多羅三藐三菩提」嗎？這都是爲教化菩薩所說的因緣，何以尚有不解而墮入疑網的人呢？

然而，舍利弗！他們既不懂因緣，我當再以譬喻，更明此義。一切有智慧的人，要以譬喻得解。

舍利弗！若國邑聚落有大長者，其年衰邁，財富無量，多有田宅及諸僮僕。其家廣大，唯有一門，多諸人衆，一百二百，乃至五百人，止住其中。堂閣朽故，墻壁隤落，柱根腐敗，梁棟傾危，周匝俱時欻然火起，焚燒舍宅。長者諸子，若十二十，或至三十，在此宅中。

【註解】此下正說譬喻，先以譬說，後以法合。譬說分六。此爲「總譬」第一。

「國邑聚落」——具有土地、人民、主權者，叫做「國」；一縣的行政區域，叫做「邑」；鄉村里鄰，叫做「聚落」。此喻化主行化之處，古德有依次喻大千、中千、小千的三千世界者；也有依次喻實報、有餘、同居的三土者。

「大長者」——長者，具有三義，方稱爲大：1有過人之識；2年高有德；3清淨無瑕。依次喻佛三德：1喻實相般若，照無不圓；2喻法身常住，德無不備；3喻解脫自在，累無不盡。三德圓具，方稱世尊，故以大長者爲喻。

「其年衰邁」——喻佛離二種生死，斷盡無明的最後身。

「財富無量」——喻佛法藏無盡。

「多有田宅」——田可種植，喻定能生慧；宅可栖身，喻慈悲蔭覆。

「僮僕」——喻佛方便善巧，及神通妙用。

「其家廣大，唯有一門」——三界曠擴，叫做「廣大」；六道所栖，喻之爲「家」；唯有一乘可出三界，喻爲「一門」。

「多諸人衆……五百人」——三界含識，品類至繁，故以「一百」喻天；「二百」喻人；「五百」通喻三途。

「止住其中」——喻五趣衆生，樂居三界，不肯出離。

「堂閣朽故」——一層房屋爲堂，以喻欲界；二層以上爲閣，喻色、無色界；爛壞爲朽，喻三界無常。

「墻壁隤落」——外圍爲墻，喻三界境域；內隔爲壁，喻四大色身；隤落，卽山河損減，軀體衰殘。

「柱根腐敗」——以正報而論，喻老人足根軟弱，站立不穩；以依報而論，喻執持世界的金、水、風、空四輪危殆。

「梁棟傾危」——喻老人的脊骨傴僂，腰背彎曲，有傾倒之危。

「周匝俱時，欻然火起」——欻，本忽字。不覺爲衆苦所逼，喻如忽然火起；無處不苦，叫做周匝；無時不苦，叫做俱時。

「焚燒舍宅」——識心依身，喻如舍宅；苦火起時，身必先受，喻如焚燒。

「長者諸子……三十」——聲聞、緣覺、菩薩三乘根性，都是禀教而生，通稱佛子，故以長者諸子爲喻。此三乘根性，依次喻如若十、二十、或至三十。根性不定，所以言「或」。

【語譯】舍利弗！譬如：國邑聚落裏，有一位大長者，他年已衰邁，財富無量，又有很多的田園宅舍，及供給役使的僮僕。其家廣大，唯有一門可出。住在裏面的人口，約有一百、二百，乃至五百不等。他家的廳堂樓閣，因年久衰朽，所以墻壁隤落，柱根腐敗，梁棟傾危，更加忽然一時四面火起，焚燒此宅。這時長者諸子，約有一二十個，或二三十個，還在這火宅裏貪頑未出。

長者見是大火，從四面起，卽大驚怖，而作是念：我雖能於此所燒之門，安隱得出；而諸子等，於火宅內，樂著嬉戲，不覺不知，不驚不怖，火來逼身，苦痛切己，心不厭患，無求出意。

【註解】此爲「見火譬」第二。「長者見是大火」——喻佛眼見三界衆苦。

「從四面起」——喻衆苦從生、老、病、死而起。

「大驚怖」——喻佛大興慈悲。

「所燒之門」——此即上文「唯有一門」的門。三界由此門出；涅槃由此門入；所燒的是三界宅舍，而不是此門。

「安隱得出」——喻佛昔日由此法門安隱而出；假使穿窬而出，不由此門，如小乘的偏空，那就不得安隱了。

「而諸子等……樂著嬉戲」——喻貪著三界五欲，如同兒戲，唐捐無功。

「不覺、不知、不驚、不怖」——喻無明痴闇不覺衆苦，所以不驚；不知無常，所以不怖。

「火來逼身，苦痛切己」——老病死等的身苦，喻如火來逼身；貪瞋痴等的心苦，喻如苦痛切己。

【語譯】長者見此大火，從四面而起，就大起驚怖的這樣念道：「我雖能從這所燒的宅舍之門，安然而出；可是我那些孩子們，還在裏面貪着頑耍，不覺、不知、不驚、不怖，眼看火來逼身，苦痛切己，他們心裏還沒有厭患火宅，尋求出離之意。這該怎生是好？」

舍利弗！是長者作是思惟：我身手有力，當以衣裓，若以几案，從舍出之。復更思惟：是舍唯有一門，而復陜小，諸子幼稚，未有所識，戀著戲處，或當墮落，爲火所燒。我當爲說怖

畏之事：此舍已燒，宜時疾出，無令為火之所燒害。作是念已，如所思惟，具告諸子，汝等速出。父雖憐愍，善言誘諭，而諸子等，樂著嬉戲，不肯信受，不驚不畏，了無出心；亦復不知何者是火，何者為舍？云何為失，但東西走戲，視父而已。

【註解】此為「救子不得譬」第三。「身手有力」——喻佛的智體為身；智用為手；依體起用，現通說法為力。

「當以衣祴……從舍出之」——長者有力，擬藉衣祴、几案，救子從火宅出。喻佛有智，擬現通說法，度衆生出離三界。

「是舍唯有一門而復陿小」——一門，喻一乘實法，至理無二；陿小，喻至理微妙，不容思議；更不容凡夫二乘的愛見斷常。

「諸子幼稚……戀著戲處」——喻衆生善根微弱，不識大乘，纏綿於五欲塵境。

「或當墮落，為火所燒」——喻衆生根鈍，若遽授以大法；或因謗法而墮入三途，為八苦所逼。

「我當為說怖畏之事……汝等速出」——此喻大法既不可說，當為另說怖畏之事。經家釋此：初句為總標欲說怖畏之事；「此舍已燒」下，為正明怖畏之事，即三界無常；「作是念已」下，為具說怖畏之事。但未指怖畏之事為說何經？有人說：既在三乘方便之前，當然是華嚴經了。然而華嚴圓頓，豈得謂之易知？不過較今之法華略爲易知罷了。

「父雖憐愍……云何爲失」——此喻佛雖慈悲，爲說怖畏之事，以誘導曉諭；而衆生等，却貪著五欲，不信三界生死無常，不驚不畏，了無出離之心。不但無心出離，亦復不知什麼是八苦三毒，如火燒之烈；什麼爲三界五陰，如宅舍之朽；什麼叫做墮落，失掉了慧命。

「但東西走戲，視父而已」——日出於東，沒於西，東西走戲，即是終日跑着頑耍。比喻衆生終日奔走塵勞，不知聞法修行，只是悵望着佛的慈容而已。

【語譯】舍利弗！此長者，對他陷入火宅的兒子，作這樣的想法：我身手有力，應當以衣襟裹之，或以几案托之，救他們從火宅而出。又想：這宅舍只有一門可出，又很狹小，兒等年尚幼稚，不識好歹，或將貪戀著遊戲之處，掙脫了衣裓几案而遭墮落，爲火所燒；這方法是使不得的；我應當給他們說此危險可怕之事：「此舍已被火燒，應卽時逃脫，不要被火燒壞了你們」。這樣想罷，就照所想的說法，告訴了兒輩：你們趕快出來啊！

誰知，父雖憐愛慈愍，好言誘導；而諸子等，却貪著嬉戲，不肯信受。不但不驚不畏，毫無出離之意；而且也不知什麼是能燒的火？什麼是所燒的宅？什麼是被燒的損失？只是東西跑着頑耍，罔然視父而已。

爾時長者卽作是念：此舍已爲大火所燒，我及諸子若不時出，必爲所焚。我今當設方便，令

諸子等得免斯害。父知諸子先心各有所好，種種珍玩奇異之物，情必樂著，而告之言：汝等所可玩好，希有難得，汝若不取，後必憂悔。如此種種羊車、鹿車、牛車，今在門外，可以遊戲。汝等於此火宅，宜速出來，隨汝所欲，皆當與汝。爾時諸子聞父所說珍玩之物，適其願故，心各勇銳，互相推排，競共馳走，爭出火宅。是時長者見諸子等安隱得出，皆於四衢道中露地而坐，無復障礙，其心泰然，歡喜踊躍。

【註解】此爲「救子得譬」第四。「我及諸子……必爲所焚」——此喻佛說：我與衆生一樣，若不即時機發，出離三界，必爲無常所害，倖我已出。

「我今當設方便，令諸子等得免斯害」——此喻佛說：我今當設三乘方便，令衆生得免此三界無常之害。

「父知諸子先心各有所好」——此喻佛知衆生宿世根性，各有不同的樂欲。

「種種珍玩奇異之物」——此喻三乘方便，爲出世法寶，故稱珍異。

「汝等所可玩好……後必憂悔」——此喻三乘聖果，若不於值佛時修道取證，後必憂悔。

「如此種種……今在門外」——此以種種，總喻三乘道果：羊車遲緩，喻聲聞果；鹿車捷疾，喻緣覺果；牛車載重，喻菩薩果。門外，喻三界生死之外。

「可以遊戲」——此喻三乘可以運用。問：三乘爲乘載行人出離生死之用；今既在生死門外，用乘何爲？答：三乘爲假設方便，並非實有；行在生死道上，果在生死門外；若再倒駕慈航，往來生死，馳騁五道，尤須三乘；運用自在，喻如遊戲。

「適其願故……互相推排……爭出火宅」——此喻衆生聞佛說教，恰適其願，各以勇猛銳利之心，推究滅道；排除苦集；爭出三界。

「四衢道中露地而坐」——此喻從四諦中之道諦，證得滅諦之果，離貪等蓋纏，故曰露地；盡斷惑使，無復奔馳，故曰而坐。

【語譯】此時長者，便很灼急的這樣念道：「此舍已爲大火所燒，我與諸子無二無別，倘若不是卽時出離，必爲火焚。然而，我雖已出，諸子却仍陷宅內，他們旣不懂什麼叫火、什麼叫宅，無意出離；我當假設方便，敎他們得免此難。」

知子莫若父，於是隨着諸子先前各有所好，於種種珍玩奇異之物，情必樂著的習性告訴他們，這樣說道：「你們最好玩而又最難得的東西，假使現在不要，後必憂悔；這許多羊車、鹿車、牛車的玩藝，現在門外，可以遊戲；你們趕快出來，隨便你喜歡什麼，我都給你。」

此時諸子，因聞其父所說那珍奇的玩藝兒，很適合他們的意願，便各自以勇敢銳敏的行動，互相排擠，爭先恐後的出了火宅。這時的長者，一見諸子都平安得出，在通衢道上露地而坐，不再有火宅險境的障礙；他心裏很泰然的歡喜踴躍。

時諸子等，各白父言：父先所許玩好之具，羊車、鹿車、牛車，願時賜與。舍利弗！爾時長者，各賜諸子等一大車，其車高廣，衆寶莊校，周匝欄楯，四面懸鈴。又於其上張設幰蓋，亦以奇珍雜寶而嚴飾之，寶繩交絡，垂諸華纓。重敷婉筵，安置丹枕。駕以白牛，膚色充潔，形體殊好，有大筋力，行步平正，其疾如風。又多僕從而侍衛之。所以者何？是大長者，財富無量，種種諸藏，悉皆充溢，而作是念：我財物無極，不應以下劣小車與諸子等，今此幼童，皆是吾子，愛無偏黨，我有如是七寶大車，其數無量，應當等心各各與之，不宜差別。所以者何？以我此物周給一國，猶尚不匱，何況諸子。是時諸子，各乘大車，得未曾有，非本所望。

【註解】此爲「等賜大車譬」第五。「時諸子等……願時賜與」——此諸子索車，顯門外三車，原是虛誑。若實有者，則諸子見車，又何必索；下文又何必賜非所索。以喻三乘方便，理實無三，唯有一乘。

「爾時長者，各賜諸子等一大車」——此喻佛以一乘大法，平等賜與大機並發的三十之子，故下文有「皆以如來滅度而滅度之」之句。問：大機既發，何以仍索三車？答：不見有三，疑而故索，言雖索三，而意實索一。

「其車高廣」——高喻大涅槃果，累無不盡；廣喻大菩提果，德無不圓。累盡則非有：

德圓則非無；非有非無，即是一乘中道之義。

「衆寶莊校」——此喻大乘之因，萬行相資；大乘之果，衆德莊嚴。

「周匝欄楯」——周匝，有總持的意義；欄楯，有防護的作用。故以喻總持一切，防惡護善的大法。

「四面懸鈴」——此爲菩薩說法的四無礙辯，猶如四面懸鈴，響遏行雲。

「張設幰蓋，亦以奇珍雜寶而嚴飾之」——車幔爲幰；車頂爲蓋。此喻平等大慈，高出二乘，下覆六道；而此大慈，爲衆德所成，故曰雜寶嚴飾。

「寶繩交絡」——此以寶繩交絡，控制幰蓋，不使飄動，來譬喻以四弘誓願，堅固大慈。

「垂諸華纓」——此以上垂華纓，下悅衆心，來譬喻以四攝法，攝化衆生，收俯順仰歸之效。

「重敷婉筵」——美而柔順爲婉；席褥爲筵。此以車內厚鋪席褥，來譬喻百千三昧。

「安置丹枕」——於席上安枕，枕內裝置丹藥，可以休眠寧神。此喻入究竟涅槃，得常樂我淨。

「駕以白牛……其疾如風」——這六句，如其次第：一喻平等大慧；二喻清淨無染；三喻相好殊勝；四喻任重致遠；五喻行乎中道；六喻感應迅捷。

「又多僕從而侍衞之」——此喻佛住大乘，多有從而受化，崇敬供養者。

「所以者何……悉皆充溢」——所以者何，是問：爲什麼會有大乘？以下是答：因爲佛的福慧圓滿，如財富無量：六度的前五度爲福藏；後一度爲慧藏；這種種諸藏，悉皆充溢之故。

「我財物無極……與諸子等」——此喻佛有至大無極之法，不應以下劣的小乘度化衆生。

「皆是吾子……不宜差別」——此喻佛視衆生如一子，愛無偏黨。衆德莊嚴的佛乘雖一；而乘此乘者，其數無量。故應以平等心，各各賜與，不宜偏差。

「我以此物……何況諸子」——此喻假使以此大法，賜與十方衆生，尚不匱乏；何況靈山會上堪聞大法的佛子。

「是時諸子……非本所望」——此喻諸子本求小果，今竟得大乘，所以歎未曾有，喜出望外。

【語譯】此時諸子，既出火宅，便向他父親請求實踐諾言，他們都異口同聲的這樣說道：「爸爸！你先前許給我們的好玩藝兒——羊車．鹿車、牛車，現在那裏？但願卽時賜給我們。」

舍利弗！這時候的長者，每一個兒子，都給他一輛大車。那大車，豎高橫廣，衆寶莊嚴得很有考究。周圍既有欄楯遮擋，四面還懸掛著警鈴，以策安全。又在車上張設幰幔頂蓋，也是以奇珍雜寶而嚴飾的，上以寶繩交織籠絡，下垂華纓。又在車內厚厚的鋪上柔軟而婉美的席褥，還安置可以休眠寧神的丹枕。駕車的白牛，肌肉充肥、皮膚色潔、形體殊好、有大氣力，走起路來，平穩正直，迅疾如風。又有很多的僕役隨車侍衛。

所以有這麼好的大車賜給諸子者；那是因爲長者的財富無量，各種庫藏，都充滿盈溢。於是他這樣念道：「我財物無窮，不應以下劣的小車賜與諸子。今天這些小孩都是我的兒子，愛無偏私，我有的是七寶大車，應當以平等心，每人都給他一輛，不宜差別。爲什麼要這樣做？以我的財物而論，就是周給一國的人，尙不匱乏，何況我這幾個兒子？」

此時諸子，各乘大車，希罕得喜出望外。

舍利弗！於汝意云何？是長者，等與諸子珍寶大車，寧有虛妄不？舍利弗言：不也，世尊！是長者，但令諸子，得免火難，全其軀命，非爲虛妄。何以故？若全身命，便爲已得玩好之具，況復方便於彼火宅而拔濟之。世尊！若是長者，乃至不與最小一車，猶不虛妄。何以故？是長者先作是意：我以方便令子得出，以是因緣，無虛妄也。何況長者自知財富無量，欲

饒益諸子，等與大車。佛告舍利弗：善哉！善哉！如汝所言。

【註解】此爲「不虛譬」第六。「等與諸子……有虛妄不」——此喻反質身子：佛先許三乘，今平等賜一，有虛妄過失否？

「得免火難……非爲虛妄」——此喻身子奉質酬答：但令衆生得免三界生死，保全五分法身入空慧命；縱無三乘，也不能算是虛妄。

「若全身命……猶不虛妄」——此喻身子解釋所答不虛之故：若能直保法身慧命，即是已得三乘；何況方便從三界裏拔濟衆生。如是，佛縱不與三乘，乃至最小一果，亦不爲虛妄。

「先作是意……等與大車」——此喻身子續釋不虛之故：佛在未說三乘以前，曾作此意念：「我應以三乘方便，令衆生得出三界」，這原爲拔苦，並非許果，所以不是虛妄。何況如來知見無量，爲饒益衆生，等賜大乘，反爲虛妄嗎？

「善哉善哉！如汝所言」——此佛讚許身子對不虛的酬答。

【語譯】舍利弗！你的意思怎麼樣呢？這長者，先許諸子三車，今竟平等賜與珍寶大車，有沒有虛妄的過失呢？

舍利弗答：「不！世尊，這長者的本懷，但令諸子得免火難，保全他們的身命，不得謂爲虛妄。什麼緣故呢？若保全身命，就算已得三車的玩好之具了；何況三車是假設方便，於火宅裏拔濟他們呢？世尊！如此，長者縱不與三車，乃至最小一車都不賜與，也不算虛妄。什麼緣故呢？這長者在未許三車以前，曾作此意念：「我以三車方便，令諸子得出火宅」，以此方便因心的緣故，並無虛妄；何況長者自知財富無量，欲饒益諸子，還平等賜與大車呢？」

佛告舍利弗說：「如汝所說「非爲虛妄」的話，很好！很好！」

舍利弗！如來亦復如是，則爲一切世間之父，於諸怖畏，衰惱憂患，無明闇蔽，永盡無餘。而悉成就無量知見，力無所畏，有大神力，及智慧力，具足方便智慧波羅蜜。大慈大悲，常無懈倦，恒求善事，利益一切，而生三界朽故火宅；爲度衆生生老病死，憂悲苦惱，愚痴闇蔽，三毒之火，敎化令得阿耨多羅三藐三菩提。

【註解】上來譬說已竟。此下是以法合譬，亦分爲六。但，爲隨文勢，或次第倒置；或互爲增減；却不一定與譬說若合符節。本文爲合「總譬」第一。今略明所合如下：

「一切世間」——合前「國邑聚落」。

「父」——合「大長者」。

「於諸怖畏……永盡無餘」——合「其年衰邁」。

「而悉成就……利益一切」——合「財富無量……及諸僮僕」。

「而生三界朽故火宅」——合「其家廣大」。

「為度衆生」——合「多諸人衆」及「長者諸子」。

「生老病死……三毒之火」——合「堂閣朽故……焚燒舍宅」。

「教化令得阿耨多羅三藐三菩提」——合「唯有一門」。

【語譯】舍利弗！如來亦復如是，為應化一切世間的慈父。對於生死煩惱的憂患、根本無明的障蔽；這些可怕之事，都永遠斷盡，更無餘習了。因而成就無量知見、十力、四無畏；有大神通、大智慧；具足了這權實二智，達究竟彼岸。

以大慈使衆生得樂；大悲使衆生離苦；這樣常無懈怠的去尋求善事，利益一切。因此，生在這腐朽而又故舊的三界火宅，無非為如下二事：1為度衆生滅離了能生生老病死的「貪」；憂悲苦惱的「瞋」；障蔽諦理的「痴」；這貪、瞋、痴的三毒之火。2為教化衆生，使之證得了無上正等正覺的菩提大果。

見諸衆生，為生老病死，憂悲苦惱之所燒煮；亦以五欲財利故，受種種苦；又以貪著追求故，現受衆苦，後受地獄、畜生、餓鬼之苦；若生天上及在人間，貧窮困苦、愛別離苦、怨憎會苦，如是等種種諸苦。衆生沒在其中，歡喜遊戲，不覺不知，不驚不怖，亦不生厭，不求解脫。於此三界火宅，東西馳走，雖遭大苦，不以為患。

【註解】這是合「見火譬」第二。今略明所合如下：

「見諸衆生……種種諸苦」——合前「長者見是大火……卽大驚怖」。

「衆生沒在……不以爲患」——合「而諸子等……苦痛切己」。

【語譯】見諸衆生：爲生老病死而憂慼、悲憤、痛苦、煩惱，好像在鼎鑊沸湯裏被燒煮似的；也有因惑於五欲財利之故，受種種苦的；還有因貪著欲境追求不捨之故，除現受衆苦不算外，到來世還得受地獄、畜生、餓鬼的三途苦報；若三途報盡，生到天上人間，也難免饔餐不繼的貧窮困苦；不願別離而竟別離的愛別離苦；不願聚會而竟聚會的怨憎會苦；還有五陰盛、求不得等種種諸苦。

衆生淪沒在這苦海之中，反倒歡喜遊戲，不覺不知，不驚不怖；也不生厭離，不求解脫。在這三界火宅裏，只是如東西馳走似的輪廻生死，雖遭遇大苦，他們也不以爲患。

舍利弗！佛見此已，便作是念：我爲衆生之父，應拔其苦難，與無量無邊佛智慧樂，令其遊戲。舍利弗！如來復作是念：若我但以神力，及智慧力，捨於方便，爲諸衆生，讚如來知見力無所畏者，衆生不能以是得度。所以者何？是諸衆生，未免生老病死，憂悲苦惱，而爲三界火宅所燒，何由能解佛之智慧？

【註解】這是合「救子不得譬」第三。今略明所合如下：

「便作是念……令其遊戲」——合前「我身手有力……我當為說怖畏之事」。

「復作是念……何由能解佛之智慧」——合「父雖憐愍……視父而已」。

【語譯】舍利弗！佛見這三界衆生不求解脫，便默然念道：「我是衆生之父，應當拔濟其生死苦難，給與無量無邊佛智慧的快樂，使他們於佛的智慧之海，遊戲自在。」

舍利弗！繼而如來又這樣念道：「倘若我但以神通智慧之力，不假方便，為衆生讚歎如來知見、十力、四無所畏者；則衆生根鈍，不能以此得度。」

為什麼不能以此得度？因為這些愚鈍的衆生，還沒有免去生老病死，憂悲苦惱，而為三界火宅所燒；他們憑什麼因緣能了解佛的深妙智慧呢？

舍利弗！如彼長者，雖復身手有力而不用之，但以殷勤方便，勉濟諸子火宅之難，然後各與珍寶大車。如來亦復如是，雖有力無所畏，而不用之，但以智慧方便，於三界火宅，拔濟衆生，為說三乘：聲聞、辟支佛、佛乘，而作是言：汝等莫得樂住三界火宅，勿貪粗弊，色聲香味觸也。若貪著生愛，則為所燒。汝速出三界，當得三乘：聲聞、辟支佛、佛乘，我今為汝保任此事，終不虛也，汝等但當勤修精進。如來以是方便誘進衆生，復作是言：汝等當知，此三乘法，皆是聖所稱歎，自在無繫，無所依求。乘是三乘，以無漏根、力、覺、道、禪定、解脫、三昧等，而自娛樂，便得無量安隱快樂。

【註解】這向下有三段文合「救子得譬」第四。這第一段是合前「汝等所可玩好……可以遊戲」。惟「如彼長者……珍寶大車」五句並非合譬；乃直序隱實施權，會權歸實的一化始終。

「自在無繫，無所依求」——法華文句釋謂：無生智，名爲自在；盡智，名爲無繫。我生已盡，不受後有，名無所依；所作已辦，梵行已立，名無所求。

「無漏根、力、覺、禪定、解脫、三昧」——根，卽：信、勤、念、定、慧的五根。力，卽信等五根所增長的信等五力。覺，卽：擇法、精進、喜、輕安、念、定、行捨的七覺支。道，卽：正見、正思惟、正語、正業、正命、正勤、正念、正定的八正道。禪定等，如前已解。但此禪定，非三界心體所具的禪定，乃三乘聖者所證的出世間法，故與根、力等同屬無漏。

【語譯】舍利弗！就像那位長者，放著身手有力不用；但以殷勤假設的三車方便，挽救諸子於火宅之難；然後再每人賜給他們一輛珍寶嚴飾的大車。

如來也是這樣的，雖有十力、四無所畏，姑置不用；但以智慧方便，權實並演，於三界火宅拔濟衆生，爲說聲聞、辟支佛、佛乘的三乘教法，這樣說道：「你們不要躭樂安住於三界火宅，貪著那粗弊的五欲塵境——色、聲、香、味、觸；倘若貪著，心生愛染，那就要爲欲火所燒了！你趕快出離三界，當有聲聞、辟支佛、佛乘的三乘聖果可得；我爲你們保證，這事終非虛妄；你們但應勤勉修習，精進不懈就行了。」

如來爲的要以此方便誘進衆生，所以又這樣說道：「你們應當知道，這三乘法，都是聖者所稱歎的化儀。怎樣稱歎？謂：此三乘得無生、盡智，自在無繫，無後有所依，梵行所求。乘此三乘，以無漏的五根、五力、七覺支、八正道、禪定、解脫、三昧等而自歡娛，便能得到無量寂滅的安隱快樂。」

舍利弗！若有衆生，內有智性，從佛世尊聞法信受，殷勤精進，欲速出三界，自求涅槃，是名聲聞乘；如彼諸子，爲求羊車，出於火宅。若有衆生，從佛世尊聞法信受，殷勤精進，求自然慧，樂獨善寂，深知諸法因緣，是名辟支佛乘；如彼諸子，爲求鹿車，出於火宅。若有衆生，從佛世尊聞法信受，勤修精進，求一切智、佛智、自然智、無師智、如來知見、力、無所畏，愍念安樂無量衆生，利益天人，度脫一切，是名大乘，菩薩求此乘故，名爲摩訶薩；如彼諸子，爲求牛車，出於火宅。

【註解】這是第二段，合前「適其願故……爭出火宅」。

「智性」——文句云：宿習三乘欲樂，成三乘智性，故佛施以三乘之教。

「一切智……無師智」——直緣中道之智，叫做一切智；雙照二諦的一切種智，叫做佛智；法爾任運，離人爲造作之智，叫做自然智；以上三智，不從師得，叫做無師智。

【語譯】舍利弗！若有衆生，內有宿世所習三乘的智性爲因，外從佛世尊聞法信受爲緣，而殷勤精進；但欲速出三界，自求涅槃，非爲利他者，就叫做「聲聞乘」。這好像那長者諸子，爲求羊車而出離火宅似的。

若有衆生，從佛世尊聞法信受，殷勤精進；但求法爾自然之慧，樂於山林寂靜之處，獨善其身，深知十二因緣的流轉還滅之理者，就叫做「辟支佛乘」。彷彿那長者諸子，爲求鹿車而出離火宅似的。

若有衆生，從佛世尊聞法信受，勤修精進；求得一切智、佛智、自然智、無師智；及如來知見、十力、四無所畏的不共功德；以此智德，慈悲愍念無量衆生，利益人天而與以安樂；度脫三途而拔濟其苦，這就叫做「大乘」；乘此大乘的菩薩，叫做「摩訶薩」。這好像那長者諸子，爲求牛車而出離火宅似的。

舍利弗！如彼長者，見諸子等，安隱得出火宅，到無畏處。自惟財富無量，等以大車而賜諸子。如來亦復如是，爲一切衆生之父，若見無量億千衆生，以佛教門，出三界苦，怖畏險道，得涅槃樂。

【註解】這是第三段，合前「見諸子等安隱得出……歡喜踊躍」。

【語譯】舍利弗！就像那長者，見諸子等，安安隱隱的出了火宅，到達無可怖畏之處的四衢道中，自思財富無量，一律平等以大車賜與諸子。

如來也是這樣的，既爲一切衆生之父，若見無量億千衆生，以佛教的方便法門，出離了三界諸苦最可怖畏的生死險道，得涅槃樂。這時候應該怎樣？是不是就讓他們就於這小乘涅槃之樂呢？不！

如來爾時，便作是念：我有無量無邊智慧力無畏等，諸佛法藏。是諸衆生，皆是我子，等與大乘，不令有人獨得滅度，皆以如來滅度而滅度之，是諸衆生脫三界者，悉與諸佛禪定解脫等娛樂之具，皆是一相一種，聖所稱歎，能生淨妙第一之樂。

【註解】這是合「等賜大車譬」第五。「諸佛法藏」——含藏無量性德的法性，叫做「法藏」；諸佛所說的教法，含藏多義，叫做「佛法藏」。

「一相一種」——離於差別的實相，叫做「一相」；一切種智，名爲「一種」。

【語譯】如來此時，見衆生出離三界得涅槃樂，便這樣念道：「我既有無量無邊的智慧、十力、四無畏等的諸佛法藏，這些衆生又都是我的愛子，理應平等賜與大乘，不令有人自了生死，獨得滅度，而以如來的究竟無住涅槃而滅度之。」

於是，凡屬脫離三界生死苦難的衆生，一律都賜與諸佛的禪定、解脫等娛樂之具。這盡是平等無二的實相，雙照二諦的一切種智。聖者無不稱歎！謂爲能生清淨微妙的第一寂滅之樂。

舍利弗！如彼長者，初以三車誘引諸子，然後但與大車，寶物莊嚴，安隱第一；然彼長者，無虛妄之咎。如來亦復如是，無有虛妄，初說三乘，引導衆生，然後但以大乘而度脫之。何以故？如來有無量智慧、力、無所畏諸法之藏，能與一切衆生大乘之法。但不盡能受。舍利弗！以是因緣，當知諸佛方便力故，於一佛乘，分別說三。

【註解】這是合「不虛譬」第六，如前已解。

【語譯】舍利弗！就像那位長者，他最初以羊、鹿、牛三車，引誘諸子出了火宅；然後但賜與大車，而以寶物莊嚴，安隱第一。然而，那長者，却沒有與非所許，許而不與的過咎。

如來也是這樣的，沒有虛妄。最初先權說三乘，引導衆生出離三界；然後廢權立實，但以大乘度脫他們到究竟彼岸。爲什麼要這樣？如來有的是無量智慧、十力、四無畏等的諸法寶藏，可能賜與一切衆生以大乘之法。

但衆生根器，並非都同菩薩一樣，盡能領受。舍利弗！以是因緣，當知諸佛以隨順衆生的方便之力，於一佛乘，分別說三。

佛欲重宣此義而說偈言：譬如長者，有一大宅，其宅久故，而復頓弊。堂舍高危，柱根摧朽，梁棟傾斜，基陛頹毀，墻壁圮坼，泥塗褫落，覆苫亂墜，椽梠差脫，周障屈曲，雜穢充徧，有五百人，止住其中。

【註解】上來長行說譬喻竟。此下是以偈頌重宣前義，亦分開、合。但長行說譬分六，頌僅分五，略「不虛譬」。今先頌「總譬」第一。這四頌，譬三界無常不淨。

「長者有一大宅……而復頓弊」——長者，喻佛爲能化之主；大宅，喻三界爲所化之處。日月推移，時變年遷，故云「久故」；無常迅速，故云「頓弊」。

「堂舍高危」——三界爲衆生所住，故名「堂舍」；有高度危險，故云「高危」。

「柱根摧朽，梁棟傾斜」——如前已釋：今之「摧朽」，即前之「腐敗」；今之「傾斜」，即前之「傾危」。

「基陛頹毀」——墻根爲「基」；堦級爲「陛」；以喻三界，罪、福、不動的三業因緣。行業將盡，喻爲「頹毀」。

「墻壁圮坼，泥塗褫落」——墻壁，如前已釋：今之「圮坼」，即前之「隤落」。泥塗，爲墻壁的成因，以喻四大極微。褫，音雉，義爲敗壞。

「覆苫亂墜，椽梠差脫」——編茅蓋屋，叫做「覆苫」；圓桷橫楣，叫做「椽梠」。依次喻毛髮亂墜；牙齒差脫。

「周障屈曲，雜穢充徧」——此以宅內周遭，垃雜污穢，喻人腹內盤腸屈曲，屎尿充滿。

【語譯】佛想把這於一說三，會三即一之義，重新宣示一徧，於是說偈如下，意謂：譬如長者，有一所很大的住宅。此宅因年久陳舊，很快就要倒塌了。堂屋宿舍，危險已極！諸如：柱根的腐朽；梁棟的歪邪；基層堦陛的頹敗損壞；墻壁的破裂，泥塗的剝落；蓋屋的茅草，撩亂墜落；椽桷楣梠，錯筍脫臼。此外宅舍的週遭，還充滿了垃雜污穢。

像這樣無常不淨的宅舍，居然，還有五百人住在裏面。

鵄梟鵰鷲，烏鵲鳩鴿，蚖蛇蝮蠍，蜈蚣蚰蜒，守宮百足，鼬貍鼷鼠，諸惡蟲輩，交橫馳走。

屎尿臭處，不淨流溢，蜣蜋諸蟲，而集其上。狐狼野干，咀嚼踐踏，嚌齧死屍，骨肉狼藉。

由是羣狗，競來搏撮，飢羸慞惶，處處求食。鬪諍摣掣，啀喍嘷吠，其舍恐怖，變狀如是。

【註解】這六頌，是以惡鳥毒蟲，喻五鈍使。

「鵄梟鵰鷲，烏鵲鳩鴿」——法華文句以此八鳥凌高視下，喻為慢使。法華義疏以此喻上界愛著禪味，屬於貪使。又有因前四兇悍，以喻嗔使；後四愚闇，以喻痴使者。

「蚖蛇蝮蠍，蜈蚣蚰蜒」——此皆毒蟲，喻為嗔使。

「守宮百足，鼬貍鼷鼠」——守宮，卽俗語所謂的「壁虎」。百足，類似蜈蚣。鼬，卽俗語所謂的「黃鼠狼」。貍，類似狐。鼷，類似鼠。此類痴多嗔少，故喻痴使。

「諸惡蟲輩，交橫馳走」——此謂：以上諸使，交惡橫逆，奔走世路。

「屎尿臭處……而集其上」——此以屎尿臭處，流溢不淨，喻五欲塵境；以蜣蜋諸蟲，而集其上，喻世人貪著。

「狐狼野干，咀嚼踐踏」——狐性多疑。狼性多貪。野干，形類似狐而鳴聲似狼。此喻世人味著五欲，貪則咀嚼；疑則踐踏。

「嚌齧死屍，骨肉狼藉」——嚼物有聲，叫做嚌齧。此喻暴政虐民，如嚌齧死屍；拋棄殘餘，如骨肉狼藉。

「由是羣狗……處處求食」——盜賊蠭起，强取豪奪，喻如「羣狗競來搏撮」。貪之不得，則「飢羸慞惶」；貪得無厭，則「處處求食」。

「鬭諍摣掣，啀喍嘷吠」——摣，同渣。摣取牽掣，卽鬭諍之形；啀喍嘷吠，卽鬭諍之聲。

「其舍恐怖，變狀如是」——此喻三界惑使，能害慧命，怖畏之狀，變異如是。

【語譯】這宅裏，尚有鴟、梟、鵰、鷲，烏、鵲、鳩、鴿；蚖、蛇、蝮、蠍、蜈蚣、蚰蜒；守宮、百足、蚰、貍、鼷、鼠；這些蟲鳥等輩，胡亂奔馳。

屎尿臭汚，橫流四溢，貪食糞便的蜣蜋，都蝟集其上。還有狐、狼、野干，咀嚼踐踏，嚌齧死屍，骨肉狼藉。成羣的餓狗，也來攫取，饑瘦慞惶，處處求食，鬪諍撕奪之聲，唓嗏嘷吠。其宅舍的恐怖，變異怪狀，大概如此。

處處皆有，魑魅魍魎，夜叉惡鬼，食噉人肉。毒蟲之屬，諸惡禽獸，孚乳產生，各自藏護。
夜叉競來，爭取食之；食之既飽，惡心轉熾，鬪諍之聲，甚可怖畏。鳩槃荼鬼，蹲踞土埵，
或時離地，一尺二尺，往返遊行，縱逸嬉戲；捉狗兩足，撲令失聲，以脚加頸，怖狗自樂。
復有諸鬼，其身長大，裸形黑瘦，常住其中，發大惡聲，叫呼求食。復有諸鬼，其咽如針。
復有諸鬼，首如牛頭，或食人肉，或復噉狗，頭髮髼亂，殘害兇險，飢渴所逼，叫喚馳走。

【註解】這十頌，是以諸鬼，喻五利使。「處處皆有魑魅魍魎」——魑、魅、魍、魎，總爲山精水怪。無處無之，故云「處處皆有」。此總喻利使。

「夜叉惡鬼……諸惡禽獸」——此喻邪見。人爲善報，畜爲惡報，善惡因果，分明如是。邪見之人，撥無因果，猶如夜叉惡鬼，食噉人畜。

「孚乳產生……甚可怖畏」——卵生爲孚，胎生爲乳。邪見之人，各自執藏，如護胎卵。邪見不一，如夜叉爭食；邪見充滿，如食之既飽；邪見轉熾，發聲鬪諍，墮無間獄，甚可怖畏。

「鳩槃茶鬼……縱逸嬉戲」——此喻戒取。鳩槃茶鬼，陰囊如甕，故亦名甕鬼。喻人依於戒取，修有漏善法，或四禪四空，謂爲至道：若計有漏善法爲道，報在欲界人天，如「蹲踞土埵」；若計四禪爲道，報在色界，如「離地一尺」；若計四空爲道，報在無色界，如「離地二尺」。上生色無色界爲「往」；下生欲界爲「返」；往返三界，叫做「遊行」；不修聖道，故云「縱逸嬉戲」。

「捉狗兩足……怖狗自樂」——戒取者流：非因計因，非果計果，如「捉狗兩足」；仍墮輪廻，不覺叫苦，如「撲令失聲」。加以覺觀，暫伏現行，滅定雖樂，其實可怖；這好像以脚加在狗的頸上，以怖狗爲樂似的。

「復有諸鬼……叫呼求食」——此喻身見。數論外道，執我體常，三世相續，量同虛空，名爲「長大」；旣執我見，略無慚愧，喻如「裸形」；盲冥失道，喻如「黑瘦」；不出三界，故曰「常在其中」；發爲謬論，名「大惡聲」；爲我修福，名爲「求食」。

「復有諸鬼，其咽如針」——此喻見取。見取之人，計劣爲勝，以己之所見爲是而執取；人之所見爲非而不取；猶如諸鬼，咽細如針，不受飮食。

「復有諸鬼……叫喚馳走」——此喻邊見。邊見之人，或計身死我斷；或計身死我常。

此二邊見：依身而起，如牛頭二角，故曰「首如牛頭」；或違善法因果，如「食人肉」；或違惡法因果，又如「噉狗」；以斷常爲本，生六十二見，如「頭髮髼亂」斷常互違，如「殘害兇險」；雖無定慧，猶爲利養，如「饑渴所逼」；口宣斷常，心行邊見，如「叫喚馳走」。

【語譯】這宅裏，處處都有魑魅魍魎；還有夜叉惡鬼，食噉人肉，及毒蟲之類的諸惡禽獸。無論卵生的惡鳥，胎生的惡獸，雖各自藏護，猶不免爲蠭擁而來的夜叉，爭取而食。他們吃的越飽，心越兇狠，鬪諍起來，那種嘷嘷怪叫的聲音，實在可怕！

鳩槃茶鬼，蹲踞在土堆之上，離地高低，或一尺二尺，却不一定，這樣上上下下，往返遊行，縱逸嬉戲。又捉著狗的兩足，撲而擊之，令其失聲叫喚，更以脚踏狗頸，使狗怖畏，自以爲樂。

還有些醜鬼，身形長大，膚色黝黑、骨瘦如柴、裸體露形，時常在宅中，惡聲大叫，要吃東西。

還有些餓鬼，咽喉細的像針尖那樣，縱有飲食，也難以下咽。

還有些鬼，腦袋瓜子像牛頭似的，見人吃人，見狗吃狗，頭髮髼亂，殘害兇險，他們常爲饑渴所逼，叫喚馳走。

夜叉餓鬼，諸惡鳥獸，飢急四向，窺看窗牖，如是諸難，恐畏無量。

【註解】這一頌半，是總結以上利鈍諸使的過患：初句喻利使；次句喻鈍使；次下述其過患。

三界衆生無定慧法食，急欲向四下尋求出離之門，故曰「饑急四向」。然不了中道，但觀偏空，如「窺看窗牖」。

【語譯】困在這宅內的夜叉惡鬼、諸惡鳥獸，他們饑餓急了，便向四下裏尋求出路；但只窺看著窗牖的小孔，而迷失正道。像這樣的險難恐怖，多至無量！

是朽故宅，屬於一人，其人近出，未久之間，於後宅舍，忽然火起，四面一時，其燄俱熾，

棟梁椽柱，爆聲震裂，摧折墮落，墻壁崩倒。諸鬼神等，揚聲大叫，鵰鷲諸鳥，鳩槃荼等，

周慞惶怖，不能自出。惡獸毒蟲，藏竄孔穴，毘舍闍鬼，亦住其中，薄福德故，為火所逼，

共相殘害，飲血噉肉。野干之屬，並已前死，諸大惡獸，競來食噉。臭煙熢㶿，四面充塞。

蜈蚣蚰蜒，毒蛇之類，為火所燒，爭走出穴。鳩槃荼鬼，隨取而食。又諸餓鬼，頭上火燃，

飢渴熱惱，周慞悶走。其宅如是，甚可怖畏，毒害火災，衆難非一。

【註解】這十一頌半，喻三界苦報。「是朽故宅……未久之間」——此喻三界無常，屬於一佛化境。化緣既盡，應身示滅不久。

「於後宅舍……墻壁崩倒」——此喻於佛滅後的三界惑使，好像烈火似的忽然燒起；四類衆生，一時所受的罪報，又好像棟梁墻壁，爆聲震裂，摧折崩倒。

「諸鬼神等……不能自出」——此喻外道見老病死，計常者謂「身死我常」；計斷者謂「身死我斷」；如鬼神見火，揚聲大叫。煩惱衆生見老病死，鈍使者如「鵰鷲諸鳥」；利使者如「鳩槃茶等」。他們都迷於事理，故「周慞惶怖，不能自出」。

「惡獸毒蟲……爲火所逼」——此喻鈍使衆生如「惡獸毒蟲」；厭離欲界，生色界四禪，如「藏竄孔穴」。利使衆生，亦厭離欲界，生色界四禪，如噉食精氣的「毘舍闍鬼」。此利鈍衆生，因福德薄故，雖生色界，猶有輕微熱惱，如「爲火所逼」。

「共相殘害……四面充塞」——色界四禪執見各異，如「互相殘害」。執有害無，猶如「飲血」；執無害有，猶如「噉肉」。欲界貪愛，未到定時，先已斷除，如「野干之屬，並已前死」。色界煩惱，勢奪前惡，如「大惡獸，競來食噉」。又如烟氣上烝，瀰漫四禪，故曰「臭烟熢㶿，四面充塞」。㶿，應爲「烰」，氣烝盛也。

「蜈蚣蚰蜒……周慞悶走」——雖生色界，猶起見使，未免無常，如「蜈蚣蚰蜒，毒蛇之類，爲火所燒」。厭離色界，上生無色，如「爭走出穴」。既生無色，必斷下界諸惡，如「鳩槃茶鬼，隨取而食」。非非想處，雖居無色界頂，猶有微細心行，無出世定慧，如「頭上火燃，饑渴熱惱」；未免輪迴，故曰「周慞悶走」。

【語譯】這座腐朽故舊的宅舍，屬於長者一人所有，他最近外出不久，這座宅舍就突然火起，四面同時延燒，勢燄甚烈！只燒得那棟梁椽柱，爆聲震裂，摧折墮落；墻壁也崩頹傾倒了。

諸鬼神等，都嚇得高聲大叫。鵰鷲諸鳥及鳩槃茶等，只徒驚惶恐怖，却沒有能力出此險境。惡獸毒蟲，都竄入穴洞裏躲藏起來。毘舍闍鬼，也住在這火宅裏面。他們因爲福德薄的緣故，爲火勢所逼，求生無路，只得互相殘害，飲血食肉了。野干之類，先已被火燒死，諸大惡獸，都爭來食噉，也顧不得烟氣烝騰，四面瀰漫了。蜈蚣蚰蜒，毒蛇之類，他們爲火所燒，都爭著走出洞穴，却又被鳩槃茶鬼，隨取而食。還有許多餓鬼，頭上被火燃燒，在饑渴熱惱的情勢交逼之下，驚惶失措，迷悶而走。

像這樣的宅舍，可怕已極，毒蟲、梟鳥、猛獸、餓鬼、火災等的衆難非一。

是時宅主，在門外立，聞有人言：汝諸子等，先因遊戲，來入此宅，稚小無知，歡娛樂著。

長者聞已，驚入火宅，方宜救濟，令無燒害。

【註解】上來三十三頌，重宜「總譬」第一已竟。這三頌，是重宜「見火譬」第二。

「是時宅主……聞有人言」——佛爲度化衆生，在三界外待機赴應，如「宅主在門外立」。佛以智慧照見衆生機發，如「聞有人言」。

「先因遊戲……歡娛樂著」——三界衆生，先因不覺心動，起惑造業而來，如「先因遊戲，來入此宅」。愚痴闇鈍，躭樂塵境，如「稚小無知，歡娛樂著」。

「長者聞知……令無燒害」——此喻佛起大悲，赴機應化。

【語譯】此時火宅主人——長者，在門外站立，忽聽有人說：「你那許多兒子，先因遊戲，進入此宅，幼小無知，火已燒起，還在那兒歡喜的貪著玩樂！」長者一聽此說，便很驚惶的進入火宅，擬救出其子，免得被火燒害。

告諭諸子，說衆患難，惡鬼毒蟲，災火蔓莚，衆苦次第，相續不絕；毒蛇蚖蝮、及諸夜叉、
鳩槃荼鬼、野干狐狗、鵰鷲鵄梟、百足之屬，飢渴惱急，甚可怖畏！此苦難處，況復大火。
諸子無知，雖聞父誨，猶故樂著，嬉戲不已。

【註解】這五頌，是重宣「救子不得譬」第三。

「告諭諸子……相續不絕」——此總說三界衆苦，次第相續。

「毒蛇蚖蝮……甚可怖畏」——此廣列衆苦相續之相。

「此苦難處，況復大火」——此釋三界有煩惱衆苦，尚不可住；何況更有老死病苦。

「諸子無知……嬉戲不已」——此明衆生大機未發，不能稟教信受。

【語譯】於是，長者告誡諸子，說：「這宅裏有惡鬼毒蟲，災火蔓延，衆多苦難，一次接一次的相續不斷：毒蛇、蚖、蝮、百足等的蟲類；夜叉、鳩槃茶等的惡鬼；野干、狐、狗等的猛獸；鵰、鷲、鵄、梟等的兇鳥；其饑渴窘迫惱急之狀，可怕已極！有此衆苦尚難居住；何況那大火正在延燒！」

誰料，諸子無知，雖聞父親訓誨，卻依舊躭著玩樂，嬉戲不已。

是時長者，而作是念：諸子如此，益我愁惱，今此舍宅，無一可樂，而諸子等，躭湎嬉戲，
不受我敎，將爲火害。卽便思惟，設諸方便，告諸子等：我有種種，珍玩之具，妙寶好車，
羊車鹿車，大牛之車，今在門外，汝等出來，吾爲汝等，造作此車，隨意所樂，可以遊戲。
諸子聞說，如此諸車，卽時奔競，馳走而出，到於空地，離諸苦難。長者見子，得出火宅，
住於四衢，坐獅子座，而自慶言：我今快樂，此諸子等，生育甚難，愚小無知，而入險宅，
多諸毒蟲，魑魅可畏，大火猛燄，四面俱起，而此諸子，貪著嬉戲，我已救之，今得脫難，
是故諸人，我今快樂。

【註解】這十二頌半，是重宣「救子得譬」第四。

「是時長者……設諸方便」——佛見衆生不受大化，悲心轉深，故曰「益我愁惱」。三界五趣，盡屬苦道，故曰「無一可樂」。衆生執苦爲樂，如「躭湎嬉戲」。不受大化，將被

煩惱滅却善根，故曰「不受我教，將爲火害」。佛擬隱實施權，故曰「即便思惟，設諸方便」。

「告諸子等……可以遊戲」——此以羊、鹿、牛三車，喻三乘方便：稱歎方便，故曰「妙寶」；假設三乘，故言「造作」；隨三乘根性，僅可自利，故言「隨意所樂，可以遊戲」。

「諸子聞說……離諸苦難」——聞三乘法，信而行之，至於無學，故曰「馳走而出」。證但空理，生死已了，故曰「到於空地，離諸苦難」。

「長者見子……我今快樂」——此喻佛前爲赴機應化而驚入三界；今爲小化已周，方始安坐。三乘諸子，從昔受教，歷盡生死，故曰「生育甚難」。雖入三界險道，佛已救之脫難，故曰「我今快樂」。

【語譯】此時長者，作這樣的意念：「諸子如此頑皮，更增加了我的憂愁煩惱；今此火宅，儘多苦難，無一事可樂，而諸子等，却只管貪著嬉戲，不接受我的教誨，將要被火燒殺！」又一轉念：「他們既不受教，那我就只有另設方便，誘之使出了。」於是告諸子道：「我有各種最寶貴的玩具：羊車、鹿車、大牛車，現在門外；你們趕快出來，我爲你們製造這些車子，可以隨意玩樂遊戲。」

這些孩子一聽說門外有好玩的各種車子，立刻都爭着飛奔而出，到達安全空地，離却了火宅的諸多苦難。

長者見子得出火宅，安住於四通八達的衢道，才放懷落坐於師子座上，自覺慶倖的說道：「我今天眞個快樂！因爲這些孩子們，生之育之，備極艱難；幼小無知，誤入險宅，這宅裏，不但有很多可怕的毒蟲、魑魅，而且大火猛燄，四面俱起！可是，這些孩子還在那兒貪著嬉戲，我已竟救了他們，得脫此難。因此，諸人當知，我今天眞個快樂。」

爾時諸子，知父安坐，皆詣父所，而白父言：願賜我等，三種寶車，如前所許，諸子出來，當以三車，隨汝所欲，今正是時，惟垂給與。長者大富，庫藏衆多，金銀瑠璃，硨磲碼碯，以衆寶物，造諸大車，莊校嚴飾，周匝欄楯，四面懸鈴，金繩交絡，眞珠羅網，張施其上，金華諸纓，處處垂下，衆彩雜飾，周匝圍繞。柔軟繒纊，以爲茵褥，上妙細氎，價値千億，鮮白淨潔，以覆其上。有大白牛，肥壯多力，形體殊好，以駕寶車。多諸儐從，而侍衛之。以是妙車，等賜諸子。諸子是時，歡喜踴躍，乘是寶車，遊於四方，嬉戲快樂，自在無礙。

【註解】這十二頌，是重宣「等賜大車譬」第五。

「爾時諸子……惟垂給與」——衆生的大機已發，知所往詣，故曰「知父安坐，皆詣父所」。旣不見所許三車，而故索賜，似求小果，實慕大乘，故曰「願賜我等……惟垂給與」。

「長者大富……等賜諸子」——這一段的前七頌，是稱歎大乘；末二句，是等賜大乘。句義同前長行無大出入，例如：「柔軟繒纊，以爲茵褥」，即前所謂的「重敷婉筵」。「儐從」，即前所謂的「僕從」。「庫藏衆多」，即前所謂的「種種諸藏」。惟「以衆寶物，造諸大車」二句，長行中無。此喻：大乘實義，本無名相可說；然佛實有萬德，作大乘之名。

「諸子是時……自在無礙」——既得大乘，故「歡喜踊躍」。乘此大乘，自行化他，利樂四生，故曰「遊於四方，嬉戲快樂」。大乘平等，不局偏小，故曰「自在無礙」。

【語譯】此時諸子，知道他父親已安然落坐，都到他父親那裏去說：「願賜給我們三種寶車，如前所許「你們出來，當以羊車、鹿車、牛車，隨汝所欲」，現在正是其時，惟願垂愛，賜給我們。」

長者大富，庫藏衆多，有的是以金銀、瑠璃、硨磲、碼瑙衆寶之物所造的大車，莊嚴校飾得異常豪華：周匝設有欄楯，懸有鐘鈴；頂上張有以金繩交絡而成的眞珠羅網；下垂有衆綵雜飾的金華纓絡；車內鋪有以柔軟綿帛所製的茵褥；褥上還鋪有一層價值千億的鮮白細氎；而以肥壯多力，形體殊好的大白牛，充當駕駛；又有許多健僕儐從，隨車侍衞。長者就拿這些妙寶大車，愛無偏儻的等賜諸子。

諸子此時，歡喜踊躍，都坐著這寶車到四方去遊戲玩樂，東西南北，隨意所向，自在無礙。

告舍利弗：我亦如是，衆聖中尊，世間之父，一切衆生，皆是吾子，深著世樂，無有慧心。三界無安，猶如火宅，衆苦充滿，甚可怖畏，常有生老，病死憂患，如是等火，熾然不息。

【註解】上來六十五頌半，重宣開譬已竟。向下有十八頌，重宣合譬。這四頌，是合「總譬」第一。初頌化主；次頌所化；三頌化處；四頌化意。前以所學之譬，顯今所譬之法；今以所譬之法，合前所學之譬。前後互釋，尋文自知，勿庸費辭。

【語譯】佛告舍利弗說：我也是這樣的，爲四聖中的至尊；有情世間的慈父，六道衆生，都是我的愛子。他們深著世間五欲塵境，無出世慧心。那知三界裏沒有平安，就像那衆苦充滿，最可怖畏的火宅一樣；裏面常有生老病死憂患等的烈火延燒，熾然不息。

如來已離，三界火宅，寂然閒居，安處林野，今此三界，皆是我有，其中衆生，悉是我子。

【註解】這二頌是合「見火譬」第二。初頌能見；次頌所見。

【語譯】如來已離三界火宅，寂然閒居；無生死喧囂，安處於德林大空之野，超然物外。今此三界，我雖出離，却是屬於我所有的化境；其中衆生，都是我所慈念度化的愛子。

而今此處，多諸患難，唯我一人，能爲救護，雖復教詔，而不信受，於諸欲染，貪著深故。

【註解】這二頌，是合「救子不得譬」第三。初頌能化；次頌無機。

【語譯】而今此處，多諸老病死苦的過患險難，我既爲世間之父，責無旁貸，那當然唯我一人能爲救護了。然而，若以大乘教誨，則衆生機小，却不能信受。這是因爲他們於五欲染汚的塵境，貪著太深之故。

以是方便，爲說三乘，令諸衆生，知三界苦，開示演說，出世間道。是諸子等，若心決定，具足三明，及六神通，有得緣覺，不退菩薩。

【註解】這三頌，是合「救子得譬」第四。初一頌半合三乘方便；次一頌半合衆生得益。

「三明」——羅漢於智證之境，顯了分明者三，故名三明：1宿命明，能知過去世的生死苦相；2天眼明，能知未來世的生死苦相；3漏盡明，能作正觀，斷諸煩惱。

「六神通」——不可測知，叫做神；無所障礙，叫做通。六神通，即於三明外，再加遠聽無礙的「天耳通」；知他人心行的「他心通」；現種種神變的「神足通」。

【語譯】因此，才假設方便，爲諸衆生開示演說三乘權法，使知三界苦諦，及出世間的盡苦之道。此三乘諸子，若心禀教，則決定具足三明六通，而得證聲聞、緣覺、不退菩薩。

汝舍利弗！我爲衆生，以此譬喻，說一佛乘，汝等若能，信受是語，一切皆當，成得佛道。

是乘微妙，清淨第一，於諸世間，爲無上有。佛所悅可，一切衆生，所應稱讚，供養禮拜。
無量億千，諸力解脫，禪定智慧，及佛餘法。得如是乘，令諸子等，日夜劫數，常得遊戲。
與諸菩薩，及聲聞衆，乘此寶乘，直至道場。

【註解】這七頌，是合「等賜大車譬」第五。初二頌合等賜；次三頌合大車；後二頌合得車歡喜。

【語譯】舍利弗！我爲衆生，以此譬喻，說一佛乘，更無二三；你們若能以信心領受這藉三說一，爲一說三的實語，那一切三乘，都應當得成佛道。這一佛乘，微妙得離言絕思，三惑究盡，清淨第一，在諸世間，最爲無上；是佛所喜悅印可的；也是一切衆生所應稱讚、供養、禮拜的；具有無量億千之多的十力、解脫、禪定、智慧，及佛餘法的方便權智。得此一佛妙乘，使三乘諸子，以中道慧日入生死闇夜，歷劫常得自行化他，遊戲自在；與諸菩薩，及聲聞、緣覺，大家乘此一佛寶乘，毫無委曲的直達寂滅道場。

以是因緣，十方諦求，更無餘乘，除佛方便。

【註解】上來八十三頌半，重宣開、合二譬已竟。這一頌，是合長行最後一段的結文。

【語譯】以此說三即一的因緣，於十方世界，諦審推求，一乘之外，更無餘乘；唯除如來的方便假說。

告舍利弗：汝諸人等，皆是吾子，我則是父。汝等累劫，衆苦所燒，我皆濟拔，令出三界。
我雖先說，汝等滅度，但盡生死，而實不滅，今所應作，唯佛智慧。

【註解】此下有十五頌半，示大小權實。這三頌半，是對聲聞人說：前兩頌寄父子恩情；後一頌半明大小權實。

【語譯】佛告舍利弗說：你們聲聞人等，都是我的愛子，我就是你們的慈父。你們自累劫以來，爲煩惱衆苦所燒，我都一律拔濟，教你們出離了三界火宅。我先前雖曾以權智說過「你們出了三界，便得滅度」的話；但那只是滅盡分段生死，尚餘變易生死未滅，不得謂爲究竟涅槃。而今而後，所應作的，唯是一佛乘的實智。

若有菩薩，於是衆中，能一心聽，諸佛實法。諸佛世尊，雖以方便，所化衆生，皆是菩薩。
若人小智，深著愛欲，爲此等故，說於苦諦。衆生心喜，得未曾有，佛說苦諦，眞實無異。
若有衆生，不知苦本，深著苦因，不能暫捨，爲是等故，方便說道：諸苦所因，貪欲爲本，
若滅貪欲，無所依止，滅盡諸苦，名第三諦。爲滅諦故，修行於道，離諸苦縛，名得解脫。
是人於何，而得解脫，但離虛妄，名爲解脫，其實未得，一切解脫。佛說是人，未實滅度，
斯人未得，無上道故，我意不欲，令至滅度。

【註解】這十一頌，是引菩薩爲證，以明權實。初一頌明菩薩能聽實法；次十頌明菩薩

能解權實。這十頌的前一頌解人權實；後九頌解法權實。這九頌的前五頌半，明昔說四諦爲權；後三頌半，就滅諦以辨權實。

【語譯】若有菩薩，在這法華會中，他決定能一心諦聽諸佛的一乘實法。了解諸佛世尊，雖同以方便權說三乘，而其所化導的衆生，却都是同歸一乘的菩薩。那末，爲什麼不直說一乘，而說方便呢？

若復有人，智小根鈍，深深的執著他所貪愛的五欲塵境；特爲適應此等小機之故，才爲他們說三界生死苦果的「苦諦」。小機衆生，一聞便解，歡喜得聞所未聞，咸信佛說此苦的諦理，的確是眞實誠言，更無異說。

倘若更有衆生，雖知苦果，猶不知苦果的根本所在，深深的染著集起苦果的業因，不能暫捨；特爲此等人故，才方便的這樣說道：諸苦所以集起的原因，根本就在貪欲的「集諦」。

假使滅了苦因的貪欲，那苦果便無所依附，也就隨之而滅了。滅盡了苦因、苦果的生死苦患，證但空理，這名就叫做第三的「滅諦」。

爲達成這滅諦至果的目的，那就得如理修習，奉行三學七科的「道諦」。

離了能縛的集因，所縛的苦果，苦集俱離，名得解脫。此人是怎樣的解脫呢？不過是但離枝末的見、思二惑，及分段生死的虛妄，假名解脫而已；其實還沒有得離根本無明，及變易生死的一切解脫。

所以佛說此人未實滅度，因爲他還沒有得到一乘實相的無上佛道。佛的本懷，並不是想敎衆生至小果滅度，而是敎他們得究竟涅槃。

我爲法王，於法自在，安隱衆生，故現於世。

【註解】這一頌，是擧法王以明權實。

【語譯】我爲法王，不住生死，不住涅槃，於權實諸法，得大自在。爲使衆生，離二種生死，得安隱故，才出現於世。

汝舍利弗！我此法印，爲欲利益，世間故說，在所遊方，勿妄宣傳。若有聞者，隨喜頂受，當知是人，阿鞞跋致。若有信受，此經法者，是人已曾，見過去佛，恭敬供養，亦聞是法。若人有能，信汝所說，則爲見我，亦見於汝，及比丘僧，並諸菩薩。斯法華經，爲深智說，淺識聞之，迷惑不解。一切聲聞，及辟支佛，於此經中，力所不及。汝舍利弗，尚於此經，以信得入，況餘聲聞。其餘聲聞，信佛語故，隨順此經，非己智分。

【註解】上來十五頌半，示法權實竟。此下有六十五頌以明誡勸。當說則說，叫做勸；不當說則不說，叫做誡。這九頌半，是略明誡勸。前一頌半略標二門；次八頌釋二門義——

前四頌釋勸門；後四頌釋誡門。

「法印」——印，是印證；法，是法理。凡經文有法理作爲印證者，就叫做法印。因此經法理爲一乘實相，又叫做「實相印」。所以方便品云「爲說實相印」。

「阿鞞跋致」——譯爲「不退轉」。不退有三：1斷見思惑爲位不退；2斷塵沙惑爲行不退；3斷無明惑爲念不退。

【語譯】舍利弗！我這一乘實相的法印，爲令世間衆生得大利益而說的；在所遊化的方地，要愼重選擇，苟非大器，可不要妄爲宣傳。

設若有人聞此妙法，能隨順歡喜，頂戴受持；當知此人，卽不退轉，必非凡流。設若有人能信心領受此經妙法；他一定在過去世見過諸佛，不但恭敬供養，且亦曾聞此妙法。設若有人信汝所說此法；則爲見佛，亦見靈山一會的汝等比丘，及諸菩薩。

這法華經，只能說給那智慧深的人聽；淺識的人，不能因三悟一，他們聞此法華，如墮五里雲霧，迷惑不解。一切聲聞及辟支佛，在此法華經中，綆短汲深，力不能及。就像你智慧第一的舍利弗，尚於此經，以自信力得入領解，何況其餘的聲聞？其餘的聲聞，只能信此經爲佛所說，隨喜順受；這並不是他們自己智慧的本分。

又舍利弗！憍慢懈怠，計我見者，莫說此經。凡夫淺識，深著五欲，聞不能解，亦勿爲說。

若人不信，毀謗此經，則斷一切，世間佛種，或復顰蹙，而懷疑惑，汝當聽說，此人罪報。若佛在世，若滅度後，其有誹謗，如是經典，見有讀誦，書持經者，輕賤憎嫉，而懷結恨，此人罪報，汝今復聽。

【註解】上來略明誡勸竟。此下有五十五頌半廣明誡勸。這六頌半的前二頌，是誡其非機莫說；後四頌半，明謗經罪因。

【語譯】又舍利弗！若遇憍慢貢高、懈怠放逸、計有我見，這三種不能信受大法的人，不要說此法華。若遇凡夫識淺、深著五欲，這兩種雖聞大法而不能解悟的人，也不要爲他們說。否則，勢必引起疑謗，致獲罪報。

倘若有人不信此經，流言毀謗，影響大化，斷却了一切世間成佛的種子；或復有人顰蹙得雙眉皺鎖，心懷疑惑；你當聽我說說這些人的罪報。無論佛在世間，或已滅度，其有誹謗這法華經典者，他看見有讀誦、書寫、受持此經的人，便輕賤鄙賤，憎惡嫉妒，心裏存着凝結不解的怨恨；此人所應得的罪報，你今天應再聽我說：

其人命終，入阿鼻獄，具足一劫，劫盡更生，如是展轉，至無數劫。

【註解】此下有二十八頌，明三品謗經罪報。這一頌半明上品地獄罪報。

【語譯】其人命終，因謗經業感，墮入了阿鼻地獄，滿足一劫之後，此界劫盡，更生他方阿鼻獄中，這樣反來復去，展轉至無數劫之久，受苦無窮。

從地獄出，當墮畜生：若狗野干，其形頷瘦，黧黮疥癩，人所觸嬈；又復為人，之所惡賤，常困飢渴，骨肉枯竭，生受楚毒，死被瓦石；斷佛種故，受斯罪報。若作馲駝，或生驢中，身常負重，加諸杖捶，但念水草，餘無所知；謗斯經故，獲罪如是。有作野干，來入聚落，身體疥癩，又無一目，為諸童子，之所打擲，受諸苦痛，或時致死；於此死已，更受蟒身，其形長大，五百由旬，聾騃無足，宛轉腹行，為諸小蟲，之所唼食，晝夜受苦，無有休息；謗斯經故，獲罪如是。

【註解】這十頌半，明中品畜生罪報。「頷」——音窟，頭無毛也。「黧黮」——黧，音梨；黮，音禪；義為黑色。「嬈」——音擾，苛擾之義。「馲駝」——就是駱駝。「騃」——音埃，無知之義。「唼」——音妾，食而有聲也。

【語譯】從地獄裏出來，還不能算完，更當墮入畜生道中：倘若作狗，或是野干，其形消瘦，頭如骷髏，膚色黧黑，滿身疥癩；每為人所觸擊嬈擾，憎惡輕賤；常常缺乏飲食，困於飢渴；生受苦楚荼毒，死被掩入瓦礫。因為他前世謗法，斷却了世間至尊的佛種之故，將因克果，才受此下賤的畜生罪報。

若作駱駝，或生而為驢，身上常荷負重載，更加以杖捶鞭策；但只念在水草，餘則一無所知。因爲他前世謗此平等大慧的法華之故，才獲得了如此愚痴的畜生之報。

有的作了野干，闖入鄉村聚落，渾身疥癩，又無一目能見；被羣兒戲弄，棒打石擲，備受痛苦，甚或致死。於此野干死後，更轉生爲蟒、其形長大至五百由旬，聾而無聞；騃而無知；又沒有兩足，只能委曲宛轉，以腹爬行；又爲寄生在鱗甲下的諸小蟲類，唼唼齧食，晝夜受苦，無有間歇。因爲他前世謗此法華，瞎人天眼目，損利他行，所以才獲得了如此無目、聾騃、腹行等的畜生罪報。

若得爲人，諸根闇鈍，矬陋攣躄，盲聾背傴；有所言說，人不信受，口氣常臭；鬼魅所著，
貧窮下賤，爲人所使；多病痟瘦，無所依怙，雖親附人，人不在意；若有所得，尋復忘失；
若修醫道，順方治病，更增他疾，或復致死；若自有病，無人救療，設服良藥，而復增劇；
若他反逆，抄劫竊盜，如是等罪，橫罹其殃。如斯罪人，永不見佛，衆聖之王，說法敎化；
如斯罪人，常生難處，狂聾心亂，永不聞法，於無數劫，如恒河沙，生輒聾啞，諸根不具。

【註解】這十頌明下品人報。「矬」——音挫矮短之義。「攣」——同攣，拳曲不能伸展之謂。「躄」——跛足也。

【語譯】畜生報盡，若得爲人，猶有餘辜，還要繼續受以下的八種罪報：㈠諸根闇鈍，對境不能明了，如：身形矮矬、容貌醜陋、攣拳、跛足、眼盲、耳聾、彎腰駝背。㈡有所言

說，人家都不肯信受；而且口出臭氣，惹人厭煩。㈢爲鬼魅所著，邪惡所侵。㈣貧窮下賤，爲他人所驅使。㈤多病消瘦，無依無靠，雖然想親近附貼於人；人家却慢不在意。㈥若於三學少有所得，很快就又忘失了。㈦倘若修學醫道，不會對病下藥，只管順方治病，反而增加了病人的疾苦，甚或致死。若是自己有病，無人救治，雖服良藥，病更轉劇。㈧倘若他人做了叛逆、抄掠、搶劫、竊盜等罪，自己却橫遭株連，受其禍殃。

像這樣謗經的罪人，他永遠見不到佛——衆聖之王的說法教化。像這謗經的罪人，常生在三途八難之處，狂悖、聾聵、心思煩亂，永遠不能聞佛正法。於無數劫，如恒沙之多的生生世世，輒爲聾瘂，六根不具。

常處地獄，如遊園觀；在餘惡道，如己舍宅；駝驢猪狗，是其行處；謗斯經故，獲罪如是。

若得爲人，聾盲瘖瘂，貧窮諸衰，以自莊嚴；水腫乾痟，疥癩癰疽，如是等病，以爲衣服；

身常臭處，垢穢不淨；深著我見，增益瞋恚；婬欲熾盛，不擇禽獸；謗斯經故，獲罪如是。

【註解】這六頌，是重明又一循環的三品罪報。

【語譯】此人因謗經餘業未盡，復常墮地獄，好像遊覽什麼園觀勝境似的；在其餘的惡道，也視同自家的舍宅，駝、驢、猪、狗，就是他行蹤所在的蘊處。因爲他謗此法華經故，才獲得了這樣地獄畜生的罪報。

若得生而爲人，也難免以耳聾、眼盲、喉嚨瘖瘂、貧窮衰敗，自爲莊嚴；以水腫、乾瘦、疥癩癰疽，當作衣服；因此，身常臭汚，垢穢不淨。像這樣的罪人，不但不知悔改；且更深著我見，增益瞋恚；尤其婬欲的熾盛，甚至連對象都不選擇，而狎及禽獸。因爲謗此法華經故，所以才獲得如此的罪報。

告舍利弗：謗斯經者，若說其罪，窮劫不盡，以是因緣，我故語汝，無智人中，莫說此經。

【註解】這二頌，是總結廣誡。

【語譯】佛告舍利弗說：謗此妙法蓮華經者，若細說其罪，雖至窮劫，亦不能盡。以此謗經獲罪的因緣，所以我告訴你，在無智慧的愚痴人中，莫說此經。

若有利根，智慧明了，多聞强識，求佛道者，如是之人，乃可爲說。若人曾見，億百千佛，植諸善本，深心堅固，如是之人，乃可爲說。若人精進，常修慈心，不惜身命，乃可爲說。若人恭敬，無有異心，離諸凡愚，獨處山澤，如是之人，乃可爲說。

【註解】上來廣誡已竟。此下有十九頌廣勸。這五頌半，是勸爲四種人說。

【語譯】那末，此經應當爲那些人說呢？㈠根性通利，智慧明了，博聞强識，企求佛道者。㈡曾於宿世見過億百千佛，聞法修行，植諸善本，深心堅固，不爲物動者。㈢專精銳進，常修慈心，重法輕生，不惜身命者。㈣純一恭敬，無有異心，離諸凡愚，獨處於山澤之間，攝念靜慮者。

倘若遇以上這四種人，全是載道之器，聞必信受，才可以爲他們說此法華。

又舍利弗，若見有人，捨惡知識，親近善友，如是之人，乃可爲說。若見佛子，持戒清潔，
如淨明珠，求大乘經，如是之人，乃可爲說。若人無瞋，質直柔軟，常愍一切，恭敬諸佛，
如是之人，乃可爲說。復有佛子，於大衆中，以清淨心，種種因緣，譬喻言辭，說法無礙，
如是之人，乃可爲說。若有比丘，爲一切智，四方求法，合掌頂受，但樂受持，大乘經典，
乃至不受，餘經一偈，如是之人，乃可爲說。如人至心，求佛舍利，如是求經，得已頂受，
其人不復，志求餘經，亦未曾念，外道典籍，如是之人，乃可爲說。

【註解】這十一頌半，是勸爲六種人說。

「求佛舍利」——佛的舍利，有生身、法身二種：八石四斗的遺骨，爲生身舍利；所說的實相妙法，爲法身舍利。此求佛舍利，當指法身舍利而言。

【語譯】又，舍利弗！此經還應當爲那些人說？㈠捨惡知識，親近善友者。㈡持戒清淨，猶如明珠，而求大乘經典的佛子。㈢無有瞋恨，樸實正直，柔軟和順，常悲愍一切衆生，恭敬諸佛的人。㈣在大衆中，以清淨心，不爲利養，用種種因緣、譬喻、言辭，說法無礙的佛子。㈤爲了一切智，向四方求法，合掌頂受，但樂受持大乘經典，而不受持餘經乃至一句偈頌的比丘。㈥至心求佛舍利——實相妙法經典，頂戴受持，不再立志別求餘經，亦不曾念外道典籍的人。

若遇以上這六種人，必能荷擔如來家業，聞而信受，才可以爲他們說此法華。

告舍利弗：我說是相，求佛道者，窮劫不盡，如是等人，則能信解，汝當爲說，妙法華經。

【註解】這二頌，是總結廣勸。

【語譯】佛告舍利弗說：我說以上這十種人的事相，不過是略說而已；假使廣說求佛道者，縱至窮劫，亦不能盡。像這等大機的人，必能信解，你應當爲他們說此妙法華經。

——譬喻品竟——

信解品第四

疑則非信，執則非解；翻此，疑除爲信，執破爲解。中根人於法說中的爲一說三，會三歸一之理，疑而不信，隨執三爲實有，一爲實無。今聞譬說，此疑既除，執亦隨破，所以名爲「信解」。

爾時慧命須菩提、摩訶迦旃延、摩訶迦葉、摩訶目犍連，從佛所聞未曾有法，世尊授舍利弗阿耨多羅三藐三菩提記，發希有心，歡喜踴躍。即從座起，整衣服，偏袒右肩，右膝著地，

一心合掌，曲躬恭敬，瞻仰尊顏。

【註解】此爲經家序四大聲聞，聞法得解的內心外儀。

「慧命須菩提」——此有二義：一、約行言：須菩提善能解空，以空慧爲命。二、約教言：佛以般若命其轉教，是奉佛慧命。故獨稱須菩提爲慧命。

「偏袒右肩……一心合掌」——這是極重的禮節儀式。偏袒右肩，表示將荷擔佛法重任；右膝着地，表示着於一乘實地；一心合掌，表示權實不二。

【語譯】當佛說譬喻已竟之時，慧命須菩提、摩訶迦旃延、摩訶迦葉、摩訶目犍連，這一向安於小果的四大聲聞，他們從佛所聞，授舍利弗無上菩提之記的未曾有法，不禁發起了前所未發的希有作佛之心，而歡喜踊躍！即從座起，先整理整理衣服，然後偏袒右肩，右膝着地，一心不二的合着兩掌，曲身恭敬，瞻仰着佛的尊容。

而白佛言：我等居僧之首，年並朽邁，自謂已得涅槃，無所堪任，不復進求阿耨多羅三藐三菩提。世尊往昔說法既久，我時在座，身體疲懈，但念空、無相、無作，於菩薩法，遊戲神通，淨佛國土，成就衆生，心不喜樂。所以者何？世尊令我等出於三界，得涅槃證；又今我等年已朽邁，於佛教化菩薩阿耨多羅三藐三菩提，不生一念好樂之心。

【註解】此爲迦葉等，略述其昔來迷執小果，不求大法，及其所以。

「空、無相、無作」——此約有漏而言，名三三昧；約無漏而言，名三解脫。又就所觀之理言，名爲三空；就所修之行言，名三三昧。一、空三昧：謂觀諸法性空，無我、我所。二、無相三昧：謂既觀諸法性空，便妙絕衆相，無一可得。三、無作三昧：謂既知無相，便無造作之念。

【語譯】須菩提等向佛自白的說：我們在僧伽裏，位居上首，年紀都衰朽老邁，自謂已得涅槃極果，別無大法爲所堪任，所以也就不更進一步，去追求那阿耨多羅三藐三菩提了。世尊往昔說方等、般若大法很久，我們也隨時在座聞法，惟因身體疏懶，疲倦懈怠，但念空、無相、無作的三解脫門；而於如遊戲似的神通自在，爲淨佛國土而成就衆生的菩薩大法，心不喜樂。

所以迷執小果，不求大法的緣故，是什麼呢？一則、世尊昔日教我們出離三界，得證涅槃，我們不知是爲實施權，所以才執迷小果。二則、我等年已朽邁，於佛教化菩薩的阿耨多羅三藐三菩提法，不生一念好樂之心，所以也就不求大法了。

我等今於佛前，聞授聲聞阿耨多羅三藐三菩提記，心甚歡喜，得未曾有，不謂於今忽然得聞希有之法，深自慶幸，獲大善利，無量珍寶，不求自得。

【註解】此序今聞授記，歡喜自慶。如文易解。

【語譯】我等今天在佛的座前，聞世尊授予聲聞阿耨多羅三藐三菩提記，心裏歡喜得前未曾有，沒想到今天忽然得聞這聲聞作佛的希有之法，深自慶幸，獲得了非同小可的大善利益，無量珍奇的一乘法寶，不求自得。

世尊！我等今者，樂說譬喻，以明斯義。

【註解】上來法說略述領解竟。這三句，是爲以下譬說廣述領解的發起。前二句爲開譬發起，後一句爲合譬發起。如文易解。

【語譯】世尊，我等聲聞，今樂說譬喻，以闡明這法說的未盡之義。

譬若有人，年既幼稚，捨父逃逝，久住他國，或十二十，至五十歲。年既長大，加復窮困，馳騁四方，以求衣食，漸漸遊行，遇向本國。

【註解】這向下是正說譬喻，以廣述領解，先開後合。今依法華文句，判開譬分四。第一是「父子相失譬」。復分作三段，這是第一段。略含二義：初明幼子逃逝爲迷；次明子漸還鄉爲悟。

「譬若有人……捨父逃逝」——此喻聲聞爲子，佛爲父。佛子聲聞，執有生死可厭，涅槃可欣，故曰「有人」。小乘智淺，觀解微弱，故曰「幼稚」。昔禀大化，後復忘失，故曰「捨父逃逝」。

「久住他國」——此以大乘教理爲本國；違大乘教理爲他國。

「或十二十，至五十歲」——此謂：失觀起惑，輕則上生天趣，喻之爲「十」；重則下生人趣，喻爲「二十」；再重則墮入三途，喻爲「五十」。不定輕重，所以言「或」。

「年既長大，加復窮困」——去大化既久，故曰「年既長大」。忘失寶性爲「窮」；不得出要爲「困」。

「馳騁四方……遇向本國」——凡夫起一、異、常、無常四見，如「馳騁四方」。因厭苦故，欲求正道，以之資心，叫做「求食」；以之嚴身，叫做「求衣」。漸熏漸修，適值遇佛，而歸命相向，故曰「漸漸遊行，遇向本國」。

【語譯】譬如有人，年齡尚在幼稚，便捨父逃逸，淹留異國，或十年、二十年、乃至五十年之久，年既長大，更加窮困，於是奔走四方，以求衣食，漸次遊歷，偶爾回歸到自己的祖國來了。

其父先來，求子不得，中止一城。其家大富，財寶無量，金、銀、瑠璃、珊瑚、琥珀、玻瓈珠等，其諸倉庫，悉皆盈溢。多有僮僕、臣佐、吏民、象、馬、車乘、牛、羊無數。出入息利，乃遍他國，商估賈客，亦甚衆多。時貧窮子，遊諸聚落，經歷國邑，遂到其父所止之城。

【註解】這是第二段。略含三義：初明父求子不得，中止以待；次歎父巨富，顯佛衆德；後明子近父，大機已發。

「其父先來……中止一城」——衆生不念佛，故前云「捨父逃逝」。佛但念衆生，示生三界，故今云「其父先來」。鈍根難度，故曰「求子不得」。一乘中道，止化菩薩，不化二乘，故曰「中止一城」。

「其家大富……悉皆盈溢」——佛地衆德莊嚴，如「其家大富」。十力、四無畏等法，如「金銀……珠」等寶。養慧命，如積穀之「倉」；安法身，如藏器之「庫」。實智充於內而自利爲「盈」；權智行於外而利他爲「溢」。

「多有僮僕臣佐吏民」——佛初成道，所化非一，故曰「多有」；外凡，如僱傭的「僮僕」；內凡，如治事的「吏」及所轄的「民」；地上菩薩，如宰輔的「臣佐」。

「象馬車乘牛羊無數」——古德有以象馬牛羊，喻五乘法的。也有以象喻圓、頓二教；馬喻終教；牛喻始教；羊喻小教的。二喻雖殊，總爲教門無異。極言法藏之多，故云「無數」。

「出入息利，乃遍他國」——化他爲「出」；自行爲「入」；饒益衆生爲「息利」；流化十方爲「遍他國」。

「商估賈客，亦甚衆多」——坐賣爲「商」，喻此土受化，卽於此土說法。論價爲「估」，喻稱歎方便，讚揚大乘。行商爲「賈客」，喻此土稟敎，弘傳他方。菩薩無量，故曰「衆多」。

「時貧窮子……所止之城」——貧窮子，卽前捨父逃逝之子。流轉惡趣，如「遊諸聚落」；流轉善趣，如「經歷國邑」；善根漸增，得近大乘理趣，如「到其父所止之城」。

【語譯】其父先來，因覓子不得，中途止於一城。其家大富，財寶無量，如：金、銀、琉璃、琥珀、玻璨、珍珠等的倉庫，都充滿盈溢。還有很多役使的僮僕、宰輔的臣佐、治事的官吏、所轄的庶民；以及象馬牛羊，運載的車乘，都無數可計。出入存放，所得的利息，遍及其他各國。買賣貨物的商估賈客，亦復不少。

此時，那捨父逃逝的窮子，爲求衣食而遊諸聚落，經歷國邑，遂卽到達他父親所止的一城。

父每念子，與子離別，五十餘年，而未曾向人說如此事，但自思惟，心懷悔恨，自念老朽，多有財物，金銀珍寶，倉庫盈溢，無有子息，一旦終沒，財物散失，無所委付，是以慇勤，每憶其子。復作是念：我若得子，委付財物，坦然快樂，無復憂慮。

【註解】這是第三段。略含二義：初念失子之苦，以顯大悲；次念假設得子之樂，以顯大慈。

「父每念子……未曾向人說如此事」——佛念衆生，如父念子。衆生流轉五道，遠離佛地五十五位之遙，如「離別五十餘年」。佛成道以來，未曾說過聲聞亦是佛子，故云「未曾向人說如此事」。

「但自思惟……倉庫盈溢」——自惟昔教，法大機小，未化二乘，故言「心懷悔恨」。化緣將息，故言「老朽」。法藏無盡，故言「多有財寶……倉庫盈溢」。

「無有子息……無所委付」——此明殷勤憶子之緣：二乘大機未熟，如「無子息」。一旦滅度，猶如「終沒」。法印失傳，如「財物散失，無所委付」。此但爲二乘設譬，非關菩薩，否則，就不得謂爲無子委付財寶了。

「我若得子……無復憂慮」——二乘大機若發，如「我若得子」。授成佛記，如「委付財物」。暢佛本懷，如「坦然快樂，無復憂慮」。

【語譯】父每念子，自與子離別，迄今五十餘年了，從來沒有向他人說過這父子離別之事，只是闇自思惟，心懷悔恨而已。自念年老衰朽，又有很多的財物，金銀珍寶都充滿倉庫，可惜沒有子息繼承家業，一旦命終，則財物散失，無所託付。所以才殷勤的憶念其子。反復思惟，又作這樣的念道：我若得子歸來，將財物託付與他，則坦然快樂，就不會再有什麼憂慮了。

世尊！爾時窮子，傭賃展轉，遇到父舍。住立門側，遙見其父：踞師子床，寶几承足；諸婆羅門、剎利、居士，皆恭敬圍繞；以珍珠瓔珞，價值千萬，莊嚴其身；吏民僮僕，手執白拂，侍立左右；覆以寶帳，垂諸華幡，香水灑地，散諸名華；羅列寶物，出內取與，有如是等，種種嚴飾，威德特尊。

【註解】上來明第一父子相失譬竟。此下是第二的「父子相見譬」。復分作三段，這是第一段。略含二義：初明窮子見父，小乘執動；次明窺父莊嚴，歎佛威德。

「傭賃展轉，遇到父舍」——被人雇用，取其勞資，叫做「傭賃」；漸修漸悟，如「傭賃展轉」。機扣大乘，如「遇到父舍」。

「住立門側，遙見其父」——小乘執偏空理，不悟中道，如「住立門側」。大機雖發，距佛地尚遠，如「遙見其父」。

「踞師子床，寶几承足」——此歎能化之佛：佛爲人中師，故踞師子床，以表無畏；寶几承足，以表定、慧二足，必履實相之境。

「諸婆羅門……恭敬圍繞」——此歎所化之衆：婆羅門名爲淨行，喻等覺菩薩。剎利爲貴族王種，喻地上菩薩。居士，在家修行，喻地前菩薩。此諸菩薩，皆以佛爲信行中心，故曰「恭敬圍繞」。

「以珍珠瓔珞……莊嚴其身」——此再歎能化：佛具衆德，如「珍珠瓔珞」。累劫所修，世間無匹，故曰「價值千萬」。以此衆德，嚴飾法身，故曰「莊嚴其身」。

「吏民僮僕……侍立左右」——此再歎所化：地前菩薩，俱稟大化，如「吏民僮僕」。於佛化境，拂除塵垢，故「手執白拂」。外凡悟淺，如「左」；內凡悟深，如「右」；俱爲中道方便，故曰「侍立」。

「覆以寶帳……出內取與」——此歎敎門：攝律儀戒，防過止非，如「覆以寶帳」；攝衆生戒，饒益有情，如「垂諸華旛」；攝善法戒，廣行六度，如「香水灑地」。諸經散文，名爲散華，故曰「散諸名華」。闡揚正法，如「羅列寶物」。化他爲「出」爲「與」；自行爲「內」爲「取」。

「威德特尊」——折伏爲「威」；攝受爲「德」；獨超九界，故曰「特尊」。

【語譯】世尊！此時窮子，爲覓主傭賃，往復展轉，不覺遇到父親的舍宅，他站在大門傍邊，向裏探頭一望，遠遠的看見他父親高踞在師子座上，以寶几承足；有許多婆羅門族、刹利王種、在家居士們，都恭敬圍繞。又以價值千萬的珍珠瓔珞，莊嚴其身；吏民僮僕，手持白拂，侍立左右。又上覆寶帳，下垂華旛；以香水灑地，散布名華；羅列寶物，出納取與，任意自在。

有以上這些人物等的種種嚴飾，顯得威儀德望，特殊尊榮。

窮子見父有大力勢，卽懷恐怖，悔來至此，竊作是念：此或是王，或是王等，非我傭力得物之處，不如往至貧里，肆力有地，衣食易得；若久住此，或見逼迫，强使我作。作是念已，疾走而去。

【註解】這是第二段。略含三義：一明子見父不識，不悟大乘；二明疑父爲王，應不稱機；三明悔來畏避，有意退大。

「有大力勢……悔來至此」——智慧神通，無惑不伏，名「大力勢」。小機怯弱，故「懷恐怖」。有退大意，故「悔來至此」。

「此或是王，或是王等」——有謂：以神通化物，自在如「王」；說法化物，猶如「王等」。有謂：法身如「王」；報身如「王等」。

「非我傭力得物之處」——修小法，如「傭力」；得小果，如「得物」。大乘法報，不可思議，非修小法得小果之處。

「不如往至貧里……衣食易得」——但空之理，不含萬德，非如來藏，喻如「貧里」。小機只有但空可修，故言「肆力有地」。防止過非的戒學如「衣」；澄心斷惑的定、慧如「

食」；小機修此三學，並非難事，故曰「衣食易得」。

「若久住此……强使我作」——行大乘道，經無量劫，名爲「久住」。小機不宜久住大乘，倘若久住，理與情違，故曰「逼迫」；行非所願，故曰「强使我作」。

【語譯】窮子見父有偌大的勢力，便心懷恐怖，後悔不當來到此地，於是他私自念道：「此人不是國王，便是與國王的地位相等，這不是我憑傭力，就可以賺得勞資的所在，不如去到那貧窮的巷里，反倒有盡力之處，衣食易得。若久住此，說不定會遭受逼迫，拿我所不願作的勞工，强使我作。」

他這樣念畢，便飛奔而去！

時富長者，於師子座，見子便識，心大歡喜，卽作是念：我財物庫藏，今有所付，我常思念此子，無由見之，而忽自來，甚適我願，我雖年朽，猶故貪惜。

【註解】這是第三段。略含二義：初明見子便識，慈心歡喜；次釋歡喜所以。

「時富長者……心大歡喜」——此喻如來鑒機，知是佛子，曾受大化，故曰「見子便識」。初雖執小，終須悟大，暢佛本懷，故「心大歡喜」。

「財物庫藏今有所付」——如來法藏，如「財物庫藏」。昔衆生執小，欲付無機，今日機至，有所付囑，故曰「今有所付」。

「我常思念此子……甚適我願」——佛念衆生，悲心痛切，如父念子，故曰「我常思念此子」。衆生反不念佛而流轉生死，故曰「無由見之」。今念佛機發，故曰「自來」。稱佛本願，故曰「甚適我願」。

「我雖年朽，猶故貪惜」——佛將滅度，喻如「年朽」。大法非機不付，故曰「貪惜」。

【語譯】此時，大富長者，在師子座上，一眼望見，便認識那個初立門側，霎又疾走而去的窮子，就是他逃逝已久的愛子，不由得心大歡喜，而作是念：我的財物庫藏，如今有所委付了。我常常思念此子，無從得見，今天他忽然自己回來了，這很適合我的本願。我雖年老衰朽，猶爲此子之故而貪惜財物。

卽遣傍人，急追將還，爾時使者，疾走往捉。窮子驚愕，稱怨大喚，我不相犯，何爲見捉，使者執之逾急，强牽將還，于時窮子，自念無罪而被囚執，此必定死，轉更惶怖，悶絕躃地。

【註解】上來明父子相見譬竟。此下是第三的「遣使追誘譬」。復分作五段。這一段，是明大化不得。

「卽遣傍人」——以事而論：菩薩近在佛邊，名爲「傍人」；稟佛敎化，名之爲「遣」。以理而論：敎能詮理，喻之爲「遣」；理依於敎，喻爲「傍人」。

「急追將還」——佛初成道，卽說華嚴圓頓大法，欲令衆生返本還元，故曰急追將還。「使者疾走往捉」——佛雙運悲智，喩如「使者」；教理直指一眞法界，喩如「疾走」；能令衆生成正等覺，喩如「往捉」。

「窮子驚愕……何爲見捉」——小機遽被大敎，高深莫測，如「窮子驚愕」；拒不受敎，故「稱怨大喚」；機敎相違，如風馬牛，名「不相犯」；不應授之，故曰「何爲見捉」。「執之逾急，强牽將還」——不應授之而必欲授之，如「執之逾急」；强使小機了悟大法，如「强牽將還」。

「自念無罪……悶絕躃地」——非大機人，喩如「無罪」；被以大敎，如「被囚執」；機小教大，必起疑謗，感地獄報，如「必定死」；聞大驚疑，故曰「惶怖」；不能解了，故曰「悶絕」；又不能行，故曰「躃地」。

【語譯】卽刻派遣其侍立在傍之人，趕快把那窮子追回。此時被派的使者，便疾走往捉；窮子被捉，愕然失驚，怨聲大喚：「我與你素不相干，爲什麼捉我？」那使者不但不理會他的呼喚，而且捉執逾急，硬要把他牽回。

這時的窮子，自念無罪橫遭囚執，必當致死，一轉念間，更加惶懼，就昏迷悶絕的躃倒在地了。

父遙見之而語使言：不須此人，勿强將來，以冷水灑面，令得醒悟，莫復與語。所以者何？父知其子志意下劣，自知豪貴，爲子所難，審知是子，而以方便、不語他人，云是我子。使者語之：我今放汝，隨意所趣。窮子歡喜，得未曾有，從地而起，往至貧里，以求衣食。

【註解】這是第二段，正明息化。「父遙見之……莫復與語」——佛見小機，去大乘尙遠，故曰「父遙見之」；對境轉念，如「語使言」；理不契機，故曰「不須此人」；不堪大化，故曰「勿强將來」；以四諦法水，灑其背覺合塵的生死之面，故曰「以水灑面」；使之背塵合覺，得證涅槃，故曰「令得醒悟」；決定息化，不說大乘，故曰「莫復與語」。

「父知其子……不語他人云是我子」——佛知聲聞志在小法，故曰「父知其子志意下劣」。自知法藏無盡，萬德莊嚴，故曰「自知豪貴」。聲聞智淺，難信大法，故曰「爲子所難」。佛察聲聞終將紹繼佛種而爲佛子，故曰「審知是子」。昔以方便隨他意語，說是聲聞；不隨自意，說是菩薩，故曰「而以方便，不語他人，云是我子」。

「我今放汝……隨意所趣」——不以大法被於小機，故曰「我今放汝」。隨彼小機，行其小法，故曰「隨意所趣」。

「窮子歡喜……以求衣食」——本畏大法，今既息化，所以「歡喜」。昔自念必死，今幸得免，故曰「得未曾有」。昔悶絕躃地，故今「從地而起」。去大向小，遊心於但空之理，如「往至貧里」。於四諦法中，修道諦如「求衣」；證滅諦如「求食」。

【語譯】其父遠遠見狀，卽佯告使者：我用不着此人，不必勉强將他捉回，可以冷水猛灑其面，令得蘇醒，不要再同他說話了。

旣知是子，何以不明告使者？因爲父知窮子的意志卑劣，對自家的豪華富貴，有所畏難；所以雖察知是子，而以方便覆護，却不與別人實說：「這是我的兒子。」

使者轉語窮子：「我現在釋放了你，隨你的意趣，想到那裏去，就去好了。」

窮子被釋，喜出望外，便從地上一躍而起，往那貧窮的里巷，求衣食去了。

爾時長者，將欲誘引其子而設方便，密遣二人，形色憔悴，無威德者，汝可詣彼，徐語窮子，此有作處，倍與汝直，窮子若許，將來使作，若言欲何所作？便可語之，雇汝除糞，我等二人亦共汝作。時二使人，卽求窮子，旣已得之，具陳上事。爾時窮子，先取其價，尋與除糞。其父見子，愍而怪之。

【註解】這是第三段，明方便誘引。「將欲誘引其子而設方便」——息大並非棄小，乃欲誘小入大，故曰「誘引其子」。爲一說三，名「設方便」。

「密遣二人……無威德者」——明爲說三，秘誘歸一，故曰「密遣」；因緣、四諦之教，喻如「二人」。教至淺近，如「形色憔悴」；理非究竟，如「無威德」。又、密遣菩薩，化作二乘，故曰「密遣二人」；菩薩外現梏木寒灰之相，如「形色憔悴」；內隱自在威神之力，如「無威德」。

「汝可詣彼……倍與汝直」——往至爲「詣」。緩和爲「徐」。囑菩薩往化二乘，以同事攝，故曰「詣彼」；以愛語攝，故曰「徐語」。若往貧里傭賃，此處便有，故曰「此有作處」。修四諦、因緣，可得聲聞、緣覺，比較修五戒十善所得的人天果報，價直多了一倍，故曰「倍與汝直」。

「窮子若許……亦共汝作」——若肯受小化，名爲「若許」。敎以如說修行，名爲「使作」。機欲解敎所修何行，故設問曰「欲何所作」？有涅槃可證，令斷煩惱，如「雇汝除糞」。菩薩化身，共修小法，故曰「亦同汝作」。

「卽求窮子……具陳上事」——菩薩奉勅求所化之機，如「求窮子」。既得化機，卽轉敎以上倍直除糞之事，故曰「具陳上事」。

「先取其價……愍而怪之」——小乘爲慕果而修因，於四諦法中，先取滅道，後斷苦集，故曰「先取其價，尋與除糞」。佛見衆生，甘取小果，不修大乘，故「愍而怪之」。

【語譯】此時長者，想以變通方法，誘子還家，乃秘密派遣兩個形容憔悴而沒有威德的人，分付說道：「你們可以前往，慢慢的勸那窮子，就說：『這裏有傭賃之處，加倍給你工資』。那窮子若肯許諾，就帶他回來，以便使作；若問所作何事？就說：『雇你除糞，我們兩人，也同你一齊工作』。」

被派的兩個使者，就卽時去尋找那個窮子，既已尋得，便把以上長者所分付的倍直除糞之事，具實陳說。此時窮子，恐受欺騙，先取得工價，然後再與除糞。

其父見子，既愍其除糞之苦，又怪其捨家逃逝。

又以他日，於窗牖中遙見子身，羸瘦憔悴，糞土塵坌，汙穢不淨。卽脫瓔珞，細軟上服，嚴飾之具；更著麤弊垢膩之衣，塵土坌身，右手執持除糞之器，狀有所畏。

【註解】這是第四段，明隨機應化。「又以他日……汙穢不淨」——於華嚴時望鹿苑爲「他日」。以權智照見小機，去理尚遠，如「於窗牖遙見子身」。不解大乘，喻如「羸瘦」；不具威德，喻如「憔悴」。見思惑業，喻如「糞土塵坌，汙穢不淨」。

「卽脫瓔珞……嚴飾之具」——此喻隱舍那身。以「瓔珞」喻解脫德；「細軟上服」喻般若德；「嚴飾之具」喻法身德。隱此三德，故曰「卽脫」。

「更著麤弊垢膩之衣……狀有可畏」——此喻現應化身。父母生身，如「粗弊垢膩之衣」。納妃生子，六年苦行的煩惱，如「塵土坌身」。用權智化衆，較爲方便，如「右手執持」。權法能够斷惑，如「除糞之器」。示同小乘，畏懼生死，故曰「狀有所畏」。

【語譯】長者又於他日從窗牖的罅隙中，遠遠的望見其子，身形瘦弱，容顏憔悴，糞土塵坌，汚穢不淨。卽脫去身上的瓔絡、細軟的上好之服、嚴飾的妝具，更換一套粗糙破爛而又垢汚油膩的衣服，塵土滿身，右手拿着除糞的器具，還表示出一副有所畏懼的狀貌。

語諸作人：汝等勤作，勿得懈息。以方便故，得近其子。後復告言：咄！男子，汝常此作，勿復餘去，當加汝價，諸有所須盆器米麵鹽醋之屬，莫自疑難，亦有老弊使人，須者相給，好自安意，我如汝父，勿復憂慮。所以者何？我年老大，而汝少壯。汝常作時，無有欺怠瞋恨怨言，都不見汝有此諸惡如餘作人，自今已後，如所生子。卽時長者，更與作字，名之爲兒。爾時窮子，雖忻此遇，猶故自謂客作賤人。由是之故，於二十年中，常令除糞。

【註解】這是第五段，明鹿苑說教。「語諸作人……得近其子」——以四諦法勸誡二乘，故曰「語諸作人」。勸令精進，故曰「汝等勤作」。誡勿放逸，故曰「勿得懈息」。佛理玄遠，非此方便，不能接近小機，使之信受，故曰「以方便故，得近其子」。

「咄！男子……當加汝價」——威德並發的呵護之聲曰「咄」；修出世道，乃大丈夫之事，故稱「男子」。勸其恒修正教，故曰「汝常此作」。誡其不要去修學其餘的外道，故曰「勿復餘去」。由有學進至無學，故曰「當加汝價」。

「諸有所須……鹽醋之屬」——用以資助修道的緣法，如「諸有所須」。菩提分法，總攝三十七品，譬如盛物的「盆器」；三學相資，能養慧命，調和三業，譬如充饑的「米麵」，調味的「鹽醋」。

「莫自疑難……須者相給」——如有須要解決的疑問，不要自己作難，故曰「莫自疑難」。自有密遣的同修老輩二人，予以解決，故曰「亦有老弊使人，須者相給」。

「好自安意……勿復憂慮」——好好的安心修道，便可證滅，自在適意，故曰「好自安意」。佛已修道證滅，故曰「我如汝父」。若知苦斷集，就不再有生死逼迫之憂，煩惱招感之慮了，故曰「勿復憂慮」。

「所以者何……而汝少壯」——此釋所以如汝父之由：佛居極果，故曰「我年老大」；小乘機淺，故曰「而汝少壯」。

「汝常作時……如餘作人」——修此既久，故曰「常作」；信行故「無欺」；精勤故「無怠」；已得自利，故「無瞋恨怨言」。其餘的外道作人，都有此欺等諸惡，今二乘既無欺等諸惡，故曰「都不見汝有此諸惡，如餘作人」。

「自今已後……名之爲兒」——自今已後，從法所化，從佛口生，故曰「如所生子」。既如所生，那就要給他起個名字，叫做佛子，故曰「更與作字，名之爲兒」。

「爾時窮子……常令除糞」——雖遇此法，猶自謂是聲聞小機，而不是菩薩大士，故曰

「自謂客作賤人」。常於二乘教中，令其修行斷惑，故曰「於二十年中，常令除糞」。以此僞裝詐現的方便，才得接近其子，然後警告他說：「你們要勤勉工作，不得偸懶懈怠。」

【語譯】說與一般傭賃的工作人等：「咄！男子，你就常在這裏工作好啦，不要再往別處去了。我不但給你增加工價，而且關於生活所須的盆器、米麵、鹽醋之類，也不要你自己作難，當有老輩的傭人，一一供給。好自安心，我就同你父親一樣，不要再爲貧窮而有所憂慮了。我所以如同汝父者：一則我年已老大，而你呢？還在少壯之齡。二則你常在工作的時候，並沒有欺詐之心、懈怠之相、瞋恨的怨言，都不見你有此過惡，像其餘的工人一樣。所以自今已後，你便如我所生子。」

卽時長者，另給他起個名字，建立了父子的關係，就稱之爲「兒」了。這時的窮子，雖欣逢如此殊遇，猶自謂是他鄉之客，爲人作務的賤人；不敢高攀門第，謂是長者之子。因此之故，於二十年中，常常使他除糞。

過是已後，心相體信，入出無難。然其所止，猶在本處。世尊！爾時長者有疾，自知將死不久，語窮子言：我今多有金銀珍寶，倉庫盈溢，其中多少，所應取與，汝悉知之。我心如是，當體此意。所以者何？今我與汝，便爲不異，宜加用心，勿令漏失。爾時窮子，卽受敎勅，領知衆物，金銀珍寶，及諸庫藏，而無希取一餐之意。然其所止，故在本處，下劣之心亦

未能捨。

【註解】上來明遣使追誘譬竟。此下是第四「領付家業譬」。復分作兩段，這是第一段領知家業。

「過是已後……猶在本處」——過此鹿苑得二乘小果已後，以此信心，體會大乘，亦復不疑，故曰「過此已後，心相體信」。入大不驚，出小不滯，故曰「入出無難」。雖於大小入出無難，然猶謂大乘是菩薩法，非己所學，依舊株守本昔行處，故曰「所止猶在本處」。

「爾時長者有疾，自知將死不久」——說般若時，去鶴林涅槃更近，故曰「將死不久」。

「我今多有金銀珍寶……汝悉知之」——大乘教理，法門無量，譬如「多有金銀珍寶」；定門如「倉」；慧門如「庫」；實智內充爲「盈」；權智外揚爲「溢」；廣說爲「多」；略說爲「少」；自利爲「取」；利他爲「與」。以此廣略取與，囑其悉知，故曰「汝悉知之」。

「我心如是……勿令漏失」——佛的出世本懷如此，故曰「我心如是」。囑善吉體念佛心，隨佛意說，轉敎菩薩，故曰「當體此意」。隨佛意說，與佛說無異，故曰「今我與汝，便爲不異」；勸其小心將事，故曰「宜加用心」；誡其勿違理乖機，故曰「勿令漏失」。

「卽受教勑……亦未能捨」——四大聲聞，遵佛勅令，領解大乘教理，轉教菩薩，如「窮子卽受教勑，領知衆物」。然猶謂所領解的大乘教理是菩薩法，非已所學，如「無希取一餐之意」。因此，其所依止，仍在二乘本處，未能捨棄其下劣之心。

【語譯】過此二十年後，窮子之心，才體念到父子情分，相信不疑，出入庭院，也沒有像以前「客作賤人」那樣的畏難了。然其止息，仍在原來的工寮本處，未敢遷入內院。

世尊！此時長者有疾，自知老病將死，不久於世，特以家業付囑窮子說道：「我現在有很多金銀珍寶，倉庫裏都充滿盈溢。其中數量多少，或應取作自用，或應施與他人，你都要了解清楚。我心願如此，你應當體念此意，勿得詭異。什麼緣故呢？今我以家業給你，這是父子倫常，並無別異。你應當加倍用心，不要使這些財寶，疎漏散失。」

此時窮子，卽謹遵父命，一一領知所付衆物——金銀珍寶，及諸庫藏。然而，他並沒有在所付的衆寶物裏，取得一餐之費的希圖。止息之所，固然仍在本處，而自甘下劣的心情，也未能捨棄。

復經少時，父知子意，漸以通泰，成就大志，自鄙先心。臨欲終時，而命其子，並會親、族、國王、大臣、剎利、居士，皆悉已集，卽自宣言：諸君當知，此是我子，我之所生，於某城中，捨我逃走，跉跰辛苦，五十餘年，其本字某，我名某甲，昔在本城，懷憂推覓，忽於

此間，遇會得之，此實我子，我實其父，今我所有一切財物，皆是子有，先所出內，是子所知。世尊！是時窮子聞父此言，卽大歡喜，得未曾有，而作是念：我本無心有所希求，今此寶藏，自然而至。

【註解】這是第二段的委付家業。「復經少時……自鄙先心」——這裏復經少時的「少時」，有謂說方等時；有謂是楞嚴時；未知孰是。然爲說般若後未久之時，應無異議。佛知二乘，如「父知子意」。不滯於小爲「通」；心安理得爲「泰」；以此回趣，成熟大機，故曰「漸以通泰，成就大志」。先前執小之心，自覺可鄙，故曰「自鄙先心」。

「臨欲終時……皆悉已集」——佛說法華，已是瀕臨示滅之時，故曰「臨欲終時」。隨行眷屬爲「親族」；多寶分身爲「國王」；大菩薩衆，如「大臣」；諸天幽衆，如「刹利」；人王顯衆，名「居士」。以上羣機，咸集於靈山一會，故曰「皆悉已集」。

「卽自宣言……我之所生」——從三昧起，無問自說，故曰「卽自宣言」。囑大衆諦聽，故曰「諸君當知」。聲聞本是佛子，故曰「此是我子」。昔曾從佛受化，故曰「我之所生」。

「於某城中……我名某甲」——昔受大化，尋復退墮，故曰「於某城中，捨我逃走」。流轉五趣及阿修羅，受生死苦，故曰「竛竮（亦作伶俜，行不正貌）辛苦，五十餘年」。其本昔曾受大化，名爲菩薩，故曰「其本字某」。我曾爲說教菩薩法，名爲如來，故曰「我名某甲」。

「昔在本城……我實其父」——昔說華嚴根本一乘，故曰「昔在本城」。懷念大機，多方接引，故曰「懷憂推覓」。忽於今日法華會上，大機已熟，不期而遇，故曰「忽於此間遇會得之」。此聲聞人，終於信受一乘實法，故曰「此實我子」。佛將以一乘實法化之，故曰「我實其父」。

「今我所有一切財物……是子所知」一乘教理，無量法藏，如「一切財物」。聲聞既受佛記而作佛子，自當付予法藏，故曰「皆是子有」。昔日所說大品般若，自利利他，聲聞悉知，故曰「先所出內，是子所知」。

「是時窮子……自然而至」此聲聞領付，喜出望外，自念本不希求大法，而大法寶藏，自然而至。

【語譯】又經過一小段時期，父知子意，漸已通達泰然，成就大志，自覺先前那種迂曲而不通泰的下劣心情，實爲可鄙。

臨命終時，命令其子，並召集親族、國王、大臣、刹利、居士，都會聚一堂，自己向大衆宣說：「諸君！您應當知道，這窮子就是我所親生的兒子，幼年在某城中，捨我逃走，跉竮邪行，枉受辛苦，五十餘年。他本來的名字叫某，我名某甲。前在本城，心懷憂慼，遍覓他不得，忽然在這裏碰到了。他實在是我的兒子，我實在是他的父親，現在我所有的一切財物，都歸此子所有，至於先前的出納，他早已知道了，不必再作交代。」

世尊！此時窮子，聞父如此宣言，就大大的歡喜，得未曾有，不覺默然念道：「我本來無心希圖什麼，今天這些寶藏，出乎意料的自然來了。」

世尊！大富長者，則是如來，我等皆似佛子。

【註解】上來說開譬已竟，此下是以法合譬。開廣合略，但取其義，不拘配屬。這三句，合第一「父子相失譬」。

「似佛子」——此有二義：1在昔尚未退大，捨父逃走之前，不過位居外凡，非眞佛子。2既已退大，捨父逃走，非眞佛子。所以名爲似佛子。

【語譯】世尊！所謂的大富長者，就是如來；我等聲聞，都相似佛子。

如來常說，我等爲子，

【註解】這二句，略合第二「父子相見譬」。相見譬中，有「見子便識」及「我常思念此子」二句。旣見子便識，豈非「爲子」？旣常思念，豈不「常說」？

【語譯】如來常說我等是子，並不是我們以佛子自況。

世尊！我等以三苦故，於生死中受諸熱惱，迷惑無知，樂著小法。今日世尊，令我等思惟，蠲除諸法戲論之糞，我等於中勤加精進，得至涅槃一日之價。既得此已，心大歡喜。自以爲足，便自謂言：於佛法中，勤精進故，所得弘多。然世尊先知我等心著弊欲，樂於小法，便見縱捨，不爲分別，汝等當有如來知見寶藏之分。

【註解】此略合第三「遣使追誘譬」。

「以三苦故……樂著小法」——由苦事所生的苦，叫做「苦苦」；樂事變壞的苦，叫做「壞苦」；無常遷流的苦，叫做「行苦」；是謂「三苦」。退大之後，「以三苦故，於生死中受諸熱惱」，故佛遣使急追。「迷惑無知」，合前悶絕躃地。「樂著小法」，合前貧里求食。

「令我等思惟……一日之價」——蠲：音涓，除去之義。佛說小乘阿含，令斷三界見思的非理之論，如除糞汙，故曰「令我等思惟，蠲除諸法戲論之糞」。於四諦法中，無間修行，故曰「我等於中勤加精進」。苦修斷惑，僅得小乘有餘涅槃，無大受用，如「一日之價」。

「既得此已……所得弘多」——此小乘自矜，得少爲足。

「先知我等心著獘欲，樂於小法」——此合前「遙見子身，羸瘦憔悴，糞土塵坌」等」。

句。

「便見縱捨……寶藏之分」——此合前「以方便故，得近其子」。隱實施權，投其所好，故曰「便見縱捨」。不說小乘有成佛之分，故曰「不爲分別，汝等當有如來知見寶藏之分」。

【語譯】世尊！我等自退大以來，因苦苦、壞苦、行苦的三苦之故，在三界生死裏受諸熱惱，於大乘妙理，竟迷惑無知，而樂著小法。

今日世尊，敎我等用心思惟，斷了三界見思的戲論之糞。我等便依敎奉行，於四諦法中，勤加精進，結果得了有餘涅槃的一日之價。旣得涅槃，便心大歡喜，躊躇滿志，自謂：於佛法中，爲勤精進故，所得的利益，大而且多。

然而，世尊已預知我等，心著世間的粗獘五欲，樂於小法；便見機而作，縱令習小，捨棄大化；不給我們分別演說：汝等聲聞，當有如來知見，法寶之藏的分兒。

世尊以方便力，說如來智慧，我等從佛得涅槃一日之價，以爲得大，於此大乘，無有志求。我等又因如來智慧，爲諸菩薩開示演說，而自於此無有志願。所以者何？佛知我等心樂小法，以方便力隨我等說，而我等不知眞是佛子。

【註解】此下合第四「領付家業譬」。分領知、委付之二，今先明領知。

「世尊以方便力……無有志求」——佛於三藏的阿含教中，不與分別如來知見，而於通教的方等會上，方便爲說，故曰「以方便力，說如來智慧」。然而我等旣在阿含教中，得有餘涅槃，自謂得大，故今於此方等大乘，無有志求。此合前「過是已後，心相體信……然其所止，猶在本處」的一段。

「又因如來智慧……無有志願」——如來又於別教的般若會上，以智慧威神之力，加被須菩提等，令其轉教菩薩，故曰「又因如來智慧，爲諸菩薩開示演說」。然而，須菩提等，雖以般若轉教菩薩，自己却無志於此，故曰「而自於此，無有志願」。此合前「領知衆物……而無希取一餐之意」的第一段。

「所以者何……不知眞是佛子」——此釋所以無志於大乘之故。聲聞等，本是佛子，因樂著小法，佛以方便隨彼意說之故，而不自知爲眞佛子了。

【語譯】世尊雖於方等會上，以方正巧便之力，爲說如來無上智慧；然而，我等一向於阿含教中，從佛聞修，僅得有餘涅槃的一日之價，便自矜誇以爲得大，反倒於此大乘無有志求了。又於般若會上，奉佛勅令，以如來智慧神力的加被，爲諸菩薩開示演說；然而，我等自己却於此般若大法，無有志願。

我們所以無志於大乘者，那是因爲佛知我等心樂小法，乃以方便之力，隨順我等下劣意說，而我等不知本昔因中，曾稟大化，眞是佛子。

今我等方知，世尊於佛智慧，無所悋惜。所以者何？我等昔來眞是佛子，而但樂小法；若我等有樂大之心，佛則爲我說大乘法。於此經中唯說一乘。而昔於菩薩前毀訾聲聞樂小法者，然佛實以大乘敎化。是故我等說本無心有所希求，今法王大寶自然而至，如佛子所應得者，皆已得之。

【註解】此明委付家業。「今我等方知……無所悋惜」——疑佛昔日，但以方便教化二乘，似於如來智慧，有所悋惜。今於法華會上，蒙佛授記委付家業，方知世尊於佛智慧，無所悋惜。

「所以者何……實以大乘教化」——此略舉三事，以釋如來無所悋惜之義：1佛說大乘與否，全視我等發心大小而定。因爲我等但樂小法，故佛不說，並非悋惜。2今佛於此法華經中，唯說一乘，故無悋惜。3昔佛於菩薩前，毀訾聲聞爲焦芽敗種，實是以大乘教化我等，並非悋惜。

「是故我等……皆已得之」——此得付自慶，合前「卽大歡喜」下的最後一段。

【語譯】今天我等聲聞，始知世尊於佛的無上智慧，無所悋惜。怎見得呢？有如下三事爲證：㈠我等從往昔稟大化以來，眞是佛子。佛所以不爲我們說大乘者，是因爲我們退大樂小的緣故，假使我們有樂大之心，佛也就爲我們說大乘了。㈡佛在這法華經中，唯說一乘，更無二三。㈢佛昔日於菩薩前，毀訾聲聞樂小法者，如楞伽會上，於大慧菩薩前，斥聲聞爲愚夫跛驢，然而，這正是以大乘教化我等，並非毀訾。

因此之故，所以我們才說：本來無心有所希求，而今法王的大法寶藏，自然而至，凡是佛子所應得的大法，我們都已得到了。

爾時摩訶迦葉，欲重宣此義而說偈言：我等今日，聞佛音敎，歡喜踴躍，得未曾有，佛說聲聞，當得作佛，無上寶聚，不求自得。

【註解】上來說長行已竟。此下是以偈頌重宣前義。這二頌是重宣法說。句義前後略同，今不復釋。

【語譯】這時候的大迦葉，爲鄭重起見，把長行所說的意義，重以偈頌來宣說一遍。頌意謂：我們今天，聞佛的音聲言敎，歡喜得前所未有。怎麼說前所未有？四十年來，佛總是毀訾我等，而今忽說聲聞當得作佛，無上菩提的大法寶聚，不求自得，這豈不是前所未有嗎？

譬如童子，幼稚無識，捨父逃逝，遠到他土，周流諸國，五十餘年，

【註解】此下有七十一頌半，重宣譬說。亦先開後合。這一頌半，是重宣「父子相失譬」的第一段。

【語譯】譬如：童子幼稚無識，捨父逃走，遠到其他諸國，流浪了五十餘年。

其父憂念，四方推求，求之既疲，頓止一城，造立舍宅，五欲自娛。其家巨富，多諸金銀，硨磲碼碯，珍珠琉璃，象馬牛羊，輦輿車乘，田業僮僕，人民衆多，出入息利，乃徧他國，商估賈人，無處不有。千萬億衆，圍繞恭敬，常爲王者，之所愛念，羣臣豪族，皆共宗重。以諸緣故，往來者衆，豪富如是，有大力勢。

【註解】這七頌，是重宣「父子相失譬」的第二段。

「其父憂念……五欲自娛」——佛念衆生，如父念子，故曰「其父憂念」。佛向四生中尋求可度之機，故曰「四方推求」。垂迹化處，故曰「頓止一城」。隨機緣起，無爲而爲，故曰「造立」。蔭覆衆生，喻如「舍宅」。以度化五道衆生爲樂事，喻如「五欲自娛」。

「其家巨富……無處不有」——此歎父大富，約有三喻：一喻佛衆德，如「多諸金銀……」；二喻佛法藏，如「象馬牛羊……」；三喻佛化衆，如「僮僕人民……」。

「千萬億衆……往來者衆」——此歎父大貴，亦有三喻：一喻大衆親附，如「千萬億衆，圍繞恭敬」；二喻諸佛稱讚，如「常爲王者，之所愛念」；三喻菩薩尊仰，如「羣臣豪族，皆共宗重」。

「以諸緣故……有大力勢」——此總結富貴因緣，故曰「諸緣」。赴機爲「往」；受化爲「來」。化法爲「力」；化儀爲「勢」。

【語譯】其父憂念，奔走四方，徧覓不得，而疲憊已甚，只好停頓在某一城中，建立舍宅，聊以五欲自娛了。其家大富，有的是金銀、硨磲、碼碯、珍珠、琉璃；象、馬、牛、羊、輦輿車乘；田地產業、僮僕人民；出入利息，徧及他國；行商坐賈，隨在皆有。還有千萬億衆的親附，圍繞恭敬；常爲至尊的王者之所愛念；羣臣豪族所共宗重。以此諸緣之故，熙來攘往者，爲數至衆。其豪富，有如此之大的威力權勢。

而年朽邁，益憂念子，夙夜惟念，死時將至，癡子捨我，五十餘年，庫藏諸物，當如之何？

【註解】這二頌，是重宣「父子相失譬」的第三段。初頌喻化緣將盡，更念佛子；次頌喻佛將滅度，慮法藏無傳。

【語譯】然而，父年衰邁，對其逃逝之子，更加憂念，早晚但念：「我今死期將至，而愚癡之子，捨我逃逝，迄五十餘年，我這庫藏的諸多財物，將如何處理?」

爾時窮子，求索衣食，從邑至邑，從國至國，或有所得，或無所得，飢餓羸瘦，體生瘡癬，漸次經歷，到父住城。傭賃展轉，遂至父舍。爾時長者，於其門內，施大寶帳，處師子座，眷屬圍繞，諸人侍衛，或有計算，金銀寶物，出內財產，註記券疏。

【註解】上來重宣父子相失義竟。此下是重宣「父子相見譬」。這五頌半，明相見之緣。

「從邑至邑……體生瘡癬」——九地爲「邑」。三界爲「國」。修善因得善果，爲「有所得」。不修善因不得善果，爲「無所得」。內無中道法食，故曰「飢餓」。外無相好莊嚴，故曰「羸瘦」。起見思惑，多生過患，猶如「瘡癬」。

「漸次經歷……遂至父舍」——漸次熏修，值遇佛世，如「到父住城」。展轉增進，機扣大乘，如「傭賃展轉，遂至父舍」。

「長者於其門內……諸人侍衞」——大乘教理，爲通達實相之門，佛已究竟諸法實相，故曰「長者於其門內」。初說華嚴大法，如「施大寶帳」；七處八會之場，如「處師子座」；地上菩薩，如「眷屬圍繞」；地前大士，如「諸人侍衞」。

「或有計算……註記劵疏」——由智慧鑒機，流出無量法門，故曰「或有計算金銀寶物」。爲大根人度量功德，疏其行位，而予以記別，故曰「註記劵疏」。

【語譯】此時窮子，爲求衣食，從此邑到彼邑；從此國到彼國；或有所得；或無所得；却不一定能如願以償，維持溫飽；所以落得飢餓枵腹，羸弱消瘦，徧體瘡癬。這樣貧病交迫，顚沛流離，不覺來到父親所住的城中，傭賃展轉，遂卽又到父親的宅舍。

此時長者，在宅舍門內，施設大寶羅帳，高坐在師子座上。有眷屬圍繞；有多人侍衞；或有計算金銀寶物的；或有掌管出納財產，登記契約劵疏的。

窮子見父，豪貴尊嚴，謂是國王，若國王等，驚怖自怪，何故至此！覆自念言：我若久住，或見逼迫，强驅使作。思惟是已，馳走而去，借問貧里，欲往傭作。長者是時，在師子座，遙見其子，默而識之。

【註解】這四頌半，正明父子相見。「借問貧里……默而識之」——佛初成道時，未說小乘，但有小機扣小乘教，故曰「借問貧里」。尚未明說小機亦是佛子，故曰「默而識之」。餘如長行已解。

【語譯】窮子看見他父親這樣的豪華富貴，威儀尊嚴，認謂是一國之王；再不然，就是和國王的地位相等。於是，他驚怖自怪：「我為什麼來到這裏？」又暗自念道：「我若在此久停，說不定會遭到逼迫，强横驅使為作勞役。」他這樣思惟已罷，就趕快離開這裏，打聽到貧窮里巷，為人傭工去了。

長者適於此時，在師子座上，遠遠的望見他久已逃逝的兒子，口雖不言，默然而識。

即勅使者，追捉將來，窮子驚喚，迷悶躃地，是人執我，必當見殺，何用衣食，使我至此。

長者知子，愚痴狹劣，不信我言，不信是父，即以方便，更遣餘人，眇目矬陋，無威德者，

汝可語之，云當相雇，除諸糞穢，倍與汝價，窮子聞之，歡喜隨來，爲除糞穢，淨諸房舍。

【註解】上來重宣父子相見義竟。此下是重宣「遣使追誘譬」。這六頌的前二頌，明大化不得，與長行裏「即遣傍人……悶絕躃地」的一段略同。惟這裏的「迷悶躃地」一句，應在「使我至此」句下，方與長文相合。否則，旣已迷悶躃地，何能作已下「是人執我」等的念言？中一頌，明止息大化，與長行裏「父知其子志意下劣」等三句略同。後三頌，明方便誘引，與長行裏「將欲誘引……尋與除糞」的一段略同。

「不信我言，不信是父」——初句喻不信實敎；次句喻不信佛是昔稟大化之師。

「眇目矬陋」——執偏空理，所見不正，喻如「眇目」；豎不能究實相源底，橫不能泯斷常邊見，喻如「矬陋」。

「何用衣食，使我至此」——此喻小機人自責，不該爲小法而扣大敎。

「淨諸房舍」——喻六根清淨。餘如前釋，尋對自知。

【語譯】即勅令使者，去把那馳走而去的窮子，追捕回來。窮子被捕，便驚惶失措的大聲呼喚：「此人捉我，必定要被他殺害，我何苦爲求衣食，到這裏來呢！」遂即昏迷悶絕，仆倒在地了，

長者知道他兒子的氣質，愚癡狹劣，旣不聽信長者的話，又不相信長者是父。於是假設

方便，再派兩個眇眼矮形，容貌醜陋，而沒有威德的人，去告訴窮子這樣說道：「要雇你清除糞穢，加倍給你工資。」

那窮子，一聽說雇他除糞，工資加倍，便喜出望外，隨同使者前來，從事清除糞穢，打掃房舍的工作了。

長者於牖，常見其子，念子愚劣，樂爲鄙事。於是長者，著弊垢衣，執除糞器，往到子所，方便附近，語令勤作，既益汝價，並塗足油，飲食充足，薦席厚煖，如是苦言，汝當勤作，又以軟語，若如我子。

【註解】這四頌半的前二頌，明隨機應現，與長文裏「於窗牖中遙見子身……右手執持除糞之器」的一段略同。後二頌半，明鹿苑說教，與長文裏「以方便故……我如汝父」的一段略同。

「念子愚劣，樂爲鄙事」——此以愚劣，喻小機人；鄙事，喻小乘法。小機人樂修小法，故曰「樂爲鄙事」。

「並塗足油……薦席厚煖」——以「塗足油」塗足，不使足裂，喻得六通，足不履地。以「衣食充足」，喻無漏定慧。以「薦席厚煖」，喻小乘禪觀。

【語譯】長者時常從窗牖中望見其子，深念其愚鈍下劣，樂於做此除糞的鄙賤之事。於是長者便身穿破爛骯髒的弊垢之衣，手裏拿着除糞的器具，去到他兒子的工作場所。以此方便俯就之緣，勸令勤作，並許以如下四事：1增加工資；2供油塗足；3飲食充足；4薦席厚煖。

這樣苦口婆心的勸令勤作，還又以慈祥的溫柔軟語，安慰他說：「你好像我的愛子一般」。

長者有智，漸令入出，經二十年，執作家事，示其金銀，珍珠玻瓈，諸物出入，皆使令知。猶處門外，止宿草庵，自念貧事，我無此物。

【註解】上來重宣遣使追誘竟。此下是重宣「領付家業譬」。這三頌明領知家業。

「漸令入出……皆使令知」——漸於方等通教中，進可語大，名之爲「入」；退不滯小，名之爲「出」。說般若時二十二年，略曰「經二十年」，佛令轉教菩薩，喻如「執作家業」。示以無量法門，如「金銀珍珠」；義相差別，如「諸物出入」；此爲執作家業所須知，故曰「皆使令知」。

「猶處門外……我無此物」——未捨下劣，猶滯化城，故曰「猶處門外，止宿草庵」。安於小教，不求大法，故曰「自念貧事，我無此物」。

【語譯】有智慧的長者，漸令其子，於除糞之餘，入出內外，經二十年之久，操持家務；並示以金銀珍珠等物的出納事宜，令子知曉。然而，窮子猶住在宅舍門外，一向止宿的草庵工寮。自念：「我本貧窮，這些金銀珍珠等物，都非我所有。」

父知子心，漸已曠大，欲與財物。卽聚親族，國王大臣，刹利居士，於此大衆，說是我子，捨我他行，經五十歲，自見子來，已二十年，昔於某城，而失是子，周行求索，遂來至此。凡我所有，舍宅人民，悉以付之，恣其所用，子念昔貧，志意下劣，今於父所，大獲珍寶，並及舍宅，一切財物，甚大歡喜，得未曾有。

【註解】這七頌明委付家業。

「自見子來，已二十年」——自鹿苑說教，名爲「見子」。至般若時，轉教菩薩，名「二十年」。餘如長文，尋對自知。

【語譯】父知子心，由昔狹隘，漸已空曠廣大，想把所有財物，都付與繼承。便聚集親族、國王、大臣、刹利、居士，指着窮子，對大衆說道：「這是我的兒子，捨我他去，經五十年，自從見子歸來，也有二十年了。我從前在某城中失落此子，四出尋找，才來到這裏。凡我所有的舍宅、人民、財物，都付與此子，任其恣意受用。」

於是其子自念：「我往昔一貧如洗，意志下劣，不料今天在父親這裏，大獲珍寶，以及舍宅，一切財物。」與念及此，不禁大大的歡喜，得未曾有。

佛亦如是，知我樂小，未曾說言，汝等作佛，而說我等，得諸無漏，成就小乘，聲聞弟子。

【註解】上來重宣開譬已竟。此下是重宣合譬。但略顯其義，不拘配屬。這二頌的前半頌，合父子相失，及相見二譬；後一頌半，合遣使追誘。

「佛亦如是，知我樂小」——爲樂小法而退失大乘，即父子相失義。雖退大而猶樂小，且爲佛知，即相見義。

「未曾說言……聲聞弟子」——半頌合前「遣傍人急追，窮子驚愕」。一頌合前「徐誘除糞，得涅槃價」。

【語譯】佛也是這樣的，明知我等樂著小法，所以未曾說過「汝等二乘，當得作佛」的話；但說我等，得斷見思諸無漏道，成就了小乘的四果羅漢，名聲聞弟子。

佛勅我等，說最上道，修習此者，當得成佛。我承佛教，爲大菩薩，以諸因緣，種種譬喻，若干言辭，說無上道。諸佛子等，從我聞法，日夜思惟，精勤修習，是時諸佛，即授其記，汝於來世，當得作佛。一切諸佛，秘藏之法，但爲菩薩，演其事實，而不爲我，說斯眞要。

【註解】此下合領付家業譬。長行分領知、委付之二，此亦應然。今復開領知爲三，這六頌是第一的奉勅轉教。如文易解。

【語譯】佛勅令我等說空慧般若的最上之道，修習此道的大乘行者，當得成佛。我等便仰承佛教，爲大乘菩薩，以種種因緣、譬喻、言辭，說無上道。諸菩薩等，從我等聞法，日以繼夜的如理思惟，精勤修習，此時十方諸佛，卽同聲讚歎而與以授記的說：「汝於來世，當得作佛。」

我們雖奉佛勅令，轉教菩薩，還以謂，一切諸佛的秘密法藏，但爲菩薩，開演實義，而不爲我等聲聞，說此眞實要道。

如彼窮子，得近其父，雖知諸物，心不希取。我等雖說，佛法寶藏，自無志願，亦復如是。
我等內滅，自謂爲足，唯了此事，更無餘事。我等若聞，淨佛國土，敎化衆生，都無欣樂。

【註解】這四頌是第二的無希取意。初頌擧譬；次頌法合；三頌保執小過；四頌不樂大失。

「內滅」——此有二義：1小乘但滅界內粗惑，不滅界外微細無明。2但滅自惑，不滅他惑。

【語譯】就像那窮子，爲傭賃除糞，得親近其父，雖也領知家業，却認爲非己所有，無心希取。

我等聲聞，雖說佛法寶藏，轉教菩薩，然而自己却沒有修學佛法的志願，也正如那窮子，無心希取他父親的家業似的。

因為我們內滅三界見思，了分段生死，自謂除了此事以外，更無餘事。所以我們聽到為淨佛國土而教化衆生的菩薩大行，都不感興趣。

所以者何？一切諸法，皆悉空寂，無生無滅，無大無小，無漏無為，如是思惟，不生喜樂。我等長夜，於佛智慧，無貪無著，無復志願，而自於法，謂是究竟。我等長夜，修習空法，得脫三界，苦惱之患，住最後身，有餘涅槃，佛所教化，得道不虛，則為已得，報佛之恩。我等雖為，諸佛子等，說菩薩法，以求佛道，而於是法，永無願樂。導師見捨，觀我心故，初不勸進，說有實利。

【註解】這八頌半，是第三的徵釋所以。

「一切諸法……無漏無為」——觀一切世、出世間諸法，無非緣生性空，故曰「空寂」。中論謂此空寂『亦名為假名，亦名中道義』。這空寂的法性，本來「無生」；今亦「無滅」。無生則有寂；無滅則空寂；有、空俱寂，是謂眞滅，所以涅槃經云：『不生不滅，名大涅槃』。方便教中有三乘大小之別，平等實相的一乘圓教裏，則無此分別，故曰「無大無小」。自性本淨，故曰「無漏」；離有為造作，故曰「無為」。古德也有釋此為聲聞空者。乃別具一義。

【語譯】所以不希取大法者，其過有三：（一）一切世、出世間諸法，無非因緣所生，自性空寂；本來無生，今亦無滅；無大小之別；無煩惱的有漏，無造作的有爲。我們於此眞空實相的正念思惟，都不生喜樂。（二）我們爲無明長夜所盲，對於佛的般若智慧，一無所見，更沒有貪愛堅著的志願；而於自己所修的小法，却認謂是至極究竟。（三）我們於長夜修習偏空之法，得以解脫了三界生死的苦惱之患，證了阿羅漢果，住於最後尚未落謝之身的有餘涅槃。認謂這是稟佛教化所得的道果，眞實不虛，將果酬因，業已報答佛的深恩了。

因此，我們雖爲諸佛子等，演說菩薩六度之法，教他們勤求佛道；而我們自己，對於這大乘佛法，却視若等閑，永無願樂。我們昔日所以被世尊捨棄於大乘之外者，就是因爲世尊觀察我等心樂小法之故，所以初於般若會中，不加勸進，說我們轉教菩薩的大法，有眞實利益。

如富長者，知子志劣，以方便力，柔伏其心，然後乃付，一切財物。佛亦如是，現希有事，知樂小者，以方便力，調伏其心，乃敎大智。

【註解】上來合領知家業竟。此下合委付家業。復開爲二，這三頌是第一的正合委付。

【語譯】譬如那大富長者，審知其子意志下劣，先以方便誘引還家之力，柔順調伏其畏避之心；然後再付與一切財物。

佛也是這樣的，示現世間希有之事——預知衆生樂著小法，先以三乘權智方便之力，調伏其心；然後再教以一乘實相的大智。

我等今日，得未曾有，非先所望，而今自得，如彼窮子，得無量寶。世尊我今，得道得果；於無漏法，得清淨眼，我等長夜，持佛淨戒，始於今日，得其果報。法王法中，久修梵行，今得無漏，無上大果。我等今者，眞是聲聞，以佛道聲，令一切聞。我等今者，眞阿羅漢，於諸世間，天人魔梵，普於其中，應受供養。

【註解】這七頌，是第二的得付歡喜。初一頌半是總標得益；次三頌是別明得益；後二頌半是名符其實。

【語譯】我等今天得一乘妙諦，聲聞作佛的未曾有法，並不是先前有此期望，而是今日蒙佛開示，自然而得的。好像那窮子，驀然得到父親所付的無量財寶一樣。世尊！我等今天得道得果，是怎樣得的呢？有如下三緣：（一）於無漏法中，得平等正觀之智的清淨法眼。（二）我等於長夜持佛淨戒，始於今日得離二死過惡的果報。（三）於法王的法中，久修梵行，今天才得悟無漏無上的菩提大果。

何以於大乘道果，昔日未得，今日方得呢？我等昔日，隨言取證，未得佛旨，雖名聲聞，而實非聲聞；今日不但自聞佛道，且以佛道音聲，令一切皆聞而自利利他，這才眞是聲聞哩。我等昔日斷見思惑，出三界苦，徒負阿羅漢名，而實非阿羅漢；今日得佛法藏，於三界天人、梵王、魔王中，普受供養，這才眞是阿羅漢哩。

世尊大恩，以希有事，憐愍教化，利益我等，無量億劫，誰能報者，手足供給，頭頂禮敬，一切供養，皆不能報。若以頂戴，兩肩荷負，於恒沙劫，盡心恭敬，又以美膳，無量寶衣，及諸臥具，種種湯藥，牛頭栴檀，及諸珍寶，以起塔廟，寶衣布地；如斯等事，以用供養，於恒沙劫，亦不能報。

【註解】上來重頌長行義竟。此下有十三頌歎佛恩德。這六頌半歎佛恩難報。如文易解。

【語譯】世尊對我等的大恩大德：始自華嚴說圓頓大教，歷經阿含投小、方等彈斥、般若轉教，終至法華授記作佛，四十年來，無非以循循善誘的希有之事，憐愍教化，利益我等。像這樣的大恩大德，莫說今日無人能報，縱至無量億劫，又有那個能報？即令以手足供給勞役，以頭頂地禮拜恭敬，及一切供養，都不足以報佛恩德。若以頂戴如來，或以兩肩荷負，經恒河沙劫之久，盡心恭敬；又以美味肴膳、無量寶衣、床褥臥具、種種湯藥；又以牛頭山上的栴檀香木，及諸珍寶，起建塔廟，而以寶衣鋪地。如此等事，用作供養，於恒河沙劫，也不足以報佛恩德。

諸佛希有，無量無邊，不可思議，大神通力，無漏無爲。諸法之王，能爲下劣，忍於斯事，

取相凡夫，隨宜爲說。諸佛於法，得最自在，知諸衆生，種種欲樂，及其志力，隨所堪任，以無量喻，而爲說法。隨諸衆生，宿世善根，又知成熟，未成熟者，種種籌量，分別知已，於一乘道，隨宜說三。

【註解】這六頌半歎法輪恩。如文易解。

【語譯】諸佛的希有之法，是無量無邊的深廣；不可思議的微妙。諸佛的大神通力，是究竟斷惑而無漏的；離於造作而無爲的。佛是諸法之王，能爲我等鄙賤下劣，取名著相的凡夫，忍隱此一大事因緣，而不與開演；四十年來，不過是隨其機宜而爲說法罷了。

諸佛於一切法門，得最大自在；所以能知衆生種種欲樂的不同，志願的差別，隨其力所堪任，或大或小，或深或淺，而以無量譬喻，爲之說法。隨諸衆生的宿世善根，知其成熟或未成熟，這樣作籌思量度的分別已罷，便基於一乘妙道，隨順機宜，方便說三。

——（信解品竟）——

藥草喻品第五

凡是能治病的草木，都叫做藥；然草多木少，攝少從多，故名「藥草」。一切草木，雖都有功用，而以藥草爲最；有、無漏善，雖都能斷惡，而以無漏爲最；故以藥草爲喻，用題品名。前譬喻品，明如來說教；信解品，明中根領解；今此藥草喻品，是如來述成其領解的不謬，進而更顯佛德的無方大用。

爾時世尊，告摩訶迦葉，及諸大弟子：善哉善哉！迦葉善說如來眞實功德，誠如所言。

【註解】經家判釋本品，分「述成所解」及「廣歎佛德」之二。此爲述成「善哉善哉」，乃極口稱讚之詞。「善說」，指窮子喻中，自述領解的言辭委婉而言。「眞實功德」，是實相印，簡非權教的假名言說。「誠如所言」，是述成其領解的不謬。

【語譯】此時世尊，告訴大迦葉，及須菩提、迦旃延、目犍連等的諸大弟子，這樣說道：好啊！好啊！迦葉能委婉其辭，有條有理的善說如來眞實功德，誠然如其所言。

如來復有無量無邊阿僧祇劫功德，汝等若於無量億劫，說不能盡。

【註解】這向下，是廣歎佛德。先以法說，後以譬說。法說中，先略標佛德無盡，後正歎佛德。今先略標。

【語譯】雖能善說如來功德，但那只契二乘得益，先三後一之旨；其實如來尚有無量無邊阿僧祇劫的功德，縱令汝等聲聞，經無量億劫之久，塵說剎說，亦不能盡。

迦葉當知，如來是諸法之王，若有所說，皆不虛也。於一切法，以智方便而演說之。其所說法，皆悉到於一切智地。如來觀知一切諸法之所歸趣，亦知一切衆生深心所行，通達無礙。

又於諸法究盡明了，示諸衆生一切智慧。

【註解】此正歎佛德。

「不虛」——如來於一說三，是其教不虛；會三歸一，是其理不虛。「一切智地」——地，是能生之義。佛智能生權實諸法，故名一切智地。

【語譯】迦葉！你應當知道，如來是權實諸法的自在之王，只要有所說法，都非虛誑。雖以智慧方便，演說一切不同的教法，然其義理深遠，都歸趣於平等正觀的一切智地。

何以能够如此？其由有三：（一）由於如來的智慧觀察，了知一切諸法，畢竟歸趣於至極之理。（二）又於一切衆生的根性，或深着十善，行在人天；或深著涅槃，行在二乘；如此深心所行，如來都能以智慧照了，通達無礙。（三）又能於諸法實相，究竟明了。因此，才能以方便演說，開示衆生，使之歸趣於一切智地，而入於佛慧。

迦葉！譬如三千大千世界，山川谿谷土地，所生卉木叢林，及諸藥草，種類若干，名色各異。密雲彌布，徧覆三千大千世界，一時等澍，其澤普洽。卉木叢林，及諸藥草，小根小莖，小枝小葉；中根中莖，中枝中葉；大根大莖，大枝大葉；諸樹大小，隨上中下，各有所受。一雲所雨，稱其種性，而得生長，華果敷實。雖一地所生，一雨所潤，而諸草木，各有差別。

【註解】上來法說已竟。此下是譬說。譬說中，先開後合，此爲開譬。

「三千大千世界，山川谿谷土地」——以須彌山爲中心，鐵圍山爲外廓，叫做小世界。一千個小世界，叫做小千世界。一千個小千世界，叫做中千世界。一千個中千世界，叫做大千世界。這大千世界，是由小千世界、中千世界、大千世界，這三種千世界而成立的，所以叫做三千大千。以此「三千大千世界」，總喻佛教的無方大化，有能生之義。以「山川谿谷土地」，別喻五乘教法，有能生之義。

「所生卉木叢林……名色各異」——前大地山川，喻總別能生，此喻總別所生。卉（音諱），是草的通稱；木，是樹的通稱；草聚爲「叢」；木聚爲「林」。此總喻五乘衆生爲所生。治病的力用强者，叫做藥草；種類不一，故云「若干」；名目形色有別，故曰「各異」。此別喻五乘根性爲所生。

「密雲彌布，偏覆三千大千世界」——前草木叢林，喻五乘衆生根性爲「感」；此密雲彌布，喻佛出世的三密爲「應」：1雲有形色變幻，喻佛的應化身密；2雲能陰覆熱惱，喻佛的慈悲意密；3雲能沛降甘霖，喻佛的說法語密。此身、意、語三業，是佛自證之境，非凡夫之分，故名爲「密」。廣大無邊，故曰「彌布」。偏十法界，故曰「偏覆三千大千世界」。

「一時等澍，其澤普洽」——澍（音樹），卽時雨也。有感皆應，無分前後，故曰「一時」；法無偏說，故曰「等澍」。法雨普潤，故曰「其澤普洽」。

「卉木叢林……各有所受」——此明受潤。卉木叢林，爲總受；三草二木，爲別受。「根、莖、枝、葉」，喻「信、戒、定、慧」四法。這四法，屬於人天的，喻爲「小根、小莖、小枝、小葉」；屬於二乘的，喻爲「中根、中莖、中枝、中葉」；屬於菩薩的，喻爲「大根、大莖、大枝、大葉」，是謂三草。諸菩薩，又有頓、漸之別，喻爲「諸樹大小」，是謂二木。這三草二木，各隨其量，受潤不同，故曰「隨上中下各有所受」。

「一雲所雨……華果敷實」——此明增長。佛如一雲，說教如雨，故曰「一雲所雨」。教必稱機，故曰「隨其種性」。法雨既潤，使善因得生，善果得長；如華開敷，如果結實；故曰「華果敷實」。

「雖一地所生……各有差別」——五乘善根，依之而生的平等實相，名爲「一地」。能化五乘的一乘圓音，名爲「一雨」。五乘雖爲一地所生，一雨所化，卻如三草二木，各有差別。

【語譯】迦葉！譬如三千大千世界，山川谿谷土地，所生的草木叢林，及諸藥草，他們的種類，雖多少不等，名目形色，各各有別；然而爲密雲滿布，陰覆著三千大千世界，一時霖雨等降之際，其潤澤所及，卻是普同霑洽。

無論卉木叢林，及小中大三種藥草的根莖枝葉，或大小二樹，都隨其上中下的容量，各有所受的潤澤。

一雲所降的雨，與各種草木的根性相稱，使其各得生長，而開華結果。雖同爲一地所生，一雨所潤，而三草二木，却各有差別。

迦葉當知，如來亦復如是，出現於世，如大雲起。以大音聲，普遍世界天人阿修羅，如彼大雲，遍覆三千大千國土。

【註解】上來開譬已竟。此下是以法合譬。但爲轉勢明義，與前開譬不盡相同。此擧形聲，以合雲譬。如文易解。

【語譯】迦葉！你應當知道，如來也是這樣的，倒駕慈航出現於世，同那大雲的興起，彷彿相似。以大音聲，普聞於世界的天、人、阿修羅等，好像那大雲遍覆三千大千國土。

於大衆中而唱是言：我是如來、應供、正徧知、明行足、善逝、世間解、無上士、調御丈夫、天人師、佛世尊。

【註解】此擧外號，以合雲譬。如前序品已解。

【語譯】在大衆中，這樣唱道：我是如來、應供、正徧知、明行足、善逝、世間解、無上士、調御丈夫、天人師、佛世尊。並不是那攻乎異端的九十六種外道。

未度者令度；未解者令解；未安者令安；未涅槃者令得涅槃。今世後世，如實知之，我是一切知者、一切見者、知道者、開道者、說道者。汝等天人阿修羅衆，皆應到此，爲聽法故。

【註解】此舉內德，以合雲譬。

「未度者……令得涅槃」——此約四諦立四弘誓願：1衆生未度苦海的，誓願度之，故曰「未度者令度」。2衆生爲集諦煩惱所縛，未得解脫的，願令解脫，故曰「未解者令解」。3未能安住道諦的，願令安住，故曰「未安者令安」。4未得滅諦涅槃的，願令得之，故曰「未涅槃者令得涅槃」。前二爲大悲，後二爲大慈。

「今世後世，如實知之」——此明三達，即三明之極：1宿命達，知過去世的因因果果。2漏盡達，知現世煩惱而盡斷之。3天眼達，知未來世的因因果果。略而言之，故曰「今世後世」。欲度衆生，須如實知此三達，故曰「如實知之」。

「我是一切知者……說道者」——佛具三智，名「一切知」。佛具五眼，名「一切見」。佛三業純淨，遠離過非，不須防護，叫做三不護：1意不護，名爲「知道」。2身不護，名爲「開道」。3口不護，名爲「說道」。

【語譯】衆生有未度苦海的，願令得度；尚未解脫集諦煩惱的，願令解脫；未能安住於道諦的，願令安住；未得滅諦涅槃的，令得涅槃。

我於宿命、漏盡、天眼，這三達，已如實了知。我是三智的一切知者；五眼的一切見者；三業不護的知道者、開道者、說道者。

汝等天、人、阿修羅，這三善道的衆生，都應當到此聽法。

爾時無數千萬億種衆生，來至佛所而聽法。如來於時觀是衆生，諸根利鈍，精進懈怠，隨其所堪，而爲說法。種種無量，皆令歡喜，快得善利。

【註解】此合草木、澍雨、受潤三譬。「爾時」下，合草木譬；「隨其所堪」下，合澍雨譬；「種種無量」下，合受潤譬。

「諸根利鈍，精進懈怠」——如：人天不知厭離生死的根性，爲鈍、爲怠；二乘斷惑出離三界的根性，爲利、爲進。

二乘但破我執貪證小果的根性，爲鈍、爲怠；菩薩兼破我、法二執上求下化的根性，爲利、爲進。

【語譯】此時有無數千萬億種衆生，都來佛所，領聽法音。如來便於此時，鑒別這些衆生的根性，誰利、誰鈍、誰精進、誰懈怠，隨其力之所堪，爲說種種無量法門，教他們都歡喜痛快的得到善法的利益。

是諸衆生，聞是法已，現世安隱，後生善處，以道受樂，亦得聞法。既聞法已，離諸障礙，

於諸法中，任力所能，漸得入道。

【註解】此合增長譬。「是諸衆生」下，明世間利益增長。「亦得聞法」下，明出世利益增長。

「現世安隱……以道受樂」——人天獲福，二乘得有餘涅槃，菩薩得無生法忍，爲「現世安隱」。來世，人天更生人天，二乘生有餘土，菩薩生實報土，爲「後生善處」。此樂是由前世修道而得，故曰「以道受樂」。

「離諸障礙」——人天離三惡障。二乘離煩惱障。菩薩離煩惱、所知二障。

【語譯】這些衆生，聞此法已，現世便得安隱，捨報後，生到好的去處，這是由於前世聞法修道，所感受的樂果。

也得說是，來此聞法，既聞法已，如說修行，離諸障礙，於五乘法中，任其力之所能，漸漸的入於佛道。

如彼大雲，雨於一切卉木叢林，及諸藥草，如其種性，具足蒙潤，各得生長。

【註解】這是舉譬帖合。初舉雲譬，帖合外號內德；次舉雨譬，帖合說法；再次舉草木譬，帖合受化衆生的利鈍進怠；再次舉受潤譬，帖合皆令歡喜，快得善利；最後舉增長譬，帖合漸得入道。

【語譯】好像那大雲降雨似的，對於一切卉木叢林，及諸藥草，都能隨其種性的差別，使之足量的蒙受潤澤，而各得生長。

如來說法，一相一味，所謂：解脫相、離相、滅相、究竟至於一切種智。其有衆生，聞如來法，若持讀誦，如說修行，所得功德，不自覺知。

【註解】此下合同異譬。此正明同異，衆生不知。「一相一味」句下，明一乘理同。「其有衆生」句下，明五乘教別。「不自覺知」；明衆生不知異同。

「一相一味」——一相，就是實相，合前「一地所生」；一味，就是一乘，合前「一雨所潤」。

「解脫相……一切種智」——這是對一相一味的解釋：解脫了生死繫縛而得自在，叫做「解脫相」；離空、有二邊，達於中道第一義諦，叫做「離相」；滅了苦因苦果，證無餘涅槃，叫做「滅相」；此即所謂的一相。五乘方便，畢竟還是歸於一乘實相，故曰「究竟至於一切種智」，此即所謂的一味。

問：前法說中所謂的「皆悉到於一切智地」，與這裏的「至於一切種智」，二義有何不同？答：三智有總別二義：（一）約別義言，一切智，是二乘之智；道種智，是菩薩智；一切種智，是佛智。（二）約總義言，三智都是佛智，所以止觀上說：『佛智照空，如二乘所見，名一切智；佛智照假，如菩薩所見，名道種智；佛智圓照空假中，皆見實相，名一切種智」。

【語譯】如來所說的法，同爲一相一味。一相，就是所謂：解脫了生死繫縛的解脫相；離空有二邊的離相；滅了苦因苦果的滅相。一味，就是所謂的五乘方便，究其實，終歸於佛的一切種智。

其有衆生，聞如來說法，倘若受持讀誦，依教奉行，所得功德，不自覺知是理實一同，遇緣成異。

所以者何？唯有如來，知此衆生，種相體性，念何事、思何事、修何事？云何念、云何思、云何修？以何法念、以何法思、以何法修？以何法得何法？衆生住於種種之地，唯有如來如實見之，明了無礙。如彼卉木叢林，諸藥草等，而不自知上中下性。

【註解】這是以唯佛能知，釋明衆生之所以不知。「種相體性」——此明佛知四法：1宿世的習因爲「種」。2現於外的形貌爲「相」，如：慈悲爲菩薩之相；梏寂爲二乘之相。3具於內的智慧爲「體」，如：道種智，是菩薩之體；一切智，是二乘之體。4自分不改爲「性」。

「念何事……以何法修」——此明佛知三法：1記聞不忘爲「念」；2深沉默想爲「思

」；3力行實踐爲「修」；是名三慧。「何事」，即三慧所緣何境？如：菩薩以斷二障之事，爲其三慧所緣之境；二乘以斷煩惱之事，爲其三慧所緣之境。「云何」，即三慧因何而起？如：二乘因自利而起三慧；菩薩兼利他而起三慧。「以何法」，即以何法爲三慧？如：菩薩以六度之法爲三慧；二乘以諦緣之法爲三慧。

「以何法得何法」——此明佛知二法：1「以何法」爲因；2「得何法」爲果。如：以小乘法爲因，得涅槃小果；以大乘法爲因，得菩提大果。

「衆生住於種種之地」——此明佛知一法。衆生性本是一，隨其習氣的不同，各有所依住之地。如七方便人，各住其人、天、二乘、三菩薩的地位，故曰「住於種種之地」。

「唯有如來……上中下性」——此總結佛知，衆生不知。二乘人慧眼見空；菩薩以法眼見假；唯有如來以佛眼照見空假不二的中道實相，故曰「如實見之，明了無礙」，此總結佛知。衆生如卉木藥草，不能自知其根性差別，故曰「不自知上中下性」，此總結衆生不知。

【語譯】衆生之所以不自覺知的緣故何在？因爲唯有如來，能知此等衆生的如下四事：（一）宿世的因種、外現之相、內具之體、不改之性。（二）繫念何事、思惟何事、修行何事？爲什麼念、爲什麼思、爲什麼修？以什麼法爲念、什麼法爲思、什麼法爲修？（三）以什麼法爲因，得什麼法的果？（四）隨其習氣的不同，住於種種之地。

這四法，唯有如來能如實知見，明了無礙；衆生就不然了，他們好像那卉木藥草似的，雖同受一法雨所潤，却不能自知其上中下的根性差別。

如來知是一相一味之法，所謂：解脫相、離相、滅相、究竟涅槃常寂滅相，終歸於空。佛知是已，觀衆生心欲，而將護之，是故不卽爲說一切種智。

【註解】此明佛雖能知，而不卽說之義。「究竟涅槃……終歸於空」——此爲明佛能知，重提一相一味的解釋。前釋一相一味，謂：「究竟至於一切種智」，與今釋的「究竟涅槃，終歸於空」，都是一道清淨，並無別異，不過是隨義立名，或約智德而稱種智，或約斷德而稱涅槃罷了。這究竟涅槃，並非二乘的灰斷無爲，而是自性常住的寂滅，故曰「常寂滅相」。這常寂滅的涅槃，並非但空，而是空假不二，至理終極的中道第一義空，故曰「終歸於空」。

【語譯】如來知此一相一味之法，就是所謂的解脫相、離相、滅相，乃究竟涅槃的常住寂滅，終歸於至極之理的第一義空。

佛既知此第一義空，何不於鹿苑時，如實而說？那是因爲如來觀衆生心欲，力所未堪，而爲方便調護，曲順機緣之故，所以不卽時爲說一切種智。

汝等迦葉，甚爲希有，能知如來隨宜說法，能信能受。所以者何？諸佛世尊，隨宜說法，難

解難知。

【註解】此歎迦葉等能知同異。「能知如來隨宜說法」，是知開三爲異。「能信能受」，是知顯一爲同。

【語譯】迦葉！汝等聲聞，甚爲希有！能知如來隨順機緣，權宜說法，旣能信解，又能領受。所以者何？諸佛世尊，隨宜說法，義趣玄遠，爲一切衆生所難解難知，今汝等能解能知，豈非甚爲希有？

爾時世尊，欲重宣此義，而說偈言：破有法王，出現世間，隨衆生欲，種種說法。如來尊重，智慧深遠，久默斯要，不務速說。有智若聞，則能信解，無智疑悔，則爲永失。是故迦葉，隨力爲說，以種種緣，令得正見。

【註解】上來長行已竟。此下是以偈頌重宣前義。這四頌，是重宣法說的權實二智。第一頌，明昔日隨機權說；第二頌，明昔日不說實法；第三頌，釋明不說實法之故；第四頌，釋明權說之故。

「破有法王」——有謂：佛破二十五有，出生死外，居法王位，名破有法王。有謂：衆生執有，故佛以空破之，名爲破有。法華義疏謂：破一切有所得法，名爲破有，如說一乘，破三乘的有所得法；說非三非一，破一乘的有所得法。

「如來尊重……不務速說」——九界獨超爲「尊」；凡聖共仰爲「重」。豎窮無際爲「深」，橫遍無方爲「遠」。無言爲「默」；疾趣爲「務」。法華爲佛秘要，四十餘年，默不疾說，故曰「久默斯要，不務速說」。

【語譯】此時，世尊欲重宣前義，以偈頌說道：破有的法王，從常寂土出現世間，曲順衆生欲樂，作種種說法。如來極尊重的智慧，幽深玄遠，四十年來，默然於此法華秘要，不疾趣速說。

假使速說，有智者聞之，方能信解，怎奈無智者聞之，則橫起疑謗，悔不受教，那就要因謗墮惡，永失善利了。因此迦葉！如來才隨其力所堪任，而爲說法，以種種方便爲緣，教他們都得到大乘的正見。

迦葉當知，譬如大雲，起於世間，遍覆一切，慧雲含潤，電光晃耀，雷聲遠震，令衆悅豫。日光掩蔽，地上清涼，靉靆垂布，如可承攬。其雨普等，四方俱下，流澍無量，率土充洽。

【註解】此下有五十頌半，重宣譬說，亦先開後合。這四頌的前三頌，明大雲譬；後一頌，明澍雨譬。

「譬如大雲……令衆悅豫」——此以「大雲」喻佛應身。「起於世間」喻佛出世。「遍覆一切」喻佛對衆生的平等慈護。「慧雲含潤」喻佛身具智慧，含藏法益。「電光晃耀」喻佛智照。「雷聲遠震」喻佛辯解。「悅豫」就是歡喜。

「日光揜蔽……如可承攬」——揜，音掩，遮蔽之義。佛出世後，盡破如日光炎熾，熱惱有情心地的九十六種邪見，故曰「日光揜蔽，地上清涼」。靉（音愛），靆（音待），雲盛之貌。喻佛慈心殷重，俯為含識，故曰「靉靆垂布」。承攬，即俗語所謂的包辦。佛心無住，如金剛經云：『度盡無量無數無邊衆生，實無衆生得滅度者』，有何承攬之可言？然佛心不捨衆生，似有所住，故曰「如可承攬」。

「其雨普等……率土充洽」——法無偏私，如「其雨普等」。使四生俱聞，如「四方俱下」。辯解無礙，如「流澍無量」。利益均霑，如「率土充洽」。率土，即轄區以內的全部領土，所謂：『率土之濱』。

【語譯】迦葉！你應當知道，譬如濃密的大雲，興起於世，陰覆著一切。這智慧之雲，含藏利潤，電光閃耀，雷聲遠震，令渴望甘霖的衆生，歡喜豫悅。炎熱的日光，被雲遮掩，地上顯得分外清涼，其靉靆垂布之勢，好像有什麼灌溉的工作，可以承包似的。

其雨普徧平等，四方齊下，流注無量，使率土之濱，都充沛霑洽。

山川險谷，幽邃所生，卉木藥草，大小諸樹，百穀苗稼，甘蔗葡萄，雨之所潤，無不豐足。乾地普洽，藥木並茂。其雲所出，一味之水，草木叢林，隨分受潤。一切諸樹，上中下等，

稱其大小，各得生長。根莖枝葉，華果光色，一雨所及，皆得鮮澤。如其體相，性分大小，所潤是一，而各滋茂。

【註解】這六頌半的前一頌半，明大地、草木二譬。次二頌，明受潤譬。次二頌，明增長譬。後一頌，明同異譬。

「百穀苗稼，甘蔗葡萄」——一切善法能養慧命，喻如「百穀」；善法種子，初起現行，喻之如「苗」；復熏成種，喻之如「稼」。定如「甘蔗」；慧如「葡萄」。

「乾地普洽」——無善衆生，喻如「乾地」；悉令生善，故曰「普洽」。餘如前解，今不復釋。

【語譯】山川險谷的幽暗深邃之處，所生的卉木藥草、大小諸樹、百穀苗稼、甘蔗、葡萄，都因雨之所潤，無不豐滿充足。不但山川險谷，即乾燥地區，爲雨普潤，其地所生的藥草林木，也一樣的同時並茂。

一切樹木，無分上中下等，或大或小，各稱其量而得生長；根莖枝葉，華果光色，一雨所及，都由枯萎而得鮮澤。如其體質、相狀、根性，而分大小，雖同爲一雨所潤，而滋長茂盛却各有差別。

佛亦如是，出現於世，譬如大雲，普覆一切。既出於世，爲諸衆生，分別演說，諸法之實。

大聖世尊，於諸天人，一切衆中，而宣是言：我爲如來，兩足之尊，出於世間，猶如大雲，充潤一切，枯槁衆生，皆令離苦，得安隱樂，世間之樂，及涅槃樂。諸天人衆，一心善聽，皆應到此，覲無上尊，我爲世尊，無能及者，安隱衆生，故現於世。

【註解】上來重頌開譬已竟。此下重頌合譬。這七頌半的前五頌半正合雲譬；後二頌合勸衆聞。正合雲譬中的初一頌擧佛形以合；次一頌擧佛聲以合；次一頌半擧佛號以合；後二頌擧佛德以合。

「皆令離苦……及涅槃樂」——離苦安隱，雙關以下兩句，卽：人天離三途苦，得世間安隱之樂；三乘離二死苦，得涅槃安隱之樂。又解：現報樂果，爲「安隱樂」。生報樂果，爲「世間樂」。後報樂果，爲「涅槃樂」。

【語譯】佛也是這樣的，出現於世，好像那大雲普徧陰覆着一切似的。旣出現於世，那就要爲五乘衆生，分別演說諸法實相之義了。

於是大聖世尊，在一切天人衆中，作這樣的宣言：我是如來權實兩足之尊，出現於世，好像大雲，充分滋潤那一切久乏法雨的枯槁衆生，都教他們離三途苦，得世間人天的安隱快樂；離二死苦，得出世涅槃的安隱快樂。諸天人衆，要一心聞聽善法，都應當到這裏來，覲見至高無上的大覺世尊。我爲世所尊仰，沒有那個能及我的，爲安隱衆生之故，所以才出現於世。

爲大衆說，甘露淨法，其法一味，解脫涅槃，以一妙音，演暢斯義，常爲大乘，而作因緣。
我觀一切，普皆平等，無有彼此，愛憎之心、我無貪著，亦無限礙，恒爲一切，平等說法。
如爲一人，衆多亦然。常演說法，曾無他事。去來坐立，終不疲厭，充足世間，如雨普潤。
貴賤上下，持戒毀戒，威儀具足，及不具足，正見邪見，利根鈍根，等雨法雨，而無懈倦。

【註解】這八頌是合澍雨譬。初二頌學法音無二以合；次二頌半舉平等說法以合；後三頌半舉說法不懈以合。如文易解。

【語譯】普爲大衆，演說如甘露似的淸淨之法，其法，乃平等一味的解脫涅槃，以一音圓妙，隨類演暢這解脫涅槃之義，常說五乘，爲大乘作入道因緣。

我觀一切衆生，都是平等的，沒有愛此憎彼的偏心。我沒有慳貪取著，也沒有界限障礙，恒爲一切衆生，以平等心說實相法。無論爲一人說，爲多人說，都是一樣。

如來常以說法爲事，曾無他事縈念攀緣。在去來坐立的四威儀中，終不疲厭，使敎法充滿世間，無機不被，好像那三草二木普爲一雨所潤似的。無論貴如剎利，賤如首陀；上而爲天，下而爲人；持戒的，毀戒的；威儀具足、不具足的；正見的內敎，邪見的外道；利根的菩薩，鈍根的二乘；都平等雨與一味的法雨，而無懈倦。

一切衆生，聞我法者，隨力所受，住於諸地：或處人天，轉輪聖王，釋梵諸王，是小藥草；知無漏法，能得涅槃，起六神通，及得三明，獨處山林，常行禪定，得緣覺證，是中藥草；求世尊處，我當作佛，行精進定，是上藥草；又諸佛子，專心佛道，常行慈悲，自知作佛，決定無疑，是名小樹；安住神通，轉不退輪，度無量億，百千衆生，如是菩薩，名爲大樹。佛平等說，如一味雨，隨衆生性，所受不同。如彼草木，所稟各異，佛以此喩，方便開示，種種言辭，演說一法，於佛智慧，如海一滴。

【註解】這十一頌合受潤譬。前八頌正合受潤；次一頌半明理同緣異；後一頌半稱歎佛智。

「人天……是小藥草」——此明住人天果地。「轉輪聖王」，是人王；「釋、梵」，是天王，人天修五戒十善，治三途八苦之病，如小藥草。

「知無漏法……是中藥草」——此明住二乘果地。無漏、六通、三明、俱如前釋。二乘修諦、緣之法，治我執之病，論自利，則超勝人天；論化他，則不及菩薩，如中藥草。

「求世尊處……是上藥草」——此明住地前菩薩果地。「求世尊處，我當作佛」，總攝四弘誓願。「行精進、定」，總攝六度大行。治法執病，超勝二乘，如上藥草。

「又諸佛子……是名大樹」——此明住地上菩薩果地。復將地上菩薩，喩如大小二樹，異於地前，故曰「又諸佛子」。初地至七地，專心於成佛之道，常行慈悲，超勝地前，故不名藥草；然尚在加行的有功用位，故名小樹。八地以去，任運自在，故能安住神通，轉不退輪，名爲大樹。

【語譯】一切衆生，聞我法的，各隨其緣力所受的不同，安住於五乘果地：或受五戒十善等法，安住於人、天，及轉輪聖王，釋、梵天王等的果地，就是小藥草。或了知無漏，得偏空涅槃，起六通三明；獨處山間林下，常修禪定，得緣覺證；住於這二乘果地的，就是中藥草。或發「求世尊處，我當作佛」的弘誓大願，修「精進、禪定」等的六度大行；住於這地前菩薩果地的，就是上藥草。

又諸佛子：或專心致志於成佛之道，常行慈悲，自知當得作佛，決定無疑；住於這初地至七地的菩薩果地的，就名爲小樹。或安住神通，任運自在，轉不退法輪，度無量衆生；住於這八地以去的菩薩果地的，就名爲大樹。

佛以平等心說平等法，如一味之雨。法雖平等，然隨衆生根性，所受不同。這好像那三草二木所稟受的一味之雨，各有別異似的。佛以此譬喻，方便開示，以種種言辭，演說一乘實法，這在佛的智慧裏，不過如大海的一滴而已。

我雨法雨，充滿世間，一味之法，隨力修行，如彼叢林，藥草諸樹，隨其大小，漸增茂好，

諸佛之法，常以一味，令諸世間，普得具足，漸次修行，皆得道果。聲聞緣覺，處於山林，住最後身，聞法得果，是名藥草，各得增長。若諸菩薩，智慧堅固，了達三界，求最上乘，是名小樹，而得增長。復有住禪，得神通力，聞諸法空，心大歡喜，放無數光，度諸衆生，是名大樹，而得增長。

【註解】這八頌半合增長譬。前二頌總合草木增長；後六頌半，別合草木增長。

「聲聞緣覺……是名藥草」——此但約小乘二聖合中藥草。因爲小草是人、天二凡；上草是菩薩地前的內、外二凡，他們增長的意義，不太顯著，故略而不合。

【語譯】我說法，如降法雨似的充滿世間，雖是一味之法，然聞者隨力修行，却好像那叢林藥草諸樹，隨其根莖枝葉的大小不同，而漸增茂盛。

一切諸佛，常以一味平等大法，令諸世間，普徧的得到具足，漸次修行，都可以得到所證的道果：聲聞緣覺，在山間林下，住於最後身的有餘涅槃，他們聞法修行，得二乘道果，就名叫藥草各得增長。若諸菩薩：智慧堅固，了達三界如幻，求最上佛果的，就名叫小樹增長；更有住於深禪，得神通力，聞說諸法畢竟空寂，心大歡喜，放出無數智慧之光，度一切衆生的，就名叫大樹增長。

如是迦葉，佛所說法，譬如大雲，以一味雨，潤於人華，各得成實。

【註解】這一頌半合同異譬。前一頌「大雲一雨」爲理同；後半頌「各得成實」爲教異。

「人華」——此以華喻人，故曰人華。如以雨喻法，說爲「法雨」一樣。

【語譯】如是迦葉！佛所說的法，就像大雲似的，以一味之雨，潤於五乘人華之因，使之各得結成果實。

迦葉當知，以諸因緣，種種譬喻，開示佛道，是我方便，諸佛亦然。今爲汝等，說最實事，
諸聲聞衆，皆非滅度，汝等所行，是菩薩道，漸漸修學，悉當成佛。

【註解】這三頌半結歸開權顯實。前一頌明開權；次半頌歎諸佛方便；後二頌明開權卽是顯實。

【語譯】迦葉！你應當知道，以諸機的宿世因緣，舉種種譬喻，開示佛道，這不但是我釋迦的善巧方便，就是十方諸佛，也是如此。

今天我說給你一樁最眞實的事，那就是二乘人所謂的滅度，都非眞滅，因爲你們所行的斷見思通惑，是菩薩道，並非證果，若再漸漸依次修學，當來皆得成佛，那才是眞正的滅度哩。

——藥草喻品竟——

授記品第六

授，即授與之義；記，即決定之義；佛授與行人當來決定成佛的預言，叫做「授記」。聲聞人，前為執迷小果，不悟大因，今聞上品所說：「諸聲聞衆皆非滅度，汝等所行是菩薩道」的開權顯實，方知小果原是大因。既有大因，必得大果，故佛續說本品，授與成佛之記。

問：諸經多破授記，如思益經云：「願不聞授記」；大品經云：「授記是戲論法」；淨名破彌勒云：「如無生滅，則知無記」，這與本經的授記是否相違？答：不違！諸經為對治有所得病，故破授記；本經為取驗當果，故言授記。

爾時世尊，說是偈已，告諸大衆，唱如是言：我此弟子，摩訶迦葉，於未來世，當得奉覲三百萬億諸佛世尊，供養恭敬，尊重讚歎，廣宣諸佛無量大法。

【註解】本品分為二段：第一段正明授記；第二段通許授記及許說因緣。第一段中先授大迦葉記，先長行，後重頌。長行中先辨行因，後明得果。今先辨行因。如文易解。

【語譯】爾時，世尊說此藥草喻品的偈頌已罷，告訴大衆說道：我這弟子摩訶迦葉，他從今已去，於未來世，當奉事覲見三百萬億諸佛世尊，供養恭敬，尊重讚歎，以託勝緣；廣為宣揚諸佛的無量大法，以積勝因。

於最後身，得成為佛，名曰光明、如來、應供、正徧知、明行足、善逝、世間解、無上士、

調御丈夫、天人師、佛世尊。國名光德，劫名大莊嚴，佛壽十二小劫，正法住世二十小劫，像法亦住二十小劫。國界嚴飾，無諸穢惡、瓦礫、荆棘，便利不淨。其土平正，無有高下，坑坎堆阜。琉璃爲地，寶樹行列，黃金爲繩，以界道側，散諸寶華，周遍清淨。其國菩薩，無量千億，諸聲聞衆，亦復無數。無有魔事，雖有魔及魔民，皆護佛法。

【註解】上來辨行因竟。此明得果。

「最後身」——這是等覺菩薩，金剛喻定，異熟識空的最後身；非指聲聞不受後有而言。

「名曰光明」——迦葉爲聲聞時，名叫飲光，當來成佛，故名「光明」。十號通名，如前序品已解。

「國名光德」——國人皆有光明盛德，故國名「光德」。

【語譯】以外託勝緣之福，內積勝因之慧，福慧二嚴，所以於金剛喻定的最後等覺之身，得成佛果。佛的別名叫做光明，通名叫做：如來、應供、正徧知、明行足、善逝、世間解、無上士、調御丈夫、天人師、佛世尊。

國名光德，劫名大莊嚴。彼佛隨其大悲願力，應身壽量有十二小劫；隨衆生機感，正法住世二十小劫，像法亦住世二十小劫。

佛國境界，嚴飾得非常整潔，沒有那污穢惡濁、瓦礫、荆棘、大小便利等的骯髒不淨；也沒有凸如堆阜，凹如坑坎那樣的高低不平；而以琉璃爲地，寶樹行列，道路兩側，以金繩爲界，散諸寶華，周匝普遍，靡不清淨。

其國中的菩薩，有無量千萬億之多，聲聞也多至無數，並沒有邪見魔障之事；縱有魔王魔民，也都受佛法化導，而爲外護眷屬了。

爾時世尊欲重宣此義，而說偈言：告諸比丘，我以佛眼，見是迦葉，於未來世，過無數劫，當得作佛。而於來世，供養奉覲，三百萬億，諸佛世尊，爲佛智慧，淨修梵行。供養最上，二足尊已，修習一切，無上之慧。

【註解】上來長行已竟。此下是以十二頌半重宣前義。這四頌是重宣行因。如文易解。

【語譯】爾時世尊，爲重宣此義，以偈頌告諸比丘道：我以佛眼覺照，見此迦葉，於未來世，過了無數劫的時節，應當成佛。他於來世，供養奉覲三百萬億諸佛世尊，爲求佛智而淨修梵行；他在供養無上福慧二足的世尊已畢，便修學一切無上佛慧。

於最後身，得成爲佛。其土清淨，琉璃爲地，多諸寶樹，行列道側，金繩界道，見者歡喜。常出好香，散衆名華，種種奇妙，以爲莊嚴。其地平正，無有丘坑。諸菩薩衆，不可稱計，其心調柔，逮大神通，奉持諸佛，大乘經典。諸聲聞衆，無漏後身，法王之子，亦不可計，

乃以天眼，不能數知。其佛當壽，十二小劫，正法住世，二十小劫，像法亦住，二十小劫，光明世尊，其事如是。

【註解】這八頌半的前八頌，是重宣得果；後半頌總結授記。如文易解。

【語譯】於最後等覺之身，得成爲佛。佛土清淨，琉璃爲地，寶樹成行的夾在道路兩側，而以金繩爲界，使看見的人，生大歡喜。常出栴檀好香，散放名華，以此種種奇妙的事兒，而爲莊嚴。其地平正，沒有高的丘陵，及低窪的坑坎。

諸菩薩衆，其數不可稱計，其心調伏柔順，得大神通，應化不測，以奉持諸佛的大乘經典。不但菩薩，就是諸聲聞衆，於阿羅漢的無漏後身，回心向大而爲法王之子的，也難以數計，甚至以天眼觀察，也不能數知他有多少。

其佛應化的壽量，當有十二小劫。正法住世二十小劫，像法也住世二十小劫。

光明世尊的成佛之事，大概如是。

爾時大目犍連、須菩提、摩訶迦旃延等，皆悉悚慄，一心合掌，瞻仰尊顏，目不暫捨，卽共同聲而說偈言：大雄猛世尊，諸釋之法王，哀愍我等故，而賜佛音聲，若知我深心，見爲授記者，如以甘露灑，除熱得清凉。如從饑國來，忽遇大王饍，心猶懷疑懼，未敢卽便食，若復得王敎，然後乃敢食。我等亦如是，每惟小乘過，不知當云何，得佛無上慧。雖聞佛音聲，言我等作佛，心尚懷憂懼，如未敢便食，若蒙佛授記，爾乃快安樂。大雄猛世尊，常欲安世間，願賜我等記，如饑須敎食。

【註解】上來授迦葉記竟。此下授三人記。今先明請記：長行述請記因緣；偈頌正明請記：初一頌明已賜通記；次一頌正請別記；次一頌半擧譬；次二頌半合譬；後一頌結請。

「悚慄」──驚懼不安之貌。三人自謂已解大乘，而未蒙授記，深恐未解謂解，墮增上慢，所以悚慄不安。

「大雄猛世尊，諸釋之法王」──佛爲絕世之雄，猛於斷惑，降伏塵勞，故有「大雄猛」之稱。諸釋種中，惟佛獨爲法王，故稱「諸釋之法王」。

「如從饑國來……然後乃敢食」──同小向大，譬如「從饑國來」。已得通記，譬如「忽遇王饍」。未得別記，領解未決，譬如「心懷疑懼，未敢便食」。若得別記，領解方決，譬如「若得王敎，後乃敢食」。

「我等亦如是……爾乃快安樂」──初一頌合前「如從饑國來」。次一頌合前「未敢即便食」。後半頌合前「若復得王敎，然後乃敢食」。

【語譯】當佛授迦葉記已竟之時，大目犍連、須菩提、摩訶迦旃延等三大聲聞，却惶懼得悚慄不安！乃一心合掌，瞻仰着佛的慈容，目不轉睛，異口同聲的這樣說道：大雄猛世尊，諸釋之法王啊！您曾於前法、譬二說中，爲哀愍我等之故，賜予「聲聞作佛」的慈音；而今却不預於授記之列，我們怎能不心起熱惱！若蒙如來證知我等同趣大乘的深心，而賜予授記，那就好像以甘露灑心，頓除熱惱而得清涼了。

譬如：有人從饑饉國來，忽遇大王賜宴，雖肴饍滿前，而猶心懷疑懼，未敢冒然受食，若再奉王敎命，然後敢食。我們也是這樣的，每因思惟小乘的過失，幾不知如何才能得到無上佛慧。雖曾聞佛音聲，說我等聲聞作佛，然猶心懷憂懼，好像饑人忽遇王饍，未敢冒然受食一樣。倘若蒙佛授記，那我們就快樂安隱了。

大雄猛世尊，常常想安隱世間衆生，惟願垂賜我等當來得果之記，如同饑人須王敎命而後受食一樣。

爾時世尊，知諸大弟子心之所念，告諸比丘：是須菩提，於當來世，奉覲三百萬億那由他佛，供養恭敬，尊重讚歎，常修梵行，具菩薩道。

【註解】上來三人請記竟。此下爲如來授記。初授須菩提記，先長行，後重頌。長行中，先辨行因，後明得果。今先辨行因。

「那由他」——西域數目名，相當於本土的極數之「姟」。法華玄贊曰：「十萬曰億；十億曰兆；十兆曰京；十京曰姟」。

【語譯】爾時，世尊知道三大弟子的深心所念，在回趣大乘，乃告訴諸比丘說：此須菩提，於未來世，奉覲三百萬億那由他諸佛，供養恭敬，尊重讚歎，常修梵行，具足了自利利他的菩薩大道。

於最後身，得成爲佛，號曰：名相、如來、應供、正徧知、明行足、善逝、世間解、無上士、調御丈夫、天人師、佛世尊。劫名有寶，國名寶生，其土平正，玻瓈爲地，寶樹莊嚴，無諸丘坑、沙礫、荆棘、便利之穢。寶華覆地，周遍淸淨。其土人民皆處寶臺，珍妙樓閣。聲聞弟子，無量無邊，算數譬喩所不能知。諸菩薩衆，無數千萬億那由他。佛壽十二小劫，正法住世，二十小劫，像法亦住二十小劫。其佛常處虛空，爲衆說法，度脫無量菩薩，及聲聞衆。

【註解】上來辨行因竟。此明得果。「號曰名相」——須菩提解空第一，了一切法，並非實有，但假名相；故其成佛，以「名相」爲號。

「劫名有寶，國名寶生」——此劫有佛法寶藏，故名「有寶」。國土爲衆寶莊嚴，故名「寶生」。

「常處虛空，爲衆說法」——虛空，是法性的喩詞。因爲法性無爲，離一切障礙，如太虛空，故以爲喩。又虛空，卽第一義空，須菩提在因地時，是由悟空入道的，故其成佛，常安住於第一義空的至理，爲衆生說法。

【語譯】於菩薩最後等覺之身，得成爲佛，別號名相，通號：如來、應供、正徧知、明行足、善逝、世間解、無上士、調御丈夫、天人師、佛世尊。

劫名叫做「有寶」，國名「寶生」。其國土平正，是以玻瓈爲地，寶樹莊嚴的。沒有丘阜、坑坎的凸凹崎嶇；及沙礫、荆棘、大小便利等的汚穢齷齪；惟有寶華蓋覆着大地，周遍清淨。其土人民的居處，都是以珍寶莊嚴的臺榭樓閣。聲聞弟子無量無邊，不是算數譬喻所能測知的；諸菩薩衆，也有無數千萬億那由他之多。

佛壽十二小劫。佛滅度後，正法住世二十小劫；正法替後，像法也住世二十小劫。

佛常安住於法性畢竟空的至極之理，爲衆生說法，度脫了無量菩薩，以及聲聞，敎他們都由空義，而證入法性。

爾時世尊，欲重宣此義而說偈言：諸比丘衆，今告汝等，皆當一心，聽我所說：我大弟子，須菩提者，當得作佛，號曰名相。當供無數，萬億諸佛，隨佛所行，漸具大道。

【註解】上來長行已竟。此下是以偈頌重宣前義。這三頌的前二頌總標佛記；後一頌重宣行因。如文易解。

【語譯】爾時世尊，欲重宣此義，說偈頌道：諸比丘！我今告訴你們，要一心一意的聽我所說：我這名大弟子須菩提，他當來決定成佛，號叫名相。成佛，必先修因，所以他當於來世，供養無數萬億諸佛，隨順佛之所行，而爲修因，漸漸具足了菩薩大道。

最後身得，三十二相，端正殊妙，猶如寶山。其佛國土，嚴淨第一，衆生見者，無不愛樂，佛於其中，度無量衆。其佛法中，多諸菩薩，皆悉利根，轉不退輪。彼國常以，菩薩莊嚴，諸聲聞衆，不可稱數，皆得三明，具六神通，住八解脫，有大威德。其佛說法，現於無量，神通變化，不可思議。諸天人民，數如恒沙，皆共合掌，聽受佛語，其佛當壽，十二小劫，正法住世，二十小劫，像法亦住，二十小劫。

【註解】這九頌重宣得果。「八解脫」——亦名八背捨。卽背離捨棄三界貪愛，解脫其繫縛的八種禪定：1內心有色想的貪著，觀外色不淨以除此貪。2內無色想，觀外色不淨，使貪不起。3唯觀淨色，不起貪著。4空無邊處解脫。5識無邊處解脫。6無所有處解脫。7非想非非想處解脫。8滅受想定解脫。餘如前序品已解。

【語譯】於最後身，得三十二大人相，端正殊妙，儼若寶山。其佛國土，莊嚴清淨，在諸佛中，堪稱第一。衆生見此依、正莊嚴，沒有那個不愛樂的。佛就在清淨的刹土中，度無量衆生。

其佛法中，有很多菩薩的根器都很銳利，能轉佛的無上法輪，有進無退。彼國非但以菩薩化俗作爲莊嚴，卽聲聞之多，亦不可稱數；而且都證得了三明、六通、八解脫等的大威大德。

佛說法時，先示現不可思議的神通變化，使數如恒沙的諸天人民，都合掌恭敬，聽受佛的法語。

其佛的應身壽量，當有十二小劫之久。正法住世二十小劫，像法亦然。

爾時世尊，復告諸比丘衆：我今語汝，是大迦旃延，於當來世，以諸供具，供養奉事八千億佛，恭敬尊重。諸佛滅後，各起塔廟，高千由旬，縱廣正等五百由旬，以金、銀、琉璃、硨磲、碼碯、珍珠、玫瑰、七寶合成。衆華、瓔珞、塗香、末香、燒香、繒蓋、幢幡，供養塔廟。過是已後，當復供養二萬億佛，亦復如是。供養是諸佛已，具菩薩道。

【註解】上來授須菩提記竟。此下授迦旃延記，先長行，後重頌。長行中先辨行因，後明得果。今先辨行因。如文易解。

【語譯】當授須菩提記已罷之時，世尊又告訴諸比丘道：我現在告訴你們：這大迦旃延，他當於來世，以諸供資具，供養奉事八千億佛，恭敬尊重。迨諸佛滅度已後，各爲起建塔廟，高達一千由旬，所佔面積，縱廣正等都五百由旬；而以金、銀、琉璃、硨磲、碼碯、珍珠、玫瑰等七寶所構成。復以衆華、瓔珞、塗香、末香、燒香、繒蓋、幢幡等，供養塔廟。

過此已後，更供養二萬億佛，也如供養此八千億佛一樣——供養奉事，起建塔廟。供養了這諸佛已竟，就具足福慧雙修的菩薩大道了。

當得作佛，號曰閻浮那提金光、如來、應供、正徧知、明行足、善逝、世間解、無上士、調御丈夫、天人師、佛世尊。其土平正，玻瓈爲地，寶樹莊嚴，黃金爲繩，以界道側。妙華覆地，周遍清淨，見者歡喜。無四惡道──地獄、餓鬼、畜生、阿修羅道。多有天人，諸聲聞衆，及諸菩薩，無量萬億，莊嚴其國。佛壽十二小劫。正法住世二十小劫，像法亦住二十小劫。

【註解】上來辨行因竟。此明得果。「閻浮那提金光」——閻浮，是樹名；那提，此譯曰河；閻浮樹下有河，名「閻浮那提」。河中出金，金光不變，以喻佛性；金光最勝，以喻佛智；所以佛的名號叫「閻浮那提金光」。

【語譯】當來得成佛果。佛的別號叫閻浮那提金光，通號謂：如來、應供、正徧知、明行足、善逝、世間解、無上士、調御丈夫、天人師、佛世尊。其土平正，以玻瓈爲地，寶樹莊嚴；黃金爲繩，以界於道路兩側；更以妙華蓋地，周遍清淨，使見者歡喜。彼土沒有四惡道——地獄、餓鬼、畜生、阿修羅，但有無量萬億的天、人、聲聞、菩薩等，以莊嚴國土。

佛的壽量，有十二小劫之久。佛滅度後，正法住世二十小劫，像法亦住世二十小劫。

爾時世尊，欲重宣此義而說偈言：諸比丘衆，皆一心聽，如我所說，眞實無異。是迦旃延，當以種種，妙好供具，供養諸佛。諸佛滅後，起七寶塔；亦以華香，供養舍利。其最後身，得佛智慧，成等正覺。國土清淨，度脫無量，萬億衆生，皆爲十方，之所供養，佛之光明，無能勝者，其佛號曰，閻浮金光。菩薩聲聞，斷一切有，無量無數，莊嚴其國。

【註解】上來長行已竟。此以偈頌重宣前義。初一頌，誡衆聽聞；次二頌，重宣行因；後四頌，重宣得果。如文易解。

【語譯】爾時世尊，欲重宣此義，以偈頌說道：諸比丘們！都一心諦聽，我剛才所說的話，的確是眞實無異。這迦旃延，當於來世，以種種妙好供具，供養諸佛。迨諸佛滅度了之後，以七寶起塔；並以香華，供佛舍利。

於最後身，得佛智慧，成就了無上正等正覺。國土清淨，度脫了無量萬億衆生，都盡諸苦結，爲十方人天所供養。佛的智慧光明，殊勝無比，號稱閻浮那提金光，而以無量無數，斷了三界諸惑的菩薩、聲聞，莊嚴他的國土。

爾時世尊，復告大衆：我今語汝，是大目犍連，當以種種供具，供養八千諸佛，恭敬尊重。諸佛滅後，各起塔廟，高千由旬，縱廣正等五百由旬，以金、銀、琉璃、硨磲、碼碯、珍珠

、玫瑰，七寶合成。衆華、瓔珞、塗香、末香、燒香、繒蓋、幢幡，以用供養。過是已後，當復供養二百萬億諸佛，亦復如是。

【註解】上來授迦旃延記竟。此下授大目犍連記。先長行，後重頌。長行中，先辨行因，後明得果。今先辨行因。如文易解。

【語譯】當佛授迦旃延記已竟之時，復告大衆道：我今天告訴你們，這大目犍連，於當來之世，以種種修供的資具，供養八千諸佛，恭敬尊重。迨諸佛滅後，各起塔廟，高一千由旬，縱廣正等都五百由旬；而以金、銀、琉璃、硨磲、碼碯、珍珠、玫瑰等七寶所構成；以衆華、瓔珞、塗香、末香、燒香、繒蓋、幢幡，用作供養。過此已後，當更供養二百萬億諸佛，也一樣的恭敬尊重，起建塔廟。

當得成佛，號曰多摩羅跋旃檀香、如來、應供、正徧知、明行足、善逝、世間解、無上士、調御丈夫、天人師、佛世尊。劫名喜滿，國名意樂。其土平正，玻瓈爲地，寶樹莊嚴，散眞珠華，周遍淸淨，見者歡喜。多諸天人、菩薩、聲聞，其數無量。佛壽二十四小劫，正法住世四十小劫，像法亦住四十小劫。

【註解】上來辨行因竟。此明得果。

「號曰多摩羅跋旃檀香」——多摩羅跋，此譯爲「性無垢賢」，是栴檀香的形容詞。佛性無垢，妙用如香，雙擧法、喻，以名佛號。

「劫名喜滿，國名意樂」——劫期值佛，故名喜滿。國土淸淨，故名意樂。

【語譯】當來得成佛果，別號多摩羅跋栴檀香，通號：如來、應供、正徧知、明行足、善逝、世間解、無上士、調御丈夫、天人師、佛世尊。劫名叫做喜滿，國名意樂。其土平正，以玻瓈爲地，寶樹莊嚴，散布眞珠寶華，周遍淸淨，見者歡喜。有很多天人、菩薩、聲聞，這三乘之機，其數無量。佛的壽量，二十四小劫，正法住世四十小劫，像法亦住世四十小劫。

爾時世尊，欲重宣此義，而說偈言：我此弟子，大目犍連，捨是身已，得見八千，二百萬億，諸佛世尊，爲佛道故，供養恭敬，於諸佛所，常修梵行，於無量劫，奉持佛法。諸佛滅後，起七寶塔，長表金刹，華香伎樂，而以供養，諸佛塔廟。

【註解】上來長行已竟。此下以偈頌重宣前義。這四頌半，是重宣行因。

「長表金刹」——金刹，是塔的別名。本土譯「刹」爲土田、國、處。塔爲供佛舍利之處，上立竿柱，以金爲之，故名「金刹」。塔高一千由旬，以表顯至德，故曰「長表」。

【語譯】爾時世尊，想把前面所說的意義，重新宣說一遍，以示鄭重，於是以偈頌說道：我這個弟子大目犍連，捨此羅漢的最後身已後，得見八千二百萬億諸佛世尊，爲求佛道之故：而供養恭敬；而於諸佛處所，常修梵行；而於無量劫時，奉持佛法。迨諸佛滅度之後，起七寶塔，以表彰至德；復以華香、技藝、音樂，供養塔廟。

漸漸具足，菩薩道已，於意樂國，而得作佛，號多摩羅，栴檀之香。其佛壽命，二十四劫，常爲天人，演說佛道。聲聞無量，如恒河沙，三明六通，有大威德。菩薩無數，志固精進，於佛智慧，皆不退轉。佛滅度後，正法當住，四十小劫，像法亦爾。

【註解】這五頌半，是重宣得果。如文易解。

【語譯】漸漸具足了菩薩的大道已竟，在意樂國裏，而得成佛，佛號多摩羅跋栴檀香。佛的應身壽量，延續到二十四劫之久，常常給天、人演說佛道。佛弟子中：有無量恒河沙數之多的聲聞，都證得了三明、六通，具大威德；有無數志願堅固，道業精進的菩薩，對於進修佛的智慧，都不退轉。佛滅度後，正法住世四十小劫，像法亦然。

我諸弟子，威德具足，其數五百，皆當授記，於未來世，咸得成佛。我及汝等，宿世因緣，吾今當說，汝等善聽。

【註解】上來第一段正授記竟。此爲第二段總授五百人記，及許說因緣；以安下根人未蒙授記的疑慮之心。

【語譯】我諸弟子中，威德具足的人，其數尚有五百，都應當授與未來成佛之記。我同你們的宿世因緣，於今當說，你們要好好的聽着。

——授記品竟——

化城喻品第七

環築土石，以防寇禦敵，名之曰「城」；此城本無，神變而有，故名「化城」。此喻小乘涅槃，以權智力，無而說有如「化」；防見禦思如「城」，故題品名爲「化城喻」。

上機人，如舍利弗，聞方便品的法說，已領解得記；中根人，如迦葉等，聞譬喻、藥草品的譬說，已領解得記；惟下機人，如五百弟子等，須聞此化城品的亦法亦譬說，始能領解得記。是謂三周。

佛告諸比丘，乃往過去無量無邊不可思議阿僧祇劫，爾時有佛，名大通智勝、如來、應供、正徧知、明行足、善逝、世間解、無上士、調御丈夫、天人師、佛世尊。其國名好城，劫名大相。諸比丘！彼佛滅度已來，甚大久遠。

【註解】本品略分二段：第一段明知見久遠，第二段明宿世因緣。第一段又分長行、重頌。長行又分爲三：今初出所見之事。

「大通智勝」——佛的神通，妙用無方，所以言「大」；佛的智慧，究竟明了，所以言「勝」；都非二乘、菩薩所可比擬，故名「大通智勝」。

「國名好城，劫名大相」——依報莊嚴，故名「好城」。住劫長遠，故名「大相」。

【語譯】佛告諸比丘說：已往無量無邊不可思議阿僧祇劫，有佛出世，名大通智勝、如來、應供、正徧知、明行足、善逝、世間解、無上士、調御丈夫、天人師、佛世尊。其國名叫「好城」，劫名「大相」。諸比丘！自從彼佛滅度以來，時間很久遠了。

譬如三千大千世界，所有地種，假使有人磨以爲墨，過於東方千國土，乃下一點，大如微塵；又過千國土，復下一點；如是展轉盡地種墨，於汝等意云何？是諸國土，若算師、若算師弟子，能得邊際，知其數不？不也！世尊。諸比丘！是人所經國土，若點不點，盡末爲塵，一塵一劫，彼佛滅度已來，復過是數無量無邊百千萬億阿僧祇劫。

【註解】二、舉譬以釋久遠。「地種」——爲地、水、火、風四大種之一。其性堅硬，故名爲「地」；能生一切色法，故名爲「種」。

「千國土」——卽一千佛的化境，也就是一千個三千大千世界。

【語譯】譬如那三千大千世界所有的地種，假使有人把他磨成墨水，從東方開始，經過千佛國土，滴下一點，大如微塵；又經過千佛國土，再滴下一點；如此展轉每過一千佛土，始滴一點，直把所磨的地種墨水滴盡爲止，試問：「你們的意思怎麼樣？這所點的諸佛國土，無論讓專教數學的算師，或算師的弟子來算，他們能夠得到邊際，知其數量多少不？」大家都一致答說：「不能啊！世尊。」

諸比丘！把這點塵人所經過的國土，無論點與不點，一律都磨成像微塵似的細末，以一塵爲一劫，彼大通佛滅度已來，更超過此塵劫之數無量無邊百千萬億阿僧祇劫了。

我以如來知見力故，觀彼久遠，猶若今日。

【註解】三、總結所見，以歎佛智。

【語譯】我以如來無礙智的知見之力，十世古今不離當念，觀彼無量塵劫的久遠，猶若今日。

爾時世尊，欲重宣此義而說偈言：我念過去世，無量無邊劫，有佛兩足尊，名大通智勝。如人以力磨，三千大千土，盡此諸地種，皆悉以爲墨。過於千國土，乃下一塵點，如是展轉點，盡此諸塵墨，如是諸國土，點與不點等，復盡末爲塵，一塵爲一劫。此諸微塵數，其劫復過是，彼佛滅度來，如是無量劫，如來無礙智，知彼佛滅度，及聲聞菩薩，如見今滅度。諸比丘當知，佛智淨微妙，無漏無所礙，通達無量劫。

【註解】上來長行已竟，此以七頌重宣前義：初一頌明所見事；次四頌喻釋久遠；後二頌總結所見。

【語譯】爾時世尊，想把前來所說的意義，重新宣說一遍，於是說偈頌道：我追念過去世，無量無邊阿僧祇劫，有佛世尊，福慧兩足，名大通智勝。譬如有人，用力將三千大千國土的地種，盡都研磨成墨。每過一千個三千大千國土，才滴下一點，如此展轉點盡了這些塵墨。再把這經過的國土，或點或不點，盡都磨成如微塵似的細末，以一塵爲一劫。彼大通佛滅度已來，其劫數的久遠，更超過了這塵劫之數無量僧祇。

如來以洞徹無礙的智慧，知彼佛滅度，及其所化的聲聞菩薩，宛在目前，如今日所見的事兒一樣。諸比丘！你們應當知道，佛的智慧，是清淨微妙的，無漏無礙的，所以能通達無量劫前的久遠之事。

佛告諸比丘：大通智勝佛，壽五百四十萬億那由他劫。其佛本坐道場，破魔軍已，垂得阿耨多羅三藐三菩提，而諸佛法不現在前。如是一小劫乃至十小劫，結跏趺坐，身心不動，而諸佛法猶不在前。

【註解】上來第一段明知見久遠竟。此下爲第二段明宿世因緣，亦分長行、重頌之二。今於長行中，先明大通成佛的壽量長遠，及成道前所經劫時。

「本坐道場，破魔軍已」——道場，有二義：1萬行之因，爲成菩提果道之場，名「法身道場」。2摩竭提界的元吉樹下，爲起道之場，名「應身道場」。諸佛將成正覺時，必有魔王率魔軍衆，前來妨道，故須破之，然後成道。

【語譯】佛告諸比丘道：大通智勝佛的應身壽量，有五百四十萬億那由他劫，那末長遠。其佛初坐道場，破了前來妨道的魔軍之後，將得阿耨多羅三藐三菩提時，而諸佛之法，不現在前，難成正覺。如此經一小劫乃至十小劫之久，結跏趺坐，身心不動，那諸佛之法，還是不現在前。

爾時忉利諸天，先爲彼佛，於菩提樹下，敷師子座，高一由旬，佛於此座，當得阿耨多羅三藐三菩提。適坐此座時，諸梵天王雨衆天華，面百由旬，香風時來，吹去萎華，更雨新者，如是不絕，滿十小劫，供養於佛，乃至滅度，常雨此華。四王諸天，爲供養佛，常擊天鼓。其餘諸天，作天伎樂，滿十小劫，至於滅度，亦復如是。

【註解】上來明大通佛壽量竟。此明諸天供養。「忉利諸天」——忉利天，此譯爲三十三天。即欲界六天中的第二天。

「師子座」——師子，爲獸中王，獨步無畏，故經中喻佛爲人中師子，降伏一切外道邪魔，隨在所坐之處，名師子座。

【語譯】當大通佛將坐道場之時，忉利諸天，預先爲佛在菩提樹下，敷設師子座位，高一由旬，祝佛在此座上，得阿耨多羅三藐三菩提。佛適纔坐下此座，那色界初禪的諸梵天王，便紛紛雨下大、小、赤、白的衆妙天華，面積之廣，前、後、左、右，各百由旬，並時有香風來吹去枯萎之華，更雨新華；如此不斷的去萎更新，滿十小劫供養於佛，乃至佛滅度後，猶常雨此華，不曾間斷。欲界第一天的四天王天，爲供養佛，常擊天鼓。其餘諸天，亦作天伎天樂滿十小劫，乃至佛滅度後，也是如此。

諸比丘！大通智勝佛，過十小劫，諸佛之法乃現在前，成阿耨多羅三藐三菩提。

【註解】上來明諸天供養竟。此正明佛成道時。如文易解。

【語譯】諸比丘！大通智勝佛，經過十小劫之後，諸佛之法，始現在前，成就了阿耨多羅三藐三菩提——無上正等正覺。

其佛未出家時，有十六子，其第一者，名曰智積。諸子各有種種珍異玩好之具，聞父得成阿耨多羅三藐三菩提，皆捨所珍，往詣佛所。諸母泣涕而隨送之。其祖轉輪聖王與一百大臣，及餘百千萬億人民，皆共圍繞隨至道場。咸欲親近大通智勝如來，供養恭敬，尊重讚歎。到已頭面禮足，繞佛畢已，一心合掌，瞻仰世尊。

【註解】上來明佛成道時竟。此下明眷屬供養，分長行、偈頌之二：今先以長行明身業供養。

「其第一子名曰智積」——實智聚積萬德，故名智積。又：爲使因地心與果地覺的名義相應，故父名智勝，子名智積。

「諸母涕泣……頭面禮足」——十六子非一母所生，故曰「諸母」；苦於母子別離，故「涕泣而隨送之」。其祖，乃大通佛之父，得道之人，父不得以之爲子，故與臣民隨至道場，頭面禮足。然，大通亦應準今佛成道，不受父王禮拜，而踊身虛空。因文省略。

【語譯】其佛未出家時，生有十六個王子，第一個名叫智積，這些王子各有其種種珍寶奇異的玩好之物，一聽說父親證得阿耨多羅三藐三菩提的佛果了，都捨棄了他們的珍異玩好之具，去到佛的成道處所，諸母因傷子別離，不覺涕泪並下，依依不捨的隨之往送。其祖父轉輪聖王，也率同一百大臣，及百千萬億人民，擁簇圍繞着十六王子，隨至道場，大家都願親近大通智勝如來，供養恭敬，尊重讚歎！

到了佛所已後，便行禮如儀：1頭面禮足；2繞佛；3一心合掌，瞻仰着世尊的慈顏。

以偈頌曰：大威德世尊，爲度衆生故，於無量億歲，爾乃得成佛，諸願已具足，善哉吉無上。世尊甚希有，一坐十小劫，身體及手足，靜然安不動，其心常憺怕，未曾有散亂，究竟永寂滅，安住無漏法。

【註解】此下以偈頌明口業供養。這三頌半的前一頌半歎佛成道；後二頌歎佛坐道場。

「身體及手足……其心常憺怕」——五根不緣外塵，故身手不動。八識已離內染，故心常憎怕。憎怕與澹泊同，恬靜無爲之義。

【語譯】以偈頌讚歎道：有大威德的世尊！爲度脫在纏的衆生之故，經無量億歲之久，方得成佛。一切誓願的因行，都已圓滿具足，善哉！吉祥無以爲上。世尊甚爲希有！一坐就是十小劫那末久遠，而身體手足，靜然安住不動；心常恬澹無爲，未曾散亂；究竟永斷無明，證大寂滅——涅槃，安住於無漏妙法。

今者見世尊，安隱成佛道，我等得善利，稱慶大歡喜。衆生常苦惱，盲冥無導師，不識苦盡道，不知求解脫，長夜增惡趣，減損諸天衆，從冥入於冥，永不聞佛名。今佛得最上，安隱無漏道，我等及天人，爲得最大利，是故咸稽首，歸命無上尊。

【註解】這四頌半的前三頌明自慶得利；後一頌半總結。「安隱」——與安穩同，即離一切過患，得無漏涅槃之謂。

「稽首歸命」——稽首，就是在頂禮時，將首着地，稽延許久方起；歸命，就是歸趣於佛的教命。前者爲身業禮拜；後者爲意業禮拜。

【語譯】今日得見世尊，安隱成佛，使我等得到了教理行果的無漏善利，這是深堪稱慶的大歡喜事。衆生迷於生死，常懷苦惱，如盲眼人在冥暗中摸索，沒有導師指引似的，不識滅盡苦道，不知尋求解脫，在三界的生死長夜裏，惡趣增多，天道減損，從冥暗業因，入冥暗報果，永遠爲八難所障，聽不到佛的名號。

現在佛已證得了最上安隱的無漏聖道，我們同其餘的一切天、人，因而得到了最大的善利，所以大家都稽首歸命於無上世尊。

爾時十六王子，偈讚佛已，勸請世尊轉於法輪，咸作是言：世尊說法，多所安隱，憐愍饒益，諸天人民。重說偈言：世雄無等倫，百福自莊嚴，得無上智慧。願爲世間說，度脫於我等，及諸衆生類，爲分別顯示，令得是智慧。若我等得佛，衆生亦復然。世尊知衆生，深心之所念，亦知所行道，又知智慧力，欲樂及修福，宿命所行業，世尊悉知已，當轉無上輪。

【註解】上來明眷屬供養竟。此明請轉法輪，先長行，次偈頌：前二頌半正請說法；次一頌半歎佛知機；後半頌結請。

「轉法輪」——佛法猶車輪，能載運行人從因地到達果地，並能摧毀一切惑障，所以喻佛說法爲轉法輪。

「百福自莊嚴，得無上智慧」——這是歎佛的福慧兩足：修六度的前五度爲「福」；後一度爲「慧」；福足，所以言「百」；慧足，故言「無上」。

【語譯】爾時十六王子，以偈讚佛已罷，即勸請世尊爲他們轉大法輪，都異口同聲說道：「請世尊說法，多多有所安隱、憐愍、饒益於諸天人民。」

又說偈道：「佛爲絕世之雄，無有等倫，以百福自爲莊嚴，證得了無上的智慧。願爲世間說法，度脫我等及一切衆生之類，爲之隨機分別，開顯指示，使我們從聞思修，也一樣的得此智慧。倘若我們得證佛果，那一切衆生，也當然成佛。世尊能知衆生深心所念；又知其所行之道；又知其智慧之力、欲樂之事，及現世所修之福，宿世的善惡業行。世尊既已知此衆機，那當然要應機轉無上法輪了。」

佛告諸比丘：大通智勝佛，得阿耨多羅三藐三菩提時，十方各五百萬億諸佛世界，六種震動，其國中間幽冥之處，日月威光所不能照，而皆大明。其中衆生各得相見，咸作是言：此中云何忽生衆生。又其國界，諸天宮殿，乃至梵宮，六種震動，大光普照，徧滿世界，勝諸天光。

【註解】上來明請轉法輪竟。此明現瑞。「五百萬億」——表五道衆生。「幽冥之處」——指鐵圍山間。餘如序品已解。

【語譯】佛告諸比丘道：大通智勝佛，證得阿耨多羅三藐三菩提時，十方各有五百萬億之多的諸佛世界，都發生了六種震動。這諸國中間，向來爲日月威光所照不到的幽冥之處，而今都大放明光了。在這幽暗中的衆生，向來互不相見的，而今也各得相見了。所以大家都驚駭的說：「這幽冥中間，爲什麼忽然有衆生生起！」

還有其國界中的欲界六天，乃至色界初禪的梵天宮殿，也有六種震動，佛的大光普照，遍滿世界，超勝於一切天光。

爾時東方五百萬億諸國土中，梵天宮殿，光明照曜，倍於常明。諸梵天王各作是念：今者宮殿光明，昔所未有，以何因緣而現此相。

【註解】上來明現瑞竟。此下明十方梵天供養勸請。今先明東方，分五：此為第一見光驚疑。如文易解。

【語譯】爾時東方五百萬億諸國土中的梵天宮殿，光明照曜，勝過平時的光明一倍。諸梵天王，各自這樣念道：「今天宮殿的分外光明，是昔來所未曾有的，不知是何因緣而現此瑞相？」

是時諸梵天王，卽各相詣，共議此事。時彼衆中，有一大梵天王，名救一切，爲諸梵衆而說偈言：我等諸宮殿，光明昔未有，此是何因緣，宜各共求之，爲大德天生，爲佛出世間，而此大光明，徧照於十方。

【註解】此爲第二諸梵集議。如文易解。

【語譯】這時的諸梵天王，便互相集議，共同商討這光明照曜之事，時彼梵衆中，有一位大梵天王，名叫救一切，他以偈頌向諸梵衆道：「我們的諸梵宮殿，分外光明，爲昔所未有，這是什麼因緣？大家應共同推求，究竟是爲那位大德從天降生呢，還是爲佛出世，才有這樣大的光明，遍照十方?」

爾時五百萬億國土，諸梵天王，與宮殿俱，各以衣祴盛諸天華，共詣西方推尋是相。見大通智勝如來，處於道場菩提樹下，坐師子座；諸天、龍王、乾闥婆、緊那羅、摩睺羅伽人非人等，恭敬圍繞，及見十六王子，請佛轉法輪。

【註解】此爲第三尋光見佛。「與宮殿俱……共詣西方推尋是相」——諸天行處，宮殿隨身，故曰「與宮殿俱」。佛光普照，不離當處；以因緣故，東方梵天見佛光從西方照來，所以共往西方推尋。餘方例此。

「菩提樹」——卽畢鉢羅樹。因佛坐此樹下成正等覺，故名「菩提樹」。此譯爲「覺樹」或「道樹」。

【語譯】爾時有五百萬億國土的諸梵天王，隨帶他們的宮殿，各以衣襟盛着天華，同往西方去推尋這光明的瑞相。見是大通智勝如來，端坐在道場菩提樹下的師子座上，周匝有諸天、龍王、乾闥婆、緊那羅、摩睺羅伽，這人非人等，恭敬圍繞，還看見那十六王子，在請佛轉大法輪。

卽時諸梵天王，頭面禮佛，繞百千帀，卽以天華而散佛上。其所散華，如須彌山，並以供養佛菩提樹。其菩提樹，高十由旬。華供養已，各以宮殿奉上彼佛而作是言：惟見哀愍，饒益

我等，所獻宮殿，願垂納處。時諸梵天王，卽於佛前，一心同聲以偈頌曰：世尊甚希有，難可得値遇，具無量功德，能救護一切。天人之大師，哀愍於世間，十方諸衆生，普皆蒙饒益。我等所從來，五百萬億國，捨深禪定樂，爲供養佛故。我等先世福，宮殿甚嚴飾，今以奉世尊，惟願哀納受。

【註解】此爲第四廣陳供養。先以長行明財供養；次以偈頌明法供養。

「散華如須彌」——此極言散華之多，並非眞如須彌，否則，與座高一由旬，就不成比例了。

「並以供養佛菩提樹」——古德釋此，有謂：「如遺愛甘棠，敬其樹卽敬其人」，顯然是以華供樹。有謂：「並以道樹而獻於佛」，又顯然是以樹供佛。然，上文但說「與宮殿俱，以衣裓盛華」，並無以樹供佛之緣；下文但說「華供養已，各以宮殿奉上彼佛」，亦無以樹供佛之事。故此二釋，應以前者爲是。

【語譯】卽時諸梵天王，頭面禮佛，繞佛百千周帀，並以天華散於佛上，其所散的華，凌空飛舞，看起來好像須彌山那樣的崔巍壯觀，並以此華供養高出十由旬的佛菩提樹。以華供佛已畢，又各以宮殿奉獻與佛，這樣說道：「惟願見佛哀憐，利益我等，將我們所奉獻的宮殿，俯予納受，以供居處。」

這時的諸梵天王，就在佛前，大家一心同聲的以偈讚道：「世尊成道甚爲希有，可以說是歷劫難逢的奇遇。佛具足了無量功德，能救護一切，無物不化，而爲天人大師，哀愍世間十方衆生，盡五乘六道，普偏的都蒙受利益。我們從五百萬億的國土，遠道而來，捨棄了功深的禪定之樂，不辭勞悴；爲的是至誠供養佛的緣故。我們由先世福業所感得的梵天宮殿，甚爲嚴飾，今日以此奉獻世尊，惟願哀憐慈愍，曲予納受。」

爾時諸梵天王，偈讚佛已，各作是言：惟願世尊轉於法輪，度脫衆生，開涅槃道。時諸梵天王，一心同聲而說偈言：世雄兩足尊，惟願演說法，以大慈悲力，度苦惱衆生。爾時大通智勝如來，默然許之。

【註解】此爲第五勸請默許。如文易解。

【語譯】爾時諸梵天王，以偈讚佛已罷，各自這樣說道：「但願世尊爲轉法輪，度脫衆生，開示涅槃之道。」此時諸梵天王，又一心同聲的說偈頌道：「世雄兩足尊！惟願演說法要，以大慈大悲之力，度脫沉淪在苦海中的煩惱衆生。」

此時大通智勝如來，卽依諸佛常規，口雖不言，而默然應許。

又諸比丘，東南方五百萬億國土，諸大梵王，各自見宮殿光明照曜，昔所未有。歡喜踴躍，生希有心。

【註解】上來明東方梵天竟。此下明東南方梵天供養勸請，分五：此爲第一見光驚喜。如文易解。

【語譯】諸比丘！還有東南方五百萬億國土的諸大梵王，各自看見他們的宮殿，光明照曜，爲前所未有，不禁歡喜踊躍，生起了奇異希有之想。

卽各相詣，共議此事。時彼衆中，有一大梵天王，名曰大悲，爲諸梵衆而說偈言：是事何因緣，而現如此相，我等諸宮殿，光明昔未有，爲大德天生？爲佛出世間？未曾見此相，當共一心求，過千萬億土，尋光共推之，多是佛出世，度脫苦衆生。

【註解】此爲第二諸梵集議。如文易解。

【語譯】便互相集會，共同商議這光明照耀的事兒。此時彼梵衆天中有一位大梵天王，名叫大悲，對諸梵衆以偈頌道：「這是什麼因緣所現的瑞相，使我們所有的宮殿，被光明照曜得昔所未有，不知是爲那位大德從天降生呢？還是因爲有佛出世？我們既不曾見過如此瑞相，就應當共同一心，過千萬億土去尋光推求，多半是有佛出世，來度苦惱衆生，所以才有這樣的瑞相。」

爾時五百萬億諸梵天王，與宮殿俱，各以衣裓盛諸天華，共詣西北方推尋是相，見大通智勝如來，處於道場菩提樹下，坐師子座；諸天、龍王、乾闥婆、緊那羅、摩睺羅伽人非人等，

恭敬圍繞，及見十六王子，請佛轉法輪。

【註解】此為第三尋光見佛。如文易解。

【語譯】爾時有五百萬億的諸梵天王，隨帶他們的宮殿，各自以衣襟盛着天華，同往西北方，去推求這光明瑞相的所以，見是大通智勝如來，坐在道場菩提樹下的師子座上，有諸天、龍王、乾闥婆、緊那羅、摩睺羅伽，這人非人等在恭敬圍繞，還見到十六王子，在請佛轉法輪。

時諸梵天王，頭面禮佛，繞百千帀，即以天華而散佛上，所散之華，如須彌山，並以供養佛菩提樹。華供養已，各以宮殿奉上彼佛而作是言：惟見哀愍，饒益我等，所獻宮殿，願垂納受。爾時諸梵天王，即於佛前，一心同聲以偈頌曰：聖主天中王，迦陵頻伽聲，哀愍衆生者，我等今敬禮。世尊甚希有，久遠乃一現，一百八十劫，空過無有佛，三惡道充滿，諸天衆減少。今佛出於世，為衆生作眼，世間所歸趣，救護於一切，為衆生之父，哀愍饒益者。我等宿福慶，今得值世尊。

【註解】此為第四廣陳供養。「聖主天中王，迦陵頻伽聲」——佛為十界所尊，故在聖中稱主，天中稱王。迦陵頻伽，譯曰「好聲」，是雪山的一種鳥名，此鳥在㲉能鳴，其音和雅，故以之喻佛的法音微妙。

「爲衆生作眼」——衆生盲瞑，失却正見，於生死長夜，不知出離，佛爲引導使出，故曰爲衆生作眼。

【語譯】這時候諸梵天王，頭面禮佛，繞佛百千周帀，即以天華紛紛的散在佛上。所散的華，從空中看去好像須彌山那樣的嵯峨，並以此華供養佛的菩提——覺樹。旣以天華供佛已畢，又各以宮殿奉獻與佛，這樣說道：「惟願如來哀憐慈愍，利益我等，將所奉獻的宮殿，俯予納受。」

爾時諸梵天王，即在佛前，一心同聲的以偈頌道：「聖主天中王，是以迦陵頻伽那樣美妙的法音，而哀愍衆生的，我等今當恭敬禮拜。世尊甚爲希有，歷經久遠之世才偶爾一現，這樣空過了一百八十劫，無佛出世。因此衆生盲瞑，失於正見，將因感果，隨使三途惡道，充滿世間，諸天減少。現在佛已出世，爲衆生作了眼目，使一切世間知所歸向，而蒙救護，眞可謂衆生之父，與子以哀愍饒益者了。我等宿世所修福業，總算功不唐捐，很慶幸的今日得遇世尊。」

> 爾時諸梵天王，偈讚佛已，各作是言：惟願世尊，哀愍一切，轉於法輪，度脫衆生。時諸梵天王，一心同聲而說偈言：大聖轉法輪，顯示諸法相，度苦惱衆生，令得大歡喜。衆生聞此法，得道若生天，諸惡道減少，忍善者增益。爾時大通智勝如來，默然許之。

【註解】此爲第五勸請默許。如文易解。

【語譯】爾時諸梵天王，說偈讚佛已罷，各自言道：「惟願世尊哀愍一切，爲轉法輪，以度脫衆生。」言罷便一心同聲的以偈頌道：「請大聖爲轉法輪，開顯頓、漸、權、實等的諸法之相，度脫苦惱衆生，得大歡喜。使衆生聞此法要，或得三乘聖道，或生天趣；如此，則惡道減少，耐心爲善的人，就增加多了。」

此時大通智勝如來，即默然應許。

又諸比丘，南方五百萬億國土，諸大梵王，各自見宮殿光明照曜，昔所未有，歡喜踴躍，生希有心。

【註解】上來明東南方竟。此下明南方梵天供養勸請，分五：此爲第一見光驚喜。如文易解。

【語譯】諸比丘！還有正南方五百萬億國土的諸大梵王，各自見其宮殿，被光明照曜得前所未有，不禁歡喜踊躍，生起了希有難遭之想。

即各相詣，共議此事，以何因緣，我等宮殿有此光曜？時彼衆中有一大梵天王，名曰妙法，爲諸梵衆而說偈言：我等諸宮殿，光明甚威曜，此非無因緣，是相宜求之，過於百千劫，未曾見是相，爲大德天生，爲佛出世間？

【註解】此爲第二諸梵集議。如文易解。

【語譯】卽互相集會，共同商議此事——以何因緣，我們的宮殿，有這樣的光明照曜？此時彼梵衆中，有一位大梵天王，名叫妙法，他對梵衆以偈頌道：「我們的一切宮殿，被光明照曜得分外威嚴，這瑞相並非沒有因緣，大家應互相推求。百千劫來，我們不曾見過這樣的瑞相，不知是爲大德從天降生呢，還是爲有佛出世？」

爾時五百萬億諸梵天王，與宮殿俱，各以衣裓盛諸天華，共詣北方推尋是相，見大通智勝如來，處於道場菩提樹下，坐師子座；諸天、龍王、乾闥婆、緊那羅、摩睺羅伽人非人等，恭敬圍繞，及見十六王子，請佛轉法輪。

【註解】此爲第三尋光見佛。如文易解。

【語譯】爾時五百萬億諸梵天王，隨帶他們的宮殿，各自以衣襟盛著天華，同往北方推尋這光明的瑞相，見是大通智勝如來，坐在道場菩提樹下的師子座上；有諸天、龍王、乾闥婆、緊那羅、摩睺羅伽，這人非人等，在恭敬圍繞，及十六王子請佛轉法輪。

時諸梵天王，頭面禮佛，繞百千帀，卽以天華而散佛上，所散之華如須彌山，並以供養佛菩提樹。華供養已，各以宮殿奉上彼佛而作是言：惟見哀愍，饒益我等，所獻宮殿，願垂納受。爾時諸梵天王，卽於佛前，一心同聲以偈頌曰：世尊甚難見，破諸煩惱者，過百三十劫，

今乃得一見，諸饑渴衆生，以法雨充滿，昔所未曾覩，無量智慧者，如優曇鉢華，今日乃值遇。我等諸宮殿，蒙光故嚴飾，世尊大慈愍，惟願垂納受。

【註解】此爲第四廣陳供養。如文易解。

【語譯】此時諸梵天王，頭面禮佛，繞佛百千周市，卽以天華散於佛上，所散的華，從空中望去，大有如須彌山那樣的璀璨巍峩！並以此華供養佛菩提樹。以天華供養事畢，又以宮殿奉獻與佛，這樣說道：「惟願世尊，哀憐慈愍，饒益我等，將所奉獻的宮殿，垂予納受。」

爾時諸梵天王，就在佛前，一心同聲的以偈頌道：「世尊是很難遇見的，欲待要破除煩惱的人，好容易熬過了一百三十劫，到今天才得一見。欲待以法雨充滿虛腸的饑渴衆生，往昔未曾見過無量智慧的如來，好像優曇鉢華似的，今天才得值遇。我們所奉獻的宮殿，爲蒙佛光之故，分外嚴飾，惟願世尊，大慈大悲，垂予納受。」

爾時諸梵天王，偈讚佛已，各作是言：惟願世尊，轉於法輪，令一切世間、諸天、魔、梵、沙門、婆羅門，皆獲安隱，而得度脫。時諸梵天王，一心同聲以偈頌曰：惟願天人尊，轉無上法輪，擊於大法鼓，而吹大法螺，普雨大法雨，度無量衆生。我等咸歸請，當演深遠音。

爾時大通智勝如來，默然許之。

【註解】此爲第五勸請默許。如前已解。

【語譯】爾時諸梵天王，以偈頌讚佛已罷，各自言道：「惟願世尊，轉大法輪，令一切世間的諸天、魔王、梵王、沙門、婆羅門，都因聞法而獲得安隱，度脫生死。」

此時諸梵天王，又一心同聲以偈頌道：「但願世尊，說無上妙法，猶如：轉大法輪、擊大法鼓、吹大法螺、雨大法雨，普遍的策發化導，度脫了無量衆生。我等都歸依勸請，當爲演說那深妙玄遠的法音。」

此時大通智勝如來，於諸梵勸請，默然應許。

西南方，乃至下方，亦復如是。

【註解】上來次第明東方、東南、南方已竟。此爲例餘六方。「乃至」——此超略之詞，就是表示從西南方起，至下方止，共爲六方，但文中超略了中間的西、西北、北、東北等四方，故曰乃至。

【語譯】不但東方、東南、南方的諸梵天王，是如此的供養勸請；就是西南方，乃至下方，這六方的諸梵天王，也是如此。

爾時上方五百萬億國土，諸大梵王，皆悉自覩所止宮殿，光明威曜，昔所未有，歡喜踴躍，生希有心。

【註解】上來十方已明其九。此下明上方梵天供養勸請，分五：此爲第一見光驚喜。如文易解。

【語譯】爾時上方五百萬億國土的諸大梵王，都各自看見他們所依止的宮殿，被威光照曜，爲昔所未有，不覺歡喜踊躍，生起了希有的難遭之想。

卽各相詣，共議此事，以何因緣，我等宮殿，有斯光明，時彼衆中，有一大梵天王，名曰尸棄，爲諸梵衆而說偈言：今以何因緣，我等諸宮殿，威德光明曜，嚴飾未曾有，如是之妙相，昔所未聞見，爲大德天生，爲佛出世間？

【註解】此爲第二諸梵集議。如前已解。

【語譯】卽各相聚會，共議此事——以何因緣，我們的宮殿，有此光明？這時候，彼衆會中有一大梵天王，名叫尸棄，以偈頌對諸梵衆道：「今日以何因緣，我們諸梵宮殿被威德光明，照曜得如此嚴飾？這樣的妙相，是我們往昔以來所未曾聽見過的，不知是爲大德從天降生呢？還是爲有佛出世？」

爾時五百萬億諸梵天王，與宮殿俱，各以衣裓盛諸天華，共詣下方推尋是相，見大通智勝如來，處於道場菩提樹下，坐師子座，諸天、龍王、乾闥婆、緊那羅、摩睺羅伽人非人等，恭敬圍繞，及見十六王子，請佛轉法輪。

【註解】此爲第三尋光見佛，如文易解。

【語譯】此時有五百萬億諸梵天王，隨帶他們的宮殿，各自以衣襟盛着天華，同往下方去推求這光明的瑞相，見是大通智勝如來，坐在道場菩提樹下的師子座上，周市有諸天、龍王、乾闥婆、緊那羅、摩睺羅伽，這人非人等，在恭敬圍繞；還見到十六王子，在請佛轉法輪。

時諸梵天王，頭面禮佛，繞百千市，卽以天華而散佛上，所散之華，如須彌山，並以供養佛菩提樹。華供養已，各以宮殿奉上彼佛而作是言：惟見哀愍，饒益我等，所獻宮殿，願垂納處。時諸梵天王，卽於佛前，一心同聲以偈頌曰：善哉見諸佛，救世之聖尊，能於三界獄，勉出諸衆生。普智天人尊，哀愍羣萌類，能開甘露門，廣度於一切。於昔無量劫，空過無有佛，世尊未出時，十方常暗冥，三惡道增長，阿修羅亦盛，諸天衆轉減，死多墮惡道。不從佛聞法，常行不善事，色力及智慧，斯等皆減少。罪業因緣故，失樂及樂想，住於邪見法，不識善儀則，不蒙佛所化，常墮於惡道。佛爲世間眼，久遠時乃出，哀愍諸衆生，故現於世間。超出成正覺，我等甚欣慶，及餘一切衆，喜歎未曾有。我等諸宮殿，蒙光故嚴飾，今以奉世尊，惟垂哀納受。願以此功德，普及於一切，我等與衆生，皆共成佛道。

【註解】此爲第四廣陳供養。「普智」——佛具權實二智，遍照一切，故曰普智。「羣萌」——以草木初生萌芽喻初發意衆生，故曰羣萌。「開甘露門」——說法能度衆生生死，如甘露不死之藥，故曰開甘露門。

【語譯】時諸梵天王，頭面禮佛，繞佛百千周帀，卽以天華散於佛上，所散的華，就像須彌山似的那末璀璨嵯峨，並以此華供養佛的菩提——道樹。華供養畢，又各以宮殿奉獻與佛，這樣說道：「惟願我佛哀憐慈愍，饒益我等，將我們所奉獻的宮殿，俯予納受，以供居處。

這時諸梵天王，就在佛前，一心同聲的以偈頌道：善哉！今日得見救世的聖尊，能勸誡在三界牢獄裏的衆生，使之出離。佛智普照，爲天、人所尊，能哀愍羣萌之類，開演甘露法門，廣度一切。衆生於往昔無量劫來，空過着無佛之世，在這諸佛世尊尚未出世時期，十方世界常如暗冥，三惡道及阿修羅悉皆增盛，諸天善趣反而減損，他們的天福報盡，死後多數都墮入惡道了。這都是一則因爲不能從佛聞法，常行不善之事，以致外而色力，內而智慧，悉皆減少；以此罪業因緣之故，失却了諸天的福樂，及修善獲福的樂想。二則因爲住於外道的邪見法中，不識善法儀則，不蒙佛的教化，所以才生生死死，常墮惡道。

佛爲世間人天眼目，歷劫久遠，才偶一出現，爲哀愍衆生之故，出現於世，迴超九界，成就了無上正等正覺。我等諸天，及其餘的一切衆生，都歡喜慶倖，歎未曾有。我們的宮殿，因蒙佛光照曜之故，所以顯得分外嚴飾，今以此奉獻世尊，惟願哀憐慈愍，曲予納受。

願以此天華、宮殿供佛的功德，普遍回施一切衆生，同我們一齊成就佛道。

爾時五百萬億諸梵天王，偈讚佛已，各白佛言：惟願世尊，轉於法輪，多所安隱，多所度脫。時諸梵天王而說偈言：世尊轉法輪，擊甘露法鼓，度苦惱衆生，開示涅槃道，惟願受我請，以大微妙音，哀愍而敷演，無量劫集法。

【註解】此爲第五請轉法輪。如前已解。

【語譯】爾時五百萬億諸梵天王，以偈頌讚佛已罷，又各各請佛爲轉法輪，他說：「惟願世尊轉大法輪，多多的安隱衆生，度脫衆生。」此時諸梵天王，以偈頌道：「請世尊轉無上法輪，擊甘露法鼓，度脫了沉迷苦海的煩惱衆生，開示大涅槃道。惟願世尊接受我們的勸請，以廣大微妙之音，哀愍羣萌，而敷演由無量劫來，所修集的妙法。」

爾時大通智勝如來，受十方諸梵天王及十六王子請，卽時三轉十二行法輪，若沙門、婆羅門，若天、魔、梵，及餘世間所不能轉，謂：是苦、是苦集、是苦滅、是苦滅道。

【註解】上來十方梵王供養勸請竟。此下明受請轉小乘法輪，分三：今初說四諦。「三轉十二行法輪」——卽三轉苦、集、滅、道的四諦法輪：1示轉：此是苦、此是集、此是滅、此是道。2勸轉：此苦汝當知、此集汝當斷、此滅汝當證、此道汝當修。3證轉：此苦我已知、此集我已斷、此滅我已證、此道我已修。三轉四諦，使衆生依解起修，成十二行相，故曰「三轉十二行法輪」。玆表解如下：

三轉四諦法輪

初示轉		二勸轉	三證轉
此是	苦	汝當知	我已知
	集	汝當斷	我已斷
	滅	汝當證	我已證
	道	汝當修	我已修
十二行相			

「是苦……是苦滅道」——此略明初轉四諦以概餘二：①苦諦：世間法無非生滅無常，念念遷謝，逼惱有情身心不得自在，故曰「是苦」。這是世間之果。②集諦：苦果是由累集惑業所招感，故曰「是苦集」。這是世間之因。③滅諦：無漏涅槃，是滅了苦、集之所證得，故曰「是苦滅」。這是出世之果。④道諦：八正道等的三十七品，是斷苦證滅之道，故曰「是苦滅道」。這是出世之因。

【語譯】爾時大通智勝如來，接受了十方諸梵天王及十六王子的勸請，即時就給他們轉四諦法輪。這四諦法輪，除佛以外，像那沙門、婆羅門、諸天、魔王、梵王，及其餘的世人，都不能轉。何謂四諦？一是生滅無常，逼惱有情的「苦諦」；二是累集成苦的「集諦」；三是滅了苦集所證得的「滅諦」；四是斷苦證滅的「道諦」。

及廣說十二因緣法：無明緣行，行緣識，識緣名色，名色緣六入，六入緣觸，觸緣受，受緣愛，愛緣取，取緣有，有緣生，生緣老、死、憂、悲、苦惱。無明滅則行滅，行滅則識滅，識滅則名色滅，名色滅則六入滅，六入滅則觸滅，觸滅則受滅，受滅則愛滅，愛滅則取滅，取滅則有滅，有滅則生滅，生滅則老、死、憂、悲、苦惱滅。

【註解】此次說十二因緣。「廣說十二因緣」——十二因緣，亦名十二支；亦名因緣觀。爲佛於衆生的無量生死中截取三世因果，作生滅流轉的說明。廣演四諦的苦、集二諦，爲十二因緣的流轉門；滅、道二諦，爲十二因緣的還滅門。順觀「無明緣行」至「生緣老死憂悲苦惱」，叫做流轉門。逆觀「無明滅則行滅」至「生滅則老死憂悲苦惱滅」，叫做還滅門。茲依次表、釋如下：

十二因緣三世因果表

次第緣起		三世因果
1	無明	過去因
2	行	
3	識	現在果
4	名色	
5	六入	
6	觸	
7	受	
8	愛	現在因
9	取	
10	有	
11	生	未來果
12	老、死、憂、悲、苦惱	

甲、釋流轉門

「無明緣行」——過去世的一切煩惱惑障，叫做「無明」；所造的善惡諸業，叫做「行」；因惑造業，叫做「無明緣行」。

「行緣識」——現世投胎的一念，叫做「識」；此識由過去世的業力牽引而來，所以叫做「行緣識」。

「識緣名色」——在胎中的五陰，色陰具有形色，餘四但有其名，故曰「名色」。而此名色，乃由識攬父精母血而成，故曰「識緣名色」。

「名色緣六入」——六根有入塵之義，故名「六入」。而此六入，乃由名色增長而成，故曰「名色緣六入」。

「六入緣觸」——出胎已後，六根但能與外境接觸，故曰「六入緣觸」。

「觸緣受」——五六歲已後，由於觸的緣故，生起了對苦樂，或苦樂俱非的感受，叫做「觸緣受」。

「受緣愛」——十四五歲已後，由於受的緣故，對樂境愛合，苦境愛離，叫做「受緣愛」。

「愛緣取」——二十歲已後，由於愛的緣故，馳心於所欲之境，執取不捨，叫做「愛緣取」。

「取緣有」——由於取的緣故，造有漏善惡諸業，決定於來世生三界諸有的報果，所以叫做「取緣有」。

「有緣生」——由於今世決定的有，受來世六道之生，叫做「有緣生」。

「生緣老死憂悲苦惱」——由於生身的變壞之故，才有老死憂悲苦惱，故曰「生緣老死憂悲苦惱」。

乙、釋還滅門

「無明滅則行滅……生滅則老死憂悲苦惱滅」——順觀流轉門，已知無明爲生死流轉的主因；那末要逆此生死流轉，修道證滅，就必須先滅無明；無明滅了，則行等亦次第而滅，所以說：「無明滅則行滅……生滅則老死憂悲苦惱滅」。

問：無明又待誰滅，而後他自己才滅呢？答：無明無因，不覺而起，故不待他滅而後自滅。然而並非沒有滅無明之道，其道云何？心經上說：「無無明，亦無無明盡。」

【語譯】及廣說十二因緣法：以過去的無明爲緣，而起善惡業行；以行爲緣，而生今世之識；以識爲緣，而生名色；以名色爲緣，而生六入；以六入爲緣，而生觸；以觸爲緣，而生受；以受爲緣，而生愛；以愛爲緣，而生取；以取爲緣，而生有；以有爲緣，而受來世之生；以生爲緣，而變起老、死、憂、悲、苦惱。

無明滅，則行亦隨之而滅；行滅，則識亦滅；識滅，則名色亦滅；名色滅，則六入亦滅；六入滅，則觸亦滅；觸滅，則受亦滅；受滅，則愛亦滅；愛滅，則取亦滅；取滅，則有亦滅；有滅，則生亦滅；生滅，則老、死、憂、悲、苦惱，也就隨之而滅了。

佛於天人大衆之中說是法時，六百萬億那由他人，以不受一切法故，而於諸漏心得解脫，皆得深妙禪定，三明、六通，具八解脫。第二第三第四說法時，千萬億恒河沙那由他等衆生，亦以不受一切法故，而於諸漏心得解脫。從是已後，諸聲聞衆，無量無邊，不可稱數。

【註解】此三明聞法得解。「不受一切法故……具八解脫」——心本解脫，因受故縛。今聞諦、緣，證我空理，不受一切煩惱，故心得解脫。八解脫等，如前已解。

【語譯】佛在天人大衆會中，說此四諦、十二因緣法時，有六百萬億那由他人，因爲證我空理，不受一切煩惱法故，而於世間諸漏見思惑中，解脫了子、果二縛，心得自在，都得了九次第的深妙禪定，及三明、六通，與八解脫。這是第一會時的說法，到了第二、第三、第四會時，更有千萬億恒河沙那由他等的衆生，亦以不受一切法故，於三界有漏法中，得到了自在解脫。從此已後，聞法得道的聲聞衆，較前更多，無量無邊，不可稱數。

爾時十六王子，皆以童子出家而爲沙彌，諸根通利，智慧明了，已曾供養百千萬億諸佛，淨修梵行，求阿耨多羅三藐三菩提。俱白佛言：世尊！是諸無量千萬億大德聲聞，皆已成就，世尊亦當爲我等說阿耨多羅三藐三菩提法，我等聞已，皆共修學。世尊！我等志願如來知見

深心所念，佛自證知。

【註解】上來轉小乘法輪竟。此下轉大乘法輪，分七：今初明十六王子請說大法。「沙彌」——譯爲「息慈」，即息惡行慈之義，爲男子出家受十戒的通稱。

【語譯】爾時十六王子，都以童貞從父出家，做了沙彌。他們的六根通利，不滯小法；智慧明了，直趣大乘。這並非沒有遠緣，因其於過去世，曾供養百千萬億諸佛，淨修梵行，志求無上正等菩提，而深植德本之故。

出家原爲學道，所以他們都一致請佛轉大法輪，他說：「世尊！此等無量千萬億的大德聲聞，都已聞諦、緣而成就小果了；請世尊也爲我們說阿耨多羅三藐三菩提法，使我們聞了這妙法之後，好共同修學。世尊！我們志願求如來無上知見，這深心所念之事，佛自證知。」

爾時轉輪聖王，所將衆中八萬億人，見十六王子出家，亦求出家，王卽聽許。

【註解】第二明餘衆出家。此段爲後文「其餘衆生皆生疑惑」伏筆，並非節外生枝。如文易解。

【語譯】爾時轉輪聖王——大通佛之父，所率領的部衆之中，有八萬億人，見十六王子棄富貴如敝屣，而出家學道；他們也向輪王請求出家，王卽聽許，毫不留難。

爾時彼佛受沙彌請，過二萬劫已，乃於四衆之中，說是大乘經，名妙法蓮華，敎菩薩法，佛

所護念。說是經已，十六沙彌，爲阿耨多羅三藐三菩提故，皆共受持，諷誦通利。說是經時，十六菩薩沙彌，皆悉信受；聲聞衆中，亦有信解；其餘衆生，千萬億種，皆生疑惑。

【註解】第三明受請說法。如文易解。

【語譯】爾時彼大通智勝佛，受十六沙彌之請，爲使衆生生慇重心故，過了二萬億劫已後，才於四衆之中，說此大乘經，名叫妙法蓮華，這是敎菩薩的法門，也是佛所護念，使邪惡不侵，正觀不失的要典。佛說此經已竟，那十六沙彌，爲求無上正等菩提之故，都能够領受憶持，諷咏讚歎，誦讀通利。

佛說此法華經時，十六位發大心修大行的菩薩沙彌，都完全信受奉持；聲聞衆中，也有能信而解義的；其餘的千萬億鈍根衆生，就不然了，他們都疑而不信，惑而不解。

佛說是經，於八千劫，未曾休廢。說此經已，卽入靜室，住於禪定，八萬四千劫。是時十六菩薩沙彌，知佛入室，寂然禪定，各昇法座，亦於八萬四千劫，爲四部衆，廣說分別妙法華經，一一皆度六百萬億那由他恒河沙等衆生，示敎利喜，令發阿耨多羅三藐三菩提心。

【註解】第四明昔日結緣。復分爲二：今初明大通入定，爲沙彌覆講之緣。如文易解。

【語譯】佛說此妙法蓮華經，歷八千劫之久，未嘗休廢。說此經畢，卽進入靜室，住於禪定，達八萬四千劫。這時十六位菩薩沙彌，知佛入室，寂然禪定，衆生無從聞法，乃各昇法座，也於八萬四千劫中，爲四部大衆，分別廣演妙法蓮華經。一一菩薩沙彌，都度化了六百萬億那由他恒河沙數衆生。示以三權一實，教以捨三入一，而得利樂，使之發阿耨多羅三藐三菩提心。

大通智勝佛，過八萬四千劫已，從三昧起，往詣法座，安詳而座，普告大衆：是十六菩薩沙彌甚爲希有，諸根通利，智慧明了，已曾供養無量千萬億數諸佛，於諸佛所，常修梵行，受持佛智，開示衆生，令入其中，汝等皆當數數親近，而供養之。所以者何？若聲聞、辟支佛，及諸菩薩，能信是十六菩薩所說經法，受持不毀者，是人皆當得阿耨多羅三藐三菩提如來之慧。

【註解】次明出定稱歎。如文易解。

【語譯】大通智勝佛，過了八萬四千劫後，從三昧定起，到法座處，很從容的安詳而坐，偏告大衆：這十六位菩薩沙彌，甚爲希有！他們的六根通利，智慧明了，已經供養過無量千萬億數諸佛，在諸佛處所，常修梵行，受持佛智；並開示衆生佛之知見，令其悟入。

你們都應當頻頻數數的親近供養這菩薩沙彌。爲什麼要親近供養這菩薩沙彌？因爲無論聲聞、辟支佛，及一切菩薩，假使能信此十六菩薩所說的經法，至心受持而不毀訾者，都應當得無上正等菩提的如來智慧。

佛告諸比丘：是十六菩薩，常樂說是妙法蓮華經，一一菩薩所化六百萬億那由他恒河沙等衆生，世世所生，與菩薩俱，從其聞法，悉皆信解。以此因緣，得値四萬億諸佛世尊，於今不盡。

【註解】第五明世世相値，復分爲三：今初明所化得益。如文易解。

【語譯】佛告諸比丘道：這十六位菩薩，時常樂說此妙法蓮華經，每位菩薩所化的六百萬億那由他恒河沙等衆生，世世生生値遇菩薩，從其聞法，無不信解。以此因緣，得遇四萬億諸佛世尊，直至今日還沒有窮盡。

諸比丘！我今語汝：彼佛弟子，十六沙彌，今皆得阿耨多羅三藐三菩提，於十方國土現在說法，有無量百千萬億菩薩聲聞，以爲眷屬。其二沙彌，東方作佛：一名阿閦，在歡喜國；二名須彌頂。東南方二佛：一名師子音；二名師子相。南方二佛：一名虛空住；二名常滅。西南方二佛：一名帝相；二名梵相。西方二佛：一名阿彌陀，二名度一切世間苦惱。西北方二佛：一名多摩羅跋旃檀香神通；二名須彌相。北方二佛：一名雲自在；二名雲自在王。東北方佛，名壞一切世間怖畏。第十六我釋迦牟尼佛，於娑婆國土，成阿耨多羅三藐三菩提。

【註解】二明能化得益。「阿閦……須彌頂」——阿閦，具名阿閦鞞，譯爲「不動」。東方屬震，爲諸動之首，佛能於動中不動，故一名阿閦。歡喜國，就是東方妙喜淨土。佛具萬德，高出物表，故二名須彌頂。

「師子音、師子相」——佛說法無畏，如師子吼，百獸皆伏，故名師子音。舉止儀表，儼若師子，不怒而威，故名師子相。

「虛空住、常滅」——遠離諸有，住法性空，故名虛空住。常離生滅，寂絕煩惱，故名常滅。

「帝相、梵相」——佛的威德尊嚴，如世間帝王，故名帝相。梵行清淨，故名梵相。

「阿彌陀、度一切苦惱」——彌陀經云：『彼佛光明無量，照十方國，是故號謂阿彌陀』。又云：『彼佛壽命，及其人民，無量無邊阿僧祇劫，故名阿彌陀』。佛以大智自度，大悲度他，盡諸有漏，故名度一切世間苦惱。

「多摩羅跋栴檀香神通、須彌相」——多摩羅跋，譯爲「性無垢賢」，卽栴檀香的形容詞。佛的神通，能度衆生，離煩惱垢，而得清淨，所以名爲多摩羅跋栴檀香神通。相好莊嚴，喻如須彌，故名須彌相。

「雲自在、雲自在王」——佛心無私，妙行無住，如雲之捲舒自在，廕覆一切，故名雲自在。聖德流行，下臨萬民，如雲自在，如世間王，故名雲自在王。

「壞一切世間怖畏」——老病死苦，爲世間怖畏之事，佛度有情離此怖畏而得安隱，故得此名。

「釋迦牟尼」——釋迦，譯爲「能仁」；牟尼，譯爲「寂默」。權智利物，普洽萬類，故曰能仁；此卽應身的妙用。實智證理，離言絕相，故曰寂默；此卽法身的理體。卽權卽實，體用雙融，故名釋迦牟尼。

「娑婆國土」——娑婆，亦名索訶，譯爲「忍土」，有二義：1法華文句上說：『其土衆生，安於十惡，不肯出離，從人名土，故稱爲忍』。2法華玄讚上說：『梵云索訶，此云堪忍。諸菩薩等，行利樂時，多諸怨嫉，衆苦所惱，堪耐勞倦而忍受故，因以爲名。娑婆者，訛也』。

【語譯】諸比丘！我今說給你們：彼大通佛的弟子十六沙彌，如今都證得阿耨多羅三藐三菩提，現在十方國土說法，各有無量百千萬億的菩薩、聲聞，爲他們的法眷。

這十六沙彌分別在各方成佛：在東方作佛的有二：一個在歡喜國，名叫阿閦；二名須彌頂。在東南方作佛的有二：一名師子音；二名師子相。在南方作佛的有二：一名虛空住；二名常滅。在西南方作佛的有二：一名帝相；二名梵相。在西方作佛的有二：一名阿彌陀；二名度一切世間苦惱。在西北方作佛的有二：一名多摩羅跋栴檀香神通；二名須彌相。在北方作佛的有二：一名雲自在；二名雲自在王。在東北方作佛的一名，叫做壞一切世間怖畏。第十六名沙彌，是我釋迦牟尼佛，在此娑婆國土，成無上正等正覺。

諸比丘，我等爲沙彌時，各各教化無量百千萬億恒河沙等衆生，從我聞法，爲阿耨多羅三藐三菩提。此諸衆生，於今有住聲聞地者，我常教化阿耨多羅三藐三菩提，是諸人等，應以是法漸入佛道。所以者何？如來智慧，難信難解。爾時所化無量恒河沙等衆生者，汝等諸比丘，及我滅度後，未來世中聲聞弟子是也。

【註解】三明結會古今。如文易解。

【語譯】諸比丘！我等往昔在因地爲沙彌時，各各教化無量百千萬億恒河沙等衆生，他們從我聞法，原爲成就阿耨多羅三藐三菩提，非爲小果。然而此等衆生，到今天還有從大乘退墮而住於聲聞地者，我仍舊常常教化他們以阿耨多羅三藐三菩提；此諸人等，應以這菩提大法，漸次進修而入於佛道。他們所以既種大因，而又退住小法者，那是因爲如來的無上智慧，深微玄遠，難信難解之故。

我等爲沙彌時，所化的無量恒河沙等衆生是誰呢？就是現在你們這些比丘，以及我滅度後，未來世中的聲聞弟子。

我滅度後，復有弟子不聞是經，不知不覺菩薩所行，自於所得功德，生滅度想，當入涅槃。我於餘國作佛，更有異名，是人雖生滅度之想，入於涅槃，而於彼土求佛智慧，得聞是經，

唯以佛乘而得滅度，更無餘乘，除諸如來方便說法。

【註解】第六明未來相值。如文易解。

【語譯】我滅度已後，還有弟子因不聞法華，不能覺知菩薩所行的一乘大道；而於自己所得的偏空功德生滅度想，認爲是究竟涅槃。這種人並非沒有回趣大乘的機緣。那末，什麼時候才有回趣大乘的機緣呢？我於此忍土滅度，復於餘國淨土作佛，更有不同於釋迦的異名；此聲聞人，雖生滅度之想，入於涅槃，而於餘國淨土求佛智慧，得聞法華；那時方悟唯一佛乘而得滅度，更無餘乘。除了諸佛爲適應機緣，方便說三。

諸比丘！若如來自知涅槃時到，衆又清淨，信解堅固，了達空法，深入禪定。便集諸菩薩，及聲聞衆，爲說是經。世間無有二乘而得滅度，唯一佛乘得滅度耳。比丘當知，如來方便深入衆生之性，知其志樂小法，深著五欲，爲是等故，說於涅槃，是人若聞，則便信受。

【註解】第七明現在相值。復分爲三：今初法說。如文易解。

【語譯】諸比丘！設若如來自知化緣將盡，涅槃時至，所化衆生，又都行業清淨，無復煩惱，信解堅固，了達畢竟空法，深入禪定；便聚集諸菩薩，及聲聞等衆，爲他們說此妙法蓮華經。因爲世間沒有二乘滅度之理，唯有這一佛乘的法華，可得滅度啊。

若無二乘滅度，如來何故轉小乘法輪？比丘當知，如來以方便權智，深知衆生習性，志樂小法，著於五欲塵境；爲此等小機，不堪大法之故，假說二乘涅槃。此小機人，若聞此法，就信而受持了。

譬如五百由旬，險難惡道，曠絕無人，怖畏之處，若有多衆，欲過此道，至珍寶處，有一導師，聰慧明達，善知險道通塞之相，將導衆人，欲過此難。所將人衆，中路懈退，白導師言：我等疲極，而復怖畏，不能復進，前路猶遠，今欲退還。

【註解】二譬說。復分爲二：今初險難畏退譬。「五百由旬……至珍寶處」——以三百譬三界；二百譬二乘，故曰「五百由旬」。二乘視三界爲難度之道；菩薩視二乘爲難度之道；故曰「險難惡道」。五百荒遠，爲佛菩薩所不住，故曰「曠絕無人」；爲學大乘者所怖畏，故曰「怖畏之處」。菩薩發心度凡夫二乘之地，故曰「欲過此道」；求無上菩提，故曰「至珍寶處」。

「有一導師……欲過此難」——佛道無二，故稱曰「一」；能引導衆生，出迷入悟，故稱「導師」。佛智，在耳爲「聰慧」；在眼爲「明達」。契理爲「通」；乖理爲「塞」。指佛道可期，遠超二死，故曰「欲過此難」。

「所將人衆，中路懈退」——所將人衆，即十六沙彌所化之衆。中路，就是從初發大心，到佛道的兩楹中間。懈退，就是因懈怠而萌退志。

「我等疲極……今欲退還」——對大乘理趣，觀解勢弱，故曰「疲極」。生死道上，多諸患難，故曰「怖畏」。因疲極怖畏，不堪修行，故曰「不能復進」。佛道三大阿僧祇劫，故曰「前路猶遠」。或欲退爲凡夫，或欲退爲二乘，故曰「今欲退還」。

【語譯】譬如：有五百由旬，這末遠的險難惡道，荒漠空曠，絕無人烟，可怕得很！若有許多羣衆，想度過此道，到一有珍寶之處；由一導師，聰慧明達，善能測知這險難惡道的通塞之相，領導着衆人正要度過此難；不料行至中途，其所領導的人衆，忽然畏難欲退，告導師說：「我們疲勞已極，更加恐怖，不能再繼續前進了，前路距寶所尚遠，現在我們想退回原地。」

導師多諸方便，而作是念：此等可愍，云何捨大珍寶而欲退還。作是念已，以方便力，於險道中，過三百由旬，化作一城，告衆人言：汝等勿怖，莫得退還，今此大城，可於中止，隨意所作，若入是城，快得安隱，若能前至寶所，亦可得去。是時疲極之衆，心大歡喜，歎未曾有，我等今者，免斯惡道，快得安隱。於是衆人前入化城，生已度想，生安隱想。爾時導師知此人衆，既得止息，無復疲倦，卽滅化城語衆人言：汝等去來，寶處在近，向者大城，我所化作爲止息耳。

【註解】二權化大城譬。「導師多諸方便……而欲退還」——如來既有實智，又有權智，故曰「導師多諸方便」。悲心所念，故曰「而作是念，此等可愍」。詫異惋惜，故曰「云何捨大珍寶而欲退還」。

「過三百由旬，化作一城」——此喻設教：了分段生死，出離三界，故曰「過三百由旬」。假說滅度而實不滅，故曰「化作」；聲聞緣覺同證無為，故稱為「一」；防生死過患，故名為「城」。

「汝等勿怖……亦可得去」——此喻誡勸：誡其勿畏險難，而萌退志，故曰「汝等勿怖，莫得退還」。勸其進入化城，暫作止息，故曰「今此大城，可於中止」。隨小機意，作滅度想，故曰「隨意所作」。若入涅槃，生死便了，故曰「若入是城，快得安隱」。若能發菩提心，亦可證得佛果，故曰「若能前至寶所，亦可得去」。

「是時疲極之衆……快得安隱」——說教稱機，故「疲極之衆，心大歡喜」。涅槃難得，故「歎未曾有」。自慶離生死苦，得涅槃樂，故曰「免斯惡道，快得安隱」。

「前入化城……生安隱想」——由進修而悟入涅槃，故曰「前入化城」。非度謂度，故曰「生已度想」。非究竟謂究竟，故曰「生安隱想」。

「既得止息……我所化作」——在求佛道上，入小乘涅槃，暫時息脚，故曰「止息」。粗惑既斷，大機當發，故曰「無復疲倦」。廢棄三權，說一佛乘，故曰「卽滅化城」。勸去小法，來乘大乘，故曰「汝等去來」。五百由旬，已過三百，故曰「寶所在近」。於一佛乘，分別說三，故曰「向者大城，我所化作」。

【語譯】導師原有許多方便權巧，一聽說衆人畏難欲退，不禁悲心念道：「此等人實在可憐，爲什麼捨了前面的大珍寶，而欲中途退還呢？」這樣念罷，隨卽以方便之力，在險難道中過了三百由旬之處，變化一座大城，向衆人宣說：「你們不要害怕，不要退回，這座大城，可以隨便進去休息，若進此城，那就快活得安隱了；若由此城前往寶所，也可以去得，你看有多末方便。」

這時，那疲倦已極的衆人，便心大歡喜，歎未曾有，暗自慶倖的說：「我們今天免此惡道，很快樂的得了安隱。」於是大家便進入化城，生起了已竟得度，及安隱之想。

爾時導師，知道此等衆人，旣得止息，已無疲倦，便滅却了化城，向衆人道：「你們出來，寶所就在近前，剛才那座大城，是我變化給你們歇脚的，並非實城。」

諸比丘！如來亦復如是，今爲汝等作大導師，知諸生死煩惱惡道，險難長遠，應去應度。若衆生但聞一佛乘者，則不欲見佛，不欲親近，便作是念：佛道長遠，久受勤苦，乃可得成。

【註解】三法合。復分爲三：今初合險難畏退譬。

「知諸生死……險難長遠」——合上「險難惡道」。「應去應度」——合上「善知通塞」。「若衆生……不欲親近」——合上「中路懈退」。「便作是念，佛道長遠」——合上「前路猶遠」。「久受勤苦，乃可得成」——合上「而復怖畏」。

【語譯】諸比丘！如來也是這樣的，今天給你們作大乘導師，深知三界生死煩惱，惡道險難的曠劫輪廻，應當滅去，應當度脫。倘若對淺機衆生，不假方便，但使聞一佛妙乘者；那他們就不願見佛，不願親近，畏縮不前的這樣念道：「佛道長遠，歷三大阿僧祇劫，久受勤苦，修六度萬行，才可以得成正覺。」

佛知是心，怯弱下劣，以方便力，而於中道，爲止息故，說二涅槃。若衆生住於二地，如來爾時，即便爲說：汝等所作未辦，汝所住地，近於佛慧，當觀察籌量，所得涅槃，非眞實也，但是如來方便之力，於一佛乘，分別說三。

【註解】二合權化大城譬。「佛知是心怯弱下劣」——合上「導師多諸方便……而欲退還」。「以方便力……說二涅槃」——合上「以方便力……化作一城……快得安隱」。「若衆生住於二地」——合上「生已度想，生安隱想」。「即便爲說：汝等所作未辦」——合上「即滅化城」。「汝所住地，近於佛慧」——合上「汝等去來，寶處在近」。「當觀察……非眞實」——合上「向者大城，我所化作」。

【語譯】佛知此輩之心，怯弱下劣；始於直往佛道的中途，爲使暫時止息之故，說二乘涅槃。若有衆生住於這二乘涅槃之地，佛於此時，便爲他說：「你們所應作的事，還沒有究竟辦到；所住的二乘之地，已接近佛慧，何可廢止？當諦審觀察，籌度思量，你們所得的涅槃，並非眞實；那不過是如來以方便之力，於唯一佛乘，隨機分別，假說爲三乘而已。」

如彼導師，爲止息故，化作大城，既知息已，而告之言：寶處在近，此城非實，我化作耳。

【註解】三學譬帖合。如上已解。

【語譯】就像那導師似的，爲暫時歇脚之故，於險難道中，化作一座大城，既知所將人衆，喘息已定，便告訴他們說：「寶處近在目前，這大城並非實城，不過是我變化所作而已。」

爾時世尊，欲重宣此義而說偈言：大通智勝佛，十劫坐道場，佛法不現前，不得成佛道。諸天神龍王，阿修羅衆等，常雨於天華，以供養彼佛，諸天擊天鼓，並作衆伎樂，香風吹萎華，更雨新好者，過十小劫已，乃得成佛道，諸天及世人，心皆懷踊躍，彼佛十六子，皆與其眷屬，千萬億圍繞，俱行至佛所，頭面禮佛足，而請轉法輪，聖師子法雨，充我及一切。

【註解】上來長行已竟。此下以四十九頌半重宣前義：這六頌是重宣大通成佛。如前已解。

【語譯】爾時世尊，想把前來所說的意義，重新宣示一遍，乃說偈道：大通智勝佛，初坐道場，歷時十劫，佛法猶不現前，不得成就佛道。諸天、神、龍王、阿修羅等，常雨天華、擊天鼓，並表演許多伎樂，以供養彼佛；又以香風吹去了萎之華，更雨新華。這樣過了十小劫已後，才成就佛道。

一切天人，見佛成道，都歡欣鼓舞。彼佛的十六王子，都在其千萬億眷屬的圍繞之下，一同來到佛所，以頭面頂禮佛足，請佛爲轉法輪，他說：「惟願聖主師子，雨大法雨，以充沛我等，及一切衆生。」

世尊甚難值，久遠時一現，爲覺悟羣生，震動於一切。東方諸世界，五百萬億國，梵宮殿光曜，昔所未曾有。諸梵見此相，尋來至佛所，散華以供養，並奉上宮殿，請佛轉法輪，以偈而讚歎。佛知時未至，受請默然坐。三方及四維，上下亦復爾，散華奉宮殿，請佛轉法輪，世尊甚難值，願以本慈悲，廣開甘露門，轉無上法輪。

【註解】這六頌是重宣十方梵請。如前已解。

【語譯】世尊是很難值遇的，歷劫久遠，始偶爾一現，爲覺悟羣生，所以放光現瑞，震動了一切世界！東方世界，五百萬億國土的梵天宮殿，被佛光照曜，爲昔所未有。諸梵天王，見此光相，爲推求因緣，尋至佛所，以散華供養，並奉上宮殿，請佛爲轉法輪，復說偈頌以讚歎佛德。佛知化緣時機未至，雖受衆請，猶默坐未許。

不但東方，就是西、南、北三方，及四維上下，這九方梵天，也同樣的散華供養、奉獻宮殿、請轉法輪，並同聲讚道：「世尊是很難值遇的，願以本懷的大慈大悲，廣開甘露之門，轉無上法輪。」

無量慧世尊，受彼衆人請，爲宣種種法，四諦十二緣，無明至老死，皆從生緣有，如是衆過患，汝等應當知。宣暢是法時，六百萬億姟，得盡諸苦際，皆成阿羅漢。第二說法時，千萬恒沙衆，於諸法不受，亦得阿羅漢。從是後得道，其數無有量，萬億劫算數，不能得其邊。

【註解】這五頌重宣轉小乘法輪。「姟」——是本土的極數，相當於西域的「那由他」，如前授記品已解。

【語譯】無量智慧的世尊，受衆人勸請，爲他們宣說種種法門：「四諦及十二緣起——始自無明，終至老死，都是從因緣所生，而有諸苦。如此諦、緣的衆多過患，是你們應當知道的」。宣說這法門的時候，有六百萬億姟數的衆生，都窮盡了世間諸苦的邊際，成阿羅漢果。這是第一會說法。到第二會說法的時候，有千萬恒河沙數的衆生，於世間五欲諸法，拒而不受，也都成就了阿羅漢果。從此已後，每會得道的衆生，其數是沒有限量的，縱使萬億劫的計算數字，也不能得其邊際。

時十六王子，出家作沙彌，皆共請彼佛，演說大乘法。我等及營從，皆當成佛道，願得如世

尊，慧眼第一淨。佛知童子心，宿世之所行，以無量因緣，種種諸譬喻，說六波羅密，及諸神通事，分別眞實法，菩薩所行道，說是法華經，如恒河沙偈。

【註解】此下重宣轉大乘法輪。這四頌半的前二頌重宣十六王子請說大法；後二頌半重宣受請說法。如文易解。

【語譯】這時十六王子，捨俗出家，未受具戒，尙作沙彌，他們一同請佛，演說大乘妙法，並發願道：「我等沙彌，以及侍從人衆，都應當成就佛道，願得如佛的大智慧眼，第一清淨。」

佛知此等童子之心，乃由宿世善根所起的業行。隨以其入道的無量因緣，設種種譬喻，爲他們說六波羅密，及神通諸事；分別開示菩薩所行的眞實道法，而說此妙法蓮華經，如恒河沙似的無數偈頌。

彼佛說經已，靜室入禪定，一心一處坐，八萬四千劫。是諸沙彌等，知佛禪未出，爲無量億衆，說佛無上慧，各各坐法座，說是大乘經，於佛宴寂後，宣揚助法化。一一沙彌等，所度諸衆生，有六百萬億，恒河沙等衆。彼佛滅度後，是諸聞法者，在在諸佛土，常與師俱生。

【註解】這五頌重宣昔日結緣。「一心一處」——三諦觀融，心不二緣，叫做「一心」。六根六境，名十二處，根境雙亡，叫做「一處」。又：意業不動，謂之一心。身業不動，謂之一處。

「宴寂」——這是住於禪定的形容，即宴然寂默之謂。並非所謂的聖者之死。

【語譯】彼佛說經已罷，即進入靜室，住於禪定，身心不動，一坐就是八萬四千劫。此等沙彌，知佛坐禪尚未出定，爲給無量衆生演說佛的無上智慧之故，所以才各坐法座，說此妙法蓮華的大乘經典，於佛入室宴寂之後，助佛宣揚法化。每一沙彌，所度化的衆生，都有六百萬億恒河沙數之多。彼大通佛滅度之後，這些從沙彌聞法的大衆，在在處處，於諸佛國土，常常與法師俱時而生。

是十六沙彌，具足行佛道，今現在十方，各得成正覺。爾時聞法者，各在諸佛所，其有住聲聞，漸教以佛道。我在十六數，曾亦爲汝說，是故以方便，引汝趣佛慧。以是本因緣，今說法華經，令汝入佛道，愼勿懷驚懼。

【註解】這四頌重宣結會古今。如文易解。

【語譯】這十六沙彌，所行的佛道，已圓滿具足，而今在十方世界，都成就了無上正等正覺。爾時聞法的衆生，也各隨其師在諸佛處所。其有鈍根尚住於聲聞乘者，漸漸的教以成佛之道。我釋迦牟尼，也在這十六沙彌之數，曾經給你們說過大乘，因爲你們中途退失，所以才假設方便，引導你們趣入佛慧。

以此本昔的因緣之故，所以今天說此妙法蓮華經，教你們入於佛道，愼勿驚懼。

譬如險惡道，迥絕多毒獸，又復無水草，人所怖畏處，無數千萬衆，欲過此險道，其路甚曠遠，經五百由旬。時有一導師，强識有智慧，明了心決定，在險濟衆難。衆人皆疲倦，而白導師言：我等今頓乏，於此欲退還。

【註解】此下重宣譬說，這四頌重宣險難畏退譬。「毒獸」——此喻愛見煩惱，能害慧命。「無水草」——此喻無大乘定慧，以資慧命。餘如前解。

【語譯】譬如在險難惡道，迥遠塞絕，又多毒獸，又無水草的人所怖畏之處。有無數千萬人衆，想過此險道，惟慮其路曠遠，須經五百由旬。這時有一導師，博學强識，有大智慧，遇事明了，決定無疑，他在這險惡道上，濟度衆難。被度的衆人，都因疲勞困倦，對導師說：「我們現已勞頓疲乏，想從此退回原地。」

導師作是念：此輩甚可愍，如何欲退還，而失大珍寶。尋時思方便，當設神通力，化作大城廓，莊嚴諸舍宅，周市有園林，渠流及浴池，重門高樓閣，男女皆充滿。即作是化已，慰衆言勿懼，汝等入此城，各可隨所樂。諸人既入城，心皆大歡喜，皆生安隱想，自謂已得度。導師知息已，集衆而告言：汝等當前進，此是化城耳。我見汝疲極，中路欲退還，故以方便力，權化作此城，汝今勤精進，當共至寶所。

【註解】這七頌半重宣權化大城，及導向寶所譬。「化作大城廓……男女皆充滿」——此別喻二乘涅槃爲「城」，通喻無學果位爲「廓」。無漏五陰爲「舍宅」。隨分總持，無漏諸行爲「園林」。九次第定爲「渠流」。八解脫爲「浴池」。三空爲「重門」，盡無生智爲「樓閣」。定慧爲「男女」。

【語譯】導師聞言，默然念道：「此輩下劣，至堪憐愍，如何中路便欲退還，而失却了那大珍寶呢？」又想，應當假設方便，以神通之力，變化一大城廓，莊嚴宅舍，周匝有園林、渠流、浴池，重門高閣，男女充滿。

卽依其所想的方便，化作大城已竟；安慰衆人說道：「莫怕！你們進入此城，就可以各隨其意的玩樂了。」衆人旣入此城，果然皆大歡喜，生起了安隱之想，自以謂於險難惡道，已竟得度了。

導師知道他們已竟得到休息，便集衆宣說：「你們應當繼續前進，這是化城。我見你們疲倦已極，中路欲退，所以用方便權力，化作此城，並非眞實。你們今應勤勉精進，共至寶所。」

我亦復如是，爲一切導師。見諸求道者，中路而懈廢，不能度生死，煩惱諸險道，故以方便力，爲息說涅槃，言汝等苦滅，所作皆已辦。旣知到涅槃，皆得阿羅漢，爾乃集大衆，爲說眞實法。諸佛方便力，分別說三乘，唯有一佛乘，息處故說二。今爲汝說實，汝所得非滅，爲佛一切智，當發大精進。汝證一切智，十力等佛法，具三十二相，乃是眞實滅。諸佛之導師，爲息說涅槃。既知是息已，引入於佛慧。

【註解】這七頌半重宣法合。初一頌半，合險難畏退譬。次一頌，合權化大城譬。次四頌，合導向寶所。後一頌，合擧譬帖合。

【語譯】我釋迦牟尼，也是如此，爲一切衆生的導師。見諸劣機的求道者，他們於中途懈怠，不能度脫生死煩惱的險難惡道；所以才假設方便，使其暫得止息，說二乘涅槃，謂：「汝等的諸苦已盡，所應作的道業，也都已竟成辦了。」

既知衆人已證涅槃，得阿羅漢果，乃集合大衆，爲他們說眞實之法。一切諸佛，無不以方便之力，分別說三，其實唯有一佛妙乘；不過爲鈍根人止息疲怠，說有聲、緣二乘而已。今爲汝等說一乘實法，至於你們所得的阿羅漢果，那僅是權敎，並非實滅。爲求佛的一切智慧，當發大心，精進修行，到你證了一切種智、十力、四無畏等的佛法之後，具足了三十二相；這樣福慧均等，自利利他，那才是眞實的滅度哩。

諸佛——導師，爲劣機止息疲怠，說二乘涅槃；既知其已得止息，便爲說一乘實法，引導他們入於佛慧。

——化城喻品竟——

五百弟子受記品第八

前授記品，是如來授予弟子的記別；今五百弟子受記，是弟子承受如來授予的記別，所以前後授、受的字、義不同。本品實授千二百人記，何以品名但標五百？因為五百人在千二百人數之列，其得記的名號，與劫、國的莊嚴，盡都相同；又都俱時在會，同述領解，所以品名但標五百，為「五百弟子受記品」。

爾時富樓那彌多羅尼子，從佛聞是智慧方便，隨宜說法；又聞授諸大弟子阿耨多羅三藐三菩提記；復聞宿世因緣之事；復聞諸佛有大自在神通之力，得未曾有，心淨踴躍。即從座起，到於佛前，頭面禮足，却住一面，瞻仰尊顏，目不暫捨，而作是念：世尊甚奇特，所為希有。隨順世間若干種性，以方便知見而為說法，拔出衆生處處貪著。我等於佛功德，言不能宣，唯佛世尊能知我等深心本願。

【註解】本品分為二段。第一段別授滿慈記，復分為二：今初序聞法為領解之緣。

「聞是智慧方便……神通之力」——此即聞三周說法周，而領解開權顯實：智慧，即顯實；方便，即開權。聞授諸大弟子記，就是聞舍利弗等五大聲聞受記，而領解顯實。聞宿世因緣，就是聞沙彌覆講等事，而領解顯實。聞諸佛有大自在神通之力，就是聞放光現瑞等事，而領解開權。

「心淨踊躍……目不暫捨」——此正明領解：歡喜斷惑離垢，故曰「心淨踊躍」。雖已默契於心，然猶未蒙授記，故「到佛前禮足，瞻仰尊顏，目不暫捨」。

「而作是念……深心本願」——此默念領解：「世尊」以下，讚佛奇特。「隨順」以下，釋佛奇特。「我等」以下，稱佛功德。「唯佛」以下，祈請授記。

【語譯】爾時，富樓那——彌多羅尼之子，從佛聞此智慧方便，隨順機宜的說法；又聞授予舍利弗等五大弟子以阿耨多羅三藐三菩提記；又聞十六沙彌覆講法華等的宿世因緣；又聞諸佛有三達無礙，放光現瑞的神通之力。得聞此等空前的未曾有法，心地清淨，不勝歡躍！

於是，他從座位上起來，到佛前行最敬的接足禮後，退立一邊，目不暫捨的瞻仰着佛的尊容，默然念道：世尊很奇特，所爲之事，希有罕見，能隨順世間的若干種性，而以方便權智，投其所好，說種種法，來拔除衆生執取空、有的處處貪著。我等於佛的無量功德，言不能宣，唯佛世尊能知我等志在作佛的深心本願。

爾時佛告諸比丘：汝等見是富樓那彌多羅尼子不？我常稱其於說法人中，最爲第一；亦常歎其種種功德，精勤護持，助宣我法，能於四衆示教利喜，具足解釋佛之正法，而大饒益同梵

行者。自捨如來，無能盡其言論之辯。

【註解】此次爲如來述成授記，分長行、偈頌之二。長行中，先明行因，後辨得果。行因復分爲三：今初明現在行因。如文易解。

【語譯】此時，佛告諸比丘道：你們見到這富樓那彌多羅尼子啦沒有？我四十年來，常常稱讚他辯才無礙，在說法人中，最爲第一；也常常稱他有種種權實功德，精勤不懈的護持佛法，輔助宣化，能於四部衆中，開示教導，使他們得到利樂，具足了對佛正法的辯解，而於同修梵行的人，大有饒益。除如來外，沒有那個能窮其言論之辯哩。

汝等勿謂富樓那，但能護持助宣我法；亦於過去九十億諸佛所，護持助宣佛之正法，於彼說法人中，亦最第一。又於諸佛所說空法，明了通達，得四無礙智，常能審諦清淨說法，無有疑惑，具足菩薩神通之力，隨其壽命，常修梵行。彼佛世人咸皆謂之實是聲聞；而富樓那，以斯方便，饒益無量百千衆生，又化無量阿僧祇人，令立阿耨多羅三藐三菩提。爲淨佛土故，常作佛事，敎化衆生。

【註解】此次明過去行因。如文易解。

【語譯】你們不要認謂富樓那，但能於今世助宣護持我釋迦一佛之法；他也曾在過去世九十億諸佛處所，護持助宣諸佛正法；在彼時的說法人中，也是出類拔萃，最爲第一。又於諸佛所說的第一義空，明了通達，證得了法、義、辭、樂說的四無礙智，常能審察諦理，不爲譽利而清淨說法，無有疑惑。具足菩薩神通之力，隨其久遠的應化壽量，常修梵行。

彼佛世人，都說他實是聲聞；然而富樓那本是菩薩，不過以此示迹聲聞的方便，饒益無量百千衆生，並度化無量阿僧祇人，敎他們莫滯小果，立志求無上正等正覺而已。他爲嚴淨佛土之故，所以常作佛事，敎化衆生。

諸比丘！富樓那亦於七佛說法人中，而得第一；今於我所說法人中，亦爲第一；於賢劫中當來諸佛說法人中，亦復第一，而皆護持助宣佛法。亦於未來護持助宣無量無邊諸佛之法，敎化饒益無量衆生，令立阿耨多羅三藐三菩提。爲淨佛土故，常勤精進，敎化衆生，漸漸具足菩薩之道。

【註解】此三明三世行因。「七佛……當來……未來」——按長阿含經所說的七佛，爲莊嚴劫末期三佛，賢劫初期四佛，釋迦適當七佛的最後一佛。今按此經，過去七佛，應指莊嚴劫的末期四佛，賢劫的初期三佛。現在應指釋迦牟尼。當來應指釋迦已後的彌勒諸佛。未來應指賢劫已後的星宿劫而言。

【語譯】諸比丘！富樓那，也於過去七佛所的說法人中，稱得第一；現在我釋迦佛所的說法人中，也是第一；在此賢劫中當來諸佛所的說法人中，也還是第一。他不但在這三世中，都爲護持佛法，助佛宣化；也於賢劫已後的未來世，護持助宣無量無邊的諸佛之法，教化饒益無量衆生，使之立志趣向於阿耨多羅三藐三菩提。他爲嚴淨佛土故，常勤修精進，教化衆生，漸漸具足了菩薩之道。

過無量阿僧祇劫，當於此土得阿耨多羅三藐三菩提，號曰法明、如來、應供、正徧知、明行足，善逝、世間解、無上士、調御丈夫、天人師、佛世尊。

【註解】上來明行因竟。此下辨所得果，分三：今初明化主名號。

「號曰法明」——佛在因地時，於諸佛法明了通達，從因名果，故別號「法明」。餘如前解。

【語譯】過了無量阿僧祇劫，當於此土得無上正等正覺，別號叫做法明，通號謂：如來、應供、正徧知、明行足、善逝、世間解、無上士、調御丈夫、天人師、佛世尊。

其佛以恒河沙等三千大千世界爲一佛土。七寶爲地，地平如掌，無有山陵谿澗溝壑。七寶臺觀，充滿其中。諸天宮殿，近處虛空。人天交接，兩得相見。無諸惡道，亦無女人。一切衆生，皆以化生，無有婬欲；得大神通，身出光明，飛行自在；志念堅固，精進智慧，普皆金色，三十二相，而自莊嚴。其國衆生，常以二食：一者法喜食，二者禪悅食。有無量阿僧祇千萬億那由他諸菩薩衆，得大神通，四無礙智，善能敎化衆生之類。其聲聞衆，算數校計所

不能知，皆得具足六通三明，及八解脫。其佛國土，有如是等無量功德莊嚴成就。

【註解】此次明國土莊嚴。「法喜食……禪悅食」——聞法歡喜，叫做法喜；如法修行，叫做禪悅。又，聖者說法，叫做法喜；聖者默然，叫做禪悅。法喜屬慧；禪悅屬定，定慧能資養法身，故名爲食。餘如前解。

【語譯】其佛以恒河沙等之多的三千大千世界，爲一佛土。其地以七寶嚴飾，平正如掌，沒有險阻的山陵，斷絕的谿澗和溝壑，但有七寶所成的臺榭寺觀，遍滿國中。諸天宮殿，都安住在接近地面的虛空，人、天交往，互得相見。

沒有三途惡道，也沒有女人。一切衆生：都是化生，非由婬慾；得大神通，身出光明，飛行自在；志願堅固，精進不懈於般若智慧；又都是以金色的三十二相，自爲莊嚴；又常以二種道糧爲食，以資養法身：一種是由聞法而生的法喜食；二種是由禪定而生的禪悅食。

有無量無邊阿僧祇千萬億那由他，這末多的菩薩，得大神通、四無礙智，善能敎化衆生之類。至於聲聞之衆，那更是算數校計所不能知了，也都具足了六通、三明，及八種解脫。

彼佛國土，有如此人天聖衆的無量功德，來莊嚴成就。

劫名寶明，國名善淨，其佛壽命無量阿僧祇劫，法住甚久。佛滅度後，起七寶塔，遍滿其國。

【註解】此三明佛滅前後。「劫名……善淨」——此時衆生，身出光明，普皆金色，故劫名寶明。無三惡道，亦無婬慾，故國名善淨。

【語譯】劫名寶明，國名善淨。彼佛的應身壽命，有無量阿僧祇劫；正法、像法，也住世甚久。佛滅度後，弟子建七寶塔，以供養舍利，遍滿其國，處處皆是。

爾時世尊，欲重宣此義而說偈言：諸比丘諦聽，佛子所行道，善學方便故，不可得思議，知衆樂小法，而畏於大智，是故諸菩薩，作聲聞緣覺，以無數方便，化諸衆生類。自說是聲聞，去佛道甚遠，度脫無量衆，皆悉得成就，雖小欲懈怠，漸當令作佛。內秘菩薩行，外現是聲聞，少欲厭生死，實自淨佛土。示衆有三毒，又現邪見相。我弟子如是，方便度衆生。若我具足說，種種現化事，衆生聞是者，心則懷疑惑。

【註解】上來長行已竟。此下是以偈頌重宣前義，先頌行因，次頌得果。這七頌是總歎諸菩薩，以顯滿慈的現在行因。

「自淨佛土」——菩薩今世的秘化功德，實爲當來嚴淨果地之因，故曰：自淨佛土。

「示衆有三毒，又現邪見相」——三毒、邪見，俱屬煩惱，菩薩無煩惱可斷，而能示現有煩惱人，應斷煩惱，以收同事攝法之功。如：難陀著欲，身子懷瞋，迦葉、須菩提之曾事梵志等。

【語譯】此時世尊，想把前來所說的意義，重新宣示一遍，乃說偈道：諸比丘！你們要仔細聽着：這佛子——富樓那所行之道，爲善於學習菩薩的方便權智，不可以心思言議，測其高深。

因爲知道衆生樂著小法，怖畏大智，所以諸菩薩才化作聲聞、緣覺，以無數方便法門，化導衆生之類。自己說自己是聲聞，離佛道尚遠，這樣秘誘策勵，度脫了無量衆生，皆得成就。雖示現欲求小法，似於大乘有所懈怠；然，實以此法，漸於當來令彼作佛。內秘菩薩大行，外現聲聞之相，絕少欲貪，厭離生死，實際上是嚴淨他自己的佛土。非但示現聲聞，而且還示現凡夫的三毒，及外道的邪見。我弟子，如此以同事攝的方便，度化衆生。

我這不過是略說而已，若完全具說那種種示現的化迹之事，恐怕衆生聞者，心懷疑惑。

今此富樓那，於昔千億佛，勤修所行道，宣護諸佛法。爲求無上慧，而於諸佛所，現居弟子上。多聞有智慧，所說無所畏，能令衆歡喜，未曾有疲倦，而以助佛事。已度大神通，具四無礙智，知諸根利鈍，常說淸淨法，演暢如是義，敎諸千億衆，令住大乘法，而自淨佛土。

【註解】這五頌是重宣過去行因。「所說無所畏」——說法化他，心不怯弱，無所畏懼，名無所畏，分佛與菩薩二種；二種各四，名四無畏。佛的四無畏，在前方便品裏已竟解釋過了，這裏所說的是菩薩的四無畏：1總持敎法，不忘衆義；2盡知法藥及衆生根性；3善答問難；4能斷物疑。菩薩具有這四個條件，所以說法無所畏懼。

【語譯】現在這富樓那，他曾在往昔的千億佛所，勤修其所行宣護佛法的菩薩大道。爲求無上智慧，而於諸佛處所，示現說法第一，駕乎諸弟子之上。他博學多聞，有大智慧，說法具四無所畏，能令聽衆心生歡喜，從來沒有懈怠疲倦，以助宣佛事。他已竟度脫了生死煩惱，得大神通，具四無礙智，能夠知道衆生根性的利、鈍，常常演說這遠離過惡煩惱的清淨法義，教化無量千億衆生，住於大乘，來嚴淨他自己當來果地的佛土。

未來亦供養，無量無數佛，護助宣正法，亦自淨佛土。常以諸方便，說法無所畏，度不可計衆，成就一切智，供養諸如來，護持法寶藏。

【註解】這二頌半是重宣未來行因。如文易解。

【語譯】不但過去；就是到未來世，也還供養無量無數諸佛，護持協助宣揚正法，以自淨佛土。常以種種方便，說法，都無所畏，度脫了不可以數計的衆生，成一切智。供養諸佛，護持法藏，以兼修福慧。

其後得成佛，號名曰法明，其國名善淨，七寶所合成。劫名爲寶明。菩薩衆甚多，其數無量億，皆度大神通，威德力具足，充滿其國土。聲聞亦無數，三明八解脫，得四無礙智，以是等爲僧。其國諸衆生，婬欲皆已斷，純一變化生，具相莊嚴身。法喜禪悅食，更無餘食想。無有諸女人，亦無諸惡道。富樓那比丘，功德悉成滿，當得斯淨土，賢聖衆甚多。如是無量

事，我今但略說。

【註解】這七頌是重宣得果。如前已解。

【語譯】他後來得成佛果，號叫「法明」。他的國土是七寶所合成的，名叫「善淨」。劫期的名稱，叫做「寶明」。

有無量億數，都已度脫生死，得大神通，威德具足的諸大菩薩，遍滿國土。聲聞之多，也無數可計，都證得了三明、八解脫、四無礙智。以如是等的菩薩、聲聞，爲和合僧。其國衆生，婬欲都已斷除，純爲變化所生，具足了三十二相的莊嚴色身。除以法喜、禪悅爲二種食外，更無其餘的段食之想。沒有女人，也沒有三惡道。

富樓那比丘的萬行功德，都已圓滿成就，當來得此淨土，聖賢衆多。像這樣妙果無量的事兒，舉不勝舉，我今天不過是略說而已。

爾時千二百阿羅漢心自在者，作是念：我等歡喜，得未曾有，若世尊各見授記如餘大弟子者，不亦快乎！佛知此等心之所念，告摩訶迦葉：是千二百阿羅漢，我今當現前次第與授阿耨多羅三藐三菩提記。

【註解】上來第一段別授滿慈記竟。此下是第二段授千二百人記，亦分長行、偈頌之二。今於長行先明默念請記，如來總許。如文易解。

【語譯】爾時千二百阿羅漢，已斷見思，不爲煩惱所縛而心自在者，他們有所欲言的這樣念道：「我們見樓那等受記作佛，實在歡喜得未曾有！若蒙世尊各見我等的深心大願，而予以授記，也像樓那等諸大弟子一樣，那豈不是很快樂嗎！」

佛知此等羅漢，心裏在默念發願受記，於是告大迦葉道：「這千二百阿羅漢，我現在當前就依次授給他們阿耨多羅三藐三菩提記。」

於此衆中，我大弟子憍陳如比丘，當供養六萬二千億佛，然後得成爲佛，號曰普明、如來、應供、正徧知、明行足、善逝、世間解、無上士、調御丈夫、天人師、佛世尊。其五百阿羅漢：優樓頻螺迦葉、伽耶迦葉、那提迦葉、迦留陀夷、優陀夷、阿㝹樓馱、離婆多、劫賓那、薄拘羅、周陀莎迦陀等，皆當得阿耨多羅三藐三菩提，盡同一號，名曰普明。

【註解】此爲次第授五百人記。「五百羅漢……」——迦留陀夷，此譯黑光，從膚色得名。優陀夷，此譯出現，因其於日出時生，故名。周陀莎伽陀，又曰周利槃特，此譯繼道。因其兄生於道路，尊者繼其兄後亦生道路，故名繼道。餘如序品已釋。

【語譯】在這千二百人中，我的大弟子憍陳如比丘，他當來供養六萬二千億佛，然後得成佛果。別號普明，通號：如來、應供、正徧知、明行足、善逝、世間解、無上士、調御丈夫、天人師、佛世尊。

其餘的五百羅漢：優樓頻螺迦葉、伽耶迦葉、那提迦葉、迦留陀夷、優陀夷、阿㝹樓馱、離婆多、劫賓那、薄拘羅、周陀莎伽陀等，都應當得阿耨多羅三藐三菩提，和憍陳如比丘，同一名號，叫做普明。

爾時世尊，欲重宣此義而說偈言：憍陳如比丘，當見無量佛，過阿僧祇劫，乃成等正覺。常放大光明，具足諸神通，名聞遍十方，一切之所敬，常說無上道，故號為普明。其國土清淨，菩薩皆勇猛，咸升妙樓閣，遊諸十方國，以無上供具，奉獻於諸佛，作是供養已，心懷大歡喜，須臾還本國，有如是神力。佛壽六萬劫，正法住倍壽，像法復倍是，法滅天人憂。其五百比丘，次第當作佛，同號曰普明。轉次而授記：我滅度之後，某甲當作佛。其所化世間，亦如我今日。國土之嚴淨，及諸神通力，菩薩聲聞衆，正法及像法，壽命劫多少，皆如上所說。

【註解】上來長行已竟。此下是以偈頌重宣前義。這九頌半是重宣授五百人記。「我滅度之後，某甲當作佛」——這是轉次授記之詞。某甲，是受記人的代稱。「其所化世間」——這應指度化世間所用的權實化法而言；否則，釋迦所化的世間，是五濁惡世，怎能如普明的淨土？

【語譯】此時世尊，想把前來所說的意義，再宣示一遍，於是說偈頌道：憍陳如比丘，於當來之世，得見無量數佛，經過了阿僧祇劫的陶練熏修，因圓果滿，乃得成正等菩提。常常放大光明，具六神通，名聞十方，爲一切衆生之所敬仰；又常常說無上的一乘大道。以此放光、現通、說法之故，所以號叫普明。

其佛國土清淨，菩薩都勇猛精進，能輕舉飛昇到妙高樓閣；又能遍遊十方國土，以無上供養資具，奉獻諸佛。這樣修供已竟，得大歡喜，頃刻之間，就又囘到本國來了。他們有這麼大的神通之力。

彼佛的應身壽量，有六萬劫，已竟够久遠了；然而，其正法住世十二萬劫，比壽量更多一倍；像法住世二十四萬劫，又比正法更多一倍。像法過去，便是滅法，這時天人憂惱，無佛法指引，好像盲了他們的眼目！

這五百比丘，除憍陳如已得記外，其餘的也於當來之世次第作佛，同憍陳如一樣的號叫普明。他們依成佛的先後，轉次授記：「我滅度後，某甲應當作佛。」他們所化的世間，也與我今日的化法權實相同；至於國土的嚴淨；神通的自在；菩薩、聲聞等的衆多；及正法、像法、壽量等劫數的多少，都如以上所說。

迦葉汝已知，五百自在者，餘諸聲聞衆，亦當復如是，其不在此會，汝當爲宣說。

【註解】這一頌半是授餘七百人記。如文易解。

【語譯】迦葉！你已竟知道這五百羅漢得記之事了，其餘的七百聲聞，也應當如此。但他們或因故未預此會，你應當代爲宣說。

爾時五百阿羅漢，於佛前得授記已，歡喜踴躍，卽從座起，到於佛前，頭面禮足，悔過自責：世尊！我等常作是念：自謂已得究竟滅度。今乃知之，如無智者。所以者何？我等應得如來智慧，而便自以小智爲足。

【註解】上來授千二百人記已竟。此下是五百比丘聞記領解，分長行、偈頌之二。長行又分法說、譬說、法合之三：今先法說。如文易解。

【語譯】此時那五百阿羅漢，受記已竟，歡喜踊躍，馬上從座位上起來，走到佛前，以頭面着地禮佛雙足，悔過自責的說：「世尊！我等聲聞，常常這樣的想：『我們已證得了四果不受後有的究竟滅度了。』今聞授記，始知那種非滅謂滅的想法，好像沒有智慧的愚人。何以說是無智愚人？因爲我們修行，應以得如來的智慧爲究極；今竟不此之圖，而以聲聞的小智爲滿足了。」

世尊！譬如有人至親友家，醉酒而臥。是時親友，官事當行，以無價寶珠繫其衣裏，與之而去。其人醉臥，都不覺知，起已遊行，到於他國，爲衣食故，勤力求索，甚大艱難，若少有所得，便以爲足。於後親友會遇見之，而作是言：咄哉丈夫，何爲衣食乃至如是？我昔欲令

汝得安樂，五欲自恣，於某年日月，以無價寶珠，繫汝衣裹，今故現在，而汝不知，勤苦憂惱，以求自活，甚爲癡也。汝今可以此寶貿易所須，常可如意，無所乏短。

【註解】此爲譬說。今分三段解釋如下：一、「譬如有人……都不覺知」——此繫珠譬，由領解前譬喻品中追還悶絕而來。五百比丘，以「人」自喻；以「親友」喻十六沙彌。昔於大通佛時，曾發大機從十六沙彌聞大乘法，故曰「譬如有人至親友家」。於大乘教理，似解不解，昏迷如醉，故曰「醉酒而臥」。菩薩化物無私，喻如「官事」；此方機息，應化餘方，故曰「官事當行」。衆生如「衣」；佛之知見如「無價寶珠」；臨去示以佛之知見，故曰「以無價寶珠，繫其衣裏，與之而去」。因無明癡，雖曾稟大敎，尋即忘失，故曰「其人醉臥，都不覺知」。

二、「起已遊行……便以爲足」——此棄大取小譬，由領解前三周中施權而來。小乘機發，修小乘行，故曰「起已遊行」。以大乘爲「本國」；小乘爲「他國」；迷大執小，故曰「到於他國」。小乘涅槃，喻如衣食；爲求涅槃，勤斷見思，故曰「爲衣食故，勤力求索」。小乘道狹，故曰「甚大艱難」。若得小果，便爲究竟，故曰「若少有所得，便以爲足」。

三、「於後親友……無所乏短」——此遇友示珠譬，由領解前三周中顯實而來。前雖遊行他國，今於靈山會上師資相值，故曰「親友會遇見之」。驚歎呵叱，故曰「咄哉」。曾發大心，故稱「丈夫」。責其爲求小果，枉受艱難，故曰「何爲衣食，乃至如是」。如來昔日，欲令衆生得長養慧命的法喜、禪悅等樂，故曰「我昔欲令汝得安樂，五欲自恣」。於大通佛時，爲說法華，開示衆生佛之知見，故曰「於某年日月，以無價寶珠繫汝衣裏」。昔因不朽，故曰「今故現在」。不解大乘，執取小果，爲愚法聲聞，故曰「而汝不知，勤苦憂惱，以求自活，甚爲癡也」。勸其解行相應，將因感果，故曰「可以此寶貿易所須」。自在解脫，圓滿菩提，故曰「常可如意，無所乏短」。

【語譯】世尊！譬如：有人到親友家裏去參加宴會，飲酒過量，醉臥不醒。這時，他的親友，要到別處去執行公務，不暇照料，於是以一顆無價寶珠，縛在他的內衣裏，忽忽而去。此事、他正在醉鄉，都毫不覺知。

所以到他酒醒起來已後，便遠遊他國，爲求衣食，受盡了勤苦辛勞的很大艱難，偶然有點小小收穫，就以爲很滿足了。

到後來被他的親友撞見，很驚訝的責斥他道：咄！好個大丈夫，怎麼爲求衣食弄到這步地位？我從前爲的要你得安享快樂，五欲自恣，曾於某年月日，以無價寶珠，縛在你的衣裏，至今猶在；然而，你竟不知身懷至寶，無端的受此勤苦憂惱，以自存活，可謂愚癡之甚！現在你可以拿這無價寶珠去經營貿易，凡有所須，都可以如願以償，無所缺乏了。

佛亦如是，爲菩薩時，教化我等，令發一切智心，而尋廢忘，不知不覺。既得阿羅漢道，自謂滅度，資生艱難，得少爲足，一切智願，猶在不失。今者世尊覺悟我等，作如是言：諸比丘！汝等所得，非究竟滅。我久令汝等種佛善根，以方便故，示涅槃相，而汝謂爲實得滅度。世尊！我今乃知實是菩薩，得受阿耨多羅三藐三菩提記。以是因緣，甚大歡喜，得未曾有。

【註解】此爲法合。分四段解釋如下：一、「爲菩薩時……令發一切智心」——此合上繫珠譬：「爲菩薩時」，與親友譬合。「教化我等」，與酒宴譬合。「令發一切智心」，與繫珠衣裏譬合。

二、「而尋廢忘……得少爲足」——此合上棄大取小譬：「而尋廢忘」，與棄大譬合。「既得阿羅漢道」等句，與取小譬合。

三、「一切智願……實得滅度」——此合上遇友示珠譬：「一切智願，猶在不失」，合親友示珠。「今者世尊」等句，合親友責斥。

四、「世尊我今乃知……得未曾有」——此總結悟解歡喜。

【語譯】佛也是這樣的，在做菩薩的時候，曾教化我們，使我們發平等正觀的一切智心。可是，我們根鈍，不久就廢棄忘失，不知不覺了。及至得了阿羅漢道，便自以謂是究竟滅度，雖因解脫法縛的資生艱難，隨以得少爲足；而昔日所發的一切智願，至今猶在，並沒有缺失。

今天世尊，爲使我們覺悟宿因、當果，這樣說道：「我從久遠劫來，爲令汝等種佛善根，故以方便之力，示以小乘的涅槃之相，而汝等不知，竟認謂是實實在在的得了滅度」。世尊！我們今天才知道，所謂聲聞，實是菩薩，得受阿耨多羅三藐三菩提的成佛之記。以此受記因緣，所得的大歡喜心，爲昔所未有。

爾時阿若憍陳如等，欲重宣此義而說偈言：我等聞無上，安隱授記聲，歡喜未曾有，禮無量智佛，今於世尊前，自悔諸過咎。於無量佛寶，得少涅槃分，如無智愚人，便自以爲足。

【註解】上來長行已竟。此下是以偈頌重宣前義。這二頌半是重宣法說。「我等」以下，頌領解歡喜。「禮無量智佛」下，頌禮佛悔過。

【語譯】此時，阿若憍陳如等五百羅漢，想把前面所說的意義，再重宣說一遍，乃說偈道：我們聽到這無上菩提，安隱的授記之聲，歡喜得昔所未有！今在無量智慧的佛世尊前，禮拜懺悔一切過咎。我們不該迷大執小，於平等實相的無量佛寶，僅得少分偏空涅槃，好像無智的愚人，便自以爲是滿足了。

譬如貧窮人，往至親友家，其家甚大富，具設諸肴膳，以無價寶珠，繫著內衣裏，默與而捨去，時臥不覺知。是人既已起，遊行詣他國，求衣食自濟，資生甚艱難，得少便爲足，更不

願好者，不覺內衣裏，有無價寶珠，與珠之親友，後見此貧人，苦切責之已，示以所繫珠，貧人見此珠，其心大歡喜，富有諸財物，五欲而自恣。

【註解】這六頌是重宣譬說。「譬如貧窮」下，頌繫珠譬。惟前以酒喻一乘教理；此以肴膳喻一乘教理，略有不同。問：前既以繫珠喻示佛知見，然示佛知見，何能默與？答：佛之知見，實相無相，雖示而實無所示，故曰默與。「是人」以下，頌棄大取小。「與珠」以下，頌遇友示珠。

【語譯】譬如：有個窮人，去到他極其富裕的親友家裏，他的親友，除具設肴膳美饌，勝大款待外，還爲解決他生活問題，以無價寶珠，繫在他的內衣，惟因公務所迫，不得不默然委之而去了。這時，那個窮人，正在酒醉酣眠，對繫珠的事，他瞢然不知。迨他酒醒起來，遊行到其他國家，去尋求衣食，勤苦潦倒，甚爲艱難，只要稍有所得，便心滿意足，更不敢存着有上好衣食的奢望，不知道自己的內衣裏，有無價寶珠。那位施與寶珠的親友，後來又遇到這個窮人，於痛切的責斥他一番之後，隨卽示以他繫珠的所在，窮人一見此珠，心大歡喜，從今富有一切財物，於五欲之樂，可以放任自恣了。

我等亦如是，世尊於長夜，常愍見敎化，令種無上願，我等無智故，不覺亦不知，得少涅槃分，自足不求餘。今佛覺悟我，言非實滅度，得佛無上慧，爾乃爲眞滅。我今從佛聞，授記

莊嚴事，及轉次授決，身心遍歡喜。

【註解】這四頌是重宣法合。初一頌合繫珠譬。第二頌合棄大取小譬。第三頌合遇友示珠譬。第四頌合總結歡喜。

【語譯】我們也同那窮人一樣，常蒙世尊於無明長夜，憐愍教化，令我們種菩提大願的無上佛種，而我等沒有大智，對宿世禀教因緣，不自覺知，隨以得少分的偏空涅槃，謂爲滿足，不更求其餘的究竟滅度了。今佛覺悟我們，說偏空涅槃，非實滅度；惟有證得了佛的無上菩提，那才是眞正滅度哩。

我們今天親從佛聞，予諸大弟子授記的莊嚴之事，及轉次授予我等決定作佛的記別，身心都充滿着歡喜暢快。

——五百弟子受記品竟——

授學無學人記品第九

正在研理斷惑中的學人，叫做「學」；理窮惑盡，無可再學，叫做「無學」。小乘以初、二、三果爲學，四果阿羅漢爲無學。今以類相從，授此二種人記，故立品名爲「授學、無學人記」。

爾時阿難、羅睺羅，而作是念：我等每自思惟，設得授記，不亦快乎！卽從座起，到於佛前

，頭面禮足，俱白佛言：世尊！我等於此亦應有分，唯有如來，我等所歸。又我等爲一切世間、天、人、阿修羅所見知識，阿難常爲侍者，護持法藏，羅睺羅是佛之子，若佛見授阿耨多羅三藐三菩提記者，我願既滿，衆望亦足。

【註解】本品開爲請記、授記二分，今於請記中，先明阿難、羅雲請記。如文易解。

【語譯】此時，阿難和羅睺羅二人，作這樣念道：「我們每自思惟，假使得授佛記，不是也很快樂嗎？」想着想着，便從座位上起來，到佛前頂禮，同聲言道：「世尊！我們在這授記數中，也應當佔一分子，有兩種理由：一、唯有成就如來，才是我們的歸趣，怎能同一般愚法聲聞一樣的終滯小果？二、我們爲一切世間、天、人、阿修羅等所見、所知、所識，因爲阿難在佛左右，常爲侍者，護持法藏；羅睺羅，是佛的親生愛子啊。倘若蒙佛見憐，授予阿耨多羅三藐三菩提記，我們的大願既滿，也就無負於衆望所期了。」

爾時，學無學聲聞弟子二千人，皆從座起，偏袒右肩，到於佛前，一心合掌，瞻仰世尊，如阿難、羅睺羅所願，住立一面。

【註解】次明二千人請記。如文易解。

【語譯】此時，有學、無學聲聞弟子二千人，都從座位上起來，偏袒右肩，到佛前，一心合掌，瞻仰着世尊的慈容，也像阿難和羅睺羅的願望一樣，站立在一面，以待佛授記。

爾時佛告阿難：汝於來世，當得作佛，號山海慧自在通王、如來、應供、正徧知、明行足、善逝、世間解、無上士、調御丈夫、天人師、佛世尊。當供養六十二億諸佛，護持法藏，然後得阿耨多羅三藐三菩提。敎化二十千萬億恒河沙諸菩薩等，令成阿耨多羅三藐三菩提。國名常立勝幡，其土清淨，琉璃爲地。劫名妙音遍滿。其佛壽命無量千萬億阿僧祇劫。若人於千萬億無量阿僧祇劫中，算數校計不能得知。正法住世倍於壽命，像法住世復倍正法。阿難！是山海慧自在通王佛，爲十方無量千萬億恒河沙等諸佛如來所共讚歎，稱其功德。

【註解】上來請記已竟。此下是如來授記。初授阿難記中，分長行、偈頌、釋疑、稱歎之四。今先長行。

「山海慧自在通王」——阿難以因行多聞，護持法藏，所感果德，智慧高深，猶如山海；自在神通，爲法中王。故其成佛，得此稱號。

「常立勝幡」——佛以正法命世，爲世所歸，如梵刹立幡，以表顯勝迹，令見者歸敬一樣。故以此名佛國土。

「妙音遍滿」——法音微妙，隨時應機，徧滿法界，故以此名佛劫時。

【語譯】佛在學、無學等請記已竟之時，告訴阿難：你到來世，當得作佛，別號：山海慧自在通王。通號：如來、應供、正徧知、明行足、善逝、世間解、無上士、調御丈夫、天人師、佛世尊。

你應當供養六十二億諸佛，護持法藏，然後因圓果滿，方得阿耨多羅三藐三菩提。更復教化二十千萬億恒河沙數一切菩薩，使他們都成無上正等菩提。

佛國的名稱，爲「常立勝旛」；國土清淨，以琉璃爲地。刼名爲「妙音徧滿」。佛的應身壽命，有無量千萬億阿僧祇刼，假使有人在這千萬億無量阿僧祇刼中，以算數校計多寡，那是不可得而知的啊。正法住世，比壽命還增多一倍；像法住世，比正法更多一倍。

阿難！這山海慧自在通王佛，爲十方無量千萬億恒河沙等諸佛如來所共同讚歎，都稱頌他的功高德備。

爾時世尊，欲重宣此義而說偈言：我今僧中說，阿難持法者，當供養諸佛，然後成正覺，號曰山海慧，自在通王佛。其國土淸淨，名常立勝旛。敎化諸菩薩，其數如恒沙。佛有大威德，名聞滿十方。壽命無有量，以愍衆生故。正法倍壽命，像法復倍是。如恒河沙等，無數諸衆生，於此佛法中，種佛道因緣。

【註解】此以偈頌重宣前義。如前已解。

【語譯】此時世尊，想把前來所說的意義，再宣示一遍，乃說偈道：我今天在僧伽中說

：護持法藏的阿難，他當來供養無數萬億諸佛，然後成無上正覺，號叫：「山海慧自在通王佛。」

其國土淸淨，國名叫「常立勝旛」。其所教化的菩薩，數如恒沙。其佛有大威德，名聲遠聞，遍滿十方。爲憐愍衆生之故，佛的壽命無量阿僧祇劫；正法住世，倍於壽命；像法住世，更倍於正法。有如恒河沙等的無數衆生，都在這自在通王佛的法中，種下了佛道的善根因緣。

爾時會中，新發意菩薩八千人，咸作是念：我等尙不聞諸大菩薩得如是記，有何因緣而諸聲聞得如是決。爾時世尊，知諸菩薩心之所念，而告之曰：諸善男子！我與阿難等，於空王佛所，同時發阿耨多羅三藐三菩提心，阿難常樂多聞，我常勤精進，是故我已得成阿耨多羅三藐三菩提，而阿難護持我法，亦護將來諸佛法藏，教化成就諸菩薩衆，其本願如是，故獲斯記。

【註解】此釋菩薩衆疑。「空王佛」——畢竟空，爲諸空之王。佛行畢竟空，故號空王佛。所以智度論云：「性空，是菩薩所行；畢竟空，是佛所行」。

【語譯】此時會中有初發大心的菩薩八千人，都生起這樣的疑念：「我們還沒有聽見諸大菩薩，得受如此之記，有何殊勝因緣，諸聲聞衆，反而得此決定成佛之記呢？

世尊知此八千菩薩，對聲聞受記的事兒，發生了疑問，乃向他們解釋的說：「諸善男子！我與阿難和諸聲聞等，曾在過去久遠之世的空王佛所，同時發無上正等覺的大菩提心。然而，阿難常樂多聞，止於知解；我則常勤精進，兼修萬行。因此，我已得成佛果；而阿難不但於今世護持我法，而且也護持將來諸佛的法寶之藏，教化成就諸菩薩衆。他的本願是如此宏深，所以才得了如此的菩提道記。」

阿難面於佛前，自聞授記，及國土莊嚴，所願具足，心大歡喜，得未曾有。即時憶念過去無量千萬億諸佛法藏，通達無礙如今所聞，亦識本願。爾時阿難而說偈言：世尊甚希有，令我念過去，無量諸佛法，如今日所聞，我今無復疑，安住於佛道，方便爲侍者，護持諸佛法。

【註解】此爲阿難領記稱歎。如文易解。

【語譯】阿難面向佛前，親聞授記，及依報國土的清淨莊嚴，本昔所願已圓滿具足，不禁心大歡喜，得未曾有！即以宿命通遊憶往事，不但想起過去世，從無量千萬億佛所聞的法藏，都通達無礙，分明如今日所聞；而且也識得本昔所發的大願——如一衆生未成佛，終不於此取泥洹。

此時阿難說偈頌道：「世尊甚爲希有！能令我憶念過去世無量諸佛的法藏，歷歷如今日所聞。我今天不再有所疑惑；惟有安心住於佛道，以方便之力而爲侍者，來護持諸佛的法藏了。」

爾時佛告羅睺羅：汝於來世，當得作佛，號蹈七寶華、如來、應供、正徧知、明行足、善逝、世間解、無上士、調御丈夫、天人師、佛世尊。當供養十世界微塵等數諸佛如來，常爲諸佛而作長子，猶如今也。是蹈七寶華佛，國土莊嚴，壽命劫數、所化弟子、正法像法，亦如山海慧自在通王如來無異，亦爲此佛而作長子。過是已後，當得阿耨多羅三藐三菩提。

【註解】上來授阿難記竟。此下授羅睺羅記，分長行、偈頌之二：今先長行。

「蹈七寶華」——智度論以七華譬七覺支。今以華表妙行，從行明果，故佛號：蹈七寶華。

【語譯】佛於阿難領記已罷之時，告羅睺羅說：汝於未來久遠之世，當得作佛，別號蹈七寶華。通號：如來、應供、正徧知、明行足、善逝、世間解、無上士、調御丈夫、天人師、佛世尊。

應當供養以十個三千大千世界，碎爲微塵，這麼多的諸佛如來，常爲諸佛生作長子，也像今世爲我的長子一樣。這蹈七寶華佛的國土莊嚴、壽命、劫數、所化弟子、正法、像法等，也和山海慧自在通王佛相同；而且也與這自在通王佛作爲長子。過了此世已後，就證得阿耨多羅三藐三菩提了，爾時世尊，欲重宣此義而說偈言：我為太子時，羅睺為長子，我今成佛道，受法為法子。於未來世中，見無量億佛，皆為其長子，一心求佛道。羅睺羅密行，唯我能知之，現為我長子，以示諸衆生。無量億千萬，功德不可數，安住於佛法，以求無上道。

【註解】上來長行已竟。此以偈頌重宣前義。如文易解。

【語譯】此時世尊，欲重宣前義，乃說偈道：我在未出家前，做太子時，羅睺羅是我的長子；我今成佛，他又領受我法，為我法子；而且於未來世中，得見無量億佛，也作他們的長子，一心專誠的勤求佛道。

羅睺羅，密隱其本地的菩薩妙行，唯我能知，如今垂迹為我長子，以示衆生。他以無量千萬億不可以數計的功德，安住於佛法中，求無上妙道。

爾時世尊見學無學二千人，其意柔軟，寂然清淨，一心觀佛。佛告阿難：汝見是學無學二千人不？唯然已見。阿難！是諸人等，當供養五十世界微塵數諸佛如來，恭敬尊重，護持法藏。末後同時於十方國，各得成佛，皆同一號，名曰寶相、如來、應供、正徧知、明行足、善逝、世間解、無上士、調御丈夫、天人師、佛世尊。壽命一劫，國土莊嚴、聲聞菩薩、正法像法，皆悉同等。

【註解】上來授羅雲記竟。此下授二千人記，分長行、偈頌、領記之三：今先長行。如文易解。

【語譯】此時世尊，見住立一面的學、無學二千人，他們的意境柔順，寂然屏息，朗廓清淨，一心的瞻仰着佛的尊容，以待授記。佛問阿難：「你見這學、無學二千人，其學養含容的造詣之深否？」阿難答道：「是的！我實已見。」佛說：「阿難！這二千人等，從今以去，當供養五十個大千世界所聚的微塵數諸佛如來，恭敬尊重，護持法藏，於最後身同時在十方國土，各得成佛，都同一稱號，名爲寶相、如來、應供、正徧知、明行足、善逝、世間解、無上士、調御丈夫、天人師、佛世尊。

壽命同爲一劫，至若國土的莊嚴怎樣？所化的聲聞、菩薩怎樣？正法、像法的住世又怎樣？都因功行相類，其感報也就同等了。」

爾時世尊，欲重宣此義而說偈言：是二千聲聞，今於我前住，悉皆與授記，未來當成佛。所供養諸佛，如上說塵數，護持其法藏，後當成正覺。各於十方國，悉同一名號，俱時坐道場，以證無上慧，皆名爲寶相。國土及弟子，正法與像法，悉等無有異。咸以諸神通，度十方衆生，名聞普周徧，漸入於涅槃。

【註解】此以偈頌重宣前義。如前已解。

【語譯】此時世尊，欲重宣前義，乃說偈道：這二千聲聞，今在我面前站立，都給他們授記，於未來世皆當成佛。其所供養的諸佛，相當與以上所說那五十個世界的微塵數。護持那諸佛法藏已後，各於十方國土，同時坐道場證無上菩提，同一名號，都叫做寶相如來。

至於依報國土、所化弟子、正法像法，都一律平等，無有別異。都以神通度十方衆生，名聲普聞，漸漸的入於究竟涅槃。

爾時學無學二千人，聞佛授記，歡喜踴躍，而說偈言：世尊慧燈明，我聞授記音，心歡喜充滿，如甘露見灌。

【註解】此二千人領記稱歎。如文易解。

【語譯】此時，那學、無學二千人等，聞佛授記，不禁歡喜踊躍，乃說偈道：「世尊的智慧之光，能照破惑障，猶如燈明。我等聞授記之音，自覺心裏歡喜充滿，好像以甘露灌入涸腸一樣。」

——授學無學人記品竟——

法師品第十

「法」的定義爲「軌」。平等正觀的一乘中道，可爲心軌，故稱爲法。上師於法以自行，下爲人師以化他，凡爲人師，必師於法，故稱「法師」。本經爲一乘圓教，前三周說法，別授三根人記，攝機不盡，未足爲圓；今於本品無論現在佛前的四衆八部，及佛滅後的聞法隨喜者，通都與以授記，方足爲圓。然佛滅後的法華，載在典籍，要託本品所謂：受持、讀、誦、解說、書寫的五種法師，展轉弘傳，纔能收燈燈無盡之功，故以「法師」題此品名。

爾時世尊，因藥王菩薩，告八萬大士：藥王！汝見是大衆中無量諸天、龍王、夜叉、乾闥婆、阿修羅、迦樓羅、緊那羅、摩睺羅伽、人與非人；及比丘、比丘尼、優婆塞、優婆夷、求聲聞者、求辟支佛者、求佛道者，如是等類，咸於佛前聞妙法華經，一偈一句，乃至一念隨喜者，我皆與授記，當得阿耨多羅三藐三菩提。佛告藥王：又如來滅度之後，若有人聞妙法華經，乃至一偈一句，一念隨喜者，我亦與授阿耨多羅三藐三菩提記。

【註解】本品分爲二段：初段歎人，二段歎法。每段各分長行、偈頌之二。初段長行分二：此爲第一授所化弟子記。

「因藥王菩薩，告八萬大士」——因，是憑藉之義。大士，是菩薩的通稱。由於藥王菩薩聞法華有悟，捨身命財，弘通此經，故因之而告八萬大士，使之見賢思齊，而爲弘傳法華的勝緣。

「一念隨喜」——一念聞法之心，契會至理，隨生歡喜。餘如序品已解。

【語譯】此時世尊，藉着藥王菩薩，告八萬大士道：藥王！你見這靈山大會衆中的無量諸天、龍王、夜叉、乾闥婆、阿修羅、迦樓羅、緊那羅、摩睺羅伽、人與非人；及比丘、比丘尼、優婆塞、優婆夷、求聲聞的、求辟支佛的，求佛道的不？

這八部四衆三乘等類，都在佛前聞妙法華經，那怕是最少的一偈一句，乃至隨聞的一念歡喜，我通統都予以授記：他們於當來之世，得阿耨多羅三藐三菩提。

佛又告藥王：不但現在佛前，就是到如來我滅度之後，倘若有人聞此妙法華經，乃至一偈一句，一念隨喜的，我也授予阿耨多羅三藐三菩提記。

若復有人，受持、讀、誦、解說、書寫妙法華經，乃至一偈，於此經卷敬視如佛，種種供養：華香、瓔珞、末香、塗香、燒香、繒蓋、幢幡、衣服、技樂，乃至合掌恭敬。

【註解】此下爲第二明能化的法師功德，復分爲四：今初明法師持經供養。

「受持、讀、誦、解說、書寫」——通途稱此爲五種法師：1以信念容受，堅持不失，叫做受持。2但念章句，叫做讀。3調節音韻，叫做誦。4向人演講，叫做解說。5以紙筆抄傳，叫做書寫。也有開受、持、解、說、讀、誦，去書寫爲六種的。這都無關宏旨，吾輩學人，幸勿拘泥。餘如前解。

【語譯】設若有人，不但聞法隨喜，而且受持、讀、誦、解說、書寫這妙法華經，乃至一句偈頌；或對此經卷敬視如佛，而以華香、瓔絡、末香、塗香、燒香、繒蓋、幢旛、衣服、技樂等種種供養，乃至合掌恭敬。

藥王當知，是諸人等，已曾供養十萬億佛，於諸佛所成就大願，愍衆生故，生此人間。藥王！若有人問：何等衆生，於未來世，當得作佛？應示是諸人等，於未來世，必得作佛。何以故？若善男子、善女人，於法華經乃至一句，受持、讀、誦、解說、書寫、種種供養經卷——華香、瓔珞、末香、塗香、燒香、繒蓋、幢幡、衣服、技樂、合掌恭敬，是人一切世間所應瞻奉，應以如來供養而供養之。當知此人是大菩薩，成就阿耨多羅三藐三菩提，哀愍衆生，願生此間，廣演分別妙法華經，何況盡能受持，種種供養者。

【註解】此二明法師前因後果。如前已解。

【語譯】藥王！你應當知道，這些受持、供養法華的人，他們於已往之世，曾供養十萬億佛，在彼諸佛處所，成就大願，爲悲愍衆生之故，所以才生此人間。藥王！設若有人質問：「那一等人，到未來世，應當成佛？」你應當答覆他說：「此等持法華經的人，到未來世，決定成佛。」

什麼緣故呢？假使有善男子、善女人，於此妙法華經，乃至最少一句，受持、讀誦、解說、書寫；並以種種華香、纓絡、末香、塗香、燒香、繒蓋、幢旛、衣服、技樂、合掌恭敬，以供養經卷；此人便爲一切世間所敬奉，那就應以如來的供儀來供養此人了。當知此人本是大菩薩，爲欲成就無上正等菩提，哀愍衆生故，乘願生此世間，廣爲衆生分別演說此妙法華經。隨分受持的功德，尚且如此；何況盡能受持全經，具種種供養的人，其功德而不是當來成佛嗎？

藥王！當知是人，自捨清淨業報，於我滅度後，愍衆生故，生於惡世，廣演此經。若是善男子、善女人，我滅度後，能竊爲一人說法華經，乃至一句；當知是人，則如來使，如來所遣，行如來事，何況於大衆中，廣爲人說。

【註解】此三明法師未來功德。如文易解。

【語譯】藥王！你應當知道，此人自願捨棄了他所應得的清淨業報，於我滅度之後，爲悲愍衆生之故，生此五濁惡世，廣演此經。像這樣的善男子、善女人，於我滅度之後，能够私下裏爲一人說此法華，乃至最少一句；當知此人就是如來派遣，去行如來敎化之事的特使。爲一人說的功德，尚且如此；何況於大衆會中，廣爲人說的功德，寧非無量？

藥王！若有惡人，以不善心，於一劫中，現於佛前，常毀罵佛，其罪尚輕；若人以一惡言，毀呰在家出家讀誦法華經者，其罪甚重。藥王！其有讀誦法華經者，當知是人，以佛莊嚴而自莊嚴，則爲如來肩所荷擔。其所至方，應隨向禮，一心合掌，恭敬供養，尊重讚歎；華香、瓔珞、末香、塗香、燒香、繒蓋、幢幡、衣服、肴饌、作諸技樂，人中上供而供養之；應持天寶而以散之，天上寶聚應以奉獻。所以者何？是人歡喜說法，須臾聞之，卽得究竟阿耨多羅三藐三菩提故。

【註解】此四明敬毀罪福。「常毀罵佛……其罪甚重」——毀佛之罪非輕，今云尚輕者；爲反顯毀持經人的罪報極重之故。又、佛已究竟斷惑，雖毀罵之，亦不足以構成障道之緣，如精衞啣石，豈能塡海？故其罪尚輕。初心菩薩，煩惱未盡，若毀訾之，則足以障所行道，斷佛慧命，故其罪甚重。

「以佛莊嚴……則爲如來肩所荷擔」——佛以定慧莊嚴，說此法華；所以讀誦法華的人，以佛的莊嚴爲他自己的莊嚴。如來所荷擔的責任是弘經；所以持經的人，是荷擔如來所負之責，亦爲如來所荷擔。

【語譯】藥王！若有惡人，以不善心起三毒意業，於一劫長時，出現在佛的面前，常以惡口毀辱罵佛，其罪尚輕；假使有人，以一句惡言毀訾在家男女、出家僧尼的讀誦法華經者，那他的罪報，可就很重大了！

藥王！若有讀誦法華經者；當知此人，以佛的定慧莊嚴，以自嚴其身，那就是荷擔如來所荷擔的弘經責任。衆生應隨着他所到的方向，一心合掌、恭敬、供養、尊重、讚歎！在人間，應以上好的供物：華香、瓔珞、末香、塗香、燒香、繒蓋、幢幡、衣服、肴饌、技樂等，而爲供養；在天上，應散寶華，及以所聚的衆寶，奉獻此人。爲什麼値得這樣的恭敬供養？因爲此人歡喜說法，能使聞者頃刻之間，就得到了究竟無上正等菩提之故。

爾時世尊，欲重宣此義而說偈言：若欲住佛道，成就自然智，常當勤供養，受持法華者；其有欲疾得，一切種智慧，當受持是經，並供持經者。

【註解】上來初段長行已竟。此下是以偈頌重宣前義，這二頌是重宣獎勸供養。如文易解。

【語譯】此時世尊，欲重宣前義，乃說偈道：假使有人，想住於佛道，成就不假功用自然契會眞理之智，那就應當不斷的供養受持法華經的法師。因爲自然智，要待法師弘傳法華，始克成就。

假使有人，想疾速得到 觀中道實相的一切種智 ，那更應當受持此經 ，並供養持經的法師。

若有能受持，妙法華經者，當知佛所使，愍念諸衆生。諸有能受持，妙法華經者，捨於淸淨土，愍衆故生此，當知如是人，自在所欲生，能於此惡世，廣說無上法，應以天華香，及天寶衣服，天上妙寶聚，供養說法者。吾滅後惡世，能持是經者，當合掌禮敬，如供養世尊，上饌衆甘美，及種種衣服，供養是佛子，冀得須臾聞。若能於後世，受持是經者，我遣在人中，行於如來事。

【註解】這七頌是重宣法師功德。如文易解。

【語譯】倘若有人能受持妙法蓮華經，當知是佛所派遣，來愍憐一切衆生的特使。所有能受持法華經的人，捨棄了他們的清淨佛土，爲愍憐衆生而生此濁世。當知這等人，是自在乘願而生，並非業報，故能於此惡世，廣說無上妙法。那就應當以天上的華、香、衣服、衆妙寶聚，來供養這說法的法師了。

迨我滅度之後的五濁惡世，有能受持此法華經者，應當合掌禮敬，就像供養世尊似的，以上好的甘美肴饌，及種種衣服，供養這持經的佛子，希望能於一彈指頃，聞此妙法。若能於此世報盡，到後世持此經者，我派此人生人道中，代行如來悲愍衆生的化導之事。

若於一劫中，常懷不善心，作色而罵佛，獲無量重罪。其有讀誦持，是法華經者，須臾加惡言，其罪復過彼。有人求佛道，而於一劫中，合掌在我前，以無數偈讚，由是讚佛故，得無量功德。歎美持經者，其福復過彼，於八十億劫，以最妙色聲，及與香味觸，供養持經者。如是供養已，若得須與聞，則應自欣慶，我今獲大利。

【註解】這六頌是重宣毀敬罪福。如文易解。

【語譯】若有人在一劫之中，存心不善，常聲色俱厲的罵佛，獲無量重罪。若復在頃刻之間，對於讀誦受持這法華經的人，加以惡言，那他的罪過，就更重於經劫罵佛了！

若有人爲祈求佛道，於一劫期間，合掌在我面前，說無數偈來稱歎讚揚，由於這讚佛之故，獲得了無量功德。可是讚美持經者的福報，更超過了讚佛！

假使有人於八十億劫之久，以最妙的色、聲、香、味、觸五塵，供養受持法華經者；這樣供養已畢，若能於頃刻間得聞妙法，亦屬不易；那就應當自已欣慶的說：我今天已竟獲得最大的利益了。

藥王今告汝，我所說諸經，而於此經中，法華最第一。

【註解】這一頌是總歎法華。如文易解。

【語譯】藥王！我今天告訴你：在我所說的一切經中，唯獨這妙法華經，最爲第一。

爾時佛復告藥王菩薩摩訶薩：我所說經典，無量千萬億，已說、今說、當說，而於其中，此法華經最爲難信難解。藥王！此經是諸佛秘要之藏，不可分布，妄授與人，諸佛世尊之所守護，從昔已來，未曾顯說。而此經者，如來現在，猶多怨嫉，況滅度後。

【註解】上來初段歎人已竟。此下是二段歎法，先長行次偈頌。長行分三：第一歎所弘之法，復分爲五：今初約法稱歎。

「已說、今說、當說」——華嚴已後，法華已前，所說的大小諸教爲已說。現在所說的法華爲今說。法華已後所說的涅槃爲當說。

「此法華經最爲難信難解」——法華已前，方便施權，大小分布，其說易信易解。法華已後，會權歸實，無復二三，亦非難信難解。唯正說法華，卽權卽實，非三非一，爲執異的人所難信難解耳。

【語譯】此時佛再告藥王大菩薩道：我所說的經典，有無量千萬億種，無論是過去已說、現在正說、當來要說，就中唯有這法華經的義理妙絕三一，最爲難信難解。藥王！此經是諸佛秘而不傳，言約理圓的法藏，不可輕易分布，妄授非器。所以諸佛世尊，嚴密守護，從昔以來，未曾爲衆生公開顯說。因爲衆生聞此法華，不信則怨，不解則嫉，如五千退席。如來現在尙且如此，何況滅度之後？

藥王當知，如來滅後，其能書持讀誦供養，爲他人說者，如來則爲以衣覆之，又爲他方現在諸佛之所護念。是人有大信力，及志願力，諸善根力，當知是人與如來共宿，則爲如來手摩其頭。

【註解】二約人稱歎。「如來以衣覆之」——如來以定慧莊嚴，說此法華；所以如來滅後的說法華者，便爲如來以定慧之衣，嚴覆其身。

「與如來共宿……手摩其頭」——如來止宿於一乘實相之理，弘經之人亦復如是，故曰：「與如來共宿」。弘經之人，爲荷擔如來家業的佛子，故佛以手摩其頭，表示愛重。

【語譯】藥王！你應當知道：如來滅後，其有對此法華，能够書寫、受持、讀誦、供養，爲他人說者；那就是如來以定慧之衣，嚴覆其身；又爲他方現在諸佛之所護念，使其外惡不侵，內善得生。

此人有不疑一乘的大信力、發菩提心的志願力、深固不拔的諸善根力。當知此人，與如來共同止宿於一乘的寂滅場地，而爲如來手摩其頭，以示愛重。

藥王！在在處處，若說、若讀、若誦、若書、若經卷所住處，皆應起七寶塔，極令高廣嚴飾，不須復安舍利。所以者何？此中已有如來全身。此塔應以一切華香、瓔珞、繒蓋、幢幡、技樂、歌頌，供養恭敬，尊重讚歎。若有人得見此塔，禮拜供養，當知是等皆近阿耨多羅三藐三菩提。

【註解】三約處稱歎。「不須復安舍利……此中已有如來全身」——經云：「如人志心求佛舍利，如是之人乃可爲說」。可知經中已有如來全身舍利，不須要再安置碎身舍利了。

【語譯】藥王！無論在什麼地方，倘若這地方有人在解說、讀誦、書寫法華，及經卷所在之處，都應當起建極其高廣嚴飾的七寶之塔，不須要在塔中再安置舍利。什麼緣故呢？因爲這經中已有如來的全身舍利了。

此塔應以一切華香、瓔珞、繒蓋、幢旛、技樂、歌頌，供養恭敬，尊重讚歎。假使有人得見此塔，禮拜供養，當知此等敬信法華的人，都已契會了一乘實相之理，近於阿耨多羅三藐三菩提的無上佛果了。

藥王！多有人在家出家行菩薩道，若不能得見、聞、讀、誦、書、持、供養是法華經者，當知是人未善行菩薩道；若有得聞是經典者，乃能善行菩薩之道。其有眾生求佛道者，若見、若聞是法華經，聞已信解受持者，當知是人得近阿耨多羅三藐三菩提。

【註解】四約行稱歎，又分為四：今初法說。如文易解。

【語譯】藥王！有很多在家士女、出家僧尼的行菩薩道者，倘若於此法華，不得見聞、讀誦、書寫、受持，當知此人既不懂權實，他如何化物？那就不能善行菩薩道了。反是，若有得聞此法華經典的，那才能善行菩薩道哩。

若有求佛道的眾生，或見、或聞此法華經已，而能信解受持；當知此人去佛道不遠，得近阿耨多羅三藐三菩提了。

藥王！譬如有人，渴乏須水，於彼高原，穿鑿求之，猶見乾土，知水尚遠。施工不已，轉見濕土，遂漸至泥，其心決定知水必近。

【註解】二譬說。「渴乏須水……知水尚遠」——求佛道志切，如「渴乏須水」；佛道無上，喻如「高原」；修三乘教，如「穿鑿求之」；於初地乾慧，未得法性理水，故曰「猶見乾土，知水尙遠」。

「施工不已……知水必近」——於三乘教後，更聞法華而生聞慧，如「施工不已」；生思慧，如「見濕土」；生修慧，如「漸至泥」；旣生三慧，斷惑證理，知性水不遠，故曰「其心決定知水必近」。

【語譯】藥王！譬如：有人爲渴所困，極須飲水，向那很高的平原，去鑿井以求，但見乾土，不見濕泥，便知離水尙遠；再繼續施工，不停的往深處挖掘，遂見濕土，漸至於泥，這才決定知道離水不遠了。

菩薩亦復如是，若未聞、未解、未能修習是法華經，當知是人去阿耨多羅三藐三菩提尙遠。若得聞解，思惟修習，必知得近阿耨多羅三藐三菩提。

【註解】三法合。如文易解。

【語譯】菩薩也是這樣的：倘若未聞法華；或雖聞而未能解義；或雖能解義而未能如法修行；當知此人，離無上正等菩提尙遠。倘若得聞法華，旣解且行，必知此人，已得隣近無上正等菩提了。

所以者何？一切菩薩阿耨多羅三藐三菩提，皆屬此經；此經開方便門，示眞實相；是法華經

藏，深固幽遠，無人能到，今佛教化成就菩薩而為開示。

【註解】四釋所以。「開方便門，示真實相」——法華已前，未說三乘權教為顯示一乘實相的方便法門，叫做閉方便門；方便門閉，則三乘隔歷，真實相隱。今於法華說三乘為一乘方便，叫做開方便門；方便門開，則會三歸一，真實相顯。

【語譯】為什麼菩薩不聞法華，去菩提尚遠；聞法華就隣近菩提呢？這有如下三義：1 一切菩薩所修的阿耨多羅三藐三菩提法，都屬於此經之所統攝。2 此經是開方便門，示真實相的至圓妙法。3 這法華經所含藏的義趣，深固幽遠，無人能到，今佛為教化衆生成就菩薩，特為開示，使之悟入。

藥王！若有菩薩聞是法華經，驚疑怖畏，當知是為新發意菩薩。若聲聞人聞是經，驚疑怖畏，當知是為增上慢者。

【註解】五約得失稱歎。如文易解。

【語譯】藥王！若有菩薩聞此一乘圓妙的法華經時，發生了「將非魔說？」的驚疑怖畏，當知此人是初發心的菩薩。假使聲聞人聞此法華，而驚疑怖畏，當知這是得少謂足的增上慢人。

藥王！若有善男子、善女人，如來滅後，欲為四衆說是法華經者，云何應說？是善男子、善

女人，入如來室、著如來衣、坐如來座，爾乃應爲四衆廣說斯經。如來室者，一切衆生中，大慈悲心是；如來衣者，柔和忍辱心是；如來座者，一切法空是。安住是中，然後以不懈怠心，爲諸菩薩及四衆，廣說是法華經。

【註解】此爲第二明弘經之方。如文自解。

【語譯】藥王！若有善男子、善女人，於如來滅度之後，願爲四衆說此法華經者，必須是那一類型的人，才應當說呢？假使這善男子、善女人，是入如來室、著如來衣、坐如來座的，他才應當爲四衆廣說此經。

什麼叫做如來室？對一切衆生，以無緣大慈，給予平等涅槃之樂；以同體大悲，拔濟其二死之苦；這大慈悲心，就是能庇廕衆生的如來室。什麼叫做如來衣？柔和忍辱之心，就是能遮瞋恚之醜的如來衣。什麼叫做如來座？觀一切法畢竟空寂，就是安隱不動的如來座。能安住於慈悲、忍辱、法空這三法之中，然後再以不懈怠心，爲諸菩薩及四衆弟子，廣說法華。

藥王！我於餘國，遣化人爲其集聽法衆；亦遣化比丘、比丘尼、優婆塞、優婆夷，聽其說法；是諸化人聞法信受，隨順不逆。若說法者在空閑處，我時廣遣天龍、鬼神、乾闥婆、阿修羅等，聽其說法。我雖在異國，時時令說法者，得見我身，若於此經，忘失句讀，我還爲說

，令得具足。

【註解】此爲第三明弘經利益。「得見我身」——華嚴經云：「一切法不生，一切法不滅，若能如是解，諸佛常現前」。所以說法者，得見佛身。

【語譯】藥王！我於其餘的應化國土，以神力密遣化人，爲此土的說法華者，糾集聽衆；亦遣化比丘、比丘尼、優婆塞、優婆夷，這四衆弟子，聽他說法。這些化人，都能聞法信受，隨順教理，不相違逆。倘若說法的人，在空曠閑靜的闃無人跡之處，我隨時廣遣天龍、鬼神、乾闥婆、阿修羅等，去聽他說法。我雖在異國應化，時時令此土的說法者，得以了法眞實，如見我身。他若於此經句義，有所忘失，我還給他解說，使之記憶具足，完全了悟。

爾時世尊，欲重宣此義而說偈言：欲捨諸懈怠，應當聽此經，是經難得聞，信受者亦難。如人渴須水，穿鑿於高原，猶見乾燥土，知去水尚遠，漸見濕土泥，決定知近水。藥王汝當知，如是諸人等，不聞法華經，去佛智甚遠，若聞是深經，決了聲聞法。是諸經之王，聞已諦思惟，當知此人等，近於佛智慧。

【註解】上來長行已竟。此下是以偈頌重宣前義。這五頌的初一頌是總標獎勸；次一頌半是重宣譬說；後二頌半是重宣法合。如前已解。

【語譯】此時世尊，欲重宣前義，乃說偈道：倘若有人欲捨棄懈怠，而求精進，就應當聽此法華。因爲這法華經，難得有機緣聽聞；縱得聽聞，而能信解受持的，又很難得。譬如：渴人求水，雖向高原鑿井，猶見乾土，便知離水尚遠；漸鑿漸深，漸見濕泥，決定知道離水很近了。

藥王！你應當知道，這些初發心的菩薩，也像那渴人鑿井求水一樣，他們不聞法華，便知去佛智尚遠；若聞此法華深經，決定了知那聲聞乘，不過是入大乘的方便，並非究竟。這法華經，是諸經之王，若能於聞經已後，諦審思惟，當知此等人，已竟接近佛的智慧了。

若人說此經，應入如來室。著於如來衣，而坐如來座，處衆無所畏，廣爲分別說。大慈悲爲室，柔和忍辱衣，諸法空爲座，處此爲說法，若說此經時，有人惡口罵，加刀杖瓦石，念佛故應忍。我千萬億土，現淨堅固身，於無量億劫，爲衆生說法。

【註解】這四頌半是重宣弘經方法。如前已解。

【語譯】若有人說此妙法華經，應當入如來室、著如來衣、坐如來座，這樣處大衆中，無所畏懼的廣爲分別。就是以大慈悲心，爲如來室；柔和忍辱心，爲如來衣；一切法空，爲如來座；處此室、著此衣、坐此座，爲衆生說法。

假使正在說此經時，有人惡口辱罵，甚至以刀杖瓦石，非禮相加，造成嚴重傷害！因念佛故，應予容忍。怎樣念佛？念我釋迦，曾於千萬億佛土，示現不爲八風所動的淸淨堅固之身，無量億劫爲衆生說法。

若我滅度後，能說此經者，我遣化四衆，比丘比丘尼，及清淨士女，供養於法師，引導諸衆生，集之令聽法。若人欲加害，刀杖及瓦石，則遣變化人，爲之作衛護。若說法之人，獨在空閑處，寂寞無人聲，讀誦此經典，我爾時爲現，清淨光明身。若忘失章句，爲說令通利。若人具是德，或爲四衆說，空處讀誦經，皆得見我身。若人在空閑，我遣天龍王，夜叉鬼神等，爲作聽法衆。

【註解】這七頌是重宣弘經利益。「清淨士女」——即受三皈五戒，得清淨信心的在家男女；亦卽優婆塞、優婆夷的譯名。餘如前解。

【語譯】若在我滅度後，有能說此法華經者，我密遣變化四衆——比丘、比丘尼，及清淨士女，供養法師；並引導衆生，會集一處，聽其說法。假使有人加害法師以刀杖瓦石，我卽密遣化人，衞護法師。倘若說法的人，獨自在寂寞無人的空閑之處，讀誦此經；我此時爲現清淨光明之身，以慰其寂聊。若其忘失章句，我還爲他補說，使之通利。設使有人，具備了這種德行：或爲四衆說法，或在空閑之處讀誦此經，都可以得見我身。尤其在空閑無人之處，我更遣天龍、夜叉、鬼神等八部，爲聽法大衆。

是人樂說法，分別無罣礙，諸佛護念故，能令大衆喜。若親近法師，速得菩薩道，隨順是師學，得見恒沙佛。

【註解】這二頌是結歎法師。如文易解。

【語譯】此人樂於說法，分別剖析，無所罣礙，為諸佛護念之故，能令聽衆得大歡喜。假使有人親近法師，很快的就得到了菩薩大道；若隨順此師修學，則感應道交，得見恒河沙數一切諸佛。

——法師品竟——

見寶塔品第十一

佛在說此法華經時，有久遠劫前，多寶如來的舍利寶塔，從地涌現，以顯示法身無生滅，方便有生滅。此事，四衆都見，故題品名為「見寶塔」。

爾時佛前有七寶塔，高五百由旬，縱廣二百五十由旬，從地涌出，住在空中，種種寶物而莊校之。五千欄楯，龕室千萬，無數幢幡，以為嚴飾，垂寶瓔珞，寶鈴萬億而懸其上。四面皆出多摩羅跋旃檀之香，充徧世界。其諸幡蓋，以金、銀、琉璃、硨磲、碼碯、眞珠、玫瑰七寶合成，高至四天王宮。

【註解】本品分長行、偈頌之二：今先於長行中，明所現塔相。

「有七寶塔……住在空中」——塔以表實；地以表權；廢權顯實，故曰「從地涌出」。

法身無相，住畢竟空，故曰「住在空中」。

「種種寶物……」——已下各句，若一一以表法解釋，則經家人言言殊，莫衷一是，今總表法身爲衆德所成，至極崇高，應無異議。若以事相解釋，則屢見前品，勿庸費辭。

【語譯】此時在佛的面前，有一座七寶塔，高五百由旬，塔基縱廣二百五十由旬，從地下涌現，上出雲霄，住於空中。此塔是以種種寶物，莊嚴校飾的，有五千欄楯、千萬龕室、無數幢旛，還懸掛着垂寶的纓絡，及寶鈴萬億；從四面流出的「多摩羅跋旃檀」香氣，充滿世界；其幢旛傘蓋，都是以金、銀、琉璃、硨磲、碼碯、眞珠、玫瑰等七寶所合成，高至四天王宮。

三十三天，雨天曼陀羅華，供養寶塔。餘諸天龍、夜叉、乾闥婆、阿修羅、迦樓羅、緊那羅、摩睺羅伽，人非人等千萬億衆，以一切華香、瓔珞、旛蓋、技樂、供養寶塔，恭敬尊重讚歎。

【註解】此明諸天供養。如文易解。

【語譯】三十三天，如雨一般的降下曼陀羅華，以供養寶塔。其餘的一切天龍、夜叉、乾闥婆、阿修羅、迦樓羅、緊那羅、摩睺羅伽，這人非人等千萬億衆，也以一切華香、纓絡、旛蓋、技樂等，供養寶塔，恭敬、尊重、讚歎！

爾時寶塔中出大音聲，歎言：善哉善哉！釋迦牟尼世尊，能以平等大慧，教菩薩法，佛所護念，妙法華經，爲大衆說。如是如是！釋迦牟尼世尊，如所說者，皆是眞實。爾時四衆，見大寶塔住在空中，又聞塔中所出音聲，皆得法喜，怪未曾有，從座而起，恭敬合掌，却住一面。

【註解】此明多寶稱歎，四衆驚怪。「出大音聲，歎言善哉」——爲顯法身不滅，所以出大音聲。爲證佛說不虛，所以歎言善哉。

「平等大慧」——就是絕諸緣觀，不著有空，無高下淺深之別的智慧。

「如是如是」——此雙讚開權、顯實，法法皆是。

【語譯】這時從七寶塔裏，發出極大音聲，讚歎的說：「善哉！善哉！釋迦牟尼世尊，能以平等大慧，教菩薩法，佛所護念的妙法華經，爲大衆宣說。如是！如是！釋迦牟尼世尊所說的法，盡是眞實。」

此時四衆弟子，見大寶塔從地涌出，住於空中；又聽從塔中發出的讚歎音聲，大家都得了法喜，驚怪爲昔所未有。乃避席而起，恭敬合掌，退居一面。

爾時有菩薩摩訶薩，名大樂說，知一切世間、天、人、阿修羅等，心之所疑，而白佛言：世尊！以何因緣，有此寶塔從地涌出，又於其中發是音聲？

【註解】此明樂說請問。如文易解。

【語譯】此時四衆中有一位樂說無礙的大菩薩，名叫大樂說，他知道一切世間、天、人、阿修羅等的心裏有所疑惑，於是向佛請問的說：世尊！以何因緣，有這七寶塔從地下涌出，又從塔中發出這讚歎的音聲？

爾時佛告大樂說菩薩：此寶塔中有如來全身，乃往過去東方無量千萬億阿僧祇世界，國名寶淨，彼中有佛，號曰多寶，其佛行菩薩道時，作大誓願：若我成佛，滅度之後，於十方國土，有說法華經處，我之塔廟，爲聽是經故涌現其前，爲作證明，讚言善哉。彼佛成道已，臨滅度時，於天人大衆中告諸比丘：我滅度後，欲供養我全身者，應起一大塔。其佛以神通願力，十方世界，在在處處，若有說法華經者，彼之寶塔，皆涌出其前，全身在於塔中，讚言善哉善哉。大樂說，今多寶如來塔，聞說法華經故，從地涌出，讚言善哉善哉。

【註解】此明如來酬答。「如來全身」——卽佛全身舍利。諸佛的應身滅後，以火化者爲碎身舍利；不以火化者爲全身舍利。

【語譯】此時佛告大樂說菩薩道：這寶塔中有如來的舍利全身。乃過去世，距此東方無量千萬億阿僧祇世界，有一爲七寶所成，清淨無垢的國土，名叫「寶淨」，那個國裏，有一尊佛號爲「多寶」。

那多寶佛，在因地行菩薩道時，發過這樣的大願：「我若成佛，滅度之後，於十方國土，只要是有佛說法華經處，我的塔廟，爲聽經故卽涌現其前，爲作證明的讚曰善哉。」那多寶佛成道已後，在臨滅度時，又於天人的大衆會中，付囑諸比丘道：「我滅度後，欲供養我全身舍利者，應起建一大寶塔。」

其佛卽以此神通願力的因緣之故，於十方世界隨在之處，若有說法華經者，佛的寶塔，便涌現其前，全身在塔中讚曰善哉善哉。

大樂說！今天就是多寶如來塔，爲聽此處說法華經故，從地涌出，讚歎的說：善哉！善哉！

是時大樂說菩薩，以如來神力故，白佛言：世尊！我等願欲見此佛身。佛告大樂說菩薩摩訶薩：是多寶佛有深重願：若我寶塔，爲聽法華經故，出於諸佛前時，其有欲以我身示四衆者，彼佛分身諸佛，在於十方世界說法，盡還集一處，然後我身乃出現耳。大樂說！我分身諸佛，在於十方世界說法者，今應當集。

【註解】此明樂說請見多寶，佛告應集分身。「我等願欲見此佛身」——多寶現塔，不但爲法華作證，且爲顯示法身不滅；故樂說欲見多寶，亦爲識法身不滅。

「彼佛分身……乃出現耳」——分身十方，爲依體起用，雖寂而照；還集一處，爲攝用歸體，雖照而寂，體用不二，一多相卽，方見如來法身。

【語譯】此時大樂說菩薩，以多寶如來現塔讚法的神通願力之故，向佛稟白：「世尊！我等志願見此多寶佛身」。佛告大樂說菩薩：「這多寶佛，他還有這樣的深重大願：『倘若我的寶塔，爲聽法華經故，出現於說經的諸佛前時，其有欲以我身出示於會中四衆者，那他在十方世界說法的分身諸佛，必須都還集一處，然後，我身才可以出現。』大樂說！你們既願見多寶佛身，那我的分身諸佛，在十方世界說法者，現在就應當召集他們。」

大樂說白佛言：世尊！我等亦願欲見世尊分身諸佛，禮拜供養。爾時佛放白毫一光，卽見東方五百萬億那由他恒河沙等國土諸佛。彼諸國土，皆以玻璨爲地，寶樹寶衣以爲莊嚴，無數千萬億菩薩，充滿其中，遍張寶幔，寶網羅上。彼國諸佛，以大妙音而說諸法，及見無量千萬億菩薩，遍滿諸國，爲衆說法。南西北方，四維上下，白毫相光所照之處，亦復如是。

【註解】此明樂說欲見分身諸佛，如來放光感召分身。經家有以表法釋此謂：「白毫一光，表一乘中道……云云」。今爲顯佛依正莊嚴，但約事相，不依表法。如文易解。

【語譯】大樂說菩薩，向佛稟白的說：「世尊！我等不但願見多寶佛身，也願見世尊的分身諸佛，以禮拜供養。」此時佛以神通之力，從眉間白毫放出一道光明，照見東方五百萬億那由他恒河沙數的國土諸佛。那些佛土，都是以玻璨爲地，以寶樹、寶衣爲依正莊嚴。又有無數千萬億菩薩，充滿其國，普遍的張設着寶幔、寶網，龕覆其上。彼國諸佛，及無量千萬億菩薩，都在出大妙音，爲衆生說法。

不但東方；即南西北方，四維上下，只要是佛的白毫相光所照到的地方，也都是如此。

爾時十方諸佛，各告衆菩薩言：善男子！我今應往娑婆世界釋迦牟尼佛所，並供養多寶如來寶塔。

【註解】此明分身諸佛，告衆欲往。如文易解。

【語譯】此時釋迦的十方分身諸佛，各告其座下諸菩薩道：善男子！我今應往娑婆世界的釋迦牟尼佛處，並供養多寶如來的舍利寶塔。

時娑婆世界，即變清淨，琉璃爲地，寶樹莊嚴，黃金爲繩，以界八道，無諸聚落村營城邑，大海江河，山川林藪。燒大寶香，曼陀羅華，偏布其地，以寶網幔，羅覆其上，懸諸寶鈴。唯留此會衆，移諸天人，置於他土。是時諸佛各將一大菩薩，以爲侍者，至娑婆世界，各到寶樹下。一一寶樹，高五百由旬，枝葉華果，次第莊嚴。諸寶樹下，皆有師子之座，高五由旬，亦以大寶而校飾之。爾時諸佛，各於此座結跏趺坐。如是展轉，偏滿三千大千世界，而於釋迦牟尼佛一方所分之身，猶故未盡。

【註解】這向下明三變世界，分身還集。今先明初變娑婆。

「娑婆世界卽變淸淨」——娑婆世界，是衆生業報及如來應化的穢土；華藏世界，是佛的實報淨土。今爲集十方諸佛，故變穢爲淨。

「琉璃爲地……無諸聚落……林藪」——此破衆生情見，執染迷淨：「琉璃爲地」等，乃淨土相顯；「無諸聚落」等，爲娑婆相隱。然，娑婆雖隱而不滅；淨土雖顯而不增；不增不減，染淨實爲一相。

「燒大寶香……懸諸寶鈴」——此以果地莊嚴，顯因地妙行：「燒大寶香」顯因地聞法熏修；「曼陀羅華徧布其地」顯因地廣行檀施；「以寶網幔羅覆其上」顯因地嚴淨尸羅；「懸諸寶鈴」顯因地說法無礙。

「是時諸佛……猶故未盡」——此明分身還集：「是時諸佛」等，表體用不二；「至娑婆世界」等，表還迹歸本；「如是展轉」等，表器界有窮，眞應無盡。

【語譯】此時，佛以神通之力，卽將娑婆世界變爲淸淨：以琉璃爲地，寶樹莊嚴，黃金爲繩，分界八道；無一切聚集的村落、營寨、城邑，及大海、江河、山川、林藪。燒大寶香，以曼陀羅華布滿其地，寶網帳幔羅覆其上，並懸掛寶鈴。唯留此靈山會上大機已熟的四衆八部；其餘非器的諸天人等，都徙置到別的國土去了。

此時分身諸佛，各帶一大菩薩，充當侍者，到娑婆世界，各止於一寶樹下。這每一寶樹，都高達五百由旬，枝葉華果，依次莊嚴。諸寶樹下，都有一師子座，高五由旬，也是以大寶嚴飾的。諸佛就在這師子座上結跏趺而坐了。這樣展轉而坐，遍滿了三千大千世界，而釋迦牟尼佛的一方分身，還沒有盡都容納，何況十方？

時釋迦牟尼佛，欲容受所分身諸佛故，八方各更變二百萬億那由他國，皆令清淨。無有地獄、餓鬼、畜生，及阿修羅。又移諸天人，置於他土。所化之國，亦以琉璃爲地，寶樹莊嚴，樹高五百由旬，枝葉華果，次第嚴飾，樹下皆有寶師子座，高五由旬，種種諸寶，以爲莊校。亦無大海、江河，及目眞鄰陀山、摩訶目眞鄰陀山、鐵圍山、大鐵圍山、須彌山等諸山王，通爲一佛國土。寶地平正，寶交露幔，遍覆其上，懸諸幡蓋，燒大寶香，諸天寶華，徧布其地。

【註解】此明再變八方。「目眞鄰陀山……大鐵圍山」——目眞鄰陀，是龍王名，其所住之山，名目眞鄰陀山。圍繞一小世界的鐵山，名鐵圍山。圍繞大千世界的鐵山，名大鐵圍山。餘如前解。

【語譯】這時釋迦牟尼佛，爲容受其分身諸佛故，更變八方各二百萬億那由他國，皆令清淨，沒有地獄、餓鬼、畜生，及阿修羅這四惡道。又徙置一切天人於化土以外的其他國土。

所化之國，也是以琉璃爲地，寶樹莊嚴；樹高五百由旬，枝葉華果，次第嚴飾；每一樹下，都有一師子座，高五由旬，亦以種種珍寶而爲莊校。也沒有大海、江河，及目眞鄰陀山、大目眞鄰陀山、鐵圍山、大鐵圍山、須彌山等山王的阻隔，使所變的八方各二百萬億那由他國，通爲一佛國土。寶地平正，衆寶交絡的露天帳幔，遍覆其上，懸諸旛蓋，燒大寶香，諸天所散的寶華，遍布其地。

釋迦牟尼佛，爲諸佛當來坐故，復於八方各更變二百萬億那由他國，皆令淸淨。無有地獄、餓鬼、畜生、及阿修羅。又移諸天人，置於他土。所化之國，亦以琉璃爲地，寶樹莊嚴；樹高五百由旬，枝葉華果，次第莊嚴；樹下皆有寶師子座，高五由旬，亦以大寶而校飾之。亦無大海、江河，及目眞鄰陀山、摩訶目眞鄰陀山、鐵圍山、大鐵圍山、須彌山等諸山王，通爲一佛國土。寶地平正，寶交露幔，遍覆其上，懸諸幡蓋，燒大寶香，諸天寶華，遍布其地。

【註解】此明三變八方。以佛神力，欲集十方分身，一變娑婆卽可，何須再三更變八方？具有三義：1爲表三根之穢，次第悟淨；2爲表廢三乘之穢，顯一乘之淨；3爲表會三乘之權，歸一乘之實。

【語譯】釋迦牟尼佛，爲他的分身諸佛當來坐位之故，復於八方各更變二百萬億那由他國，都成清淨，沒有地獄、餓鬼、畜生，及阿修羅道；又移置一切天人，於其他國土。所變化的國土，也是以琉璃爲地，寶樹莊嚴，樹高五百由旬，枝葉華果，次第莊嚴，樹下各有一師子座，高五由旬，也都是以大寶莊校嚴飾的。也沒有大海、江河，及目眞鄰陀山、大目眞鄰陀山、鐵圍山、大鐵圍山、須彌山等，這諸山之王的險難阻礙，使所變之國，通成一佛國土。寶地平正，衆寶交織而成的露幔，遍覆其上，懸諸旛蓋，燒大寶香，諸天寶華，散布滿地。

爾時東方釋迦牟尼佛所分之身，百千萬億那由他恒河沙等國土中諸佛，各各說法，來集於此。如是次第十方諸佛，皆悉來集，坐於八方。爾時一一方四百萬億那由他國土，諸佛如來遍滿其中。

【註解】此明分身還集。如文易解。

【語譯】此時東方百千萬億那由他恒河沙等國裏，釋迦牟尼的分身諸佛，各於彼土說法辭衆，來此土集結。十方諸佛，也都如此的辭衆次第而來，分坐八方。這時所變一一方的四百萬億那由他淨土，諸佛如來都遍滿其中了。

是時，諸佛各在寶樹下，坐師子座，皆遣侍者問訊釋迦牟尼佛，各齎寶華滿掬而告之言：善男子！汝往詣耆闍崛山釋迦牟尼佛所，如我辭曰：少病少惱，氣力安樂，及菩薩聲聞衆悉安

隱不？以此寶華散佛供養而作是言：彼某甲佛，與欲開此寶塔。諸佛遣使，亦復如是。

【註解】這向下明開塔見佛。今先敍開塔因緣。「各齎寶華滿掬」——齎，音咨，付物與人之義。掬，音菊，兩手捧物之義。

「彼某甲佛」——某甲，是侍者稱彼佛名號的代辭。

【語譯】這時，從十方還集的分身諸佛，各自落坐在寶樹下的師子座上，都派遣侍者去問訊釋迦牟尼佛，各以雙手滿捧着寶華，齎與侍者，付囑他說：「善男子！你去到耆闍崛山的釋迦牟尼佛處，代我這樣說：『少病少惱，氣力充沛得安樂不？座下的菩薩聲聞等衆，都很安隱吧？』問訊既畢，然後再以這寶華，散於佛上作爲供養，就說：『彼某甲佛，爲欲開此寶塔而來。』」

一佛遣使，散華供養，爲欲開塔；諸佛遣使，也是這樣的。

爾時釋迦牟尼佛，見所分身佛，悉已來集，各各坐於師子之座，皆聞諸佛與欲同開寶塔。卽從座起，住虛空中。一切四衆起立合掌，一心觀佛。於是釋迦牟尼佛，以右指開七寶塔戶，出大音聲，如却關鑰，開大城門。卽時一切衆會，皆見多寶如來，於寶塔中，坐師子座，全身不散如入禪定。又聞其言：善哉善哉！釋迦牟尼佛快說是法華經，我爲聽是經故，而來至此。爾時四衆等，見過去無量千萬億劫滅度佛說如是言，歎未曾有！以天寶華聚，散多寶佛及釋迦牟尼佛上。

【註解】此正明開塔見佛。「住虛空中……一心觀佛」——虛者，假也；住虛空中，表卽假、卽空、卽中的三諦相卽，圓融不二。一切四衆……一心觀佛，表心、佛、衆生，三無差別。「以右指開七寶塔戶……全身不散」——以右指開塔，表方便開權；如却關鑰，表障機已動；見多寶如來，表會權歸實；全身不散，表法身常住。

【語譯】此時釋迦牟尼佛，見他的分身諸佛，都已應召來集，各各趺坐在師子座上，又聽說他們都願同開寶塔；卽從座位上騰身而起，住虛空中。一切四衆，都起立合掌，一心專注的瞻仰着空中的佛。於是釋迦牟尼佛，以右手指啓開了七寶塔戶，其響聲之大，好像開大城門，却除了關閉的鎖鑰一樣！卽時在會大衆，都看見多寶如來，坐在塔裏的師子座上，全身不散，如入禪定；又聽見他說出了讚歎的話：「善哉！善哉！釋迦牟尼佛，快說這妙法華經，我就是爲聽此經而來的啊。」

此時四衆等，見此過去世無量千萬億劫，已竟滅度了的佛，會說出這樣的話來，大家都稱歎此事爲昔所未有！而諸天復以天寶華聚，紛紛的散在多寶佛及釋迦牟尼佛上。

爾時多寶佛，於寶塔中分半座與釋迦牟尼佛，而作是言：釋迦牟尼佛，可就此座。卽時釋迦

牟尼佛，入其塔中，坐其半座，結跏趺坐。爾時大衆見二如來，在七寶塔中師子座上，結跏

趺坐，各作是念：佛坐高遠，惟願如來以神通力，令我等輩，俱處虛空。卽時釋迦牟尼佛，以神通力接諸大衆，皆在虛空。

【註解】此明二佛共坐。具有二義：一則顯示諸佛道同，不二而二，二而不二。二則爲破稟教人執釋迦實有生滅。故以多寶的滅而不滅，不滅示滅；來顯示釋迦的不生而生，生而不生。

【語譯】此時，多寶佛在寶塔裏讓出半座給釋迦牟尼佛說：「釋迦牟尼佛，請你就在這半座上坐下來吧。」卽時釋迦牟尼佛，便進入寶塔，在他的半座上結跏趺而坐了。

此時大衆見二位如來，在寶塔中的師子座上，結跏趺並坐，大家都不約而同的默然念道：「佛坐高遠，縹緲莫及，惟願如來以神通之力，使我們都住於虛空。」卽時釋迦牟尼佛，便如其所願的以神力接引他們，同二佛一樣的住於虛空了。

以大音聲普告四衆：誰能於此娑婆國土，廣說妙法華經，今正是時，如來不久當入涅槃，佛欲以此妙法華經，付囑有在。

【註解】此明徵弘經人。如文易解。

【語譯】釋迦牟尼佛，以大音聲，普告四衆弟子，他說：「誰能在這娑婆國土，廣爲衆生說此妙法華經，現在正是時候；如來不久，化緣旣盡，當入涅槃，欲以此妙法華經，付囑有人，使其展轉流通，不令斷絕。」

爾時世尊欲重宣此義而說偈言：聖主世尊，雖久滅度，在寶塔中，尚爲法來，諸人云何，不勤爲法？此佛滅度，無央數劫，處處聽法，以難遇故。彼佛本願，我滅度後，在在所往，常爲聽法。

【註解】上來長行已竟。此下是以偈頌重宣前義。凡四十八頌：這三頌半重宣多寶來意。如文易解。

【語譯】此時世尊欲重宣此義，乃說偈道：聖主世尊——多寶如來，雖久已滅度在七寶塔中，尚且爲聞法而來；汝等諸人，既未得證，何以不爲法精勤？此佛自滅度以來，於無窮數劫，處處聽法，因爲妙法難遇，猶如優曇。彼佛本來在未滅度前，曾發過這樣的誓願：「我滅度後，在在所往，常爲聽法，更無他事。」

又我分身，無量諸佛，如恒沙等，來欲聽法，及見滅度，多寶如來。各捨妙土，及弟子衆，天人龍神，諸供養事，令法久住，故來至此。爲坐諸佛，以神通力，移無量衆，令國清淨。諸佛各各，詣寶樹下，如清淨池，蓮華莊嚴。其寶樹下，諸師子座，佛坐其上，光明嚴飾，如夜闇中，然大炬火。身出妙香，遍十方國，衆生蒙熏，喜不自勝，譬如大風，吹小樹枝。以是方便，令法久住。

【註解】這八頌半，除第三頌爲重宣三變世界外，其餘皆明分身集意，爲令法久住。如文易解。

【語譯】還有，我的分身無量諸佛，如恒河沙等，他們欲聽妙法，及見滅度的多寶如來，各自捨棄了他們的淨妙國土及四衆弟子，天人龍神的一切供養；無非爲令妙法久住之故，而遠來至此。

我爲安排諸佛座位，以神通力，移置無量衆生於其他穢土，使本國清淨。諸佛各各往詣至七寶樹下，好像清淨的水池，以蓮華莊嚴。佛坐在這寶樹下的師子座上，光明嚴飾，又好像在無明闇夜裏，然大炬火。佛身所出的微妙香氣，徧十方國，衆生蒙此香熏，喜不自勝，這譬如大風吹小樹枝，無不披靡。以此善巧方便，令正法久住。

告諸大衆，我滅度後，誰能護持，讀說斯經，今於佛前，自說誓言。其多寶佛，雖久滅度，以大誓願，而師子吼。多寶如來，及與我身，所集化佛，當知此意。

【註解】這向下有四徵四勸，此爲第一：初一頌半徵弘經人；次二頌舉佛以勸。如文易解。

【語譯】普告會中大衆：我滅度後，誰能護持、讀誦、解說這妙法華經，今應在佛前，自動宣誓。

彼多寶如來，雖久已滅度，尚以宿世大願力故，在寶塔中作師子吼。多寶遠來、我身現在、化佛咸集；當知這諸佛之意，盡在弘經，怎可孤負？

諸佛子等，誰能護法，當發大願，令得久住。其有能護，此經法者，則為供養，我及多寶。此多寶佛，處於寶塔，常遊十方，為是經故。亦復供養，諸來化佛，莊嚴光飾，諸世界者。若說此經，則為見我，多寶如來，及諸化佛。

【註解】這五頌為第二徵勸：初一頌為徵，次四頌為勸。如文易解。

【語譯】諸佛子們，誰能護此經法，當發大願，令正法久住於世。若有佛子，能護持這法華經的，那就是以法供養我和多寶；因為這多寶佛，在寶塔中常遊十方，為的就是這法華經啊。不但是供養我和多寶，也供養了從十方來的那莊嚴光飾諸世界的分身化佛。

妙法是佛的法身舍利，若有人能講說此經，那就等於是見我和多寶如來，及諸化佛。

諸善男子，各諦思惟，此為難事，宜發大願。諸餘經典，數如恒沙，雖說此等，未足為難；若接須彌，擲置他方，無數佛土，亦未為難；若以足指，動大千界，遠擲他國，亦未為難；若立有頂，為眾演說，無量餘經，亦未為難；若佛滅度，於惡世中，能說此經，是則為難。假使有人，手把虛空，而以遊行，亦未為難；於我滅後，若自書持，若使人書，是則為難。

若以大地，置足甲上，升於梵天，亦未為難；佛滅度後，於惡世中，暫讀此經，是則為難。
假使劫燒，擔負乾草，入中不燒，亦未為難；我滅度後，若持此經，為一人說，是則為難。
若持八萬，四千法藏，十二部經，為人演說，令諸聽者，得六神通，雖能如是，亦未為難；
於我滅後，聽受此經，問其義趣，是則為難。若人說法，令千萬億，無量無數，恒沙眾生，
得阿羅漢，具六神通，雖有是益，亦未為難；於我滅後，若能奉持，如是經典，是則為難。
我為佛道，於無量土，從始至今，廣說諸經，而於其中，此經第一，若有能持，則持佛身。

【註解】這二十頌為第三徵勸：初一頌徵發願人；次十七頌設六難以勸；後二頌總結六難。

「八萬四千法藏十二部經」——法藏，如前序品已解。八萬四千，乃五蘊、十二處、十八界等法數的統計。十二部經，為一切經的分類：1契經，2重頌，3諷頌，4因緣，5本事，6本生，7未曾有，8譬喻，9論議，10自說，11方廣，12授記。

【語譯】諸善男子，你們各自諦審思惟，這末世持經，確是一樁難事，除非發宏誓大願，才能承當。

除法華外，其餘的三乘方便經典，數如恒沙，雖能說此多經，不足為難；若以手持須彌山王，拋擲到他方的無數佛土，也不足為難；若以足指動大千世界，遠擲他國，也不足為

難；倘若有人站在世界最高的「有頂」天上，爲衆生演說其餘的無量經典，也不足爲難。若在佛滅度後的五濁惡世，能說此法華經的，這才眞是爲難哩！

假使有人，把握着不可捉摸的虛空，藉以遊行，也不足爲難。惟有於我滅度之後，能自己書寫受持，或使人書寫此法華經者，這才是爲難哩！

若將大地安置在足指甲上，一蹴而使之升於梵天，也不足爲難。惟於佛滅度後的惡濁之世，能暫時讀此法華經的，才眞是爲難哩！

假使劫火然燒，肩擔着乾草，入火不焚，也不足爲難。惟於我滅度後，能受持此經，最少爲一人說者，這才是爲難哩！

若有持八萬四千法藏，及十二部經爲人演說，令一切聽衆都得了六種神通；縱然能夠這樣，也不足爲難。惟於我滅度後，聽受此經，能問其義趣，如說修行的，這才是爲難哩！

若有人說法，令千萬億無量無數恒沙衆生，證得了小乘的阿羅漢果，具六神通；縱然有此利益，也不足爲難。惟於我滅度後，能奉持此一乘實相的妙法華經，這才是爲難哩！

我爲衆生得成佛道，分身於無量國土，從最初轉法輪開始，直到今天，廣說諸經，就中以此法華，最爲第一。倘若有人能受持此經，就是持佛法身。

諸善男子，於我滅後，誰能受持，讀誦此經，今於佛前，自說誓言。此經難持，若暫持者，

我則歡喜，諸佛亦然，如是之人，諸佛所歎。是則勇猛，是則精進，是名持戒，行頭陀者，則爲疾得，無上佛道。能於來世，讀持此經，是眞佛子，住淳善地。佛滅度後，能解其義，是諸天人，世間之眼。於恐畏世，能須臾說，一切天人，皆應供養。

【註解】這七頌半爲第四徵勸：初一頌半爲徵；次六頌爲勸。如文易解。

【語譯】諸善男子！誰能於我滅後，受持讀誦此法華經，今天應在佛前自動宣誓。此經義趣微妙難持，若有剎那不住，雖時間短暫，而猶持之不息者，則不但我釋迦歡喜，就是諸佛也一樣的歡喜。像這樣持經的人，是十方諸佛所稱歎的。這就是勇猛，就是精進；這就名叫理攝三聚的持戒；行離貪著的頭陀，很快的就得證無上佛道了。若能於來世，讀持此經，那才是眞正的佛子，止於至善之地哩！若於佛滅度後，能深解法華義趣者，那就是一切世間人天的眼目！若能於恐怖的惡世，須臾演說此經，一切天人，都應當供養。

——見寶塔品竟——

提婆達多品第十二

提婆達多，亦名調達，本土譯爲天熱。乃斛飯王之子，阿難之兄，佛之從弟。出家學神通，造三逆罪，破壞佛法，所以當其生時，諸天皆感熱惱，故名天熱。其迹如是。然本品爲法華取證，但序其本地曾爲釋迦說此法華，使今成正覺之事，故以提婆達多題此品名。

什公譯此妙法蓮華經，塔品徵弘經人，持品應徵弘經，文理啣接而暢達，原無此提婆達多品梗阻其間，後爲梁末西天竺人眞諦所加入。隨使後之學者，多疑此經爲提婆達多所僞造，而非佛說。所以古德爲破此疑，法華義疏釋調達爲「非惡示惡」；法華文句釋之爲「行逆而理順」。至於文理暢達與否，應知那是荃罤，而非魚兎，置之可也。

爾時佛告諸菩薩及天人四衆：我於過去無量劫中，求法華經，無有懈倦。於多劫中常作國王，發願求於無上菩提，心不退轉。爲欲滿足六波羅密，勤行布施，心無吝惜，象、馬、七珍、國城、妻子、奴婢僕從、頭目髓腦，身肉手足，不惜軀命。時世人民壽命無量，爲於法故，捐捨國位，委政太子，擊鼓宣令，四方求法，誰能爲我說大乘者，吾當終身供給走使。

【註解】本品開爲三段：初段明調達說經致釋迦成佛，分四：初明調達過去世事，分長行、偈頌之二。今於長行先明釋迦積劫求經。如文易解。

【語譯】佛說見寶塔品已竟之時，復告諸菩薩及天人四衆道：我在過去世的無量劫中求法華經，勤勤懇懇，未嘗懈怠。我在這許多劫中，雖常作國王；然猶發大願求無上菩提，心不退轉。

爲欲滿足六度萬行，勤修布施，無所吝惜。不但布施象、馬、七珍、國城、妻子、奴婢僕從等的身外之物；而且還布施頭目髓腦、身肉手足，而不惜軀命。如是修首度檀施，其餘五度，那還用說嗎？

此時世人雖壽命無量，我却不起貪愛，仍爲求妙法故，捨棄王位，把政權委託太子，椎擊聲鼓，宣布號令，向四方求法，有誰能爲我說大乘經者，我當終身供給勞役，奔走使命。

時有仙人，來白王言：我有大乘，名妙法蓮華經，若不違我，當爲宣說。王聞仙言，歡喜踴躍，卽隨仙人，供給所須，採果、汲水、拾薪、設食，乃至以身而爲床座，身心無倦。於時奉事，經於千歲，爲於法故，精勤給侍，令無所乏。

【註解】次明求得法師，爲法奉事。如文易解。

【語譯】這時候有一位仙人，來對王說：「我有大乘，名妙法蓮華經，非器不傳，若有於我言教不敢違逆的人，我就爲他宣說。」

那國王一聽說仙人有大乘經，不禁歡喜踊躍，隨卽跟著仙人去供給所須。舉凡：上樹采果、下澗汲水、穿林拾柴、入厨設饌；甚至像以身作爲床座似的辛苦，都不覺疲倦。這樣經千歲之久，爲從師聞法故，精勤供給，奉侍走使，不令匱乏。

爾時世尊欲重宣此義而說偈言：我念過去劫，爲求大法故，雖作世國王，不貪五欲樂，椎鐘告四方，誰有大法者，若爲我解說，身當爲奴僕。時有阿私仙，來白於大王：我有微妙法，

世間所希有，若能修行者，吾當為汝說。時王聞仙言，心生大喜悅，卽便隨仙人，供給於所須，採薪及果蓏，隨時恭敬與。情存妙法故，身心無懈倦，普為諸衆生，勤求於大法，亦不為己身，及以五欲樂，故為大國王，勤求獲此法，遂致得成佛，今故為汝說。

【註解】上來長行已竟。此以偈頌重宣前義：初二頌為積劫求經；次三頌為求得法師，為法奉事；後二頌半結證勸信。

「阿私仙」——阿私，譯為無比端正。因此仙人的形貌與法，都端正無比，故名阿私仙。

「果蓏」——蓏，音裸。在樹曰果，如桃李之屬。在地曰蓏，如瓜瓠之類。

【語譯】此時世尊欲重宣前義，乃說偈道：我念在過去久遠劫中，為求大乘法故，雖作世間國王，却不貪著那五欲塵染的樂事，乃椎擊鐘鼓，向四方宣布，道：「誰有大法，若能為我解說，我當終身為其奴僕。」

適有阿私仙人，來對王說：「大王！我有微妙大法，為世所希有，倘若你能如法修行，我當給你分別解說。」這時大王聞仙人言，不勝歡喜！便隨侍仙人，供給其所須去了，如：然燒的柴炭，食用的瓜果等，都適時恭敬給與。因情存妙法之故，身心都不覺疲倦。勤求妙法，乃為普度一切衆生，並不是為我自身的利益，及五欲的貪愛；所以我雖為國王，而猶精勤不懈的求得此法，遂致成佛。因此之故，今日向爾等宣說。

佛告諸比丘：爾時王者，則我身是；時仙人者，今提婆達多是。由提婆達多善知識故，令我具足六波羅密、慈悲喜捨、三十二相八十種好紫磨金色、十力、四無所畏、四攝法、十八不共、神通道力、成等正覺，廣度衆生，皆因提婆達多善知識故。

【註解】此爲第二明調達現在世事。「善知識」——法華文句云：「聞名爲知；見形爲識；是人益我菩提之道，名善知識。」

「慈悲喜捨」——此即四無量心：1慈心，能與人以樂。2悲心，能拔人之苦。3喜心，見人離苦得樂則喜。4捨心，捨棄以上三心而不存着。此四心，普緣無量衆生，引無量福、感無量果，故名四無量心。

「四攝法」——卽以布施、愛語、利行、同事四法，攝化衆生。其餘三十二相等名句，如前方便、譬喩品等已解。

【語譯】佛告諸比丘道：那時的王者，就是我的前身；阿私仙人，就是現在的提婆達多。

由於昔日提婆達多善知識的教授妙法之故，使我今日具足了施、戒、進等的六波羅密；慈、悲、喜、捨的四無量心；三十二相八十種好紫磨金色的應化莊嚴；十力、四無所畏、四攝法、十八不共的神通道力，成就無上正等正覺，廣度衆生。這都是由提婆達多的善知識故，非由他緣。

告諸四衆：提婆達多，却後過無量劫，當得成佛，號曰天王、如來、應供、正徧知、明行足、善逝、世間解、無上士、調御丈夫、天人師、佛世尊。世界名天道。時天王佛住世二十中劫，廣爲衆生說於妙法。恒河沙衆生，得阿羅漢果；無量衆生，發緣覺心；恒河沙衆生，發無上道心，得無生忍，至不退轉。時天王佛，般涅槃後，正法住世二十中劫，全身舍利，起七寶塔高六十由旬，縱廣四十由旬。諸天人民，悉以雜華、末香、燒香、塗香、衣服、瓔珞、幢幡、寶蓋、技樂、歌頌，禮拜供養七寶妙塔。無量衆生得阿羅漢果；無量衆生悟辟支佛；不可思議衆生發菩提心，至不退轉。

【註解】此爲第三明調達未來世事。如文易解。

【語譯】佛告一切四衆道：提婆達多，到後來過無量劫，當得作佛，別號天王，通號：如來、應供、正徧知、明行足、善逝、世間解、無上士、調御丈夫、天人師、佛世尊。彼佛世界，名叫天道。

時天王佛，在他住世的二十中劫期間，廣爲衆生宣說妙法：有恒河沙數衆生，得聲聞乘的阿羅漢果；無量衆生，發緣覺乘的辟支佛心；還有恒河沙數衆生，發菩薩乘的無上道心，得無生法忍，至不退地。

佛滅度後，正法住世，也二十中劫。後人爲佛的全身舍利起七寶塔，高六十由旬，縱廣四十由旬。諸天人民，都以雜華、末香、燒香、塗香、衣服、瓔絡、幢旛、寶蓋、技樂、歌頌等，禮拜供養這七寶妙塔。因而成就了無量衆生，得阿羅漢果；無量衆生，悟得緣覺；不思議的大機衆生，發菩提心，至不退地。

佛告諸比丘：未來世中，若有善男子、善女人，聞妙法華經提婆達多品，淨心信敬，不生疑惑者；不墮地獄、餓鬼、畜生，生十方佛前，所生之處，常聞此經。若生人天中，受勝妙樂；若在佛前，蓮華化生。

【註解】此爲第四稱歎利益。如文易解。

【語譯】佛告諸比丘道：到未來世中，若有善男子、善女人，聞此妙法華經的提婆達多品，而能淨信此品確爲佛說，不生疑惑者；便有離三塗八難的利益：1不墮地獄、餓鬼、畜生，離三塗難。2生於十方佛世，離佛前佛後難。3所生之處，常聞此經，離世智辯聰難。4若生人天中，受勝妙之樂，離盲聾瘖瘂難。5若在佛國蓮華化生，離邊地、長壽天難。

於時下方多寶世尊所從菩薩，名曰智積，白多寶佛，當還本土。釋迦牟尼佛告智積曰：善男子，且待須臾，此有菩薩，名文殊師利，可與相見，論說妙法，可還本土。

【註解】上來第一段明調達說經，致釋迦成佛竟。此下爲第二段明論說妙法，分四：今初明智積請還，釋迦暫止。如文易解。

【語譯】在佛稱歎本品利益已竟之時，有一位隨下方多寶世尊來娑婆聽經的菩薩，名叫智積，他稟白多寶佛說：「今聞經已竟，請還本土。」

釋迦牟尼佛，告智積菩薩道：「善男子！少待片刻，這裏有一位菩薩，名文殊師利，你可以和他相見，談論妙法，然後再回本土不遲。」

爾時文殊師利，坐千葉蓮華，大如車輪，俱來菩薩，亦坐寶蓮華，從於大海娑竭羅龍宮，自然涌出，住虛空中，詣靈鷲山，從蓮華下，至於佛所，頭面敬禮二世尊足。修敬已畢，往智積所，共相慰問，却住一面。

【註解】此爲第二明文殊從龍宮來。「娑竭羅龍宮」——娑竭羅，此譯鹹海，在七金山外，龍住其中，故名龍宮。問：前序品裏說文殊在會；寶塔品裏三變世界無大海江河，今品云文殊從大海來，豈非矛盾？答：一、變化非實，乃不變之變，變而不變；若實無大海，則娑婆豈不永成淨土？二、以文殊的大智神通，不難於一念頃往返於靈鷲鹹海之間，不見有來去之相，雖去猶住，不往而來。

【語譯】此時文殊師利，坐着大如車輪的千葉蓮華，和他同時俱來的菩薩，也坐在寶蓮華上，從鹹海龍宮裏自然涌出，凌空到靈鷲山來，下蓮華座，直趣佛所，向釋迦、多寶二位世尊，行接足禮。修禮既畢，便往智積菩薩處，互相寒喧一番，然後退居一面。

智積菩薩問文殊師利：仁往龍宮所化衆生，其數幾何？文殊師利言：其數無量，不可稱計，非口所宣，非心所測，且待須臾，自當證知。所言未竟，無數菩薩坐寶蓮華，從海涌出，詣靈鷲山，住在虛空。此諸菩薩，皆是文殊師利之所度化，具菩薩行，皆共論說六波羅密。本聲聞人，在虛空中說聲聞行，今皆修行大乘空義。文殊師利謂智積曰：於海敎化，其事如是。

【註解】此爲第三明智積請問，文殊垂答。如文易解。

【語譯】智積菩薩問文殊師利道：「仁者！你往龍宮所度化的衆生，爲數多少？」文殊師利答道：「其數無量，不可稱計，不是口所能宣，也不是心所能測，少待片刻，你就知道了。」

一言未盡，便見無數菩薩，坐寶蓮華從海裏涌出，到靈鷲山的虛空停止。這些菩薩，都是文殊師利所度化的。其中有直往大乘具足菩薩行的，都在談論六波羅密；有自聲聞迴趣大乘的，在虛空中說他們本是修偏空的聲聞，如今也都修行大乘的畢竟空義了。

文殊師利，指着這些菩薩，向智積道：「我在龍宮敎化的事迹，就是如此。」

爾時智積菩薩，以偈讚曰：大智德勇健，化度無量衆，今此諸大會，及我皆已見，演暢實相

義，開闡一乘法，廣導諸衆生，令速成菩提。文殊師利言：我於海中，唯常宣說妙法華經。

【註解】此爲第四明智積稱歎，文殊推功。如文易解。

【語譯】此時智積菩薩，以偈讚道：「大智大德！勇猛雄健，度化無量衆生，今日這靈山會上的大衆，及我智積，都有目共覩。您是以演暢實相義爲化法呢？還是開闡一乘實法爲種種方便，以誘導衆生，使之速成菩提呢？」

文殊師利道：「我在大海龍宮，唯常宣說這一乘實相的妙法華經，無二法門。」

智積問文殊師利言：此經甚深微妙，諸經中寶，世所希有，頗有衆生，勤加精進，修行此經，速得佛不？文殊師利言：有娑竭羅龍王女，年始八歲，智慧利根，善知衆生諸根行業，得陀羅尼，諸佛所說甚深秘藏，悉能受持，深入禪定，了達諸法，於剎那頃發菩提心，得不退轉，辯才無礙，慈念衆生，猶如赤子。功德具足，心念口演，微妙廣大，慈悲仁讓，志意和雅，能至菩提。

【註解】上來第二段明論說妙法竟。此下爲第三段明龍女成佛，分六：今初明問答得果。如文易解。

【語譯】智積問文殊師利道：「這法華經的義趣，甚深微妙，可以說是諸經之寶，世所希有！也頗有衆生，聞此深經，能如說修行，精進不懈的速得佛果不？」

文殊師利答道：「有！那娑竭羅龍王的女兒，年方八歲，便有速得佛果的足够條件：一、智慧明敏，根性聰利，他能察知衆生的差別根性，及善惡行業。二、他獲得了總持的陀羅尼門，對諸佛所說的甚深秘密法藏，都能受持不忘；深入禪定，了達諸法性相。三、他能於一刹那頃，發菩提心，登不退地，其說法的智辯，無所滯礙。四、慈念衆生，就像在襁褓中的嬰兒一樣。

以上功德，具足了心念口演那微妙廣大的一乘實法；慈悲仁讓，志意和雅的菩薩風格，所以他能速至菩提。」

智積菩薩言：我見釋迦如來，於無量劫，難行苦行，積功累德，求菩提道，未曾止息，觀三千大千世界，乃至無有如芥子許，非是菩薩捨身命處，爲衆生故，然後乃得成菩提道。不信此女於須臾頃，便成正覺。

【註解】此二明智積設難。如文易解。

【語譯】智積菩薩道：「我見釋迦如來，曾於無量阿僧祇劫，行其所難行的苦行，積功累德，求菩提道，未曾休息。怎見得呢？徧觀三千大千世界，乃至沒有一芥子許大的地方，不是菩薩捨身命處；爲度衆生故，歷無邊生死，然後方得成佛。釋迦如來尚且如此，不信這區區龍女，能於一刹那頃，便成正覺。」

言論未訖，時龍王女忽現於前，頭面禮敬，却住一面，以偈讚曰：深達罪福相，徧照於十方，微妙淨法身，具相三十二，以八十種好，用莊嚴法身。天人所戴仰，龍神咸恭敬，一切衆生類，無不宗奉者。又聞成菩提，唯佛當證知，我闡大乘敎，度脫苦衆生。

【註解】此三明龍女忽來。「深達罪福相」——以凡夫的情識來看，但見九界之相爲罪，佛界之相爲福，既見罪福，則不得謂爲「深達」。若以佛的妙智觀之，九界的罪相不可得，佛界的福相亦不可得，十界泯絕，唯一實相，方爲「深達」。

「微妙淨法身……莊嚴法身」——瓔珞經立自性、應化二種法身。以全攬法身而爲應化，故應化亦名法身。今言微妙淨法身，似卽瓔珞所謂的自性；三十二相八十種好，似卽瓔珞所謂的應化。自性具應化而爲法身，方契圓宗。

【語譯】智積和文殊的話還沒有說完，忽見那龍女如閃電般的出現在佛前，頭面禮佛，退立一邊，以偈讚道：世尊能深深的了達罪福之相，智慧光明徧照十方，微妙淸淨的自性法身，圓具三十二相，八十種好以爲莊嚴。天人龍神，都頂戴景仰；一切衆生，沒有那個不尊奉的！

又、聞經得成菩提之事，非他人所可臆測；唯佛深達罪福，自當證知，我爲闡揚大乘實敎，度脫一切苦惱衆生故，速成正覺。

爾時舍利弗語龍女言：汝謂不久得無上道，是事難信，所以者何？女身垢穢，非是法器，云何能得無上菩提？佛道懸曠，經無量劫，勤苦積行，具修諸度，然後乃成。又女人身猶有五障：一者不得作梵天王；二者帝釋；三者魔王；四者轉輪聖王；五者佛身。云何女身速得成佛？

【註解】此四明身子設難。如文易解。

【語譯】此時舍利弗難龍女道：「你以謂不久便得無上佛道，這事是很難令人相信的。所以難信者，有三種理由：一、女身垢穢，不是堪受清淨大法之器，如何能得無上菩提？二、佛道懸遠曠大，必須經無量劫，勤苦不懈的累積萬行，具修六度，然後才能成佛。三、女人身有五障：1女身不淨，不得作淨行的大梵天王。2女人多欲，不得作少欲的帝釋。3女性怯弱，不得作堅固的魔王。4女多妒害，不得作仁慈的轉輪聖王。5女具煩惱，不得作萬德莊嚴的佛身。有此五障，如何女身能速疾成佛？」

爾時龍女有一寶珠，價値三千大千世界，持以上佛，佛卽受之。龍女謂智積菩薩、尊者舍利弗言：我獻寶珠，世尊納受，是事疾不？答言：甚疾！女言：以汝神力觀我成佛，復速於此。當時會衆，皆見龍女忽然之間，變成男子，具菩薩行，卽往南方無垢世界，坐寶蓮華，成等正覺，三十二相、八十種好，普爲十方一切衆生，演說妙法。

【註解】此五明龍女獻珠成佛。如文易解。

【語譯】此時龍女，有一顆寶珠，價值三千大千世界，持以奉佛。佛卽受珠，以示其因圓果滿，並全其施德。龍女問智積菩薩及尊者舍利弗道：「我獻寶珠，世尊納受，這事在時間上說，快不快呢？」他們回答的說：「很快！」龍女道：「今以你的神力，來看我成佛，比獻珠更快！」

當時，在會上的大衆，都看見龍女忽然間變成了男子，具足菩薩大行，卽往南方無垢世界，坐寶蓮華，成等正覺，而以三十二相、八十種好的應化法身，普爲十方世界的一切衆生，演說妙法。

爾時娑婆世界，菩薩、聲聞、天龍八部、人與非人，皆遙見彼龍女成佛，普爲時會人天說法，心大歡喜，悉遙敬禮。無量衆生，聞法解悟，得不退轉；無量衆生，得授道記。無垢世界六反震動。娑婆世界：三千衆生住不退地；三千衆生發菩提心，而得授記。智積菩薩，及舍利弗，一切會衆，默然信受。

【註解】此六明時衆得益。如前已解。

【語譯】此時這娑婆世界的菩薩、聲聞、天龍八部、人與非人，都遠遠的看見那龍女成佛，普爲當時的會衆人天說法，心大歡喜，都遙向彼佛恭敬禮拜。

十方世界：有無量衆生，聞法解悟，得不退位的；也有無量衆生，得蒙授菩提道記的。無垢世界，感得六種震動。娑婆世界：有三千衆生，聞法得益，登不退地；三千衆生，發菩提心，得蒙授記。

智積菩薩及舍利弗，乃至一切會衆，見龍女成佛，都語爲之塞而默然信受了。

——提婆達多品竟——

持品第十三

佛在見寶塔品裏，以發願弘經爲號召；又在提婆達多品裏，歎經功殊勝；故本品始有菩薩聲聞等的響應號召，發願持經之事，所以題此品名爲「持」。

爾時藥王菩薩摩訶薩，及大樂說菩薩摩訶薩，與二萬菩薩眷屬俱，皆於佛前作是誓言：惟願世尊，不以爲慮，我等於佛滅後，當奉持讀誦，說此經典。後惡世衆生，善根轉少，多增上慢，貪利供養，增不善根，遠離解脫，雖難可敎化，我等當起大忍力，讀誦此經，持說書寫，種種供養，不惜身命。

【註解】本品開爲四段：今第一段明二萬菩薩發願弘經。

「供養」——諸佛是出纏如來；衆生是在纏如來。供養諸佛，叫做出纏供養；供養衆生，叫做在纏供養。又以香華衣食等財物供養，叫做財供養；如說修行，利益衆生，叫做法供養。這裏所說的供養，應是以法供養在纏如來。

【語譯】此時藥王及大樂說二大菩薩，和他們的法眷菩薩二萬人，一同在佛前發誓，這樣說道：「但願世尊，不必以無人弘經爲慮，我等於佛滅後，自當奉持、讀誦，爲人解說此妙法經典。

後來的惡世衆生，善根人越來越少，間或有人修行，多半是未得謂得的增上慢人，他們貪圖利養，增不善根，離解惑脫縛的自在尚遠。這種人，雖難以教化；然而我們當起大忍辱力，而於此經讀誦、受持、解說、書寫，這種種以法供養，利益衆生之事，都不惜身命。」

爾時衆中五百阿羅漢得受記者，白佛言：世尊！我等亦自誓願，於異國土，廣說此經。復有學、無學八千人得受記者，從座而起，合掌向佛，作是誓言：世尊！我等亦當於他國土，廣說此經。所以者何？是娑婆國中，人多弊惡，懷增上慢，功德淺薄，瞋濁諂曲，心不實故。

【註解】此第二段明聲聞人發願弘經。如文易解。

【語譯】此時在大衆中，已得受記作佛的五百阿羅漢向佛稟白的說：「世尊！我們也自發誓願，於娑婆以外的異國淨土，廣爲衆生，宣說此經。」

又有已得受記的學、無學等八千人，從座位上起來，合掌恭敬，向佛發誓，這樣說道：

「世尊！我等也當於其他國土，廣說此經。因爲這娑婆國中的人，有很多難以教化的弊病惡習：1懷增上慢；2功德淺薄；3瞋怒昏濁；4諂佞邪曲，心不貞實。所以我們要離此娑婆，到他國弘經。」

爾時佛姨母摩訶波闍波提比丘尼、與學、無學比丘尼六千人俱，從座而起，一心合掌，瞻仰尊顏，目不暫捨。於時世尊告憍曇彌：何故憂色而視如來，汝心將無謂我不說汝名，授阿耨多羅三藐三菩提記耶？憍曇彌，我先總說一切聲聞，皆已授記，今汝欲知記者，將來之世，當於六萬八千億諸佛法中，爲大法師，及六千學、無學比丘尼，俱爲法師。汝如是漸漸具菩薩道，當得作佛，號一切衆生喜見、如來、應供、正徧知、明行足、善逝、世間解、無上士、調御丈夫、天人師、佛世尊。憍曇彌，是一切衆生喜見佛，及六千菩薩，轉次授記，得阿耨多羅三藐三菩提。

【註解】此下爲第三段明尼衆受記弘經，分三：今初、授波闍波提記。

「憍曇彌」——此呼瞿曇姓之女聲，故佛以此稱其姨母。

「一切衆生喜見」——菩薩於因地修慈忍行，爲一切衆生所喜見，故以此名果地佛號。

【語譯】此時佛的姨母摩訶波闍波提比丘尼，與學、無學比丘尼六千人，都從座上起來，一心合掌，目不暫捨的仰望着佛的尊容。

世尊此時告姨母憍曇彌道：何故面帶憂色的注視如來，莫非謂我沒有提你的名字，授予無上菩提之記嗎？憍曇彌！我先已總說一切聲聞，皆當授記，尼衆自然也包括在內，今汝欲知所得之記，那就是：你於當來之世，在六萬八千億的諸佛法中，爲大法師；以及那六千學、無學比丘尼等，也都做了法師。你這樣漸漸具足了所行的菩薩之道，就決定成佛。別號：一切衆生喜見。通號：如來、應供、正徧知、明行足、善逝、世間解、無上士、調御丈夫、天人師、佛世尊。

憍曇彌！這一切衆生喜見佛，也與那六千具菩薩行的學、無學比丘尼，展轉次第授予記別，得阿耨多羅三藐三菩提。

爾時羅睺羅母耶輸陀羅比丘尼，作是念：世尊於授記中，獨不說我名。佛告耶輸陀羅：汝於來世百千萬億諸佛法中，修菩薩行，爲大法師，漸具佛道，於善國中，當得作佛，號具足千萬光相、如來、應供、正徧知、明行足、善逝、世間解、無上士、調御丈夫、天人師、佛世尊。佛壽無量阿僧祇劫。

【註解】二、授耶輸陀羅記。「具足千萬光相」——佛相好莊嚴，身光無盡，故以此爲號。

【語譯】此時羅睺羅的母親，耶輸陀羅比丘尼，默然念道：「世尊在授記的比丘尼中，何獨不提我耶輸陀羅的名字呢？」

佛告耶輸陀羅道：「你到來世，於百千萬億的諸佛法中，修菩薩行，為大法師，漸漸的具足了成佛之道，於善國中，當得作佛，別號：具足千萬光相。通號：如來、應供、正徧知、明行足、善逝、世間解、無上士、調御丈夫、天人師、佛世尊。佛壽住世，無量阿僧祇劫。」

爾時摩訶波闍波提比丘尼，及耶輸陀羅比丘尼，並其眷屬，皆大歡喜，得未曾有，即於佛前而說偈言：世尊導師，安隱天人，我等聞記，心安具足。諸比丘尼，說是偈已，白佛言：世尊！我等亦能於他方國土，廣宣此經。

【註解】三、尼衆領記，發願弘經。如文易解。

【語譯】此時摩訶波闍波提，及耶輸陀羅二比丘尼，並其六千眷屬，他們聞授記作佛，都分外歡喜，得了未曾有法！便在佛前說偈讚道：「唯獨世尊導師，能使諸天人民得大安隱，我等聞授記作佛，無不心安理得，具足所願。」

諸比丘尼，說偈既竟，又稟白於佛，說：「世尊！我們也能離此娑婆，於他方國土，廣說這妙法華經。」

爾時世尊視八十萬億那由他諸菩薩摩訶薩。是諸菩薩，皆是阿惟越致，轉不退法輪，得諸陀

羅尼。卽從座起，至於佛前，一心合掌，而作是念：若世尊告勅我等，持說此經者，當如佛敎，廣宣斯法。復作是念：佛今默然，不見告勅，我當云何？時諸菩薩敬順佛意，並欲自滿本願，便於佛前作師子吼而發誓言：世尊！我等於如來滅後，周旋往返十方世界，能令衆生書寫此經，受持讀誦，解說其義，如法修行，正憶念，皆是佛之威力，惟願世尊，在於他方，遙見守護。

【註解】此下爲第四段明諸菩薩，敬順佛意，忍惡弘經，分長行、偈頌之二：今先長行明十方弘經。

「視……諸菩薩」——利根菩薩，但以目視，便能會意，無須告勅。

「阿惟越致」——卽阿鞞跋致，如前譬喩品已解。

「告勅」——自上命下之辭，亦卽告誡之義。勅，音飭，與敕同。

【語譯】此時世尊，以目視示意，令八十萬億那由他諸大菩薩，發願弘經。此等菩薩，都是登不退位，轉不退法輪，得法、義、咒、忍的四陀羅尼。他們卽從座起，走到佛前，一心合掌，作這樣念道：「如果世尊告勅我等，令持說此經的話；我等當如佛之所敎，廣宣此法。」又念：「然而，佛今默無一語，不見有所告勅，我們該怎麼辦？」

時諸菩薩，決定敬順佛在見寶塔品裏徵人弘經的至意，並欲滿足其自覺覺他的菩薩本願。便於佛前，作師子吼聲，發誓願道：「世尊！我們到如來滅後，周旋往來於十方世界的淨、穢國土，弘傳此經，能令衆生書寫、受持、讀誦、解說經義、如法修行、正心憶念。這都是佛以威神之力的加被所致，惟願世尊，雖於此方緣盡，猶於他方化土，遙見守護。」

即時諸菩薩，俱同發聲而說偈言：惟願不爲慮，於佛滅度後，恐怖惡世中，我等當廣說。有諸無智人，惡口罵詈等，及加刀杖者，我等皆當忍。

【註解】此下是以二十頌明惡世弘經。這二頌總明忍惡弘經。如文易解。

【語譯】即時諸大菩薩，都異口同聲的說偈頌道：惟願世尊，不必以無人弘經爲慮，我們於佛滅度之後的恐怖惡濁世中，當廣說此經。

縱遇下愚無智之人，惡口罵詈，誹謗毀辱，甚至以刀杖加害；我們爲弘經故，自當怨親平等，一忍了事。

惡世中比丘，邪智心諂曲，未得謂爲得，我慢心充滿。或有阿練若，納衣在空閑，自謂行眞道，輕賤人間者，貪著利養故，與白衣說法，爲世所恭敬，如六通羅漢。是人懷惡心，常念世俗事，假名阿練若。

【註解】這三頌又三句明惡人邪行。「阿練若」——此譯無諍聲、閑寂、遠離處，爲修空寂行者所樂居。

【語譯】惡世比丘，沒有正智，心懷諂曲，他本來沒有證果，僞謂得證，便爾自高我慢，不可一世，或有修阿練若行者，披着一襲納補的破衣，住在空閑之處，自謂所行的是眞實之道，輕賤在人間行化的菩薩，爲貪着利養之故，與白衣說法，被世人恭敬得好像六通羅漢。此人心存邪惡，常念世俗間事，既非無諍，又非閑寂，不過假冒着阿練若的名而已。

好出我等過，而作如是言：此諸比丘等，爲貪利養故，說外道論義，自作此經典，誑惑世間人，爲求名聞故，分別於是經。常在大衆中，欲毀我等故，向國王大臣，婆羅門居士，及餘比丘衆，誹謗說我惡，謂是邪見人，說外道論義。我等敬佛故，悉忍是諸惡。爲斯所輕言，汝等皆是佛，如此輕慢言，皆當忍受之。濁劫惡世中，多有諸恐怖，惡鬼入其身，罵詈毀辱我。我等敬信佛，當著忍辱鎧，爲說是經故，忍此諸難事。我不愛身命，但惜無上道。我等於來世，護持佛所囑，世尊自當知。濁世惡比丘，不知佛方便，隨宜所說法，惡口而顰蹙，數數見擯出，遠離於塔寺。如是等衆惡，念佛告勅故，皆當忍是事。

【註解】這十一頌又一句明敬佛忍惡。「忍辱鎧」——菩薩忍辱，能防護外難，故以戰士所披的鎧甲爲喻。

「顰蹙」——此爲皺眉蹙額，憂愁不樂的表示。

【語譯】這假名阿練若的比丘，他偏好出我們弘經人的過失，編造出一套這樣的惡言：

「這些比丘們，爲貪求名聞利養之故，善說外道論義，私自造作這所謂的大乘經典，分別解說，來誑惑世人」。他們又常在大衆之前，爲欲毀訾我等，向國王、大臣、婆羅門、居士，及其餘的比丘，誹謗我等，說我們是邪見惡人，所說的經典是外道論義。我們爲敬順佛的旨意，都容忍了這些惡事。又爲其輕慢的說：「汝等皆是佛」。像這似是稱讚，而實爲諷刺的輕慢之言，我們也都能忍受。

惡濁世中，有許多恐怖之事，如惡鬼附入他人身中，來駡詈毀辱於我。我等既敬信如來，自當常著忍辱之鎧，爲弘經故，忍受這一切難忍之事。我等寧可不愛身命，但不能不珍惜至高無上的菩提大道；於未來世，護持佛所囑託。耿耿此心，佛自當知，更何待言。

濁世的邪惡比丘，他們不知三乘權法，爲佛假設方便隨宜所說；聞此法華，便執權謗實，皺着眉頭，口出惡言，我們反數數被他擯出衆外，遠離塔寺！像此等惡事，我們爲念及佛的告命之故，都應當忍受。

諸聚落城邑，其有求法者，我皆到其所，說佛所囑法，我是世尊使，處衆無所畏，我當善說法，願佛安隱住。

【註解】這二頌明應物弘經。如文易解。

【語譯】諸凡居住在村落城邑的人，如其有求法者，我都到他們的所在之處，說佛所付囑的妙法。我是世尊欽命的使者，非初心菩薩可比；當能處衆無畏，智辯無礙的善說法要；願我佛安隱而住，勿以爲慮。

我於世尊前，諸來十方佛，發如是誓言，佛自知我心。

【註解】這一頌總結發願。如文易解。

【語譯】我今在面對世尊，及來自十方的分身諸佛，發出如此的深重誓言，惟佛神力，自知我心。

——持品竟——

安樂行品第十四

身無危難，叫做安；心無憂惱，叫做樂；行道於身心安樂之處，叫做「安樂行」。上品明諸菩薩敬順佛意，誓於佛滅度後，忍惡弘經；然，身忍刀杖之害，則危而非安；心忍罵詈之辱，則憂而非樂。如此弘經，初心菩薩，似屬難能，故本品佛以四種安樂行法，酬答文殊師利「云何能說是經？」之問。所以題名爲「安樂行品」。

爾時文殊師利法王子，菩薩摩訶薩，白佛言：世尊！是諸菩薩甚爲難有，敬順佛故，發大誓願，於後惡世，護持讀說是法華經。世尊！菩薩摩訶薩，於後惡世，云何能說是經？

【註解】本品開爲四段。此爲第一段文殊請問。如文易解。

【語譯】此時，文殊師利——法王子菩薩摩訶薩，向佛請問：「世尊！像這藥王、大樂說等的深位菩薩，是很難得的，他們爲敬順佛旨，發大誓願，於佛滅後的惡濁世中，護持、讀誦、爲人解說此法華經。世尊！那初發大心的菩薩，他們於佛滅後的惡世，必須要怎樣，才能够說此經呢？」

佛告文殊師利：若菩薩摩訶薩，於後惡世欲說是經，當安住四法。

【註解】此下爲第二段如來垂答，分三：此爲第一總標四行。如文易解。

【語譯】佛告文殊師利道：若有菩薩摩訶薩，於佛滅後的惡濁世中，欲說此經，當安住於四種行法，缺一不可。

一者安住菩薩行處及親近處，能爲衆生演說是經。

【註解】此下爲第二別釋四行。依次先釋身安樂行，分長行、偈頌之二。長行又分爲二：今初總標行、近二門。

「行處及親近處」——菩薩於無生法理，躬行實踐之境，叫做行處；習近之境，叫做親近處。如是行近，則身得安樂，所以名爲「身安樂行」。

【語譯】一者、安住於菩薩對無生法理的躬行實踐之處，及習近於無生法理之處，便能爲衆生演說此經。

文殊師利！云何名菩薩摩訶薩行處？若菩薩摩訶薩住忍辱地，柔和善順而不卒暴，心亦不驚，又復於法無所行，而觀諸法如實相，亦不行，不分別，是名菩薩摩訶薩行處。

【註解】二、別釋行、近二處，今先釋行處。「住忍辱地……心亦不驚」——此約事以明俗諦。忍辱有：1忍有情凌辱，叫做生忍；2忍非情禍患，叫做法忍。能於此二安住不動，叫做「住忍辱地」。溫良謙沖而不諂，叫做「柔和」。隨宜活便而不曲，叫做「善順」。急躁，叫做「卒暴」。鎮定，叫做「不驚」。

「又復於法……不分別」——此約理以明第一義諦。「於法無所行」，就是不著能行與所行之相，雖行而實無所行。「觀諸法如實相」，就是觀察諸法平等無二爲「如」；理本空寂爲「實」；從假立名爲「相」；空假不二，卽是中道第一義諦。第一義諦之理，心行處滅，非可緣慮，故「亦不行」；言語道斷，非可詮釋，故「不分別」。

【語譯】文殊師利！什麼叫做菩薩摩訶薩的行履之處？若菩薩安住於忍辱之地，則應事接物，遇有違逆之境，不但外貌能柔和善順，隨宜活便而不卒暴；就是內心也能鎮定不驚。還有：於所行的法，不著能行與所行之相，雖行而實無所行；卽以此而觀察諸法，平等不二，性本空寂的如實之相，亦無所行，亦不分別。這就叫做菩薩摩訶薩的行履之處。

云何名菩薩摩訶薩親近處？菩薩摩訶薩不親近國王、王子、大臣、官長。不親近諸外道，梵

志、尼犍子等，及造世俗文筆，讚詠外書，及路伽耶陀、逆路伽耶陀者。亦不親近諸有兇戲，相扠相撲，及那羅等，種種變現之戲。又不親近旃陀羅，及畜豬羊鷄狗，畋獵漁捕諸惡律儀。如是人等，或時來者，則爲說法，無所希望。又不親近求聲聞比丘、比丘尼、優婆塞、優婆夷，亦不問訊。若於房中、若經行處、若在講堂中，不共住止。或時來者，隨宜說法，無所希求。文殊師利！又菩薩摩訶薩，不應於女人身，取能生欲想相而爲說法，亦不樂見。若入他家，不與小女、處女、寡女等共語。亦復不近五種不男之人，以爲親厚。不獨入他家，若有因緣須獨入時，但一心念佛。若爲女人說法，不露齒笑，不現胸臆，乃至爲法猶不親厚，況復餘事。不樂畜年少弟子、沙彌、小兒，亦不樂與同師。常好坐禪，在於閑處，修攝其心，文殊師利！是名初親近處。

【註解】此下、次釋近處，分二：今先約事以明戒定：「不親近國王」等十法爲戒；「常好坐禪」一法爲定。

「諸外道……逆路伽耶陀」——梵志，是在家志求梵天的外道。尼犍子，譯爲「離繫」，是出家外道的總稱。路伽耶陀，譯爲「順世」，是隨順世情，主張物質享受的一種外道，法華義疏，釋爲「惡解」。逆路伽耶陀，是背逆順世的一種外道，法華義疏，釋爲「惡論」。

「旃陀羅……惡律儀」——旃陀羅，譯為「屠子」。畜豬羊鷄狗，即預伏殺機。獵獸為「畋」。捕魚為「漁」。凡是屬於惡因惡緣的行事，都叫做「惡律儀」。

「五種不男」——有五種不完全是男性之人：1生來就沒有男根的，叫做「生不男」；2以刀閹割的，叫做「犍不男」；3見他人行婬，男根方勃發的，叫做「妒不男」；4遇男變女，遇女變男的，叫做「變不男」；5半月為男，半月為女的，叫做「半不男」。

【語譯】什麼叫做菩薩摩訶薩的親近處？茲列舉如下：

1大菩薩，應抱道自重，不應親近那非弘護佛法的國王、王子、大臣、官長，甘為奔走豪門，諂上驕下的逐臭之夫。

2不應親近佛教以外的一切外道，如：梵志、尼犍子等；及製造世俗文章，稱讚歌詠外道典籍；與惡解的路伽耶陀、惡論的逆路伽耶陀，這些邪見之人。

3也不應親近那一切有兇險的戲劇表演、互相扠撲的打鬪、角力比賽的那羅等，以及那種種魔術變現的把戲，致使心蕩神逸，道業廢馳。

4為慈忍故，不親近那操屠宰業的旃陀羅，及畜養豬羊鷄狗、畋獵野獸、漁捕魚蝦，這一切殺業因緣的惡律儀。此等惡人，或有時來就，當為之說法，教他們回惡向善，但不可存有利養的希望。

5為熏修大菩提故，不應親近那些但求聲聞小果，不發大心的比丘、比丘尼、優婆塞、優婆夷，見面也不向他問訊。若在房中，或經行處、或講堂裏，他行我住，他住我行，也不和他們共同住止。彼等間或有時來就，但可隨順機宜為之說法，不可存有名聞利養的希求。

6大菩薩為遠離欲愛，不但不應在女人身上，存着可能生起情欲的想相，詐現威儀而為說法；而且也不樂與女人相見。倘若有緣入他人家，不可與待字閨中的小女、雖字而猶未婚嫁的處女、雖已婚嫁而夫婿喪亡的寡女等，在一處共話。

7更不應接近那足以亂性敗德的：生、犍、妒、變、半，這五種不男之人，以為親厚。

8為避免譏嫌，不可獨自一人，進入人家；若有因緣必須獨入時，但一心念佛，以防過惡。

9若為女人說法，要威儀謹嚴，笑不露齒，衣不袒胸；乃至雖為說法，猶不宜與之親厚，何況餘事，而可與之親厚嗎？

10不可樂於畜養那尚在貪玩時期的年少弟子、沙彌小兒；亦不樂與同師學道。

11常好坐禪，在閑靜之處，思惟研修，以收攝其散心，使之念念與實相相應，而入於三昧——正定。

文殊師利！以上前十法為戒，後一法為定，這戒定二法，就是大菩薩的初親近處。

復次，菩薩摩訶薩，觀一切法空如實相，不顛倒、不動、不退、不轉。如虛空無所有性，一切語言道斷：不生、不出、不起、無名、無相，實無所有，無量、無邊、無礙、無障。但以因緣有，從顛倒生，故說。常樂觀如是法相，是名菩薩摩訶薩第二親近處。

【註解】此再約理以明智慧。至此三學已備。

「觀一切法空如實相」——此總標智境，及所顯的理體：「觀」，是以中道觀智，詳爲諦審。「一切法」，是所觀的十界之境。「空如實相」，是所顯的法性理體。

「不顛倒……不轉」——此總釋實相之體：離凡夫、二乘的八倒，故「不顛倒」。無分段、變易二死，所以「不動」。至極究竟，無前後際，所以「不退」。十界平等，不是凡夫的轉生死；也不是二乘的轉涅槃，所以「不轉」。

「如虛空……無相」——此別釋空義：維摩經云：「諸法究竟無所有，是空義」。今以虛空喻此空義，故曰「如虛空，無所有性」。此無所有性的空義，非言說之所能及，故曰「言語道斷」。因緣和合名生；空非因緣，所以「不生」。由內向外名出；空無內外，所以「不出」。物之原始名起；空本無始，所以「不起」。空無定名，隨義安立，故曰「無名」。空無定相，隨器成形，故曰「無相」。

「實無所有……無障」——此別釋實義：大乘義章上說：「空者就理彰名，理寂名空」

，可知空義既無所有，實義理寂亦無所有，故曰「實無所有」。豎窮橫遍，所以「無量」。不著斷常，故曰「無邊」。三諦圓融，故曰「無礙」。三惑究盡，故曰「無障」。

【語譯】復次，菩薩摩訶薩，觀一切法畢竟皆空的如實之相，不顛倒、不動、不退、不轉。譬如：虛空的無所有性，一切言語都說他不得；因爲他是不生、不出、不起、無名、無相的第一義空，那如何可說？空以顯實，空無所有，實亦無所有；因爲法爾性空的實義，是無量、無邊、無礙、無障的。

爲什麼要說「一切法空如實相」？因爲一切法，但以因緣和合而有，顚倒忘想而生，若以中道實相之理觀之，都空無所有，性本不生，所以要說。

常常樂觀這法空實相，就叫做菩薩摩訶薩的第二親近處。

爾時世尊，欲重宣此義而說偈言：若有菩薩，於後惡世，無怖畏心，欲說是經，應入行處，及親近處。

【註解】上來長行已竟。此下是以偈頌重宣前義。這一頌半是總標二處。如文易解。

【語譯】這時，世尊想把前來所說的身安樂行義，再宣說一遍，乃說偈道：若有菩薩，於佛滅後的惡濁世中，但能忍辱，沒有恐怖畏懼之心，欲說此法華經者；那就應當入於菩薩的行處，及親近處。

常離國王，及國王子，大臣官長，兇險戲者，及旃陀羅，外道梵志。亦不親近，增上慢人，貪著小乘，三藏學者，破戒比丘，名字羅漢。及比丘尼，好戲笑者，深著五欲，求現滅度，諸優婆夷，皆勿親近。若是人等，以好心來，到菩薩所，爲聞佛道，菩薩則以，無所畏心，不懷希望，而爲說法。寡女處女，及諸不男，皆勿親近，以爲親厚。亦莫親近，屠兒魁膾，畋獵漁捕，爲利殺害，販肉自活，衒賣女色，如是之人，皆勿親近。兇險相撲，種種嬉戲，諸婬女等，盡勿親近。莫獨屏處，爲女說法，若說法時，無得戲笑。入里乞食，將一比丘，若無比丘，一心念佛。是則名爲，行處近處。以此二處，能安樂說。

【註解】這十三頌半是約事以明二處。「三藏學者」——佛入滅時，大迦葉等分部帙而結集的經、律、論，該收小乘一切教理，名爲三藏。大乘中雖亦有三藏，然爲一修多羅藏的分類，非如小乘的部帙，整然劃分。故稱學小乘教的學人，爲「三藏學者」。

「求現滅度」——謂：厭患生死，求速取證但空涅槃，不堪大器。

「屠兒魁膾」——一般屠夫，名爲屠兒；其業重者，稱爲魁膾。

「衒賣女色」——衒，音玄，行賣之義。賣婬的娼妓，叫做衒賣女色。

【語譯】常宜遠離那非弘護佛法的國王、國王子、大臣、官長；及互相角鬪的兇險戲者、操屠宰業的旃陀羅，和外道梵志。也不應當親近那未得謂得的增上慢人、貪著小乘的三藏學者、破戒比丘、實未斷證的假名羅漢。還有那好輕薄嬉戲的比丘尼，及深著五欲沉淪生死者，或求現滅取但空涅槃的優婆夷等，都不應當親近。若此等人，到菩薩處來，欲聞佛道；菩薩就應當以無所畏心，不懷任何名利希望，無條件的給他們說法。

舉凡：寡女、處女，及五種不男等，都不可接近他們以爲親厚。還有那：屠兒魁膾、畋獵漁捕、爲謀利而殺害生物、販賣肉類以自活命、衒賣女色的娼妓，像這樣的惡人，也都不要去親近他們。還有：兇險相撲的種種嬉戲，及一切不守貞操的婬女等，盡都不可親近。

不可獨自一人，於屏蔽隱匿之處，爲女人說法；若說法時，應態度莊重，不得戲笑失態。

入村里乞食，應偕同另一比丘，作爲道侶；若無比丘爲侶，應一心念佛，自淨其意。這就叫做菩薩行處，及親近處。惟有此行、近二處，能安樂說法，餘處不能。

又復不行，上中下法，有爲無爲，實不實法。亦不分別，是男是女，不得諸法，不知不見，是則名爲，菩薩行處。一切諸法，空無所有，無有常住，亦無起滅，是名智者，所親近處。顚倒分別，諸法有無，是實非實，是生非生。在於閑處，修攝其心，安住不動，如須彌山。觀一切法，皆無所有，猶如虛空，無有堅固，不生不出，不動不退，常住一相，是名近處。

【註解】這八頌是約理以明二處。前二頌半，是重宣行處：「不行」——就是行無所行。「上中下法」——如其次第，卽：菩薩、緣覺、聲聞的三乘敎法。「有爲無爲，實不實法」——卽：因緣所生法，叫做有爲；本來自爾，非因緣所生，叫做無爲。無爲法是實；有爲法是不實。「亦不分別是男是女」——卽以生空觀男女都非，無所分別。「不得諸法，不知不見」——諸法是所觀之境，知見是能觀之智；境智雙泯，所以不得諸法，不知不見。

後五頌半，是重宣近處：法性隨緣，則空卽是色而非常，故曰「無有常住」。隨緣不變，則色卽是空，亦非不常，故曰「亦不起滅」。卽空卽色，空色不二，卽是圓常的眞如實相。以無分別智的平等正觀，來觀察諸法，性畢竟空，非有、非無；非實、非不實；非生、非不生。與此正觀相反，故曰「顚倒分別，諸法有、無；是實、非實；是生、非生。」餘如前解。

【語譯】又復，以法空故，於三乘的上、中、下法，及有爲、無爲，實、不實法，都行無所行。以人空故，也不分別他是男、是女。如此，二空義圓，境智雙泯，旣於所觀的境上，無諸法可得；也不於能觀的智上，妄立知見，這就叫做菩薩行處。

世、出世間的一切諸法，畢竟都空無所有：旣沒有不起滅變遷的常住；也沒有起滅變遷的無常；這就叫做不墮愚癡的智者所親近之處。若以顚倒情識，來分別諸法，妄計爲有、爲無，是實、非實，是生、非生；那就不是無分別智的平等正觀了。應於閑靜之處，修攝其顚倒分別之心，使之安住不動，如須彌山；然後以平等正觀，來觀察諸法，都空無所有，好像太虛空一樣，他沒有堅固不通的滯礙，不生、不出、不動、不退，只是非常、非不常的常住一實相體。這就叫做菩薩所親近之處。

若有比丘，於我滅後，入是行處，及親近處，說斯經時，無有怯弱。菩薩有時，入於靜室，以正憶念，隨義觀法，從禪定起，爲諸國王，王子臣民，婆羅門等，開化演暢，說斯經典，其心安隱，無有怯弱。文殊師利！是名菩薩，安住初法，能於後世，說法華經。

【註解】這五頌又三句，是總結行果。如文易解。

【語譯】若有比丘，在我滅度之後，入於以上這行、近二處，說此經時，就事理融貫，大開圓解，不會有怖畏怯弱之心了。菩薩有時，入於靜室，以禪觀正念，隨着第一義諦，觀法實性。然後，從禪定起，爲一切國王、王子、臣民、婆羅門等，開化演暢，說此妙法經典，自然心安理得，毫無怯弱。

文殊師利！這就叫做菩薩住於最初的安樂行法，能於佛滅度後的惡世，說法華經。

又文殊師利！如來滅後，於末法中，欲說是經，應住安樂行。若口宣說，若讀經時，不樂說人及經典過。亦不輕慢諸餘法師，不說他人好惡長短。於聲聞人，亦不稱名說其過惡，亦不稱名讚歎其美，又亦不生怨嫌之心。善修如是安樂心故，諸有聽者，不逆其意。有所難問，

不以小乘法答，但以大乘而爲解說，令得一切種智。

【註解】上來明第一身安樂行竟。此下明第二口安樂行，分長行、偈頌之二：今先長行。

「末法」——佛滅度後，佛法住世分爲：正法千年、像法千年、末法萬年的三個時期。正法、像法，如譬喻品已解。末法，即佛法微末之謂。

【語譯】又、文殊師利！如來滅後，有誰於末法時期，欲說此法華經者，那就應當住於安樂行門。

若在宣說或讀此經時，不可因機教差別，樂說聞經人及經典上的過失。也不可自恃法華圓教，輕慢別教等的諸餘法師。也不說他人的好惡長短，徒以毀譽之風，扇動物情。對聲聞人：也不指名說他的過惡，使其悔退；也不指名稱歎他的美德，使其滯於小果；更不可爲秉教大小的不同，而生怨嫌之心。

爲的善修如是口業，使心得安樂之故；對所有聽衆，應隨順機緣，不可拂逆其意。如有疑難問題，前來請教者，不可以小乘法答，但以大乘教理爲之解說，使他得到了照見中道實相的一切種智。

爾時世尊，欲重宣此義而說偈言：菩薩常樂，安隱說法，於淸淨地，而施床座，以油塗身，

澡浴塵穢，著新淨衣，內外俱淨，安處法座，隨問爲說。若有比丘，及比丘尼，諸優婆塞，
及優婆夷，國王王子，羣臣士民，以微妙義，和顏爲說。若有問難，隨義而答。因緣譬喻，
敷演分別，以是方便，皆使發心，漸漸增益，入於佛道。除懶惰意，及懈怠想，離諸憂惱，
慈心說法。晝夜常說，無上道教，以諸因緣，無量譬喻，開示衆生，咸令歡喜。衣服臥具，
飲食醫藥，而於其中，無所希望，但一心念，說法因緣，願成佛道，令衆亦爾，是則大利，
安樂供養。我滅度後，若有比丘，能演說斯，妙法華經，心無嫉恚，諸惱障礙，亦無憂愁，
及罵詈者，又無怖畏，加刀杖等，亦無擯出，安住忍故。智者如是，善修其心，能住安樂，
如我上說，其人功德，千萬億劫，算數譬喻，說不能盡。

【註解】上來長行已竟。此以偈頌重宣前義：初六頌半明方便行；次五頌明離過行；後五頌總結行果。如文易解。

【語譯】這時，世尊欲重宣前義，乃說偈道：菩薩常常樂於安祥威重的爲衆生說法，先選擇一清淨地方，施設床座；然後以香油塗身，澡浴塵垢，穿上新製或洗淨的法衣；這樣內外一如，心境俱淨，安處在法座之上。若有：比丘、比丘尼、優婆塞、優婆夷，以及國王、王子、羣臣、士民等，前來聞法，當以微妙義趣，和顏悅色的，爲他們演說。若有疑難質問，隨其所問的義門而爲解答：或引因緣、或舉譬喻，給他們敷陳推演，分別曉暢。以此方便

，使他們都發大菩提心，漸漸增益，而入於佛道。

除去懶惰懈怠，離一切憂惱，純以慈愍之心，而爲說法。這樣，晝夜不斷的演說無上佛道的一乘教理，以妙用無方的種種因緣、無量譬喻，來開示衆生，教他們皆大歡喜。而於衣服、臥具、飲食、醫藥，這四事供養之中，都無所希求；但以一心淨念這說法因緣，願自成佛道，令衆生亦成佛道，這就是極大利益和安樂的供養。

我滅度後，若有比丘能夠演說這法華經者，他心裏決定沒有嫉妒、瞋恚等一切煩惱的障礙；也沒有被人罵詈的憂慮，及加以刀杖等的怖畏；也沒有被人擯出衆外之事；因爲他已安住於無生法忍的緣故。有智慧的人，這樣善修其心，便能住於安樂之行，那就如我已上所說：此人的功德之大，雖經千萬億劫，用算數、譬喻，也不能說盡。

又文殊師利！菩薩摩訶薩，於後末世，法欲滅時，受持讀誦，斯經典者，無懷嫉妬諂誑之心，亦勿輕罵學佛道者，求其長短。若比丘、比丘尼、優婆塞、優婆夷、求聲聞者、求辟支佛者，求菩薩道者，無得惱之，令其疑悔，語其人言：汝等去道甚遠，終不能得一切種智，所以者何?汝是放逸之人，於道懈怠故。又亦不應戲論諸法，有所諍競。當於一切衆生，起大悲想；於諸如來，起慈父想，於諸菩薩，起大師想；於十方諸大菩薩，常應深心恭敬禮拜；於一切衆生，平等說法，以順法故，不多不少，乃至深愛法者，亦不爲多說。

【註解】上來明第二口安樂行竟。此下明第三意安樂行，分長行、偈頌之二。長行亦二：今先明行法。如文易解。

【語譯】又、文殊師利！若有菩薩摩訶薩，於最後末世，佛法將要滅絕之時，受持讀誦這法華經者，心裏不可懷着：殉自名利，不耐他榮的嫉妬；及爲罔他故，矯設異儀的諂曲；與自護利譽，詐現有德的欺誑。也不可輕慢罵詈學佛道者，特意的伺隙求其長短。對於：比丘、比丘尼、優婆塞、優婆夷、求聲聞的、求緣覺的、求菩薩道的，不得以惱人的言語，令其疑悔的說：「你們離佛道太遠，終久不能得到空假不二的一切種智，所以者何？因爲你們是放縱蕩逸的人，於道業有違精進，而懶惰懈怠之故。」更不應以顚倒戲論，分別諸法，而引起諍競。

應當於一切衆生，憐其沉迷而起大悲拔濟之想；於諸如來，而起爲生我法身的慈父之想；於諸菩薩，而起爲授我以法的大師之想；於十方世界的諸大菩薩，常應以深重的至誠之心，恭敬禮拜；於一切衆生，愛無偏黨的爲之平等說法，以順乎法理的歸納、演繹之勢，不多不少，適機爲止，卽令是深愛聞法的人，也不給他多說一句。

文殊師利！是菩薩摩訶薩，於後末世，法欲滅時，有成就是第三安樂行者，說是法時，無能惱亂，得好同學，共讀誦是經，亦得大衆而來聽受，聽已能持，持已能誦，誦已能說，說已

能書，若使人書，供養經卷，恭敬尊重讚歎。

【註解】次辨行果。如文易解。

【語譯】文殊師利！此菩薩摩訶薩，於後末世，佛法將滅之時，有能成就這第三的安樂行者，說此法華經時，不但沒有惡緣加以惱亂，反而得有同學好友，共讀此經，亦得大衆前來聽受。既已聽受，又能憶持；既已憶持，又能讀誦；既已讀誦，又能解說；既已解說，便能書寫弘傳，或使他人書寫，供養經卷——恭敬、尊重、讚歎！

爾時世尊，欲重宣此義而說偈言：若欲說是經，當捨嫉恚慢，諂誑邪僞心，常修質直行，不輕懱於人，亦不戲論法，不令他疑悔，云汝不得佛。是佛子說法，常柔和能忍，慈悲於一切，不生懈怠心。十方大菩薩，愍衆故行道，應生恭敬心，是則我大師。於諸佛世尊，生無上父想。破於憍慢心，說法無障礙。第三法如是，智者應守護，一心安樂行，無量衆所敬。

【註解】上來長行已竟。此以偈頌重宣前義。如文易解。

【語譯】此時世尊，欲重宣此義，乃說偈道：倘若欲說此經，就應當捨棄了那嫉妬、瞋恚、憍慢、諂曲、欺誑、邪佞、虛僞之心，不斷的修學質樸正直的法行。不可輕慢懱視他人；也不可顚倒戲論諸法；更不可說「你不能成佛」這樣令人疑悔的言語。此佛子說法，常能柔和忍辱，慈悲於一切衆生，而不生懈倦怠惰之心。對於爲愍憐衆生而行道的十方諸大菩薩，應當生起「此是我大師」的恭敬之心。於諸佛世尊，更應當生起「是我無上慈父」之想。這樣，破除了憍慢之心，就沒有說法的障礙了。

這是第三種的安樂行法，有智慧的人，應當嚴謹守護，一心的行此安樂之行，自然爲無量衆生之所敬重。

又文殊師利！菩薩摩訶薩，於後末世，法欲滅時，有持是法華經者，於在家出家人中，生大慈心，於非菩薩人中，生大悲心，應作是念：如是之人，則爲大失，如來方便隨宜說法，不聞不知不覺，不問不信不解。其人雖不問不信不解是經，我得阿耨多羅三藐三菩提時，隨在何地，以神通力、智慧力，引之令得住是法中。

【註解】上來明第三意安樂行竟。此下明第四慈悲安樂行，分長行、偈頌之二。長行又分行法、歎教之二。行法又分爲二：今先正明行法。

「在家出家」——法華義疏說是學大乘人。法華文句說是發方便心者：未出三界名在家；斷通惑盡名出家。優婆塞經云：「菩薩有二種：一者在家；二者出家」。

「非菩薩人」——法華義疏說是學小乘人。法華文句說是未發方便心者。

【語譯】又、文殊師利！菩薩摩訶薩，於末法後期，佛法將要滅盡的時候，若有持此法華經者：於學大乘的在家出家人中，起大慈心，而與以悟入佛道之樂；於學小乘的非菩薩人中，起大悲心，而拔濟其三界生死之苦。

應當作這樣念道：像此等人，可爲大失，他們於如來方便隨宜所說的三乘權法，不聞、不知、不覺，而竟執權爲實；旣執權爲實，當然於法華的一乘實法，也就不問、不信、不解了。他們雖不問、不信、不解此經，當我得無上正等菩提時，隨其所在之地，無論人、天、二乘，我皆以如來的神通、智慧之力，引導他們，使之住於這一乘實相的妙法之中，得一切種智。

文殊師利！是菩薩摩訶薩，於如來滅後，有成就此第四法者，說是法時，無有過失。常爲比丘、比丘尼、優婆塞、優婆夷、國王、王子、大臣、人民、婆羅門、居士等，供養恭敬，尊重讚歎。虛空諸天，爲聽法故，亦常隨侍，若在聚落、城邑、空閑林中，有人來欲問難者，諸天晝夜，常爲法故，而衛護之，能令聽者，皆得歡喜。所以者何？此經是一切過去、未來、現在諸佛神力所護故。

【註解】上來正明行法竟。此次結行果。如文易解。

【語譯】文殊師利！若菩薩摩訶薩，於如來滅後，有成就這第四的慈悲安樂行法者，說此法華經時，就沒有嫉妒、懈怠、諂誑等的過失了。因此，常爲比丘、比丘尼、優婆塞、優婆夷、國王、王子、大臣、人民、婆羅門、居士等，供養、恭敬、尊重、讚歎！虛空諸天，特為聽此法故，也常隨侍在側；倘若在鄉村聚落、都市城邑，或空曠閑靜山林中，有人前來設難質問，那諸天就不分晝夜，常為菩薩說法之故而作衞護，能令聽者，都得到了歡喜！

諸天所以常作衞護者；因為此經是一切過去、未來、現在諸佛，神力所護的妙法寶藏，諸天豈敢不護？

文殊師利！是法華經，於無量國中，乃至名字不可得聞，何況得見受持讀誦？

【註解】上來長行中明行法竟。此下次明歎教，分法、譬二說：今先法說。如文易解。

【語譯】文殊師利！這法華經，昔未顯說，久默斯要，在無量國土裏，甚至連經的名字，都不可得聞，何況得見此經而受持讀誦呢？

文殊師利！譬如强力轉輪聖王，欲以威勢降伏諸國，而諸小王不順其命。時轉輪王，起種種兵而往討伐，王見兵衆戰有功者，卽大歡喜，隨功賞賜，或與田宅、聚落、城邑；或與衣服嚴身之具；或與種種珍寶：金、銀、琉璃、硨磲、碼碯、珊瑚、琥珀、象、馬、車乘、奴婢、人民，唯髻中明珠，不以與之。所以者何？獨王頂上有此一珠，若以與之，王諸眷屬，必大驚怪。

【註解】此下雙舉譬說，雙以法合：今先舉不與珠譬，以明昔未顯說法華之義。

「强力轉輪……降伏諸國」——據說：人壽增至八萬歲時，有轉輪聖王出世，旋轉其足下所承的輪寶，以降伏諸國，威力甚強，故名強力轉輪聖王。喻佛以定慧之力，攝化衆生，降伏其煩惱五陰等魔。

「諸小王不順其命」——此以小王喻五陰等魔；不順其命，喻煩惱未得調伏。

「起種種兵而往討伐」——兵有象、馬、步、騎各種類別，故曰「種種」。興兵戡亂，故曰「討伐」。喻佛以八萬四千法門，對治八萬四千煩惱。

「王見兵衆……奴婢人民」——此喻佛見衆生，修因有功，將果酬因。以「田」喻三昧。「宅」喻智慧。「聚落城邑」喻小乘四果。「衣服」喻忍辱。「嚴身具」喻助道善法。「種種珍寶」等，喻七覺支。「象馬車乘」喻盡無生智。「奴婢」喻神通。「人民」喻有漏善法。

「唯髻中明珠……必大驚怪」——髻，音計，頂上束髮也。此喻權中之實，唯佛獨證，非器不傳；若輕說此法，則菩薩法眷必大駭怪！

【語譯】文殊師利！譬如：強力的轉輪聖王，他想以統治者的威望聲勢，去降伏諸國；而諸小國王，却負嵎頑抗，不順服其命。這時，轉輪聖王，便興起象馬步騎等不同兵種的大軍，前往討伐。王見兵衆戰陣有功，卽大歡喜，論功行賞：或賜與田、宅、聚落、城邑；或賜與衣冠、章服、嚴身之具；或賜與金、銀、琉璃、硨磲、碼碯、珊瑚、琥珀等的種種珍寶，及象、馬、車乘、奴婢、人民。

王什麼都賞賜了，就是他頂上髻中的一顆明珠，不肯與人。所以者何？唯王頂上有此一珠，若輕易與人，那王的眷屬，必定大起驚怪！以謂不可。

文殊師利！如來亦復如是，以禪定智慧力，得法國土，王於三界，而諸魔王不肯順伏。如來賢聖諸將，與之共戰，其有功者，心亦歡喜，於四衆中，爲說諸經，令其心悅，賜以禪定、解脫、無漏根力，諸法之財；又復賜與涅槃之城，言得滅度，引導其心，令皆歡喜，而不爲說是法華經。

【註解】此爲法合。「得法國土」——這是法兼喻詞：以有情的依報國土，比況佛所證得的法性理體，故曰得法國土。又可釋爲，得以教法行化的國土。

「諸魔不肯順伏」——色等五陰，能生苦惱；貪等煩惱，能惱害有情；死，能斷有情命根；故俱名爲魔。諸魔能障善法，故曰「不肯順伏」。

「賢聖」——小乘初果爲賢，二三四果爲聖。大乘地前的住、行、向爲賢，初地以去爲聖。

「無漏根力」——根力，即三十七道品裏的信等五根、五力。修此根力，不漏落於生死輪廻，故名無漏。

「涅槃城」——小乘涅槃，能防見思，敵生死，故名爲城。

【語譯】文殊師利！如來也是這樣的，以禪定、智慧之力，得法國土，爲三界法王；而五陰等魔，障礙化道，不肯順伏。如來遣賢聖法將，與諸魔共戰，其中有建立破魔功勞者，佛心亦頗歡喜，便於出家僧尼，在家士女的四衆中，爲他們方便說諸經典，令其心生喜悅，而賜以禪定、解脫、無漏根力等諸法之財；又賜與防見思惑，抵禦生死的涅槃化城，假說他們已得滅度，以誘導其心，使之皆大歡喜。就是不給他們說這一乘圓妙的法華經典。

文殊師利！如轉輪王，見諸兵衆，有大功者，心甚歡喜。以此難信之珠，久在髻中，不妄與人，而今與之。

【註解】此次擧與珠譬，以明今敎法華之義。「有大功者」此喻大機人，於滅惑有智斷之功。

「難信之珠久在髻中」——此喻小機人難信的一乘實法，四十年來爲權所覆，久默斯要。

【語譯】文殊師利！譬如：那轉輪聖王，見其兵衆中有建立破敵的大功勳者，他心裏便非常歡喜，卽以此久藏在髻中，不輕易與人的難信之珠，而今賜與這有大功的人了。

如來亦復如是，於三界中爲大法王，以法敎化一切衆生。見賢聖軍，與五陰魔、煩惱魔、死

魔共戰，有大功勳，滅三毒、出三界、破魔網。爾時如來亦大歡喜。此法華經，能令衆生至一切種智，一切世間多怨難信，先所未說，而今說之。文殊師利！此法華經，是諸如來第一之說，於諸說中最爲甚深，末後賜與。如彼强力之王，久護明珠，今乃與之。文殊師利！此法華經，諸佛如來秘密之藏，於諸經中，最在其上，長夜守護，不妄宣說，始於今日，乃與汝等而敷演之。

【註解】此爲法合。「與五陰魔……有大功勳」——大集經云：「知苦壞五陰魔；斷集離煩惱魔；證滅離死魔；修道壞天魔。」故曰與五陰等魔共戰。

【語譯】如來也是這樣的：在欲、色、無色的三界裏做大法王，以權實諸法敎化一切衆生。見賢聖軍修善去惡，與五陰魔、煩惱魔、死魔共戰，有大功勳，滅了貪等的三毒苦因，出三界生死苦果，破壞了魔網的羈絆重重。

這法華經，能令衆生到達佛的一切智地。惟因一切世間，大機未熟，聞此深經，多生怨讟，難得信受，所以先未曾說。而今大機已熟，那就不能不說了。

文殊師利！這法華經，是諸佛如來所說的第一法門，在已說、今說、當說的經典裏，最爲甚深難解，所以到末後的靈山一會，才賜與開顯。這譬如那强力的轉輪聖王，久護他髻中的明珠，不肯與人，而今却賜與有大功勳的人了。

文殊師利！這法華經，是諸佛如來，久默斯要，不務速說的秘密寶藏，在諸經中最爲無上，四十年來，在衆生的無明長夜裏，嚴謹守護，不輕易宣說，始於今日給你們打開這秘密寶藏，敷陳演暢。

爾時世尊，欲重宣此義而說偈言：常行忍辱，哀愍一切，乃能演說，佛所讚經，後末世時，持此經者，於家出家，及非菩薩，應生慈悲。斯等不聞，不信是經，則爲大失，我得佛道，以諸方便，爲說此法，令住其中。

【註解】上來長行已竟。此下有十四頌半重宣前義。這四頌是重宣行法。如文易解。

【語譯】此時世尊，欲重把前來所說的慈悲行義宣說一遍，乃說偈道：惟有常行忍辱，哀愍一切衆生，才能演說這佛所讚歎的經典。因此，到末法後期，持此經者，無論對學大乘的在家、出家，及學小乘的非菩薩等，應以慈悲心這樣念道：此輩不聞、不信這法華深經，可爲大過！我若得成佛道，願以種種方便爲說此法，教他們都於此法中而得安住。

譬如强力，轉輪之王，兵戰有功，賞賜諸物：象馬車乘，嚴身之具，及諸田宅，聚落城邑，或與衣服，種種珍寶，奴婢財物，歡喜賜與。如有勇健，能爲難事，王解髻中，明珠賜之。如來亦爾，爲諸法王，忍辱大力，智慧寶藏，以大慈悲，如法化世。見一切人，受諸苦惱，欲求解脫，與諸魔戰。爲是衆生，說種種法，以大方便，說此諸經。既知衆生，得其力已，末後乃爲，說是法華，如王解髻，明珠與之。此經爲尊，衆經中上，我常守護，不妄開示，今正是時，爲汝等說。

【註解】這十頌半是重宣歎教：前四頌爲譬說；後六頌半爲法合。如前已解。

【語譯】譬如：那强力的轉輪聖王，對一般戰陣有功的兵衆，頒發賞賜：或賜與象、馬、車乘、嚴身之具；或賜與田、宅。聚落、城邑；或賜與衣服；乃至種種珍寶、奴婢、財物，都歡喜賜與。假使有特別勇健的人，能爲人所難爲之事，那輪王就解下他髻中的明珠賜之，以表揚殊榮。

如來也是如此，在諸法中爲無上法王，具有忍辱的大力，智慧的寶藏，以大慈悲心，如其所教之法來化導世間。見一切世人，受諸苦惱，欲求解脫，不惜與五陰等魔，奮力鏖戰。如來爲此等衆生，大開方便之門，說種種教法。既知衆生得此方便之力，大機已動，末後才給他們說這一乘圓妙的法華。猶如輪王解髻中明珠，賞賜殊勳。此經在諸經裏，最爲尊上，惟說時未至，我常作嚴秘守護，不輕易開示與人，如今正是說時，所以才爲汝等宣說。

我滅度後，求佛道者，欲得安隱，演說斯經，應當親近，如是四法。讀是經者，常無憂惱，又無病痛，顏色鮮白，不生貧窮，卑賤醜陋。衆生樂見，如慕賢聖，天諸童子，以爲給使。刀杖不加，毒不能害，若人惡罵，口則閉塞。遊行無畏，如師子王，智慧光明，如日之照。

【註解】上來第二別四行竟。此下第三廣解安樂。凡二十三頌，分三：這初六頌是勸修得益。如前已解。

【語譯】我滅度後，求佛道的人，要想離諸險難，平平安安的說此法華；那就應當親近這身、口、意、慈悲的四種安樂行法。

讀此經者，感得今世常無憂惱，又無病痛，容顏色澤，鮮潔清白；來世不受貧窮、卑賤、醜陋之報；衆生都渴望樂與相見，就跟仰慕賢聖一樣；又有天眞童子，供作給使，不爲刀杖所加，毒物所害，縱有人想出言惡罵，也自知理曲無法開口。這樣遊行世間，好像師子之王，無所畏忌；其智慧光明，又好像日麗中天，徧照一切。

若於夢中，但見妙事，見諸如來，坐師子座，諸比丘衆，圍繞說法。又見龍神，阿修羅等，數如恒沙，恭敬合掌，自見其身，而爲說法。又見諸佛，身相金色，放無量光，照於一切，以梵音聲，演說諸法。佛爲四衆，說無上法，見身處中，合掌讚佛，聞法歡喜，而爲供養，得陀羅尼，證不退智。佛知其心，深入佛道，卽爲授記，成最正覺，汝善男子，當於來世，得無量智，佛之大道，國土嚴淨，廣大無比，亦有四衆，合掌聽法。又見自身，在山林中，修習善法，證諸實相，深入禪定，見十方佛。諸佛身金色，百福相莊嚴，聞法爲人說，常有是好夢。又夢作國王，捨宮殿眷屬，及上妙五欲，行詣於道場，在菩提樹下，而處師子座，

求道過七日，得諸佛之智。成無上道已，起而轉法輪，爲四衆說法，經千萬億劫，說無漏妙法，度無量衆生。後當入涅槃，如煙盡燈滅。

【註解】這次十六頌明夢見妙事。如文易解。

【語譯】若在夢中，爲四行所感，心不顚倒，但見妙事，不見幻象。見諸如來，坐在師子座上，爲諸比丘衆所圍繞，而演說妙法。

又見數如恒沙的龍、神、阿修羅等，恭敬合掌，自己在爲他們現身說法。

又見諸佛的身相，呈紫金色，放無量光，照耀一切世間，而以淸淨的妙語音聲，演說諸法。佛又爲四衆弟子，說至極無上的一乘妙法；自身也在四衆之中，合掌恭敬，說偈讚佛。因聞法歡喜，而修供養，得法義等的總持——陀羅尼門，證不退智。佛知其心已深入佛道，卽授以成最正覺之記的說：「善男子啊！汝當於來世，得無量智慧，成就佛的大道，國土嚴淨，廣大無比，也有四衆弟子，合掌恭敬，聽佛說法。」

又見自身在山林中修習善法，證悟了諸法實相的妙理，深入禪定，見十方諸佛，通身金色，百福相好而爲莊嚴。因爲自己聞法，轉爲人說之故，所以才常有這種好夢。

又夢見身爲國王，捨棄了豪華的宮殿，親愛的眷屬，及上妙的色等五欲，走向道場的菩提樹下，安坐在師子座上，這樣求道過了七日，便證得佛的一切種智。旣已成就了無上妙道，即從座起，轉大法輪，爲四衆說法，經千萬億劫之久，常說無漏妙法，度無量衆生，到後來化緣已盡，當入涅槃，就像烟盡燈滅似的。

若後惡世中，說是第一法，是人得大利，如上諸功德。

【註解】這後一頌是總結。如文易解。

【語譯】設若有人到後來的惡濁世中，說此第一妙法蓮華經者；此人所得的利益之大，如同以上所說的諸行功德。

——安樂行品竟——

從地涌出品第十五

如來昔教，以近迹隱覆遠本。今爲開近顯遠，說有無量千萬億菩薩，從地涌出，以寓開顯之義，而破除衆生煩惱心地的執迹迷本。因名彰義，故題此品名爲「從地涌出」，

爾時他方國土諸菩薩摩訶薩，過八恒河沙數，於大衆中起，合掌作禮而白佛言：世尊！若聽我等於佛滅後，在此娑婆世界，勤加精進，護持讀誦書寫，供養是經典者，當於此土而廣說之。爾時佛告諸菩薩摩訶薩衆：止！善男子！不須汝等護持此經，所以者何？我娑婆世界，自有六萬恒河沙等菩薩摩訶薩，一一菩薩各有六萬恒河沙眷屬，是諸人等，能於我滅度後，護持讀誦，廣說此經。

【註解】本品開爲四段。第一段從地涌出，分二：今初叙涌出前緣。菩薩弘傳法華，那分此土、他土，惟此土菩薩，爲釋迦成佛久遠以來之所敎化，特爲開近迹顯遠本故，止他召此。標數愈多，顯本愈遠，恒河無數而標六萬者，爲表菩薩自超六趣稟敎以來的久遠之故。

【語譯】此時從他方國土到這裏來聽法華的諸大菩薩，超過了八個恒河沙數之多，他們從大衆中起身合掌，恭肅禮儀，向佛請示的說：「世尊！若聽許我們，於佛滅後，在這娑婆世界，勤加精進，護持、讀誦、書寫，供養此法華經者，我們當在這娑婆國土，廣說此經。」此時，佛告訴諸大菩薩道：「止！善男子！不須要你們遠來護持此經。因爲我們這娑婆世界，自有六萬恒河沙等的菩薩摩訶薩，每一菩薩，都有六萬恒河沙數眷屬；此諸菩薩及其眷屬人等，自能於我滅度後，護持、讀誦、廣說此經。」

佛說是時，娑婆世界三千大千國土，地皆震裂，而於其中，有無量千萬億菩薩摩訶薩，同時涌出。是諸菩薩，身皆金色，三十二相，無量光明，先盡在此娑婆世界之下，此界虛空中住。是諸菩薩，聞釋迦牟尼佛所說音聲，從下發來。一一菩薩，皆是大衆唱導之首，各將六萬恒河沙眷屬。況將五萬、四萬、三萬、二萬、一萬恒河沙等眷屬者。況復乃至一恒河沙、半恒河沙、四分之一，乃至千萬億那由他分之一。況復千萬億那由他眷屬。況復億萬眷屬。況

復千萬、百萬，乃至一萬。況復一千、一百，乃至一十。況復將五、四、三、二、一弟子者。況復單己樂遠離行。如是等比無量無邊算數譬喻所不能知。

【註解】二、正明涌出。分二：今初敘涌出相。

問：菩薩應化世間，何以從地涌出，又何以於娑婆世界之下的虛空中住？答：此為表法：以娑婆地裂，菩薩涌出，表開迹顯本。娑婆世界之下，尚有世界，菩薩不住此界、不住彼界，而住於此界之下，彼界之上的虛空之中，即是住於中道。又，娑婆世界下，表菩薩謙卑；虛空中住，表菩薩無所住；既無所住的法，亦無能住的我，能所雙遣，我、法俱空，即是中道。

【語譯】佛說這話的時候，娑婆世界三千大千國土的地，都被震撼崩裂了！在這裂痕當中，有無量千萬億的大菩薩，同時涌出。此等菩薩，都是通身金色，具三十二相，無量光明，在此娑婆世界之下的虛空中住，他們聽到釋迦牟尼佛所說「我娑婆世界，自有恒沙菩薩廣說此經」的音聲，從下方出發，來此靈山。

個個菩薩，都是化導大衆的上座首領，各自統率著六萬恒河沙數的眷屬。何況還有統率五萬、四萬、三萬、二萬、一萬恒河沙等眷屬的。何況還有統率一恒河沙、半恒河沙、四分之一，乃至千萬億那由他分之一的恒河沙數眷屬。何況還有統率著千萬億那由他眷屬。何況還有億萬眷屬。何況還有千萬、百萬乃至，一萬眷屬的。何況還有一千、一百，乃至一十眷屬的。何況還有五個、四個、三、二、一個弟子的。何況還有單人獨己，樂於遠離閙區的行者，不畜徒衆的。如是等類無量無邊的菩薩，不是以算數籌度及譬喻，所能知其數量的。

是諸菩薩，從地出已，各詣虛空七寶妙塔多寶如來、釋迦牟尼佛所。到已，向二世尊頭面禮足，及至諸寶樹下師子座上佛所，亦皆作禮，右繞三匝，合掌恭敬，以諸菩薩種種讚法而以讚歎，住在一面，欣樂瞻仰於二世尊。是諸菩薩摩訶薩，從初涌出，以諸菩薩種種讚法而讚於佛，如是時間經五十小劫。是時釋迦牟尼佛，默然而坐，及諸四衆，亦皆默然五十小劫，佛神力故，令諸大衆，謂如半日。爾時四衆，亦以佛神力故，見諸菩薩，遍滿無量百千萬億國土虛空。

【註解】次，讚歎問訊。分五：今初海衆讚歎。問：佛自降生王宮，至雙林入滅，僅八十年，今菩薩讚佛的時間經五十小劫，猶如半日，是義云何？答：此佛不思議境界，一念卽無量劫，無量劫卽一念，自在圓融，不爲過去、現在、未來的時間延促所局。

【語譯】此等菩薩，旣已從地涌出，卽各自前往，停止在虛空的七寶妙塔多寶如來，及釋迦牟尼佛處，向二位世尊行接足禮；再到諸寶樹下，師子座上的分身佛所，也依次巡禮，從右向左繞佛三匝，合掌恭敬，以諸菩薩通常所用的偈頌、歌詠等的種種讚法，讚歎諸佛。然後竚立一面，很歡喜的瞻仰著多寶、釋迦二位世尊的慈容。

此等菩薩，從最初涌出開始，到以種種讚法讚佛爲止，這一段時間，就經歷了五十小劫。此時，釋迦牟尼佛，默然而坐，以及靈山會上的四衆，也都默然寂靜了五十小劫。何以能夠如此?佛以不思議神通之力，令諸大衆，經此五十小劫，猶如半日。此時四衆，也以佛的神通之力，見諸來菩薩，彌滿了無量千萬億的國土虛空。

是菩薩衆中，有四導師：一名上行、二名無邊行、三名淨行、四名安立行。是四菩薩，於其衆中，最爲上首唱導之師，在大衆前，各共合掌，觀釋迦牟尼佛而問訊言：世尊！少病少惱，安樂行不?所應度者，受教易不?不令世尊生疲勞耶?爾時，四大菩薩而說偈言：世尊安樂，少病少惱，教化衆生，得無疲倦?又諸衆生，受化易不?不令世尊，生疲勞耶?

【註解】二、上首問訊。「四導師」——1出空、有之表，故名「上行」。2越斷、常之際，故名「無邊行」。3離於垢染，故名「淨行」。4不動生死，故名「安立行」。這四位菩薩，是大衆中，啓發法門，接引物機的唱導之師，所以稱爲四導師。

「少病少惱安樂行不」——如來以悲愍衆生的結使爲病、爲惱、爲非安樂。衆生無結使，則如來少病、少惱、而得安樂。所以菩薩有此「少病少惱，安樂行不」的問訊。又爲隨順世間法儀，作此問訊。

【語譯】這從地涌出的菩薩大衆裏，有四位導師：一位名叫上行；二位名叫無邊行；三位名叫淨行；四位名叫安立行。這四位菩薩，在他們的大衆中，是最上首的唱導師，站在大衆前面，一同合掌，向釋迦牟尼佛問訊，說：「世尊！少病少惱，安樂行不？所應度化的衆生，受教易不，不使世尊生疲勞吧？」

此時，四大菩薩，又說偈道：「世尊！您可安樂，少病少惱，於教化衆生的利他大行，不覺疲倦吧？所度化的一切衆生，受教容易不？他們不使世尊生疲勞吧？」

爾時世尊，於菩薩大衆中而作是言：如是、如是！諸善男子！如來安樂，少病少惱，諸衆生等，易可化度，無有疲勞。所以者何？是諸衆生，世世已來，常受我化，亦於過去諸佛，恭敬尊重，種諸善根。此諸衆生，始見我身，聞我所說，卽皆信受，入如來慧，除先修習學小乘者，如是之人，我今亦令得聞是經，入於佛慧。

【註解】三、佛答所問。「世世已來，常受我化」——此顯本門久遠所化。「始見我身……入於佛慧」——此明利根者，初聞華嚴，便入佛慧；鈍根者，後聞法華，亦入佛慧，華嚴法華，同屬圓頓大教，並無軒輊。

【語譯】此時，世尊對菩薩大衆說道：「如是、如是，善男子！如來身心安樂，少病少惱，衆生都很容易度化，我並不覺得怎樣疲勞。因爲此諸衆生，不但世世已來，常受我化；而且也曾對過去諸佛，恭敬尊重，深深的種植了諸多的善根德本。所以，他們最初在寂滅道場，見我身時，聽我說華嚴大教，便都能夠信受，入如來智慧。至於當時不解華嚴，先修學小乘的鈍根人，幾經方便調伏，到今天大機已熟，我也教他們聞此法華，入佛智慧了。」

爾時，諸大菩薩而說偈言：善哉、善哉！大雄世尊，諸衆生等，易可化度、能問諸佛，甚深智慧，聞已信行，我等隨喜。

【註解】四、菩薩隨喜●「善哉、善哉」——此盛讚之詞。

「能問諸佛甚深智慧」——能問，如舍利弗等的三請；甚深智慧，即三周開示的諸法實相。

【語譯】此時，諸大菩薩，聞佛所答，乃說偈讚道：「善哉！善哉！大雄猛的世尊！諸衆生，都很容易化度，他們都能問及諸佛的甚深智慧，既已聞法，又復信行。我們也隨著心生歡喜。」

於時世尊，讚歎上首諸大菩薩：善哉、善哉！善男子，汝等能於如來，發隨喜心。

【註解】五、如來稱歎。如文易解。

【語譯】在諸大菩薩說偈隨喜已竟之時，世尊讚歎上首大菩薩道：「善哉！善哉！善男子！你們能於如來法中，發隨喜心。」

爾時，彌勒菩薩，及八千恒河沙諸菩薩衆，皆作是念：我等從昔已來，不見不聞如是大菩薩摩訶薩衆，從地涌出，住世尊前，合掌供養，問訊如來。

【註解】上來第一段從地涌出竟。此下為第二段彌勒疑問，分二：第一此土菩薩疑問，復分為二：今先叙疑念。如文易解。

【語譯】此時，彌勒菩薩，及其他八千恒河沙數諸菩薩衆，都作此疑念：「我們從往昔已來，不曾見過，也不曾聽說過，這麼多的大菩薩，從地涌出，住於世尊面前，合掌供養，問訊如來起居安隱。」

時彌勒菩薩摩訶薩，知八千恒河沙諸菩薩等心之所念，並欲自決所疑，合掌向佛以偈問曰：無量千萬億，大衆諸菩薩，昔所未曾見，願兩足尊說，是從何所來？以何因緣集？巨身大神通，智慧叵思議。其志念堅固，有大忍辱力，衆生所樂見，為從何所來？

【註解】次、正以頌問。向下凡十九頌半，這三頌的前一頌總標問意；次半頌問菩薩來處及聚集因緣；後一頌半問菩薩德相，從何法來。

【語譯】此時，彌勒菩薩以他心通力，知道那八千恒河沙數諸菩薩等，心裏所懷的疑念，並欲自決所疑，於是，合掌向佛以偈問道：這無量千萬億的大菩薩衆，是我們昔所未見，唯願福慧兩足的世尊，給我們解說這以下三疑：1這些涌出的菩薩，都是從那裏來的？2他們來此集會的因緣為何？3菩薩的大身、大神通、不可思議的智慧、堅固的志念、大忍辱力，這些為衆生所樂見的德相，又都是從何法所來？

一一諸菩薩，所將諸眷屬，其數無有量，如恒河沙等。或有大菩薩，將六萬恒沙，如是諸大衆，一心求佛道。是諸大師等，六萬恒河沙，俱來供養佛，及護持是經。將五萬恒沙，其數過於是。四萬及三萬，二萬至一萬，一千一百等，乃至一恒沙，半及三四分，億萬分之一，千萬那由他，萬億諸弟子，乃至於半億，其數復過上。百萬至一萬，一千及一百，五十與一十，乃至三二一，單己無眷屬，樂於獨處者，俱來至佛所，其數轉過上。如是諸大衆，若人行籌數，過於恒沙劫，猶不能盡知。

【註解】這九頌是叙菩薩數。依次菩薩的數量漸多，所將的眷屬漸少，乃至單己，無有眷屬。

「行籌」——籌，是一種計數的工具，以此工具計算數量，叫做行籌。

【語譯】個個菩薩，所率領的眷屬，其數無量，與恒河沙相等。或有大菩薩，統率著六萬恒河沙數的大衆，一心志求佛道，像這種統衆的大導師等，也有六萬恒河沙數，他們都來供養如來，及護持此經。

統率著五萬恒河沙衆的大導師，其數量，又超過了前面的大菩薩。

統率著四萬、三萬、二萬至一萬，一千、一百，乃至一恒河沙、半恒河沙；及三分之一、四分之一、億萬分之一恒河沙；千萬億、萬億，乃至半億弟子的大師；其數量，又復超過

了上面的大導師。

統率著百萬至一萬，一千及一百，五十與一十，乃至三個、二個、一個弟子，甚至單人沒有眷屬，樂於獨居的，也都來到佛所，其數量，又展轉的超過了上面的諸大菩薩。

像這以上所列的大衆，假使有人行籌數之，數過了恒河沙劫之久，還是不能盡知。

是諸大威德，精進菩薩衆，誰爲其說法，敎化而成就？從誰初發心：稱揚何佛法？受持行誰經？修習何佛道？

【註解】這二頌問依誰爲師。依次問終成就、始發心、中間修行，宗誰爲師。

【語譯】這些具大威德，勤修精進的菩薩大衆，是誰給他們說法敎化，使之成就道果的？從誰最初發心？稱揚何佛之法？受持奉行誰的經典？修習的又是何佛之道？

如是諸菩薩，神通大智力，四方地震裂，皆從中涌出。世尊我昔來，未曾見是事。願說其所從，國土之名號。我常遊諸國，未曾見是衆，我於此衆中，乃不識一人，忽然從地出，願說其因緣。今此之大會，無量百千億，是諸菩薩等，皆欲知此事，是諸菩薩衆，本末之因緣。無量德世尊，唯願決衆疑。

【註解】這五頌半是結請決疑。如文易解。

【語譯】此諸菩薩，有大神通、大智慧，都從四方震裂的地中涌出。世尊！我自往昔已

來，未曾見過這檔之事。願為我們說明其所從來的國土名號。我常遍遊十方諸國，不但不曾見過這些大衆；而且在這大衆裏，竟無一人相識，他們忽然從地涌出。願為我們說明其所以涌出的因緣。

今日這靈山會上的無量百千億諸菩薩等，他們都想知道這涌出菩薩，從本到末的種種因緣。唯願世尊為大衆一決此疑。

爾時釋迦牟尼分身諸佛，從無量千萬億他方國土來者，在於八方諸寶樹下師子座上，結跏趺坐。其佛侍者，各各見是菩薩大衆，於三千大千世界四方從地涌出，住於虛空，各白其佛言：世尊！此諸無量無邊阿僧祇菩薩大衆，從何所來？爾時諸佛各告侍者：諸善男子！且待須臾，有菩薩摩訶薩，名曰彌勒，釋迦牟尼佛之所授記，次後作佛，已問斯事，佛今答之，汝等自當因是得聞。

【註解】第二、他土菩薩疑問。如文易解。

【語譯】此時從無量千萬億他方國土而來，在八方七寶樹下師子座上，結跏趺而坐的釋迦牟尼分身諸佛，他們隨來的侍者，見此菩薩大衆，從三千大千世界的地中涌出，住於虛空，不勝駭異！乃各自請問其佛，說：「世尊！這無量無邊無央數的菩薩大衆，都是從那裏來的？」

此時諸佛，各告其侍者道：「諸善男子！且少待片刻，有一菩薩名叫彌勒，乃釋迦牟尼佛授記次當作佛的補處菩薩，他已請問此事，釋迦如來，現在就要給他解答，你們自然會因此得聞。」

爾時釋迦牟尼佛，告彌勒菩薩：善哉、善哉！阿逸多，乃能問佛如是大事，汝等當共一心，被精進鎧，發堅固意，如來今欲顯發宣示諸佛智慧、諸佛自在神通之力、諸佛師子奮迅之力、諸佛威猛大勢之力。

【註解】上來第二段彌勒疑問竟。此下為第三段如來答問。分二：第一歎問誡許，復分長行、偈頌之二，今先長行。

「善哉……如是大事」——此為歎問：彌勒菩薩的名字叫「阿逸多」翻為「無能勝」。因為他這一問，始得開近顯遠，利益未來無邊眾生，所以歎其「能問如是大事。」

「汝等……大勢之力」——此為誡許：精進，如戰士被鎧，誡勿懈怠，故曰「被精進鎧」。意志堅固，誡勿疑悔，故曰「發堅固意」。許為解說，故曰「今欲顯發宣示」。權實兩足，無物不化，無理不鑒，即「諸佛智慧」。不住生死，不住涅槃，隨緣應化，即「諸佛自在神通」。泯前三權歸今一實，喻如師子奮起，百獸皆伏，其勢迅疾，故曰「師子奮迅」。今說法身究盡三惑，即「諸佛威猛大勢」。

【語譯】這時候，釋迦牟尼佛，告訴彌勒菩薩道：善哉！善哉！唯阿逸多，方能問佛如此大事，你們應當共同一心，被著精進之鎧，發起堅固不拔的意志，如來今日就給你們宣示：諸佛的智慧、諸佛的自在神通之力、諸佛的師子奮迅之力、諸佛的威猛大勢之力。

爾時世尊，欲重宣此義而說偈言：當精進一心，我欲說此事，勿得有疑悔，佛智叵思議。汝今出信力，住於忍善中，昔所未聞法，今皆當得聞。我今安慰汝，勿得懷疑懼，佛無不實語，智慧不可量、所得第一法，甚深叵分別，如是今當說，汝等一心聽。

【註解】次、偈頌。如文易解。

【語譯】此時，世尊欲重宣前義，乃說偈道：阿逸多！你們應當精進不懈，一心專志，我欲說此大事因緣，不得稍有疑悔，應知佛智妙圓，不可以心思言議的啊！你們今天要拿出信的力量來，安忍不動於善法之中，昔日未聞的妙法，而今都可以得聞了。

我今天安慰你們，勿得心懷疑懼，佛的言語是沒有不實在的；佛的智慧是不可量度的；佛所證得的第一法，其理甚深，是不可以情識分別的。如此妙法，我今當說，你們要一心傾聽。

爾時世尊說此偈已，告彌勒菩薩：我今於此大眾宣告汝等，阿逸多！是諸大菩薩摩訶薩，無量無數阿僧祇，從地涌出，汝等昔所未見者，我於是娑婆世界，得阿耨多羅三藐三菩提已，教化示導是諸菩薩，調伏其心，令發道意。此諸菩薩，皆於是娑婆世界之下，此界虛空中住，於諸經典，讀誦通利，思惟分別，正憶念。阿逸多！是諸善男子等，不樂在衆，多有所說，常樂靜處，勤行精進，未曾休息，亦不依止人天而住。常樂深智，無有障礙，亦常樂於諸佛之法，一心精進，求無上慧。

【註解】第二、正答。分長行、偈頌之二：今先長行。

「我於是娑婆……令發道意」——這是答前「誰爲說法教化、從誰發心」之問。

「皆於是娑婆……正憶念」——這是答前「從何所來、國土名號、受持誰經」之問。餘句都是對「虛空中住」的解釋。

【語譯】此時世尊說偈歎誡已罷，告訴彌勒菩薩道：阿逸多！我今天向你們大衆宣告：這些從地涌出的無量無數阿僧祇的大菩薩，爲汝等昔所未見者；都是我在這娑婆世界，證得了阿耨多羅三藐三菩提後，教化示導此等菩薩，調伏其心，使之發無上道意的。此等菩薩，都在這娑婆世界之下的虛空中住，於一切經典，讀誦通利，思惟審慮，分別法相，正其憶念於眞如之境。他不樂意在喧囂的衆人中，放言高論，多有所說；經常樂於閑靜獨處，勤行精進，未曾休息。也不依止於三界有漏的人、天而住，常樂修行那甚深的無漏智慧，斷惑證理，自在無礙；也常樂修諸佛的一乘教法，一心精進，求得無上佛慧的道果。

爾時世尊欲重宣此義而說偈言：阿逸汝當知，是諸大菩薩，從無數劫來，修習佛智慧，悉是我所化，令發大道心。此等是我子，依止是世界，常行頭陀事，志樂於靜處，捨大衆憒鬧，不樂多所說。如是諸子等，學習我道法，晝夜常精進，爲求佛道故，在娑婆世界，下方虛空住，志念力堅固，常勤求智慧，說種種妙法，其心無所畏。我於伽耶城，菩提樹下坐，得成最正覺，轉無上法輪。爾乃敎化之，令初發道心，今皆住不退，悉當得成佛。我今說實語，汝等一心信，我從久遠來，敎化是等衆。

【註解】次、偈頌。前四頌半，答「誰爲說法、從誰發心、受持誰經、從何所來」等問；次一頌歎菩薩德；後三頌答本末因緣。

「行頭陀事」——梵語頭陀，翻爲抖擻。卽抖擻煩惱塵染，離衣食住三種貪著。俗稱行脚乞食的僧人爲「頭陀行者。」

問：最後三頌，先說：「我於伽耶城……爾乃敎化之」，又說：「我從久遠來，敎化是等衆」，這二說，一近一遠，豈不相違？答：此所謂伽耶，乃久遠之伽耶，非今日之伽耶；又今日之伽耶，卽久遠之伽耶，如前說五十小劫猶如半日。故不相違。

【語譯】此時世尊，欲重宣前義，乃說偈道：阿逸多！你應當知道，這些大菩薩，從無數阿僧祇劫以來，修習佛的智慧，都是我所敎化，使之發大道心的。他們都是我的法子，依止這娑婆世界，行頭陀事，志願樂處閑靜，捨大衆憒鬧，不樂空有言說、多所費辭。此諸佛子等，學習我的道法，常晝夜不輟的勤修精進。他們都爲求佛道故，所以才在這娑婆世界的下方虛空中住，志念堅定，常勤求智慧，善說種種妙法，激懸河之雄辯而心無所畏。

我於伽耶城的菩提樹下，得成最正等覺，轉無上法輪，那時我便教化他們，使之初發道心，而今他們都已住不退位，且於當來之世，得成佛果。昔說方便，未曾顯實，我今說此實語，你們應一心信受，這些菩薩，是我從久遠已來，所教化的。

爾時彌勒菩薩摩訶薩，及無數諸菩薩等，心生疑惑，怪未曾有而作是念：云何世尊於少時間敎化如是無量無邊阿僧祇諸大菩薩，令住阿耨多羅三藐三菩提。卽白佛言：世尊！如來爲太子時，出於釋宮，去伽耶城不遠，坐於道場，得成阿耨多羅三藐三菩提，從是已來，始過四十餘年，世尊云何於此少時，大作佛事，以佛勢力，以佛功德，敎化如是無量大菩薩衆，當成阿耨多羅三藐三菩提。世尊！此大菩薩衆，假使有人於千萬億劫，數不能盡，不得其邊，斯等久遠已來，於無量無邊諸佛所，植諸善根，成就菩薩道，常修梵行。世尊！如此之事，世所難信。

【註解】上來第三段如來答問竟。此下是第四段，彌勒再興疑問。分長行、偈頌之二，長行分三：今先法說。如文易解。

【語譯】這時候，彌勒菩薩摩訶薩，以及會中的無數諸菩薩等，他們聞佛已上所說，心裏又生起疑惑，驚怪爲未曾有事，默然念道：「怎麼世尊在很短促的時間，敎化這無量、無邊、阿僧祇的大菩薩，使之安住於無上正等覺呢？」

於是再向佛請問的說：世尊！如來做太子時，出釋氏宮，去到距伽耶城不遠的菩提樹下，就坐道場，得成無上正等覺的佛果了。從此暑往寒來，不過四十餘年，世尊何以在此少許時間，作偌大的佛事，以佛斷惑的勢力，萬行的功德，敎化這無量大菩薩衆，當成阿耨多羅三藐三菩提呢？

世尊！這涌出的大菩薩衆，假使其中有人，歷千萬億劫，數不能盡，不得其邊的這樣久遠已來，於無量無邊的諸佛處所，植諸善根，成就大菩提道，常修淨行的話；世尊！像這檔之事兒，恐爲世人所難信。

譬如有人，色美髮黑，年二十五，指百歲人，言是我子；其百歲人，亦指年少，言是我父，生我、育我等，是事難信。

【註解】二、以譬說。「年二十五」——譬佛成道日近。「百歲人」——譬菩薩修行久遠。「我子我父」——譬佛子與佛。「生我育我」——譬菩薩受佛敎化。

【語譯】譬如：有個色美髮黑的年少人，纔二十五歲，他指著鶴髮鷄皮的百歲人，說：「這是我的兒子」。那百歲人，也指著年少人，說：「這是我的父親，生我、育我」。這樁事，是很難令人相信的。

佛亦如是，得道已來，其實未久，而此大衆諸菩薩等，已於無量千萬億劫，爲佛道故，勤行精進，善入出住無量百千萬億三昧，得大神通，久修梵行，善能次第習諸善法，巧於問答，人中之寶，一切世間，甚爲希有。今日世尊，方云得佛道時，初令發心，教化示導，令向阿耨多羅三藐三菩提。世尊得佛未久，乃能作此大功德事。我等雖復信佛隨宜所說，佛所出言，未曾虛妄，佛所知者，皆悉通達；然諸新發意菩薩，於佛滅後，若聞是語，或不信受，而起破法罪業因緣。唯然世尊！願爲解說，除我等疑，及未來世諸善男子，聞此事已，亦不生疑。

【註解】三、以法合。依次合：成道日近譬、修行久遠譬、佛子受化譬，及難信請答。尋文自知。

「善入出住無量百千萬億三昧」——無量百千萬億之法，趣寂於三昧正定，名爲「善入」；從三昧起，名爲「善出」；定體不動，非入非出，名爲「善住」。並不是善能入出住於無量百千萬億之多的三昧之中。

【語譯】佛也是這樣的，自伽耶得道已來，僅四十餘年，其實爲時未久；然而這些大衆菩薩，却於無量千萬億劫的久遠之世，已經爲成就佛道之故，勤行精進，善能入、出、住於無量百千萬億三昧，得大神通，久修梵行，善能次第不紊的學習一切善法，具足四無礙辯，巧於問答，而爲人中之寶，一切世間，甚爲希有了。

今日世尊方說，在伽耶得佛道時，纔教化此菩薩大衆，初發大心，趣向於無上菩提。世尊得佛未久，怎能作此大功德事？我們雖能信佛隨順機宜，所發的言說，句句是實，曾無虛妄；佛智所知，悉皆通達，無有障礙；可是到佛滅度後，那些新發意的菩薩，若聞此語，難免不肯信受，反倒生起了疑謗破法的罪業因緣。

唯願世尊，詳爲解說，一則除我等疑障；二則使未來世的諸善男子，聞知此事，亦不生疑。

爾時彌勒菩薩，欲重宣此義而說偈言：佛昔從釋種，出家近伽耶，坐於菩提樹，爾來尚未久。此諸佛子等，其數不可量，久已行佛道，住於神通力，善學菩薩道，不染世間法，如蓮華在水，從地而涌出，皆起恭敬心，住於世尊前。是事難思議，云何而可信，佛得道甚近，所成就甚多，願爲除衆疑，如實分別說。

【註解】上來長行已竟。向下是以偈頌重宣前義。這五頌是重宣法說。如前已解。

【語譯】此時彌勒菩薩，欲重宣前義，乃說偈道：佛於昔日從釋迦種族中，捨俗出家，在伽耶城附近，坐菩提道場，自爾時已來，僅四十餘年，時尚未久；而此無量無邊的諸佛子等，卻久已修行佛道，住於自在無礙的大神通力，善學自度度他的菩薩大道，不染著世間諸法的有漏無常，猶如清淨不染的蓮華，在濁水中，從地涌出，都起恭敬心，竚立於世尊之前。像這樣難以心思言議的事兒，如何可信？

佛得道的時期很近，化衆甚多，世人怎能不疑？唯願世尊，爲大衆除此疑障，如其實義的分別解說。

譬如少壯人，年始二十五，示人百歲子，髮白而面皺，是等我所生，子亦說是父，父少而子老，擧世所不信

【註解】這二頌是重宣譬說。如前已解。

【語譯】譬如有個少壯人，年方二十五歲，對人指著他那髮白面皺的百歲之子，說：「這是我所親生」。百歲的兒子，也指著少壯人，說：「這是我父」。如此父少子老，擧世之人，有誰敢信？

世尊亦如是，得道來甚近，是諸菩薩等，志固無怯弱，從無量劫來，而行菩薩道，巧於難問答，其心無所畏，忍辱心決定，端正有威德，十方佛所讚，善能分別說，不樂在人衆，常好在禪定，爲求佛道故，於下空中住。我等從佛聞，於此事無疑，願佛爲未來，演說令開解。若有於此經，生疑不信者，卽當墮惡道。願今爲解說，是無量菩薩，云何於少時，敎化令發心，而住不退地。

【註解】這七頌是重宣法合。如前已解。

【語譯】世尊也是如此，從伽耶得道已來，距今甚近，而此等菩薩，則是志願堅固，毫無怯弱，他們從無量劫前的久遠已來，就修行菩薩道了。怎樣修行？1對於難問答的深義，能善巧問答，心無所畏。2決定心能忍辱，儀表端嚴，有大威德，爲十方諸佛之所讚歎。3善能分別演說諸法。4不樂在憒鬧的人衆中，常好禪定，爲求佛道之故，住於下方虛空。

我們從佛直聞此事，無所疑惑，願佛爲未來際的初心菩薩演說，令其開解。假使有人於此法華，疑而不信，當墮惡道；因此，願佛今爲解說，這從地涌出的無量菩薩，如何能在很短的時間，敎化他們，使之發心，住不退地？

——從地涌出品竟——

如來壽量品第十六

眞如本體不變不動，如皓月當空，叫做「如」；垂迹應化，如月印千江，叫做「來」。雖不變不動而垂迹應化，非來而來；雖垂迹應化而不變不動，來而非來，故名「如來」。是則，如來非本無以垂迹，非迹無以顯本，卽本卽迹，卽迹卽本，本迹不二。然是義甚深，故佛於上品雖略爲開迹顯本，說伽耶成道，化衆久遠，而大衆不解，再興疑問。因此，不得不再於本品廣爲開顯，說「我成佛已來，甚大久遠，如來壽命無量」等，以決衆疑。故以「如來壽量」題此品名。

爾時佛告諸菩薩，及一切大衆：諸善男子！汝等當信解如來誠諦之語。復告大衆：汝等當信解如來誠諦之語。又復告諸大衆：汝等當信解如來誠諦之語。是時菩薩大衆，彌勒爲首，合掌白佛言：世尊！惟願說之，我等當信受佛語。如是三白已，復言：惟願說之，我等當信受佛語。

【註解】本品開爲二段：這是第一段誠信。

「誠諦之語」——誠諦，就是實義。前說三乘方便，是隨他意語，不名誠諦；今說一乘法華，是隨自意語，故名誠諦之語。

【語譯】此時，佛告訴對父少子老發生疑問的菩薩大衆，道：「諸善男子！你們應當信解如來的眞實誠諦之語。」又告訴大衆說：「你們應當信解如來的眞實誠諦之語。」又復告訴大衆：「你們應當信解如來的眞實誠諦之語。」

這時，菩薩大衆，聞佛再三殷重勸告，即以彌勒菩薩爲首，合掌向佛坦誠的說：「世尊！惟願說此誠諦，我們自當信受佛語。」這樣一連說了三次已後，又說：「惟願說此誠諦，我們自當信受佛語。」

爾時世尊知諸菩薩三請不止，而告之言：汝等諦聽，如來秘密神通之力，一切世間天人及阿修羅，皆謂今釋迦牟尼佛，出釋氏宮，去伽耶城不遠，坐於道場，得阿耨多羅三藐三菩提。然善男子！我實成佛已來，無量無邊百千萬億那由他劫。

【註解】這以下是第二段正說。分長行、偈頌之二。長行又二：初明過去無始，分三：初明顯眞實義，分二：初明成佛久遠，分三：今初法說。如文易解。

【語譯】此時，世尊知道以彌勒爲首的諸菩薩，三請不止，又復四請，乃告訴他說：汝等諦聽！如來由本寂不動的法身理體，垂迹應化，妙用無方，這是向不輕傳的秘密神通之力。一切世間天、人、阿修羅，都以謂：「今日的釋迦牟尼佛，出自釋氏王宮，去到離伽耶城不遠的地方，坐菩提道場，才證得了阿耨多羅三藐三菩提。」然，善男子！我實成佛以來，無量無邊百千萬億那由他劫了，並不是今世才證得佛果。

譬如五百千萬億那由他阿僧祇三千大千世界，假使有人末爲微塵，過於東方五百千萬億那由他阿僧祇國，乃下一塵，如是東行，盡是微塵。諸善男子，於意云何？是諸世界，可得思惟校計知其數不？彌勒菩薩等俱白佛言：世尊！是諸世界無量無邊，非算數所知，亦非心力所及，一切聲聞、辟支佛，以無漏智，不能思惟知其限數，我等住阿惟越致地，於是事中，亦所不達。世尊！如是諸世界，無量無邊。

【註解】二、舉譬問答。如文易解。

【語譯】譬如：五百千萬億那由他阿僧祇，這麼多的三千大千世界，假使有人把他磨成微塵，每過東方五百千萬億那由他阿僧祇數的國土，點下一滴微塵，這樣向東方迤邐行去，諸善男子！你們的意思怎麼樣，這塵點世界，可以思惟計算，知其數量嗎？

彌勒菩薩等，承佛所問，俱時奉答的說：世尊！這塵點世界，無量無邊，既非算數之所能知，亦非心力之所能及，不但一切聲聞、辟支佛，以無漏智不能思惟知其數限；就是我們住不退地的諸大菩薩，對於這檔之事，也是不能了達的。世尊！這樣多的世界，可以說是無量無邊。

爾時佛告大菩薩衆：諸善男子！今當分明宣語汝等，是諸世界，若著微塵，及不著者，盡以爲塵，一塵一劫，我成佛已來，復過於此百千萬億那由他阿僧祇劫。

【註解】三、合譬顯遠。如文易解。

【語譯】此時佛告訴大菩薩衆說：諸善男子！今日我向你們明白宣示：這向東行所經過的世界，無論點著微塵的，及不著微塵的，通統都磨爲微塵，以一微塵爲一劫來計算，可以說是很久遠了；然而，我成佛已來，又超過了這微塵數劫百千萬億那由他阿僧祇劫了。

自從是來，我常在此娑婆世界說法敎化；亦於餘處百千萬億那由他阿僧祇國，導利衆生。

【註解】上來初明成佛久遠竟。此二明垂化亦遠。如文易解。

【語譯】自從成佛已來，我不但常在這娑婆世界，說法敎化；而且亦於餘處百千萬億那由他阿僧祇國，化導利益一切衆生。

諸善男子，於是中間，我說然燈佛等，又復言其入於涅槃，如是皆以方便分別。諸善男子！若有衆生來至我所，我以佛眼觀其信等諸根利鈍，隨所應度。處處自說名字不同，年紀大小，亦復現言當入涅槃。又以種種方便，說微妙法，能令衆生發歡喜心。諸善男子！如來見諸衆生樂於小法，德薄垢重者，爲是人說：我少出家，得阿耨多羅三藐三菩提。然我實成佛已來，久遠若斯，但以方便教化衆生，令入佛道，作如是說。

【註解】上來初明顯眞實義竟。此下爲二釋開方便義，分二：今初釋久近疑。因爲大衆疑惑：若成佛久遠，垂迹亦遠，何故昔說然燈授記，賢劫成佛？所以才有本文的解釋。文中有三句「諸善男子」，分爲三段：1略開方便釋疑。2廣開方便釋疑。3舉今教釋疑。「然我實成佛」句下，明顯實開權。

【語譯】諸善男子！我初自無始成佛，終至靈山法會，在這初、終二時中間，我曾說過，遇然燈授記，賢劫作佛；又說，然燈入於涅槃；這都是以方便分別，實際上並非如此。

諸善男子！若有衆生來到我所，我以佛眼觀察其信、進、念、定、慧，這五種能生一切善法的根性，利鈍差別，隨其機感，以所適應的教法，來度化他們。所以在在處處，自說應身的名號，或爲「舍那」，或爲「釋迦」，各別不同；住世的年紀大小，亦各有異；又復於本不滅度的法身，示現滅度，而言如來當入涅槃；又爲實施權，以三乘方便，說一乘妙法，能令衆生聞法得益，發歡喜心。

諸善男子！如來見諸衆生，樂著小法，福德淺薄，煩惱垢重者，爲這種鈍根人說：「我少年出家，得阿耨多羅三藐三菩提。」然而，我實成佛已來，時間的久遠，已超過了這塵劫無量僧祇。但爲方便敎化衆生，令其入於佛道之故，所以才作這樣的說法。

諸善男子！如來所演經典，皆爲度脫衆生，或說己身，或說他身；或示己身，或示他身；或示己事，或示他事，諸所言說，皆實不虛。所以者何？如來如實知見三界之相，無有生死，若退若出；亦無在世及滅度者；非實非虛，非如非異；不如三界，見於三界。如斯之事，如來明見，無有錯謬。以諸衆生，有種種性、種種欲、種種行、種種憶想分別故，欲令生諸善根，以若干因緣、譬喩、言辭，種種說法，所作佛事，未曾暫廢。

【註解】二、釋虛實疑。因爲大衆疑惑：昔日曾說成道時近，今日又說成道久遠；又昔說是權，今說是實。今昔相違，皆應虛妄。所以才有本文的解釋。

「如來所演經典……皆實不虛」——此段明說敎不虛：釋迦自說其身，是宿世的不輕菩薩；說調達是阿私仙等，卽是「或說己身，或說他身」。集分身諸佛，召地涌菩薩，卽是「或示己身，或示他身」。說自他修因證果之事，卽是「或示己事，或示他事」。

「所以者何……無有錯謬」——此段明證理不虛：如來以眞如實智，所照見的三界之相，實際地裏，不見有凡夫的死此生彼，三乘的退入與出離，故曰「無有生死，若退若出」；亦不見有諸佛的出現於世，及入於涅槃，故曰「亦無在世及滅度者」。離三乘所證，故曰「非實」；離凡夫妄執，故曰「非虛」。三乘見三界爲空、爲如；衆生見三界爲有、爲異；佛見三界空而非空，故曰「非如」；有而非有，故曰「非異」。這不同三界衆生無明妄見的三界之相，故曰「不如三界見於三界」。如來以明智所見，皆實不虛，故曰「無有錯謬」。

「以諸衆生……未曾暫廢」——此段明見機不虛：衆生難改的習性不同，叫做「種種性」；所樂不同，叫做「種種欲」；業行不同，叫做「種種行」；追憶往緣，想像分別，各各不同，叫做「種種憶想分別」。

【語譯】諸善男子！如來所演說的經典，無論那個法門，其旨趣，都是爲度脫衆生的。或說己身，或說他身；或示己身，或示他身；或示自他修因證果，度化衆生之事。總而言之，如來所有的一切言說，都是眞實不虛。

何以眞實不虛？如來以眞如實智，所照見的三界之相，無一法可得，沒有凡夫的生死，三乘的退入與出離；也沒有諸佛的出現於世，及入於涅槃；非三乘斷證的實義，凡夫妄見的虛幻；非一如，亦非別異。這不同三界衆生所見的三界之相。如此之事，如來明了知見，實無錯謬。

因爲衆生有種種習性、種種耆欲、種種業行、種種憶想分別之故；所以如來爲令其生諸善根，入佛知見，亦得以若干因緣、譬喩、言辭、的種種說法，而作佛事，久遠已來，不斷化物，未曾暫廢。

如是我成佛已來，甚大久遠，壽命無量阿僧祇劫，常住不滅。

【註解】上來第二釋開方便義竟。此爲第三總結成佛久義。如文易解。

【語譯】如已上所說，我成佛已來，實甚久遠，壽命無量阿僧祇劫，常住不滅。並非方便示現那伽耶成道，雙林入滅的無常。

諸善男子！我本行菩薩道所成壽命，今猶未盡，復倍上數。

【註解】上來初明過去無始竟。此下爲第二明未來無終，分三：今初正明無終。「本行菩薩道」爲因；「所成壽命」爲果；今因果並舉，故倍於已上無量僧祇的果壽之數。「今猶未盡」之句，是對雙林唱滅而言，並非反顯未來有盡之義。上說阿僧祇，譯爲無央數，數既無央，何以言倍？不過假文字方便，以釋常義而已。

【語譯】諸善男子！我於本因行菩薩道時，所成就的壽命，今猶未盡，更復倍於已上所說的無量阿僧劫數。

然今非實滅度，而便唱言當取滅度，如來以是方便教化衆生。所以者何？若佛久住於世，薄

德之人不種善根，貧窮下賤，貪著五欲，入於憶想妄見網中，若見如來常在不滅，便起憍恣而懷厭怠，不能生於難遭之想，恭敬之心，是故如來以方便說：比丘當知，諸佛出世，難可值遇。所以者何？諸薄德人，過無量百千萬億劫，或有見佛，或不見者，以此事故，我作是言：諸比丘！如來難可得見。斯衆生等，聞如是語，必當生於難遭之想，心懷戀慕，渴仰於佛，便種善根。是故如來雖不實滅，而言滅度。

【註解】此第二釋疑。衆疑：假使如來壽命常住不滅的話；那見寶塔品中，何故唱言「如來不久當入涅槃」呢？爲釋此疑，故有本文。

「非實滅度」——如來的滅度，具有法身、般若，爲度未來際衆生故，雖常寂而常照，非如小乘的身、智永滅，故曰非實滅度。

【語譯】然今所謂的滅度，並非實滅，而便唱言當取滅度者；那不過是如來假此方便，教化衆生而已。爲什麼要方便示滅？假使佛久住於世，那樂小法的薄德之人，就不肯修種菩提善根，甘爲貧窮下賤，貪著五欲，不知不覺的墮入了顛倒憶想的妄見羅網。這種人，若見如來常在不滅，便憍慢恣縱，心懷厭倦，不能生起盲龜浮木的難遭之想，及恭敬之心。

因此，如來才隱實施權，以方便說道：「比丘當知，諸佛的出現於世，是很難值遇的」。何以說很難值遇？那些薄德之人，過了無量百千萬億劫之久，或有偶爾見佛的，或竟不得一見的，因此之故，我說：「諸比丘！如來是很難得見的。」此等薄德衆生，聞聽我說此語，必然會生起難遭之想，懷念着對佛的戀慕渴仰之誠，便爾珍惜倖得値佛的機緣，而修種種善根了。

因爲這個緣故，如來雖不實滅，而假方便說爲滅度。

又善男子！諸佛如來，法皆如是，爲度衆生，皆實不虛。

【註解】此下爲第三釋不虛義。復分爲三：今初法說。如文易解。

【語譯】又、善男子！諸佛如來的教法，都是這樣的，先三後一，開迹顯本，無非爲度衆生，皆實不虛。

譬如良醫，智慧聰達，明練方藥，善治衆病。其人多諸子息，若十、二十，乃至百數，以有事緣，遠至餘國。諸子於後，飲他毒藥，藥發悶亂，宛轉於地，是時其父，還來歸家，諸子飲毒，或失本心，或不失者，遙見其父，皆大歡喜，拜跪問訊，善安隱歸，我等愚癡，誤服毒藥，願見救療，更賜壽命。父見子等苦惱如是，依諸經方，求好藥草，色香美味，皆悉具足，擣篩和合，與子令服，而作是言：此大良藥，色香美味，皆悉具足，汝等可服，速除苦惱，無復衆患。

【註解】此下爲第二譬說。依法華義疏，總十三譬，開爲三章：今初擧七譬，明利鈍衆生，同屬佛子。

「譬如良醫……善治衆病」——此爲第一佛如良醫譬：「智慧聰達」，譬佛實智，深達一乘實相的如理。「明練方藥」，譬佛權智，諳練三乘權法的差別。「善治衆病」，譬佛廣度一切衆生。

「其人多諸子息……乃至百數」——此爲第二衆生如子譬：「其人」譬佛。「多諸子息」譬衆生皆有佛性，或曾受化，或當受化，皆是佛子。「若十、二十」譬昔曾受化的菩薩、二乘。「百數」譬當受化的六道衆生。

「以有事緣，遠至餘國」——此爲第三前佛去世譬：「以有事緣」譬他土緣熟。「遠至餘國」譬此土現滅。

「諸子於後……宛轉於地」——此爲第四衆生起惑譬：「飲他毒藥」譬自失正觀，貪他欲境。「藥發悶亂」譬惑障智境。「宛轉於地」譬流轉六道。

「是時其父還來歸家」——此爲第五後佛出興譬：前爲機盡示滅而去；今爲機熟復來應化，故曰「還來歸家」。

「諸子飲毒……更賜壽命」——此爲第六衆生感見譬：前習正觀，後著五欲，欲强觀弱，忘失本解的，叫做「失本心」；觀强欲弱，不失本解的，叫做「不失」。衆生但見佛應身成道，不見法身，去理尚遠，如「遙見其父」。自責起惑，謂「我等愚痴」；謬著五欲，如

「誤服毒藥」。請佛說教，謂「願見救療」；復本慧命，如「更賜壽命」。

「父見子等……無復衆患」——此爲第七應緣說教譬：「父見子等」譬佛見機。「依諸經方求好藥草」譬依諸佛教典所詮妙理。「色、香、美味」依次譬戒、定、慧三學。「擣、篩、和合」依次譬標章、別釋、總結。「汝等可服」等句，譬佛勸弟子如說行持，則諸惑永寂。

【語譯】譬如：有一位良醫，智慧聰敏，明了諳練方術藥性，善治衆病。這位醫師有很多兒子，大概有十個、二十個，乃至百數之多。

醫師因事出國去了，那些兒子們，在他去後，誤飲毒藥，藥毒發作，都惛悶煩亂，倒在地下打滾！這時，他父親又從國外回家來了，他們這一羣因誤飲毒藥，或失迷本心，或不失心的孩子，遠遠的看見他父親，都歡喜得拜跪問訊，說：「爸爸！您很平安的回來了，我們無知，誤飲毒藥，生命垂危，唯願見憐，急救治療，賜予我們甦生的壽命。」

父見諸子如此苦惱，趕緊依據方書，求好藥草，色、香、味美，樣樣具備，經過擣、篩、和合的調配，囑兒們服用，他說：「這是最好的藥品，色、香、味美，都完全具足，你們可以服用，很快的就滅除苦惱，不會再起衆多的病患了。

其諸子中，不失心者，見此良藥色香俱好，卽便服之，病盡除愈。

【註解】次擧第八利根前悟譬。如上已解。

【語譯】其誤服毒藥的諸子之中，中毒較淺而不失本心的，見此良藥色香俱佳，立卽服用，他的病苦就完全除滅，恢復正常了。

餘失心者，見其父來，雖亦歡喜問訊，求索治病；然與其藥而不肯服。所以者何？毒氣深入，失本心故，於此好色香藥而謂不美。父作是念：此子可愍，爲毒所中，心皆顚倒，雖見我喜，求索救療，如是好藥而不肯服，我今當設方便，令服此藥，卽作是言：汝等當知，我今衰老，死時已至，是好良藥，今留在此，汝可取服，勿憂不差。作是敎已，復至他國，遣使還告，汝父已死，是時諸子聞父背喪，心大憂惱，而作是念：若父在者，慈愍我等，能見救護，今者捨我，遠喪他國。自惟孤露，無復恃怙，常懷悲感，心遂醒悟，乃知此藥，色香美味，卽取服之，毒病皆愈。其父聞子悉已得差，尋便來歸。咸使見之。諸善男子！於意云何？頗有人能說此良醫虛妄罪不？不也！世尊。

【註解】後擧五譬，明鈍根衆生，雖曾聞敎，已失本解，須待唱滅。

「餘失心者……而謂不美」——此爲第九鈍根未了譬：「見其父來，雖亦歡喜問訊」譬鈍根人見佛出世，亦知欣敬。「求速治病」譬鈍根人，亦有欲聞妙法的機感。「與其藥而不肯服」譬鈍根人，雖亦稟敎而不悟理。「毒氣深入，失本心故」譬不悟之由，爲深著欲境。「於此好藥而謂不美」譬於正敎不得理趣。

「父作是念……汝父已死」——此爲第十如來示滅譬：「父作是念……令服此藥」譬如來爲憐衆生著常，而欲現滅以示無常。「卽作是言……勿憂不差」譬如來卽當示滅，而遺經不滅，可作修行斷惑的法藥。「作是敎已……汝父已死」譬如來滅時，遣四依菩薩，於末世弘經，言佛已滅度，但留此法，我今宣說。

「是時諸子……毒病皆愈」——此第十一鈍根得解譬：衆生聞佛涅槃，始悟無常，譬如「諸子聞父背喪……心遂醒悟」。便爾修行斷惑，譬如「卽取服之，毒病皆愈」。

「其父聞子……咸使見之」——此第十二如來還歸譬：如來爲衆機所感，如「其父聞子，悉已得差」。將來應化，故曰「尋便來歸，咸使見之」。

「諸善男子……不也世尊」——此第十三佛無虛妄譬：佛問虛妄，彌勒答「不」，結不虛義。

【語譯】除不失本心者外，其餘失迷本心的，看見他父親回來，雖也歡喜問訊，求藥治病；然，給與良藥，却又不肯服用。這是什麼緣故呢?因爲他中毒較深，忘失本心之故，所以對此色香具足的好藥，猶謂不美。

於是，他父親才這樣默然念道：「這兒子實在可憐!他爲中毒太深，心都顚倒了，雖知見我歡喜，求藥救治；然而，像這樣的好藥，他却不肯服用，我今應假設方便，引誘他服下這劑良藥。」乃對其子這樣說道：「你們要知道，我現在年紀衰老，死期已到，這劑療毒的好藥，留給你們，儘管服用，不愁毒病不愈。」說罷，又到其他國去，遣使回國報說：「你父親已經死了。」

這時諸子，驚聞父喪噩耗，心大憂惱，作這樣的念道：「假使父親在世，慈愍我們，能得救護，如今父親捨棄我們，遠喪在異國了。」如此自思孤露；無所庇蔭，常懷悲感，遂如夢方醒，悟得本心，這才知道，此藥色香味美，乃取而服食，那毒病都完全治好了。

遠在異國的父親，聽說他兒子們的病，都已全愈，便即回國，使他濶別已久的兒子，都能見到父親的慈容。諸善男子！你們的意思怎麼樣？頗有人能說這良醫假言已死的虛妄罪嗎？不！世尊，那是方便救子，怎能說他是虛妄？

佛言：我亦如是，成佛已來，無量無邊百千萬億那由他阿僧祇劫，爲衆生故，以方便力，言當滅度，亦無有能如法說我虛妄過者。

【註解】此爲第三法合。「如是」——是指良醫方便救子之事。「無量僧祇」——是正明本實不滅。「以方便力言當滅度」——是反顯本實不滅。「如法說」——是據理而言。

【語譯】佛說：我也是這樣的，自成佛已來，經無量無邊阿僧祇劫，爲度衆生之故，以方便權智之力，說當滅度，而實不滅，也無人能如法合理的說我有虛妄過失。

爾時世尊欲重宣此義而說偈言：自我得佛來，所經諸劫數，無量百千萬，億載阿僧祇，常說法教化，無數億衆生，令入於佛道。

【註解】上來長行已竟。此下是以偈頌重宣前義。凡二十五頌半：這初一頌又三句，重宣成佛久遠，垂化亦遠，經劫無量，度衆生無數，泯始終本迹之見於第一義諦。

「載」——是億、兆、京、垓、秭、穰、溝、澗、正、載，這十位數，次第十倍的最高位數。卽十億爲兆，乃至十正爲載。

【語譯】爾時，世尊欲重宣此義，乃說偈道：自從我修得佛果已來，所經劫數，已有無量百千萬億載阿僧祇，這麼久遠了。常說法敎化無數億衆生，令其入於佛道，未曾暫廢。

爾來無量劫，爲度衆生故，方便現涅槃，而實不滅度，常住此說法。我常住於此，以諸神通力，令顚倒衆生，雖近而不見。衆見我滅度，廣供養舍利，咸皆懷戀慕，而生渴仰心。衆生卽信伏，質直意柔軟，一心欲見佛，不自惜身命。時我及衆僧，俱出靈鷲山，我時語衆生：常在此不滅，以方便力故，現有滅不滅。餘國有衆生，恭敬信樂者，我復於彼中，爲說無上法，汝等不聞此，但謂我滅度。我見諸衆生，沒在於苦惱，故不爲現身，令其生渴仰。因其心戀慕，乃出爲說法。

【註解】這八頌又三句，是就佛本、迹二身，明滅不滅義。初二頌又一句標章；次五頌釋義；後一頌半總結。

佛身非滅、非不滅；衆生有見、有不見；唯爲不見者現滅，見者現不滅耳。約現滅來說，名叫應身；約不滅來說，名叫法身。這不過是對不解的人，於無名相中，假名相說，實則二身不二，何況三身四身？

【語譯】自爾無量劫來，爲度衆生故，不得不假設方便，示現涅槃；實則，我並沒有滅度，依然常住在這娑婆世界，教化說法。我雖常住在此，要以神通之力，使顚倒衆生，雖近在目前而不得見佛。

衆生見我滅度，大家都供養舍利——靈骨，懷着戀慕渴仰的心情。衆生旣因戀慕渴仰的信心，而降伏憍慢，質直樸實，柔軟和順，一心想見佛，不自惜其身命；這時，我及衆僧，都應機出現於靈山一會。我這時告訴衆生說道：「我常住在這靈鷲山上，並不曾滅，不過以方便之力，現有滅與不滅罷了。因爲其餘國土的衆生，有恭敬信樂佛道的，我乃於此土現滅，爲彼土中的衆生，說無上妙法，你們不曾聞知這現滅不滅之理，而便謂爲我實滅度了。」

總而言之：我見衆生，沉沒在生死苦海，便隱身不現，使他們心生渴仰；旣生渴仰，那就要給他們現身說法了。

神通力如是：於阿僧祇劫，常在靈鷲山，及餘諸住處。衆生見劫盡，大火所燒時，我此土安

隱，天人常充滿，園林諸堂閣，種種寶莊嚴，寶樹多華果，衆生所遊樂，諸天擊天鼓，常作衆技樂，雨曼陀羅華，散佛及大衆。我淨土不毀，而衆見燒盡，憂怖諸苦惱，如是悉充滿。

【註解】這五頌，是就淨、穢二土，明滅不滅義。初一頌標常住處，明佛土不滅；次三頌釋不滅之疑；後一頌總結淨土不毀，衆生見燒。

正智契於如如之理爲身；照如如之境爲土；身土皆如，二而不二。故上約本、迹二身，辨滅不滅義；今約淨、穢二土辨滅不滅義。二義無別。

經家有釋「靈鷲山」爲實報土；「餘住處」爲方便土者。然觀「我此土安隱，天人常充滿」，及「衆生所遊樂」等句，顯然都是指凡聖同居土而言的。蓋天人凡夫，不生實報、方便二土哪。所以解釋本文，似不必涉及四土，但約淨、穢二土卽得。這樣，就無須把「天人」已下等句，以表法來解釋了。

問：靈鷲山在娑婆世界，何以說爲淨土？又何以衆生見燒，此土不燒？答：略有三義：1本文首標「神通力如是」；見寶塔品，也有三變淨土的神力顯現，可知佛所在處，以神通力故，無穢不淨。2據法華論謂「異質同處」，卽淨、穢二質，同在一處，粗、妙殊異而互不妨礙。3本文結論明罪、福衆生，感見不同。

【語譯】如來神通之力，是這樣的：歷經阿僧祇劫，常在靈鷲，及餘方國土所住之處。

眾生見劫火燒時，大千世界都一舉盡焚；唯我此土，却安隱不壞，依舊是：天、人充滿；園林樓閣，爲種種珍寶所莊嚴；寶樹華果，亦多茂盛，爲具有善根功德的眾生所遊樂之處；天人常擊天鼓、作天樂、雨天曼陀羅華，紛紛的散於佛上，及賢聖大眾。

我這淨土，安隱不壞；而眾生妄見劫火燒盡，充滿着憂怖苦惱的心情！

是諸罪眾生，以惡業因緣，過阿僧祇劫，不聞三寶名；諸有修功德，柔和質直者，則皆見我身，在此而說法，或時爲此眾，說佛壽無量，久乃見佛者，爲說佛難值。我智力如是，慧光照無量，壽命無數劫，久修業所得。

【註解】這四頌，是雙結身、土滅不滅義。初二頌，約罪、福二人的淨、穢異見，結佛土滅不滅義；次二頌，約說壽長短，結佛身滅不滅義。

【語譯】這些罪障眾生，以其惡業因緣之故，縱經阿僧祇劫，也不得聞知佛、法、僧三寶之名。反此罪障，而有修行功德，柔和樸實的，那就可以見我在此說法了。或者有時，爲此得見佛身的眾生，說佛壽命無量，教他們心生歡喜；或者有時，爲五濁垢重，久久乃得見佛者，說遇佛甚難，教他們心生渴仰。

我智慧之力，光照二諦無量法門，壽命無數阿僧祇劫，這是久修淨業所得，並非偶然。

汝等有智者，勿於此生疑，當斷令永盡，佛語實不虛。如醫善方便，爲治狂子故，實在而言

死，無能說虛妄。我亦為世父，救諸苦患者，為凡夫顛倒，實在而言滅。以常見我故，而生憍恣心，放逸著五欲，墮於惡道中。我常知衆生，行道不行道，隨所應可度，為說種種法。每自作是意，以何令衆生，得入無上慧，速成就佛身。

【註解】這六頌，是明不虛義。初一頌法說；次一頌譬說；後四頌法合。

【語譯】你們有智慧的人，不要對此身、土滅不滅義，生起疑惑。若已生疑，就應當斷此疑網，使之永盡，當知佛語實非虛誑。

譬如：那良醫善巧方便，為治療狂子失心之故，今實尚在，而詐言已死。無人能說這是虛妄。我也是世間之父，救治諸子的苦難者。為凡夫顛倒計執；佛實常在，而唱言滅度。如不唱滅，那衆生就要因常見我故，生起了憍慢恣睢之心，放蕩縱逸，耽著五欲，墮入惡道之中了！我常知衆生，誰行道，誰不行道，隨其所應得度的機感，為他們說種種教法。所以我每自作此意念：「必須以何種法門，才能使衆生入無上妙慧，迅速的成就佛身呢？」

——如來壽量品竟——

分別功德品第十七

功德的名稱，有通、別二種：1與智慧對稱，如以五度為功德，般若為智慧。地前為功德，登地為智慧。這是別稱。2德者得也，舉凡修功有所得益，俱名功德。如此，則功德、智慧，俱是修功所得，俱名功德。這是通稱。

今本品所謂的功德，即是指通稱的功德而言。品初佛對彌勒，將聞說壽量而得益的人，分別其功德的淺深為十二位；品末又分別持經人的功德，以廣流傳。故以「分別功德」題此品名。

爾時大會聞佛說壽命劫數，長遠如是，無量無邊阿僧祇眾生，得大饒益。

【註解】本品開為五段：第一段明眾生得益，分二：今初經家總敘得益。如文易解。

【語譯】此時在靈山大會，聞佛說壽命劫數，如此長遠；有無量無邊阿僧祇這麼多的眾生，獲得了很大的功德利益。

於時，世尊告彌勒菩薩摩訶薩：阿逸多！我說是如來壽命長遠時，六百八十萬億那由他恒河沙眾生，得無生法忍。復有千倍菩薩摩訶薩，得聞持陀羅尼門。復有一世界微塵數菩薩摩訶薩，得樂說無礙辯才。復有一世界微塵數菩薩摩訶薩，得百千萬億無量旋陀羅尼。復有三千大千世界微塵數菩薩摩訶薩，能轉不退法輪。復有二千中千國土微塵數菩薩摩訶薩，能轉清淨法輪。

【註解】二、如來別敘得益。分三：今初敘增道益。文分六位：經家有謂：從初地開始，得無生法忍；乃至六地，轉清淨法輪。有謂：從地前十住開始，得無生法忍；乃至登三地，轉清淨法輪。雖分位配屬不同，然其淺深次第，猶如升階，拾級而上，則無二致。學人可隨意取捨，左右逢源。故今不論位分，但依淺深次第釋之如左：

1得無生法忍：即眞智安住於一切法本不生滅的實相理體，不起業行。聞佛壽量，初得此益，故列第一。

2得聞持陀羅尼門：既得無生，進而於所聞的教法，憶持不失，故列第二。

3得樂說無礙辯才：聞持但能自解，樂說則兼能化他，義復轉勝，故列第三。

4得無量旋陀羅尼：旋轉空假，通達百千萬億無量法門，更勝樂說，故列第四。

5得轉不退法輪：雖得旋陀羅尼，或有退轉，今登不退，較前尤勝，故列第五、

6得轉清淨法輪：前轉法輪，但能不退，未得清淨，今得清淨，遠離垢染，不為譽利所動，故列第六。

「二千中千」——據大論：一千個小世界，為一小千世界；一千個小千世界，為一中千世界；一千個中千世界，為一大千世界。可知二千中千，即是兩個大千世界。

【語譯】世尊在說罷壽量時，告訴彌勒菩薩道：阿逸多！當我說這如來壽命長遠的時候，有六百八十萬億那由他恒河沙數的衆生，證得了無生法忍。又有超過此數一千倍的菩薩摩訶薩，得聞持陀羅尼門。又有一世界微塵數的菩薩摩訶薩，得樂說無礙辯才。又有一世界微

塵數的菩薩摩訶薩，得百千萬億無量旋陀羅尼。又有三千大千世界微塵數的菩薩摩訶薩，能轉不退法輪。又有兩千個中千世界微塵數菩薩摩訶薩，能轉清淨法輪。

復有小千國土微塵數菩薩摩訶薩，八生當得阿耨多羅三藐三菩提。復有四四天下微塵數菩薩摩訶薩，四生當得阿耨多羅三藐三菩提。復有三四天下微塵數菩薩摩訶薩，三生當得阿耨多羅三藐三菩提。復有二四天下微塵數菩薩摩訶薩，二生當得阿耨多羅三藐三菩提。復有一四天下微塵數菩薩摩訶薩，一生當得阿耨多羅三藐三菩提。

【註解】二、叙得果益。經家解釋本文，有謂：菩薩應緣生人天八番爲「八生」；乃至一生兜率爲「一生」。有謂：每一地的入、住、滿三分爲三生，十地共三十生，登八地入分，尚餘「八生」當得菩提；乃至登十地滿分，「一生」成佛。也有：分每一地爲下、上二忍，分煩惱爲九品，一品爲一生緣。登七地上忍，斷一品煩惱生緣，尚餘「八生」當得菩提，依次斷惑，至佛果斷盡。

今以圓頓不落次第釋謂：聖位能生佛果，故名爲「生」。菩薩超入四地，至取佛果，尚有五至十地、等覺、妙覺八位，故曰「八生當得菩提」：超入八地，至取佛果，尚餘九至十地、等覺、妙覺四位，故曰「四生當得菩提」。餘可例知。

【語譯】又有一小千國土微塵數的菩薩摩訶薩，超入四地，尚餘八生當得無上正等正覺的佛果。又有四個四大部洲微塵數的菩薩摩訶薩，超入八地，尚餘四生當得無上正等正覺的佛果。又有三個四大部洲微塵數的菩薩摩訶薩，超入九地，尚餘三生當得無上正等正覺的佛果。又有兩個四大部洲微塵數的菩薩摩訶薩，超入十地，尚餘二生當得無上正等正覺的佛果。又有一個四大部洲微塵數菩薩摩訶薩，超入等覺，尚餘一生當得無上正等正覺的佛果。

復有八世界微塵數衆生，皆發阿耨多羅三藐三菩提心。

【註解】三、叙發心益。如文易解。

【語譯】又有八個世界微塵數的衆生，都發心求無上正等正覺。

佛說是諸菩薩摩訶薩得大法利益時，於虛空中，雨曼陀羅華、摩訶曼陀羅華，以散無量百千萬億寶樹下師子座上諸佛；幷散七寶塔中師子座上釋迦牟尼佛，及久滅度多寶如來；亦散一切諸大菩薩，及四部衆。又雨細末旃檀、沉水香等。於虛空中，天鼓自鳴，妙聲深遠。又雨千種天衣，垂諸瓔珞、眞珠瓔珞、摩尼珠瓔珞、如意珠瓔珞。遍於九方，衆寶香爐燒無價香，自然周至，供養大會。一一佛上，有諸菩薩執持幡蓋次第而上至於梵天。是諸菩薩，以妙音聲，歌無量頌，讚歎諸佛。

【註解】上來第一段明衆生得益竟。此爲第二段明感瑞供養。瑞相有七：1雨華、2雨香、3天鼓自鳴、4雨天衣瓔珞、5燒香6旛蓋、7歌頌讚歎。前五爲諸天供養，後二爲菩薩供養。

借事顯理凡，聖供養，都屬因行：「於虛空中」，表因行發於性空。「雨華散佛，亦散四衆」，表上契佛理，下契衆機。「遍於九方」表九界熏修。「次第而上」，表淺深次第，入無上道。

【語譯】佛說這諸大菩薩，得大法利益之時，從虛空中，紛紛如雨，降下小白華、大白華，散向無量百千萬億，坐在寶樹下師子座上的分身諸佛；也散向並坐在寶塔中師子座上的釋迦牟尼佛，及久已滅度的多寶如來；也散向他方、此土的一切諸大菩薩，及在靈山會上聞法的四衆弟子。

又雨下細末栴檀香、沉水香等，同時天鼓於虛空中，不擊自鳴，妙聲深遠。

又雨下飾之以眞珠瓔珞、摩尼珠瓔珞、如意珠瓔珞的千種天衣。

又普遍於四方、四維、中間、這九方面，以衆寶香爐，燒無價香，自然很周到的供養大會。

每一佛上，都有很多菩薩，執持著旛蓋，次第而上，直至梵天。此等菩薩，以微妙音聲，歌唱著無量偈頌，讚歎諸佛！

爾時彌勒菩薩，從座而起，偏袒右肩，合掌向佛而說偈言：佛說希有法，昔所未曾聞，世尊有大力，壽命不可量。無數諸佛子，聞世尊分別，說得法利者，歡喜充徧身。或住不退地，或得陀羅尼，或無礙樂說，萬億旋總持。或有大千界，微塵數菩薩，各各皆能轉，不退之法輪。復有中千界，微塵數菩薩，各各皆能轉，清淨之法輪。復有小千界，微塵數菩薩，餘各八生在，當得成佛道。復有四三二，如此四天下，微塵數菩薩，隨數生成佛。或一四天下，微塵數菩薩，餘有一生在，當成一切智。如是等衆生，聞佛壽長遠，得無量無漏，清淨之果報。復有八世界，微塵數衆生，聞佛說壽命，皆發無上心。世尊說無量，不可思議法，多有所饒益，如虛空無邊。

【註解】上來第二段明感瑞供養竟。此下爲第三段明彌勒領解稱歎，凡十九頌。這十一頌，是稱歎如來分別功德：初一頌佛所說教；次四頌增道益；次四頌得果益；次一頌發心益，末一頌總結得益。如前已解。

【語譯】此時，彌勒菩薩，從座上起來，偏袒右肩，合掌向佛，說偈頌道：佛所說這希有之法，往昔已來未曾得聞，世尊有大神力，壽命久遠，不可稱量。

無數佛子，聞世尊分別功德，說無數菩薩得大法利益者，其歡喜適悅的心情，都充滿全身！或登不退地、或得陀羅尼門、或得樂說無礙辯才、或得萬億旋陀羅尼；或有大千世界微塵數的菩薩，都能轉不退法輪；又有中千世界微塵數的菩薩，都能轉清淨法輪。

又有一小千世界微塵數的菩薩，各尚餘八生，當得成佛。又有四四天下、三四天下、二四天下的微塵數菩薩，依次尚餘四、三、二生，當得成佛。或有一四天下的微塵數菩薩，尚餘一生，當得成佛的一切種智。此等衆生，聞佛說壽命長遠，都得到了無量無漏的清淨果報。

又有八個世界的微塵數衆生，聞佛說壽命長遠，都發無上道心，願得佛果。世尊說此無量妙絕言慮不可思議之法，多有所饒益，猶如虛空，廣大無邊。

雨天曼陀羅，摩訶曼陀羅。釋梵如恒沙，無數佛土來。雨旃檀沉水，繽紛而亂墜，如鳥飛空
下，供散於諸佛。天鼓虛空中，自然出妙聲，天衣千萬種，旋轉而來下，衆寶妙香爐，燒無
價之香，自然悉周遍，供養諸世尊。其大菩薩衆，執七寶幡蓋，高妙萬億種，次第至梵天，
一一諸佛前，寶幢懸勝幡。亦以千萬偈，歌詠諸如來。如是種種事，昔所未曾有。聞佛壽無
量，一切皆歡喜。佛名聞十方，廣饒益衆生，一切具善根，以助無上心。

【註解】這八頌是稱歎感瑞供養。前六頌半歎瑞；後一頌半讚佛。如文易解。

【語譯】感得雨下天上的小白華、大白華。帝釋和大梵天王，如恒沙之多，從無數佛化的國土而來。又雨下栴檀香、沉水香，繽紛亂墜，如飛鳥似的從空而下，散向諸佛。天鼓在虛空中，不擊自鳴，發出了微妙的音聲；千萬種天衣，旋轉而下；衆寶所成的妙香爐裏，燒著無價的寶貴妙香，自然周遍，供養諸佛。諸大菩薩，執持著萬億種既高且妙的七寶旛蓋，

次第重疊，直至梵天；在每一佛前的寶幢竿頭，懸掛著降伏魔外的勝利旌旛；又以千萬首的偈頌歌詠，稱歎諸佛。像已上這種種嘉瑞的事兒，是往昔已來所未曾有的！

聞佛說本壽無量，皆大歡喜。佛的名字，因而聞達於十方世界，饒益有情，使一切衆生，具足善根，來資助他所發的無上道心。

爾時，佛告彌勒菩薩摩訶薩：阿逸多！其有衆生，聞佛壽命長遠如是，乃至能生一念信解，所得功德，無有限量。若有善男子、善女人，爲阿耨多羅三藐三菩提故，於八十萬億那由他劫，行五波羅密：檀波羅密、尸羅波羅密、羼提波羅密、毗黎耶波羅密、禪波羅密，除般若波羅密。以是功德比前功德，百分、千分、百千萬億分，不及其一，乃至算數譬喻所不能知。若善男子、善女人，有如是功德，於阿耨多羅三藐三菩提退者，無有是處。

【註解】上來第三段彌勒領解稱歎竟。此下是第四段校德稱歎。分長行、偈頌之二：今先長行。「爾時佛告」已下，正述功德。「若有善男子」已下，校量功德。「若善男子」已下，結歎功德。

「行五波羅密」——波羅密，如前序品已解。「檀」即布施；「尸羅」即是持戒；「羼提」即是忍辱；「毘黎耶」即是精進；「禪」即禪那之畧，靜定之義。

「除般若波羅密」——智度論謂：般若波羅密，是諸佛母，功德最勝。不可以最勝功德，與最勝功德校量，所以除之。

【語譯】此時，佛告彌勒菩薩道：阿逸多！若有衆生，聞佛的壽命，如此長遠，乃至能生一念信解心者，那他所得的功德，就沒有限量了；何況深心信解的功德而有限量嗎？

若有善男子、善女人，爲求無上菩提之故，於八十萬億那由他的長劫期間，修行六度的前五度：1布施、2持戒、3忍辱、4精進、5禪定，唯除第六的般若一度。以此五度功德，與前一念信解佛壽久遠的功德校量，此功德的百分、千分、百千萬億分，也不及其信解的功德一分，乃至非算數譬喻所能了知。

若善男子、善女人，有這樣信解功德，而於無上菩提，猶生悔退心者，絕無是處。

爾時，世尊欲重宣此義而說偈言：若人求佛慧，於八十萬億，那由他劫數，行五波羅密。於是諸劫中，布施供養佛，及緣覺弟子，並諸菩薩衆，珍異之飲食，上服與臥具，旃檀立精舍，以園林莊嚴。如是等布施，種種皆微妙，盡此諸劫數，以回向佛道。若復持禁戒，淸淨無缺漏，求於無上道，諸佛之所歎。若復行忍辱，住於調柔地，設衆惡來加，其心不傾動。諸有得法者，懷於增上慢，爲此所輕惱，如是亦能忍。若復勤精進，志念常堅固，於無量億劫，一心不懈息。又於無數劫，住於空閑處，若坐若經行，除睡常攝心。以是因緣故，能生諸禪定。八十億萬劫，安住心不亂、持此一心福，願求無上道。我得一切智，盡諸禪定際，是

人於百千，萬億劫數中，行此諸功德，如上之所說。有善男女等，聞我說壽命，乃至一念信，其福過於彼。若人悉無有，一切諸疑悔，深心須臾信，其福為如此。

【註解】上來長行已竟。此下是以偈頌重宣前義。凡十九頌半：這十四頌的前一頌總標五度；次十頌別明五度；後三頌校量功德。

【語譯】爾時，世尊欲重宣此義，乃說偈道：設若有人，為求佛的智慧之故；於八十萬億那由他數的長劫期間，修行五度：

1以布施供養於佛，及佛的緣覺弟子，並諸菩薩，予珍異的飲食、上好的衣服與臥具、旃檀建立的精舍，而以園林為之莊嚴。這樣布施種種微妙之物，盡此諸劫，回向功德於所求的佛道。

2若更嚴持禁戒，清淨圓滿，而無有缺漏，以求無上妙道，為一切諸佛之所稱歎。

3若更行忍辱，安住於調伏柔順之地，設若有衆惡橫逆，來加諸其身，而心不傾動；縱為於法未得謂得的增上慢人所輕侮惱亂，也能容忍。

4若更勤行精進，志願堅固，雖經無量億劫，而一心專精銳進，常不懈怠。

5又於無數劫時，住於空閑幽靜之處，或坐禪、或經行，除了睡眠時外，常收攝其心。以此因緣，能生一切禪定，於八十億萬劫中，安住其心，不使散亂。持此一心不亂之福，誓願求無上佛道，謂：「我願得一切智，窮盡了所有禪定的邊際。」

此人於百千萬億的劫數中，修行這已上所說的五度功德，可謂殊勝了。然而，若有善男女，聞我說壽命久遠，乃至一念信解者，其福更超過了那五度的功德。設若有人毫無疑悔的，於頃刻之間，深心生信，其福便是如此。

其有諸菩薩，無量劫行道，聞我說壽命，是則能信受。如是諸人等，頂受此經典，願我於未來，長壽度衆生，如今日世尊，諸釋中之王，道場師子吼，說法無所畏。我等未來世，一切所尊敬，坐於道場時，說壽亦如是。若有深心者，清淨而質直，多聞能總持，隨義解佛語，如是之人等，於此無有疑。

【註解】這五頌半，是結歎功德。初一頌總標其人；次三頌歎行願功德；後一頌半歎深心信解。

【語譯】其有諸菩薩，於無量劫來，久修諸度，深植善本，他們聽我說壽命久遠，便能信解受持。

此等菩薩，頂戴受持這法華經典，發大誓願，他說：「願我於未來世，壽命長遠度化衆生，也像今日的世尊，爲釋迦種族中的無上法王，坐道場如師子吼，說法自在，無所畏怖。我們於未來世，爲一切衆生之所尊敬，坐道場說如來壽量的時候，也如今日的釋迦世尊說法一樣。」

若有深心殷重的人，清淨無染，質直樸實，見聞廣博，而能總持不失，隨著經義以理解佛語。像這等人，於此法華，那就沒有疑惑了。

又阿逸多！若有聞佛壽命長遠，解其言趣，是人所得功德，無有限量，能起如來無上之慧。何況廣聞是經，若教人聞；若自持，若教人持；若自書，若教人書；若以華香、瓔珞、幢幡、繒蓋、香油蘇燈，供養經卷，是人功德，無量無邊，能生一切種智。阿逸多！若善男子、善女人，聞我說壽命長遠，深心信解，則爲見佛常在耆闍崛山，共大菩薩，諸聲聞衆，圍繞說法。又見此娑婆世界，其地琉璃，坦然平正，閻浮檀金，以界八道，寶樹行列，諸臺樓觀，皆悉寶成，其菩薩衆，咸處其中。若有能如是觀者，當知是爲深信解相。

【註解】上來第四段校德稱歎竟。此下是第五段辨持經功德。分二：今初明佛在世時持經人功德。

「解其言趣」下，即開佛知見；「廣聞是經」下，即悟佛知見；「深心信解」下，即入佛知見。唯其如此，才能生無上智慧，乃至見佛常在靈山說法等的種種莊嚴。

「供養經卷」——經卷，是佛所說的教典，供養經卷，意在如說行持，並非把經卷當作偶像，但以華香供養而已。學人於此，宜加深省。

【語譯】又、阿逸多！設若有人，聞佛說壽命長遠，能順指觀月，了解其言說義趣者；

此人所得的功德，無有限量，便能生起如來的無上智慧。

何況廣聞此經，或教他人亦聞；或自己受持，或教他人受持；或自己書寫，或教他人書寫；或以華、香、瓔珞、幢旛、繒蓋、香油蘇燈，來供養經卷，此人的功德，豈不更大，大得無量無邊，能生如來的一切種智嗎？

阿逸多！若善男子、善女人，聞我說壽命長遠，深心信解；那就是見佛常在靈山，爲大菩薩及聲聞衆，圍繞說法。又見這娑婆世界，以琉璃爲地，坦然平正；以閻浮檀金，爲八線道界；寶樹排列成行，樓榭臺觀，都以七寶莊嚴而成，諸菩薩衆，都安處其中。設若有人能這樣作觀，當知此人，便是深信解相。

又復如來滅後，若聞是經而不毀呰，起隨喜心，當知已爲，深信解相。何況讀誦受持之者，斯人則爲頂戴如來。阿逸多！是善男子、善女人，不須爲我復起塔寺，及作僧坊，以四事供養衆僧。所以者何？是善男子、善女人，受持讀誦是經典者，爲已起塔，造立僧坊，供養衆僧，則爲以佛舍利，起七寶塔，高廣漸小，至於梵天，懸諸旛蓋，及衆寶鈴。華、香、瓔珞、末香、塗香、燒香、衆鼓技樂、簫、笛、箜篌、種種舞戲，以妙音聲，歌唄讚頌。則爲於無量千萬億劫，作是供養已。

【註解】二、明佛滅後持經人功德。分長行、偈頌之二。長行分四：今初明自行功德。

「又復如來滅後……頂戴如來」——此以深信解相，烘托出頂戴如來。頂戴，就是奉持，經爲如來全身，奉持經典，就是頂戴如來。

「阿逸多……供養已」——此爲稱歎功德。起塔，原爲安生身舍利；造坊，無非爲旌表義門；華香、旛蓋，乃至舞戲，都屬供養；歌唄讚頌，不外歎德。然，經卷卽法身舍利；所詮實相第一義諦，卽旌表義門；如說行持，卽法供養；說偈重頌，卽是歎德。所以持經人，不須要作起塔等事，而起塔等的實際功德，自爾具足。持經人見佛常在靈山說法，卽是於無量億劫，作此供養。

【語譯】又、於如來滅度已後，若有聞此經典，不加毀訾，起心隨喜者；當知此人的表現，就是深信解相。何況讀誦受持的人，那更是頂戴如來了。

阿逸多！此善男子、善女人，他們不須要爲我再起塔寺，及建造僧坊，以飲食、衣服、臥具、湯藥，這四事來供養僧衆了。爲什麼？因爲這善男子、善女人，受持讀誦此法華經者：就是已經起塔，造立僧坊，供養僧衆了。也就是爲佛利舍，起七寶塔，自下廣大，漸高漸小，至於梵天，懸掛著旛蓋、寶鈴；及以華、香、瓔絡、末香、塗香、燒香；並簫、笛、箜篌，衆鼓技樂，種種舞戲，微妙音聲，歌唄讚頌，以供養舍利了。也就是於無量千萬億劫，作此供養了。

阿逸多！若我滅後，聞是經典，有能受持，若自書、若敎人書，則爲起立僧坊，以赤栴檀，作諸殿堂三十有二，高八多羅樹。高廣嚴好，百千比丘，於其中止。園林、浴池、經行、禪窟、衣服、飲食、床褥、湯藥、一切樂具，充滿其中。如是僧坊、堂閣，若干百千萬億，其數無量，以此現前，供養於我，及比丘僧。是故我說：如來滅後若有受持讀誦，爲他人說，若自書、若敎人書，供養經卷，不須復起塔寺，及造僧坊，供養僧衆。

【註解】二、明化他功德。前僅自行，今復化他，其功德，較前更勝。所以教人書寫，就是起僧坊，造殿堂等，以供養佛僧。

「殿堂三十有二，高八多羅樹」——多羅樹，亦名貝多羅，狀似棕櫚，高約七仞。經家隨意表法，如以「殿堂」表身體；「三十有二」表身相；「八多羅樹」表身量等。本爲匠心獨運，藉事顯理，然往往事理乖謬，撲朔迷離，反不如直解經文，易於了解也。

【語譯】阿逸多！若我滅度已後，有聞此經典，而能受持者：或自己書寫，或敎他人書寫，那就是等於起立僧坊，以赤色栴檀香木，造諸殿堂三十二座，高過八株多羅樹，莊嚴妙好，爲百千比丘的止息之所。其間。如：園林、浴池、經行處、禪窟、衣服、飲食、床褥、湯藥、一切樂器，都無不具足，應有盡有。展轉弘化此經，就是等於以如此的僧坊堂閣，無量百千萬億，來供養於我，及比丘僧衆了。

因此，我說：如來滅後，設若有人受持讀誦此經，爲他人說，或自己書寫，或教他人書寫，以供養經卷；不須要再起塔寺，及建造僧坊，來供養衆僧了。

況復有人能持是經，兼行布施、持戒、忍辱、精進，一心、智慧，其德最勝，無量無邊。譬如虛空，東西南北，四維上下，無量無邊，是人功德，亦復如是無量無邊。疾至一切種智。

【註解】三、明兼行六度。前僅自行化他，今復兼行六度，其功德，較前尤勝。所以喻之以虛空，期之以一切種智。

【語譯】何況有人能受持此經，還兼行六度：1布施、2持戒、3忍辱、4精進、5一心——禪定、6智慧——般若。他的功德最爲殊勝，無量無邊。

譬如：十方虛空，東、西、南、北、四維、上、下，橫窮豎遍，無量無邊。此人的功德，也同虛空是一樣的無量無邊，很迅速的就到達一切種智的果地了。

若人讀誦受持是經，爲他人說，若自書，若敎人書，復能起塔及造僧坊，供養讚歎聲聞衆僧；亦以百千萬億讚歎之法，讚歎菩薩功德。又爲他人種種因緣，隨義解說此法華經。復能淸淨持戒，與柔和者而共同止，忍辱無瞋；志念堅固，常貴坐禪，得諸深定；精進勇猛，攝諸善法；利根智慧，善答問難。阿逸多！若我滅後，諸善男子、善女人，受持讀誦是經典者，復有如是諸善功德，當知是人，已趣道場，近阿耨多羅三藐三菩提，坐道樹下。阿逸多！是

善男子、善女人，若坐、若立、若經行處，此中便應起塔，一切天人，皆應供養如佛之塔。

【註解】四、明備行六度。前持經人兼行六度爲伴；今復備行六度爲主。主勝於伴故，前兼行功德，爲「疾至一切種智」；今備行功德，則爲「已趣道場，近阿耨多羅三藐三菩提」。

【語譯】設若有人讀誦受持此經，爲他人說，或自己書寫，或教他人書寫，又能廣行六度：（一）布施——能起塔及建造僧坊，以供養讚歎聲聞僧衆；亦以百千萬億的讚歎之法，讚歎菩薩的利他功德；又爲他人種種不同的善根因緣，隨義解說此法華經典。（二）持戒——又能清淨持戒，於波羅夷等的五篇七聚，都毫無違犯。（三）忍辱——與柔軟和順的人，共同止於忍辱之行，而不起瞋恚。（四）禪定——志念堅固，常以坐禪爲貴，得入菩薩的深妙定境。（五）精進——以精進勇猛，攝持一切善法，不使退失。（六）智慧——以利根智慧，善能解答他人的問難。

阿逸多！倘若我滅度後，那諸善男子、善女人，受持讀誦這法華經者，又有已上所說的六度功德；當知此人，已趣向道場，鄰近了無上正等正覺，坐在菩提的道樹下了。

阿逸多！像此等持經，而又有修六度功德的善男子、善女人，他們或坐、或立、或經行之處，都應當起塔，一切天人，都應當供養此塔，如佛塔一樣。

爾時，世尊欲重宣此義而說偈言：若我滅度後，能奉持此經，斯人福無量，如上之所說。是則爲具足，一切諸供養，以舍利起塔，七寶而莊嚴，表刹甚高廣，漸小至梵天，寶鈴千萬億，風動出妙音。又於無量劫，而供養此塔，華香諸瓔珞，天衣衆技樂，然香油蘇燈，周匝常照明。惡世末法時，能持是經者，則爲已如上，具足諸供養。若能持此經，則如佛現在，以牛頭旃檀，起僧坊供養，堂有三十二，高八多羅樹，上饌妙衣服，床臥皆具足，百千衆住處，園林諸浴池，經行及禪窟，種種皆嚴好。若有信解心，受持讀誦書，若復教人書，及供養經卷，散華香末香，以須曼薝蔔，阿提目多伽，薰油常然之。如是供養者。得無量功德，如虛空無邊，其福亦如是。

【註解】上來長行已竟。此下是以偈頌重宣前義。凡十九頌半：這十一頌半重宣自行化他。

「須曼、薝蔔、阿提目多伽」——此皆西域華名，香氣芳烈。

【語譯】爾時，世尊欲重宣此義，乃說偈頌道：設若有人在我滅度之後，能奉持此法華經者；此人的福德無量，如已上所說。這便是具足了一切供養，猶如：起舍利塔，以七寶莊嚴，塔上所安置那表顯梵刹的幢竿，漸高漸細，直達梵天，微風吹動著千萬億的寶鈴，出妙音聲。又於無量劫，以華、香、纓絡、天衣、技樂，常點香油蘇燈，周匝照明，來供養此塔。在五濁惡世的末法時期，有能持此法華經者，那就是具足了如已上所說的一切供養。

若能奉持此經，其功德，就如佛在世時一樣的供養：以牛頭栴檀起建僧坊，及殿堂三十二座，高於多羅樹的八倍；上饌、妙衣、臥床，無不具足；百千僧衆的住處、園林、浴池、經行處、禪窟等的種種設備，都莊嚴妙好。

設若有人以信解心，受持、讀誦、書寫，或教他人書寫，及供養經卷以華、香、末香，並以須曼、薝蔔、阿提目多伽等華，所熏的香油，常點燈照明。如此供養所得的功德，如虛空一樣的無量無邊。功德如是，福亦如是。

況復持此經，兼布施持戒，忍辱樂禪定，不瞋不惡口，恭敬於塔廟，謙下諸比丘，遠離自高心，常思惟智慧，有問難不瞋，隨順爲解說，若能行是行，功德不可量。若見此法師，成就如是德，應以天華散，天衣覆其身，頭面接足禮，生心如佛想。又應作是念：不久詣道樹，得無漏無爲，廣利諸人天。其所住止處，經行若坐臥，乃至說一偈，是中應起塔，莊嚴令妙好，種種以供養。佛子住此地，則是佛受用，常在於其中，經行及坐臥。

【註解】這八頌，是重宣兼備六度。如前已解。

【語譯】何況受持此經，復又兼行布施、持戒、忍辱、禪定，意無瞋恚，口無惡言；見塔廟時，則恭敬禮拜；見諸比丘，則謙懷卑下，遠離了自高我慢之心。常思惟智慧，遇有人問難，不生瞋怒，隨順著他的問意，與以解說。若能行此妙行，那功德就不可限量了。

倘若見此法師，成就了這樣大的功德，就應當散以天華，及以天衣覆蓋其身，以頭面接足，歸命頂禮，生恭敬心，作如佛想。更應當作這樣念道：此人不久便至菩提樹下，得聖智所證的無漏無為，利益一切人天。其行、住、坐、臥，乃至說一偈之處，這裏就應當起塔，莊嚴校飾，務令妙好，並以種種供物，來供養此塔。佛子到了這種地位，那就同佛是一樣的受用，行住坐臥，都不離這道場當處。

——分別功德品竟——

隨喜功德品第十八

上品末但說：「若聞是經，而不毀呰，起隨喜心，當知已為深信解相。」而沒有辨明其功德如何？故於今品有彌勒菩薩的請問，與如來的垂答，來辨明隨喜功德。又以此隨喜功德，與上品持經功德校量，以彰顯持經功德的殊勝。所以題此品名為「隨喜功德」。

爾時，彌勒菩薩摩訶薩白佛言：世尊！若善男子、善女人，聞是法華經隨喜者，得幾所福？

而說偈言：世尊滅度後，其有聞是經，若能隨喜者，為得幾所福？

【註解】本品開為二段：此為第一段彌勒請問。如文易解。

【語譯】此時，彌勒菩薩向佛請問的說：「世尊！若有善男子、善女人，聞此法華經而起隨喜心者，得幾許福報呢？」又說偈頌道：「世尊滅度已後，若有聞此經典，能一念隨喜者，他可以得幾許福報呢？」

爾時，佛告彌勒菩薩摩訶薩：阿逸多！如來滅後，若比丘、比丘尼，優婆塞、優婆夷，及餘智者，若長、若幼，聞是經隨喜已，從法會出，至於餘處，若在僧坊、若空閑地、若城邑、巷陌、聚落、田里，如其所聞，爲父母宗親、善友知識，隨力演說；是諸人等，聞已隨喜，復行轉教；餘人聞已，亦隨喜轉教；如是展轉至第五十。

【註解】第二段如來垂答。分長行、偈頌之二。長行亦二：初明隨喜功德，分三：此爲第一總明五十人功德。如文易解。

【語譯】此時，佛告訴彌勒菩薩道：阿逸多！到如來滅度已後，無論出家的比丘、比丘尼；在家的男、女居士；以及除此四衆已外，其餘的有智之士，不分長、幼，聞此法華隨喜已竟，從法會裏出來，到別處去：或在僧坊、或在空閑之處、或在城邑、街巷、村落、田園、隣里，都能如其所聞，爲自己的父母、宗親、善友，以及素所知識的人士，隨力演說；此等人，聞說而隨喜已後，又轉教餘人；餘人聞說，亦隨喜轉教；這樣展轉相傳，至最後的第五十人。

阿逸多！其第五十善男子、善女人，隨喜功德，我今說之，汝等善聽。若四百萬億阿僧祇世界、六趣四生衆生：卵生、胎生、濕生、化生，若有形、無形、有想、無想、非有想、非無想、無足、二足、四足、多足，如是等在衆生數者。有人求福，隨其所欲娛樂之具，皆給與之，一一衆生，與滿閻浮提金、銀、琉璃、硨磲、碼碯、珊瑚、琥珀，諸妙珍寶，及象、馬、車乘，七寶所成宮殿樓閣等。是大施主，如是布施，滿八十年已，而作是念：我已施衆生娛樂之具，隨意所欲；然此衆生，皆已衰老，年過八十，髮白面皺，將死不久，我當以佛法而訓導之。卽集此衆生，宣布法化，示教利喜，一時皆得須陀洹道、斯陀含道、阿那含道、阿羅漢道、盡諸有漏，於深妙禪定，皆得自在，具八解脫。於汝意云何？是大施主所得功德，寧爲多不？彌勒白佛言：世尊！是人功德甚多，無量無邊，若是施主，但施衆生一切樂具，功德無量，何況令得阿羅漢果。

【註解】第二別明第五十人功德。分二：今初舉布施，作校量張本。

「六趣……在衆生數者」——六趣，如序品已解。三界衆生：以生理而論，分爲卵、胎、濕、化四種，名爲「四生」。以形質而論，欲、色界爲「有形」；無色界爲「無形」。無色界的空、識二處爲「有想」；無所有處爲「無想」；非想非非想處爲「非有想非無想」。「無足」等易解。

「須陀洹道……阿羅漢道」——聲聞乘的果級有四：1初果名「須陀洹」，譯為「入流」或「預流」。即斷盡三界見惑，預入聖人之流。2二果名「斯陀含」，譯為「一往來」。即證得初果後，更斷欲界思惑九品的前六品，餘惑尚須一往天上，一來人間，才能斷盡。3三果名「阿那含」，譯為「不來」。即證得二果後，更斷欲界思惑的後三品盡，不復再來欲界受生。4四果名「阿羅漢」。如前序品已解。

【語譯】阿逸多！其第五十名的善男子，或善女人，你聽我今天說說他的隨喜功德：

假使有四百萬億阿僧祇世界的六趣四生衆生，無論是卵生的、胎生的、濕生的、化生的；有形的、無形的；有想的、無想的、非有想非無想的；有足、無足、二足、四足、多足的；只要在衆生數者都算。有人為求福報，隨他們所好的娛樂之具，都一律供給；每一衆生，給與滿閻浮提的金、銀、琉璃、硨磲、碼碯、珊瑚、琥珀等的諸妙珍寶，及象、馬、車乘，和以七寶所成的宮殿樓閣等。此大施主，這樣布施滿八十年後，他想：「我已布施給衆生娛樂之具，隨其所欲了；然此衆生，都已衰老，年過八十，髮白面皺，不久就要死亡；我應當再行法施，以佛法來訓導他們。」隨即召集此等衆生，宣布教化，示以佛法的利樂，一時都證得了須陀洹道、斯陀含道、阿那含道、阿羅漢道，斷盡三界有漏——煩惱，於九次第的深妙禪定，自在無礙，具足了八種解脫。

你的意思怎麼樣？這位大施主所得的功德，可算多不？彌勒答道：「世尊！此人的功德，多得無量無邊！若此施主，但施衆生以一切樂具，其功德就已够無量了；何況更以法化，令得阿羅漢果呢？」

佛告彌勒：我今分明語汝，是人以一切樂具，施於四百萬億阿僧祇世界六趣衆生，又令得阿羅漢果；所得功德，不如是第五十人聞法華經一偈隨喜功德；百分、千分、百千萬億分，不及其一，乃至算數譬喻所不能知。

【註解】二、正校量。財施功德，報在人天；法施止於小果；唯隨喜功德，超凡越聖，當得作佛。

【語譯】佛告訴彌勒：我今天明白的告訴你說：此人以一切樂具，施於四百萬億阿僧祇世界的六趣衆生，又教他們得阿羅漢果；他所得的功德，還不及這第五十人，聞法華經一偈的隨喜功德；那怕他百分、千分、百千萬億分的布施功德，也不及隨喜一分；乃至非任何算數譬喻之所能知。

阿逸多！如是第五十人，展轉聞法華經隨喜功德，尚無量無邊阿僧祇，何況最初於會中，聞而隨喜者，其福復勝，無量無邊阿僧祇，不可得比。

【註解】第三舉後況初。展轉所聞，道聽途說，難免以訛傳訛，故不可與耳提面命的功德相比。

【語譯】阿逸多！像這第五十人，由甲傳乙，乙傳丙，次第展轉聞法華經而隨喜的功德，尚且無量無邊阿僧祇；何況最初在法會中，直接聞經隨喜的人，其福豈非更勝，縱使無量無邊阿僧祇，也不可和他相比呢？

又阿逸多！若人爲是經故，往詣僧坊，若坐，若立，須臾聽受，緣是功德，轉身所生，得好上妙象、馬、車乘、珍寶輦輿，及乘天宮。

【註解】上來初明隨喜功德竟。此下明聽經功德，分四：今初明自往聽經。彌勒但問隨喜，佛答兼及聽經，意在所舉愈劣，所況愈勝。即此自往聽經，存心純雜，亦分三品：下品轉生富貴，得象、馬、車乘之報；中品轉生王者，得珍寶輦輿之報；上品生天，得乘天宮之報。

【語譯】又、阿逸多！假定有人，爲慕此法華經故，去到僧寺，或坐、或立，須臾之間，暫得聽受，以此聽經功德，來世轉生人、天，便得上好美妙的象、馬、車乘，珍寶、輦輿，及所乘載的天宮。

若復有人，於講法處坐，更有人來，勸令坐聽，若分座令坐；是人功德，轉身得帝釋坐處若梵王坐處、若轉輪聖王所坐之處。

【註解】二、勸坐分座。卽此謙讓勸坐聽經，亦感三王之報。

【語譯】若更有人，先在講法處坐，聽講法華；隨後又有人來，就勸他也坐下聽講，或分半座給他，此人功德，來世轉生，可得忉利天主帝釋的坐處；或色界初禪大梵天王的坐處、；或轉輪聖王所坐之處。

阿逸多！若復有人，語餘人言：有經名法華，可共往聽，卽受其教，乃至須臾間聞，是人功德，轉身得與陀羅尼菩薩共生一處。利根智慧：百千萬世終不瘖瘂，口氣不臭，舌常無病，口亦無病，齒不垢黑、不黃、不疎，亦不缺落、不差、不曲，脣不下垂，亦不褰縮、不麤澀、不瘡胗，亦不缺壞，亦不咼斜、不厚、不大，亦不黧黑，無諸可惡；鼻不匾䏲，亦不曲戾。面色不黑，亦不狹長，亦不窊曲，無有一切不可喜相；脣舌牙齒，悉皆嚴好，鼻修高直，面貌圓滿，眉高而長，額廣平正，人相具足，世世所生，見佛聞法，信受教誨。

【註解】三、勸往聽經。「得與陀羅尼菩薩共生一處」——這是得善友報，爲勸人共往聽經的功德所感。十地論謂此菩薩住於五地。

「利根智慧……」——此下是聞熏功德所感的六根好報：1舌根不瘖瘂。2鼻根不匾䏲。䏲，音梯。不匾䏲，就是不塌陷。3眼根能見佛。4耳根能聞法。5意根能信受教誨。6其餘都屬身根所攝：「不褰縮」——褰，音愆。不褰縮，就是不皺縮。「不咼斜」——咼，音戈。不咼斜，就是不歪斜。「不窊曲」——窊，音窪。不窊曲，就是沒有坑窪不平的毛病。

【語譯】阿逸多！若復有人，勸告其餘的人，這樣說道：「有處正在講經，經名叫做妙法蓮華，我們可以一同去聽」，彼卽受其勸告，至少得於須臾之間，聞此法華。這個勸人同往聽經的人，現在把他的功德，列擧如下：

來世轉身，與總持佛法的菩薩，同生一處，得六根聰利的智慧：百千萬世，終不瘖瘂，口氣不臭，舌常無病，口亦無病；牙齒整潔，不垢、不黑、不黃、不疎，也不脫落、也不參差屈曲；唇不下垂，亦不皺縮、不粗澀、不生瘡胗，也不缺壞、也不歪斜，不太厚、太大，顏色也不黧黑，沒有一點令人厭惡之處；鼻不塌陷，也不乖曲；面色不黑，也不狹長、也不窪曲，沒有令人不喜愛的樣子。

相反的，唇、舌、牙齒，不但沒有毛病，而且都很嚴好，鼻根修長高直，面貌圓滿，眉高而長，額廣平正，人相具足，無一殘缺。世世轉生之處，常得見佛聞法，以信心領受佛的敎誨。

阿逸多！汝且觀是勸於一人令往聽法，功德如此；何況一心聽說讀誦，而於大衆爲人分別，如說修行。

【註解】四、舉劣況勝。「一心聽說」是自利;「爲人分別」是利他;自利利他,便是「如說修行」。

【語譯】阿逸多!你且看這只勸一人令往聽法的功德,便是如此;何況純以一心聽說讀誦,而於大衆會中,爲人分別講解,如說修行,那功德豈非更大嗎?

爾時,世尊欲重宣此義而說偈言:若人於法會,得聞是經典,乃至於一偈,隨喜爲他說,如是展轉敎,至於第五十,最後人獲福,今當分別之:如有大施主,供給無量衆,具滿八十歲,隨意之所欲,見彼衰老相,髮白而面皺,齒疏形枯竭,念其死不久,我今應當敎,令得於道果。卽爲方便說,涅槃眞實法,世皆不牢固,如水沫泡燄,汝等咸應當,疾生厭離心。諸人聞是法,皆得阿羅漢,具足六神通,三明八解脫。最後第五十,聞一偈隨喜,是人福勝彼,不可爲譬喻。如是展轉聞,其福尙無量,何況於法會,初聞隨喜者。

【註解】上來長行已竟。此下是以偈頌重宣前義。凡十八頌:這九頌明隨喜功德,次第如前。

【語譯】爾時,世尊爲重宣此義,乃說偈道:設若有人在法會中,聞此經典,乃至最少一偈,以隨喜心爲他人解說,這樣甲傳之乙,乙傳之丙,展轉傳敎,到第五十人。這最後第五十人所得的福報,現在應當把他分別解說如下:

譬如：有一位大施主，供給無量衆生，隨意所欲的東西，滿八十年，他看這些衆生，都已衰老——髮白面皺，齒牙疎落，形神枯竭，念他們離死不久，應當教化他們，令得道果。乃爲之方便解說，離虛妄生死的涅槃眞實之法：「一切世間，都不堅固的，猶如水泡、聚沫、陽燄似的刹那生滅，你們都應當迅疾的生起了厭離之心。」諸人聞聽此法，如說修行，都得證阿羅漢果，具足了六神通、三明、八解脫。然而，這最後第五十人，聞法華一偈隨喜的福報，更勝過彼施主，簡直不成比例。

像這展轉聞經的第五十人，其福尚且無量；何況在法會中最初聞經隨喜的人，其福豈非無量無邊？

若有勸一人，將引聽法華，言此經深妙，千萬劫難遇，卽受敎往聽，乃至須臾聞，斯人之福報，今當分別說：世世無口患，齒不疎黃黑，脣不厚褰缺，無有可惡相，舌不乾黑短，鼻高修且直，額廣而平正，面目悉端嚴，爲人所喜見。口氣無臭穢，優鉢華之香，常從其口出。若故詣僧坊，欲聽法華經，須臾聞歡喜，今當說其福：後生天人中，得妙象馬車，珍寶之輦輿，及乘天宮殿。若於講法處，勸人坐聽經，是福因緣得，釋梵轉輪座。何況一心聽，解說其義趣，如說而修行，其福不可限。

【註解】這九頌明聽經功德。次第不同長行。

【語譯】若有但勸一人，將引導着他去聽講法華，說：「此經深微玄妙，歷千萬劫難得一遇。」那人便受教往聽，乃至頃刻暫聞，這個勸人聽經的福報，今天應當把他解說一下：生生世世，口無病患；齒不疎落、不黃、不黑；唇不過厚，也不皺縮、兎缺，沒有令人厭惡之相。舌根的色澤幅度，不乾、不黑、不短；鼻根隆高，修長且直；額廣平正，面目端嚴，人人都喜歡和他相見。口氣不但沒有臭穢，而且優曇鉢華的香氣，常從口出。

若爲欲聽法華經故，往詣僧寺，雖頃刻暫聞，而心生歡喜，今天也應當說說他的福報：到後來轉生天上、人間，得妙好的象、馬、車乘；珍寶的輦輿；及所乘載的諸天宮殿。

若在講法之處，勸令他人安坐聽經，這福報的因緣，便可得帝釋、梵王、轉輪聖王的寶座；何況純以一心聽法，解說其中義趣，如說修行，其福豈不更大得不可限量了嗎？

——隨喜功德品竟——

法師功德品第十九

弘通法華的五種人(受持、讀、誦、解說、書寫)，名爲法師，前在法師品裏，已爲授記作佛，今復彰顯其六根功德，爲持經者勸。二品名同而義異，故加「功德」二字，以示區別。

爾時，佛告常精進菩薩摩訶薩：若善男子、善女人，受持是法華經，若讀，若誦，若解說，

若書寫，是人當得八百眼功德、千二百耳功德、八百鼻功德、千二百舌功德、八百身功德、千二百意功德，以是功德，莊嚴六根，皆令清淨

【註解】本品開爲二段：此爲第一段總明五種法師六根功德。

問：六根功德，總有六千：分眼、鼻、身三根各八百，耳、舌、意三根各一千二，這些數字是怎樣積成的？又、六根既得清淨，何以仍局諸數，且有八百、千二之別？

答：因經無明文，所以經家見仁見智，不一其說，如光宅謂：『三業合爲十善；一善具十爲百；自行、化他、隨喜、讚歎合爲四百；約五種法師爲二千；三品乘之，即六千功德。此土三根用弱，奪言八百；三根用强，與言千二；與奪合論，還是六千也。』

文句云：『一心中具十法界，一一界皆有十如，即成一百；一根通取六塵，即有六百；約定、慧二莊嚴，即是一千二百；根根悉用定慧莊嚴，等千二百也。若論六根清淨，清淨則不言功德若少若多；若言莊嚴，則能盈、能縮、能等，等莊嚴者，根根六千。若言千二，顯其能盈；若言八百，顯其能縮；若言清淨，無盈、無縮、無等，六根互用，根自在故。』

觀下文偈中「是人得八百，功德殊勝眼，以是莊嚴故，其目甚清淨。」便知六根以功德莊嚴故，始得清淨，並非既得清淨，猶局諸數也。足證文句的解釋，頗中肯綮。又觀下文「父母所生清淨肉眼」，可知清淨六根，猶爲父母所生；既爲父母所生，未離分段，理應有八百、千二的強弱之分。足證光宅的解釋，也頗中肯綮。不應斥之爲「不會今經」。

問：此六根功德，與楞嚴經所說的六根功德，有無不同？答：此六根功德，由持經所得；彼則爲世界相涉而成，所謂：「三四四三，宛轉十二，流變三疊，一十百千」。故楞嚴指掌說彼爲理具，此爲事造。

【語譯】此時，佛告訴常精進菩薩道：若有善男子、善女人，受持此法華經，無論是閱讀、背誦、爲人解說、書寫流布，此人當得八百眼根功德、千二百耳根功德、八百鼻根功德、千二百舌根功德、八百身根功德、千二百意根功德，以此持經功德來莊嚴六根，使之清淨離垢，互用自在！

是善男子、善女人，父母所生清淨肉眼，見於三千大千世界，內外所有山林河海，下至阿鼻地獄，上至有頂，亦見其中一切衆生，及業因緣，果報生處，悉見悉知。

【註解】此下爲第二段別釋六根功德，分六：初眼根功德，分長行、偈頌之二：今初長行。

有人解「清淨肉眼」爲淨色根者。不知淨色根是對扶塵根而言，實非清淨。今釋不爾。眼有五種，除肉眼外，尚有其餘的天眼、慧眼、法眼、佛眼四種，簡非餘四，故曰「肉眼」。肉眼本非清淨，爲持經故，而得清淨，故曰「清淨肉眼」。非由天報，及修定所得，故曰

「父母所生」。

【語譯】此善男子、善女人，父母所生的清淨肉眼，能見三千大千世界，內外所有的山林、河海，下至無間地獄，上至最高有頂；也見到其中的一切衆生；以及衆生的業因、業緣、果報所生之處，都盡見盡知。

爾時，世尊欲重宣此義而說偈言：若於大衆中，以無所畏心，說是法華經，汝聽其功德：是人得八百，功德殊勝眼，以是莊嚴故，其目甚清淨。父母所生眼，悉見三千界，內外彌樓山，須彌及鐵圍，並諸餘山林，大海江河水，下至阿鼻獄，上至有頂處，其中諸衆生，一切皆悉見。雖未得天眼，肉眼力如是。

【註解】二、偈頌。「內外彌樓山」——梵語彌樓，譯爲高山，或光山。慧琳音義謂「彌樓山，即須彌山」。但以本文下句「須彌及鐵圍」來看，顯然彌樓非即須彌。內外，指世界中心及外圍而言，一個以須彌山爲中心的小世界，就有七山八海，層層圍繞，更以鐵圍爲外廓，何況三千大千世界，而無內外嗎？

【語譯】爾時，世尊爲重宣此義，說偈頌道：設若有人在大衆中，以無所畏心，演說此法華經，你聽我說說他的功德吧！此人得了八百功德的殊勝眼，以此功德莊嚴的緣故，他的目力，便異常清淨，能以父母所生的肉眼，見三千大千世界，裏裏外外的彌樓山、須彌山、鐵圍山，以及其餘的山林、大海、江河，下至無間地獄，上至有頂的非非想處，這中間的六趣衆生，一切盡見。

此持經人，他雖未得天眼，而其肉眼的功力德用，已能如此的清淨了。

復次，常精進！若善男子、善女人，受持此經，若讀、若誦、若解說、若書寫，得千二百耳功德。以是清淨耳，聞三千大千世界，下至阿鼻地獄，上至有頂，其中內外種種所有語言音聲：象聲、馬聲、牛聲、車聲，啼哭聲、愁歎聲，螺聲、鼓聲、鐘聲、鈴聲，笑聲、語聲、男聲、女聲、童子聲、童女聲，法聲、非法聲，苦聲、樂聲，凡夫聲、聖人聲，喜聲、不喜聲，天聲、龍聲、夜叉聲、乾闥婆聲、阿修羅聲、迦樓羅聲、緊那羅聲、摩睺羅伽聲，火聲、水聲、風聲，地獄聲、畜生聲、餓鬼聲，比丘聲、比丘尼聲，聲聞聲、辟支佛聲、菩薩聲、佛聲。以要言之，三千大千世界中，一切內外所有諸聲，雖未得天耳，以父母所生清淨常耳，皆悉聞知，如是分別種種音聲，而不壞耳根。

【註解】二、耳根功德。分長行、偈頌之二：今初長行。節次：總標、別列、總結。

「清淨常耳」——有釋此謂：「指勝義根，非生滅無常之肉質耳」。然而，勝義根，也是四大所造的無常，不過對扶塵根而言，有發識取境的實用罷了。今釋不爾，謂：父母所生的肉耳，本不清淨，今得清淨，動、靜一如，故名爲「常」。

「不壞耳根」——耳根清淨，聞聲不着，名爲「不壞」

【語譯】其次，是耳根功德。常精進！若有善男子、善女人，受持此法華經者，無論閱讀、背誦、爲人解說、書寫流布，當得千二百耳根功德。以此清淨耳根，得聞三千大千世界，下至阿鼻地獄，上至最高有頂，在這中間的種種語言音聲。

如情與非情，錯雜紛起的：象聲、馬聲、牛聲、車聲，啼哭聲、愁歎聲，螺貝聲、鼓聲、鐘聲、鈴聲，笑聲、語聲。有情相對而起的：男聲、女聲，童男聲、童女聲，循理的法聲、違理的非法聲，苦聲、樂聲，凡夫聲、聖人聲，喜聲、不喜聲。屬於八部衆的：天聲、龍聲、夜叉聲、乾闥婆聲、阿修羅聲、迦樓羅聲、緊那羅聲、摩睺羅伽聲。屬於無情的：火聲、水聲、風聲。屬於惡道的：地獄聲、畜生聲、餓鬼聲。出家修行的：比丘聲、比丘尼聲。證得聖果的：聲聞聲、辟支佛聲、菩薩聲、佛聲。

總而言之，三千大千世界，內外所有的一切音聲，持經人雖未得天耳，而以父母所生的清淨肉耳，都能聞知。這樣的自在分別種種音聲，卻不壞耳根。

爾時，世尊欲重宣此義而說偈言：父母所生耳，清淨無濁穢，以此常耳聞，三千世界聲：象馬車牛聲，鐘鈴螺鼓聲，琴瑟箜篌聲，簫笛之音聲，清淨好歌聲，聽之而不著。無數種人聲，聞悉能解了。又聞諸天聲，微妙之歌音，及聞男女聲，童子童女聲。山川險谷中，迦陵頻伽聲，命命等諸鳥，悉聞其音聲。地獄衆苦痛，種種楚毒聲，餓鬼飢渴逼，求索飲食聲；諸阿修羅等，居在大海邊，自共言語時，出於大音聲。如是說法者，安住於此間，遙聞是衆聲，而不壞耳根。十方世界中，禽獸鳴相呼，其說法之人，於此悉聞之。其諸梵天上，光音及遍淨，乃至有頂天，言語之音聲，法師住於此，悉皆得聞之。一切比丘衆，及諸比丘尼，若讀誦經典，若爲他人說，法師住於此，悉皆得聞之。復有諸菩薩，讀誦於經法，若爲他人說，撰集解其義，如是諸音聲，悉皆得聞之。諸佛大聖尊，敎化衆生者，於諸大會中，演說微妙法，持此法華者，悉皆得聞之。三千大千界，內外諸音聲，下至阿鼻獄，上至有頂天，皆聞其音聲，而不壞耳根，其耳聰利故，悉能分別知。持是法華者，雖未得天耳，但用所生耳，功德已如是。

【註解】二、偈頌。初一頌總標；次十四頌別列；後三頌總結。「迦陵頻伽」──譯爲好聲鳥。此鳥出自雪山，鳴聲和雅，故名「好聲鳥」。

「命命」──亦名共命鳥。此鳥一身兩首，同一報命，而心識別異。

「光音及遍淨」──光音天，即色界第二禪天，此天自口中發光，以代言語之音，故名「光音」。遍淨天，即色界第三禪天的第三天，此天淨光周遍，故名「遍淨」。

【語譯】爾時，世尊爲重宣此義，說偈頌道：父母所生的肉耳，淸淨而無有濁穢的染著，以此動靜一如的常耳，得聞三千大千世界，所有的一切音聲。

如：象、馬、車、牛之聲；鐘、鈴、螺、鼓之聲；琴、瑟、箜篌、簫、笛之聲；清淨雅歌之聲；對這些聲音，都聞無所聞，而不爲聲塵所著。於無數種方言不同的人聲，都能聞之而了解其意。又能聽到諸天的微妙歌聲，及男女聲，童男童女聲。山川險谷中的迦陵頻伽、命命諸鳥，也都能夠聽到他們的音聲。地獄裏的斫、刺、磨、擣、劍樹、刀道等的種種苦毒痛楚之聲；餓鬼們爲饑渴所逼，求索飲食之聲；阿修羅，住在大海邊，自言共語時所發的大吵音聲；說法的人，安住此間不動，便能遠遠聽到這些聲音，而不壞耳根。十方世界裏的禽獸之類，彼此以鳴聲互相呼喚；說法的人，全都能夠聽到。梵天已上的光音天、遍淨天，乃至有頂天的言語音聲；法師住於此間，也都能夠聽到。一切比丘、比丘尼，他們或在讀誦經典，或在爲人說法；法師住於此間，也都能夠聽到。還有行菩提道的諸菩薩衆，或讀誦經典、或爲人說法、或撰集疏鈔，解釋其義，此等音聲，法師也都能夠聽到。諸佛大聖尊，爲教化衆生，在大會中，演說微妙的權實諸法；持此法華經的人，也都能夠聽到。

總之，三千大千世界，下至阿鼻地獄，上至有頂天，這內外所有的一切音聲，都能夠聽到，却不壞耳根。因爲他的耳根聰利之故，對這些音聲，都能分別了知。持此法華經者，他雖未得天耳，但用父母所生的肉耳，已竟有這樣大的功德了。

復次，常精進！若善男子、善女人，受持是經，若讀、若誦、若解說、若書寫，成就八百鼻功德。以是清淨鼻根，聞於三千大千世界，上下內外，種種諸香。

【註解】三、鼻根功德。分長行、偈頌之二，長行分五：今初總標聞香。此所謂的「種種諸香」乃鼻根所緣之境——有情無情的氣分。並非對臭而言。

【語譯】再次，是鼻根功德。常精進！若有善男子、善女人，受持此法華經者，無論閱讀、背誦、爲人解說、書寫流布，便能成就八百鼻根功德。以此清淨的鼻根，聞得三千大千世界，上下內外的種種諸香。

須曼那華香、闍提華香、末利華香、薝蔔華香、波羅羅華香、赤蓮華香、青蓮華香、白蓮華香、華樹香、果樹香、栴檀香、沉水香、多摩羅跋香、多伽羅香，及千萬種和香：若末、若丸、若塗香，持是經者，於此間住，悉能分別。又復別知衆生之香：象香、馬香、牛羊等香，男香、女香、童子香、童女香，及草木叢林香。若近、若遠，所有諸香，悉皆得聞，分別不錯。

【註解】二、別列人間諸香。此譯「須曼那」爲適意華。「闍提」爲金錢華。「波羅羅」爲重生華。「多摩羅跋」爲性無垢。「多伽羅」爲木香。餘皆易知，或如前解。

【語譯】如：須曼那華香、闍提華香、末利華香、薝蔔華香、波羅羅華香、赤蓮華香、青蓮華香、白蓮華香、華樹香、果樹香、栴檀香、沉水香、多摩羅跋香、多伽羅香；及以千萬種香和合而成的細末香、圓丸香、塗抹香。持此法華經的人，住於此間不動，便能分辨出這些香氣的類別。

又能分別了知衆生之香，如：象香、馬香、牛羊等香，男香、女香、童男香、童女香，以及非情的草木叢林之香。這或近或遠所有情與非情的一切諸香，都能聞知，分別不謬。

持是經者，雖住於此，亦聞天上諸天之香：波利質多羅、拘鞞陀羅樹香，及曼陀羅華香，摩訶曼陀羅華香，曼殊沙華香、摩訶曼殊沙華香，栴檀、沉水、種種末香，諸雜華香，如是等天香，和合所出之香，無不聞知。又聞諸天身香：釋提桓因，在勝殿上，五欲娛樂嬉戲時香；若在妙法堂上爲忉利諸天說法時香；若於諸園遊戲時香；及餘天等男女身香，皆悉遙聞。如是展轉，乃至梵世，上至有頂諸天身香，亦皆聞之，並聞諸天所燒之香。

【註解】三、別列天上諸香。此譯「波利質多羅」爲香遍樹；「拘鞞陀羅」爲大遊戲地；立世經等，以此二爲同樹異名。「妙法堂」即善法堂，帝釋常集忉利諸天，在此堂中論人天事。餘如前已解。

【語譯】受持這法華經的人，雖住在下地，卻能聞到天上諸天的無情等香，如：大遊戲地的波利質多羅樹香；及小白華香、大白華香；小赤華香、大赤華香；栴檀、沉水等的種種末香；諸雜華香。像這些天香，和合起來所出的香塵，沒有不聞知的。

又能聞得諸天有情的身香，如：釋提桓因在宮殿上受五欲娛樂嬉戲時的香；或在妙法堂上爲忉利諸天說法時的香；或在園林遊戲時的香。以及除帝釋外，其餘諸天的男女身香，都能夠遠聞。如是展轉，由欲界忉利，乃至色界梵天，更上而無色有頂，這諸天的身香，及其所燒的香，也都一並得聞。

及聲聞香、辟支佛香、菩薩香、諸佛身香，亦皆遙聞，知其所在。

【註解】四、別列四聖人香。聖者各以其所證之法，自行化他爲香，如云「惟吾德馨」。

【語譯】及於聲聞的四諦香、辟支佛的因緣香、菩薩的六度萬行香、諸佛的無上正覺究竟解脫的身香，也都能夠遠聞，知其旨趣之所在。

雖聞此香，然於鼻根不壞不錯，若欲分別爲他人說，憶念不謬。

【註解】五、總結聞香。聞而不聞，叫做「不壞」；不聞而聞，叫做「不錯」。

【語譯】雖聞此等諸香，然於清淨鼻根，不壞不錯，若欲爲他人分別解說，憶念分明，泆無差謬。

爾時，世尊欲重宣此義，而說偈言：是人鼻清淨，於此世界中，若香若臭物，種種悉聞知。

【註解】上來長行已竟。此下以三十頌重宣前義。亦分爲五：今初一頌總標聞香。若以香臭對論，則香是香，臭是臭；若以香臭合論，則香臭俱屬香塵，而爲鼻根所緣之境。

【語譯】爾時，世尊爲重宣此義，說偈頌道：此持經人的鼻根清淨，他於三千大千世界裏，或香、或臭的種種人、物，全都能夠聞知。

須曼那闍提，多摩羅旃檀，沉水及桂香，種種華果香，及知衆生香，男子女人香，說法者遠住，聞香知所在。大勢轉輪王，小轉輪及子，羣臣諸宮人，聞香知所在。身所著珍寶，及地中寶藏，轉輪王寶女，聞香知所在。諸人嚴身具，衣服及瓔珞，種種所塗香，聞則知其身。諸天若行坐，遊戲及神變，持是法華者，聞香悉能知。諸樹華果實，及蘇油香氣，持經者住此，悉知其所在。諸山深險處，旃檀樹華敷，衆生在中者，聞香悉能知。鐵圍山大海，地中諸衆生，持經者聞香，悉知其所在。阿修羅男女，及其諸眷屬，鬪諍遊戲時，聞香皆能知。曠野險隘處，師子象虎狼，野牛水牛等，聞香知所在。若有懷妊者，未辨其男女，無根及非人，聞香悉能知。以聞香力故，知其初懷妊，成就不成就，安樂產福子。以聞香力故，知男女所念，染欲癡恚心，亦知修善者。地中衆伏藏，金銀諸珍寶，銅器之所盛，聞香悉能知。種種諸瓔珞，無能識其價，聞香知貴賤，出處及所在。

【註解】二、此十六頌別列人間諸香。有情、無情，紛然雜陳，義類有別，惟「諸天」一頌，有人說爲譯者錯列，應在下文天上諸香頌中。今謂諸天遊戲人間，可免錯列之失。

【語譯】如：須曼那、闍提、多摩羅、栴檀、沉、桂等種種無情的華果香，以及有情衆生的男子香、女人香；持說法華經的人，雖遠住於此，却能聞其香而知其所在。

有大威勢統領四洲的轉輪聖王、但領一洲的粟散小王，及其諸子、羣臣、宮人；持經者，便能由聞香而知其所在。身上所著的珍寶、地中的寶藏、輪王的女寶；也由聞香而知其所在。用以嚴身之具的衣服、瓔珞、塗香；也都由聞香而知其所在。

諸天或行、或坐，遊戲人間，神變莫測；持此法華經者，聞香便知。

一切樹木的華果，及蘇油香氣；持經者雖住於此，却盡能知其所在。隱逸在深山險壑之處，栴檀樹華開敷裏面的衆生，也都能聞香而知。在鐵圍山裏、大海深處、地層中間的一切衆生；持經者，也都能聞香而知其所在。男阿修羅、女阿修羅，以及他們的眷屬，在鬪諍或遊戲之時，也都能聞香得知。曠野險隘處的獅子、象、虎、狼、野牛、水牛等，聞香亦知其所在。

若有懷妊的婦人，未能分辨其胎兒是男、是女，或是人而無男女二根，或是妖胎而非人；都能由聞香而知其報果。以聞香力的緣故，從最初懷妊，便能知其將來是否成就，平安快樂的產下個有福之子？又以聞香力故，能知男女間那念念染著的貪、瞋、癡三毒煩惱；亦知其斷惡修善的密行。

地中埋藏的金、銀、珍寶、銅器之所，都能因聞香而知。種種瓔珞，無人能知其價値者，聞香能知其貴賤，及出產之處的所在。

天上諸華等，曼陀曼殊沙，波利質多樹，聞香悉能知。天上諸宮殿，上中下差別，衆寶華莊嚴，聞香悉能知。天園林勝殿，諸觀妙法堂，在中而娛樂，聞香悉能知。諸天若聽法，或受五欲時，來往行坐臥，聞香悉能知。天女所著衣，好華香莊嚴，周旋遊戲時，聞香悉能知。如是展轉上，乃至於梵世，入禪出禪者，聞香悉能知。光音遍淨天，乃至於有頂，初生及退沒，聞香悉能知。

【註解】三、此七頌別列天上諸香。如前已解。

【語譯】天上諸華，如：曼陀羅華、曼殊沙華，及波利質多羅樹等，聞香盡能知其品類。六欲、四禪的諸天宮殿，有上、中、下之別，而以種種寶華爲之莊嚴，都能由聞香而知其等差。諸天在園林、勝殿、樓觀、妙法堂裏的娛樂，聞香盡能知曉。諸天或爲聽法、或受五欲時的來往行迹、坐臥儀態，聞香盡知。天女所著之衣，以妙好華香而爲莊嚴，在他們追逐周旋遊戲的時候，聞香盡知。

如是展轉，由欲天而上，乃至色界的初禪梵世，或入禪定、或出禪定，聞香也都能盡知；再上而光音天，而遍淨天，乃至最高有頂，或初生天上，或報盡退墮，也都能由聞香而知。

諸比丘衆等，於法常精進，若坐若經行，及讀誦經典，或在林樹下，專精而坐禪，持經者聞香，悉知其所在。菩薩志堅固，坐禪若讀誦，或爲人說法，聞香悉能知。在在方世尊，一切所恭敬，愍衆而說法，聞香悉能知。衆生在佛前，聞經皆歡喜，如法而修行，聞香悉能知。

【註解】四、此五頌別列四聖香。初二頌明聲聞及辟支佛香；次一頌明菩薩香；末二頌明諸佛香。如文易解。

【語譯】諸比丘等，於其所修學的法門，常精進不懈：或坐禪、或經行、或讀誦經典的聲聞；或在樹林下專精坐禪的辟支佛；持經的人，都能由聞香而知其所在。菩薩的志願堅固，或在坐禪、或讀誦經典、或爲人說法，也都能由聞香而知。在在處處，爲一切世間所恭敬的諸佛世尊，愍憐衆生而爲說法；衆生在佛前聞經，都很歡喜的如法修行；持經人，也都由聞香而知。

雖未得菩薩，無漏法生鼻，而是持經者，先得此鼻相。

【註解】五、此最後一頌總結聞香。綜合以上所列：無論屬於眼根所緣的「天宮」等色；乃至屬於意根所緣的「善染」等法；鼻根悉能聞知。這一根而具六用的鼻，乃菩薩無漏法之所生，故曰「無漏法生鼻」。

【語譯】雖還未曾修得菩薩由無漏法所生的鼻根；然而持經人，却先已得此淸淨鼻相了。

復次，常精進！若善男子、善女人，受持是經，若讀、若誦、若解說、若書寫，得千二百舌功德。若好、若醜、若美、若不美，及諸苦澀物，在其舌根，皆變成上味，如天甘露，無不美者。若以舌根於大衆中，有所演說，出深妙聲，能入其心，皆令歡喜快樂。又諸天子、天女、釋梵諸天，聞是深妙音聲，有所演說，言論次第，皆悉來聽。及諸龍、龍女；夜叉、夜叉女；乾闥婆、乾闥婆女；阿修羅、阿修羅女；迦樓羅、迦樓羅女；緊那羅、緊那羅女；摩睺羅伽、摩睺羅伽女；爲聽法故，皆來親近，恭敬供養。及比丘、比丘尼、優婆塞、優婆夷；國王、王子、羣臣、眷屬；小轉輪王、大轉輪王、七寶千子、內外眷屬，乘其宮殿，俱來聽法。以是菩薩善說法故，婆羅門居士、國內人民，盡其形壽，隨侍供養。又諸聲聞、辟支佛、菩薩、諸佛，常樂見之。是人所在方面，諸佛皆向其處說法，悉能受持一切佛法，又能出於深妙法音。

【註解】四、舌根功德。亦分長行、偈頌之二：今初長行。節次：總標功德、八部供養、四衆供養、諸聖護念。

「七寶、千子」——輪王有七寶：1輪寶、2象寶、3馬寶、4神珠寶、5玉女寶、6主藏臣寶、7主兵臣寶。又有子千人。

「乘其宮殿」——非如諸天，以宮殿爲乘，不過其所乘的輦輿，式如宮殿罷了。

【語譯】再次，是舌根功德。常精進！若有善男子、善女人，受持此經，無論閱讀、背誦、爲人解說、書寫流布，便得千二百舌根功德。不管是好的、醜的、美的、不美的、又苦又澀的食物，在持經人的舌根上，通都變成了上等美味，好像天上的甘露一樣。倘若以此舌根，在大衆中有所演說，發出了徹法源底，智辯無礙的深妙音聲，便能契入人心，教他們都歡喜快樂。

還有諸天的天子、天女，及釋、梵諸天，他們爲聞此深妙音聲的演說，條分縷析，次第不紊的言論，都前來聆聽。又有男女諸龍、男女夜叉、男女乾闥婆、男女阿修羅、男女迦樓羅、男女緊那羅、男女摩睺羅伽，他們爲聽法故，都來親近法師，恭敬供養。

還有比丘、比丘尼、優婆塞、優婆夷；國王、王子、羣臣、眷屬；大、小轉輪聖王，和他的七寶、千子、內外眷屬，乘其宮殿式的輦輿，俱來聽法。因爲這持經的菩薩，善巧說法之故，那婆羅門居士，及其國內的人民，都盡形壽，隨侍左右，終身供養。

又爲一切聲聞、辟支佛、菩薩、諸佛，常樂與相見。此持經人所在之處，諸佛都向着他這方面說法。他既能受持一切佛法，又能出深妙法音，轉爲人說。

爾時，世尊欲重宣此義而說偈言：是人舌根淨，終不受惡味，其有所食噉，悉皆成甘露。以

深淨妙聲，於大衆說法，以諸因緣喩，引導衆生心，聞者皆歡喜，設諸上供養。諸天龍夜叉，及阿修羅等，皆以恭敬心，而共來聽法。是說法之人，若欲以妙音，遍滿三千界，隨意即能至。大小轉輪王，及千子眷屬，合掌恭敬心，常來聽受法。諸天龍夜叉，羅剎毘舍闍，亦以歡喜心，常樂來供養。梵天王魔王，自在大自在，如是諸天衆，常來至其所。諸佛及弟子，聞其說法音，常念而守護，或時爲現身。

【註解】上來長行已竟。此以偈頌重宣前義。「羅剎」——是惡鬼的總稱。「魔王」——爲六欲天主，其說有二：一爲障礙佛道的波旬；二爲深位菩薩方便示現。

【語譯】爾時，世尊爲重宣此義，說偈頌道：此持經人的舌根淸淨，始終沒有惡味的感受，他對所有的食物，無論苦、辣、酸、澀，一入口都變成甘露味了。又以深微淨妙之聲，爲大衆說法，以種種因緣、譬喩，引導衆生；聞法的人，都心生歡喜，設上品供養。一切天、龍、夜叉，及阿修羅等，都以恭敬心，一同前來聆聽妙法。此說法人，要想將微妙法音，遍滿於三千大千世界，隨意可達。那大小轉輪聖王，和他們的千子眷屬，都合起掌來，以恭敬心，常樂聞法。

一切天、龍、夜叉，及羅剎、毘舍闍鬼，也以歡喜心，常來供養；梵天王、魔王、自在天、大自在天，這諸天大衆，也常爲恭敬供養而來。

十方諸佛，及佛的弟子——三乘聖衆，聞其法音，常以念力爲之守護；或時爲現身，使之會見慈尊的相好莊嚴。

復次，常精進！若善男子、善女人，受持是經，若讀、若誦、若解說、若書寫，得八百身功德。得清淨身，如淨琉璃，衆生喜見。其身淨故，三千大千世界：衆生生時、死時，上下、好醜，生善處、惡處，悉於中現；及鐵圍山、大鐵圍山、彌樓山、摩訶彌樓山等諸山，及其中衆生，悉於中現；下至阿鼻地獄，上至有頂，所有及衆生，悉於中現；若聲聞、辟支佛、菩薩、諸佛說法，皆於身中現其色像。

【註解】五、身根功德。亦分長行、偈頌之二：今先長行。如前已解。

【語譯】再次，是身根功德。常精進！若有善男子、善女人，受持此經，或閱讀、或背誦、或解說其義、或書寫其文，便得八百身根功德。得此清淨身根，晶瑩明徹，如淨琉璃，所以衆生都喜歡見他。

因其身根清淨之故，對於三千大千世界的衆生，無論生的時候，死的時候；或上生美好的善趣，下墮惡道的三塗；都於身中影現無遺。鐵圍山、大鐵圍山、彌樓山、大彌樓山；此等諸山，和這山裏的衆生；都於身中影現無遺。下至阿鼻地獄，上至最高有頂；這中間所有的森羅萬象，及五趣衆生；也都於身中影現無遺。

若聲聞、辟支佛、菩薩、諸佛說法的時候，也都於法師的身中，顯現其莊嚴色像。

爾時，世尊欲重宣此義而說偈言：若持法華者，其身甚清淨，如彼淨琉璃，衆生皆喜見。又如淨明鏡，悉見諸色像。菩薩於淨身，皆見世所有，唯獨自明了，餘人所不見。三千世界中，一切諸羣萌，天人阿修羅，地獄鬼畜生，如是諸色像，皆於身中現。諸天等宮殿，乃至於有頂，鐵圍及彌樓，摩訶彌樓山，諸大海水等，皆於身中現。諸佛及聲聞，佛子菩薩等，若獨若在衆，說法悉皆現。雖未得無漏，法性之妙身，以清淨常體，一切於中現。

【註解】上來長行已竟。此以偈頌重宣前義。「羣萌」——衆生質弱，如草木初生之萌芽，故曰羣萌。餘如前解。

【語譯】爾時，世尊爲重宣此義，說偈頌道：受持法華經的人，其身根清淨得很，好像淨琉璃一樣；所以衆生都喜歡和他相見。又好像拂拭得乾乾淨淨的明鏡，照見一切色像似的。這持經的菩薩，以清淨身的妙用，得見世間所有的事事物物，唯獨他自己能夠明了，餘人不能。

三千大千世界裏，一切天、人、阿修羅、地獄、餓鬼、畜生，這六道衆生的色身影像，都在其清淨身中，歷歷顯現。從欲界到有頂的諸天宮殿、鐵圍山、彌樓山、諸大海水等，也都影現在持經菩薩的清淨身中。諸佛及佛弟子——聲聞、菩薩等，或獨處閑靜，入於三昧；

或在大衆中，爲人說法；也都顯現在淸淨身中。

雖說還沒有證得無漏的法性妙身；而以父母所生的淸淨常體，一切色像，却都能如鏡照影似的，顯現在裏許。

復次，常精進！若善男子、善女人，如來滅後，受持是經，若讀、若誦、若解說，若書寫，得千二百意功德。以是淸淨意根，乃至聞一偈一句，通達無量無邊之義。解是義已，能演說一句一偈，至於一月、四月，乃至一歲，諸所說法，隨其意趣，皆與實相不相違背。若說俗間經書。治世語言、資生事業等，皆順正法。三千大千世界，六趣衆生，心之所行、心所動作、心所戲論，皆悉知之。雖未得無漏智慧，而其意根淸淨如此。是人有所思惟籌量言說，皆是佛法，無不眞實；亦是先佛經中所說。

【註解】六、意根功德。亦分長行、偈頌之二：今先長行。「一偈一句」的文雖少而攝義無量，非持經人不能通達了解；旣已了解，那當然能演說一日，乃至一歲，時有盡而義無窮了。「實相」爲大乘法印，所以演說起來，能隨其意趣，與實相相應。

【語譯】再次，是意根功德。常精進！若有善男子、善女人，於如來滅度之後，受持此經，無論閱讀、背誦、解說、書寫，皆得千二百意根功德。以此淸淨意根，但聞一偈一句的少法，便能一聞千悟，豁然貫通，了達了無量無邊的義門。

自己既已了解，便能為人演說這一句一偈之義，至一月、一季，乃至一年，猶不能盡。所說之法，隨其句義的旨趣，都與實相不相違背。假使方便說俗間經書、治世語言，資生事業等，都隨順着正法，教人去惡向善。

三千大千世界的六趣衆生，他們心裏那念念遷流的行相、攀緣前境的作意、虛妄分別的戲論，持經人無不鑒知。雖說還沒有證得無漏智慧，而其意根的清淨，却已能够如此。此持經人，凡有所思惟、籌量、言說，無非都是佛法，句句眞實；也是先世諸佛的經中所說。

爾時，世尊欲重宣此義而說偈言：是人意淸淨，明利無濁穢，以此妙意根，知上中下法，乃至聞一偈，通達無量義，次第如法說，月四月至歲。是世界內外，一切諸衆生，若天龍及人，夜叉鬼神等，其在六趣中，所念若干種，持法華之報，一時皆悉知。十方無數佛，百福莊嚴相，爲衆生說法，悉聞能受持，思惟無量義，說法亦無量，終始不忘錯。以持法華故，悉知諸法相，隨義識次第，達名字語言，如所知演說。此人有所說，皆是先佛法，以演此法故，於衆無所畏。持法華經者，意根淨若斯，雖未得無漏，先有如是相。是人持此經，安住希有地，爲一切衆生，歡喜而愛敬。能以千萬種，善巧之語言，分別而說法，持法華經故。

【註解】上來長行已竟。此以偈頌重宣前義。如文易解。

【語譯】爾時，世尊爲重宣此義，說偈頌道：此持經人的意根清淨，聰明銳利，無有濁穢。以此妙意，了知上、中、下三乘教法，乃至但聞一句偈頌，却能通達無量義門；依淺深次第，如法而說，縱說至一月、四月，乃至一歲，也說之不盡。

這世界內外的一切衆生，如：天、龍、人、夜叉、鬼神等，他們在六趣中的善惡心行，種種動念；持法華經者，以其報得的清淨意根，一時盡知。

十方諸佛，現百福莊嚴相，爲衆生說法；持經人，也都能隨聞受持，思惟無量義，亦說無量法，始終憶持，沒有遺忘及錯謬之失。

因持此法華經故，悉知有爲、無爲的一切法相，隨其義類的深淺，而識其次第，了達其名字語言，如其所知，爲人演說。此人凡有所說，都是承傳先佛之法；因演此先佛法故，在大衆中，無所畏怯。

持法華經者的意根清淨，是如此；雖未得無漏，却已先有此相了。此人持此法華，安住於希有難得之地，爲一切衆生所歡喜愛敬；他所以能够以千萬種善巧語言，分別爲衆生說法者，都爲持此法華經故。

——法師功德品竟——

常不輕菩薩品第二十

上品但明五種法師，弘經得六根清淨之理；今品復引釋迦本生——常不輕菩薩，弘經得六根清淨之事；以事驗理，爲未來弘經者勸。

爾時，佛告得大勢菩薩摩訶薩：汝今當知，若比丘、比丘尼、優婆塞、優婆夷，持法華經者，若有惡口罵詈誹謗，獲大罪報，如前所說。其所得功德，如向所說眼耳鼻舌身意清淨。

【註解】本品分長行、偈頌之二。長行分爲三段：今第一段雙標罪福。「佛告得大勢菩薩」——得大勢，亦名大勢至，如序品已解。佛爲此菩薩有「諸法從本來，常自寂滅相」的正觀勢力，可與常不輕菩薩，不爲罵詈所摧的大忍力，前後媲美，所以告之。

【語譯】此時，世尊告訴得大勢菩薩，道：「你應當知道，假使有人對受持法華經的比丘、比丘尼、優婆塞、優婆夷，以惡口罵詈誹謗，其所得的罪報之大，如前譬喻品所說，入阿鼻獄、墮畜生等。持經者所得的功德，如上品所說，得眼、耳、鼻、舌、身、意的六根清淨。」

得大勢！乃往古昔，過無量無邊不可思議阿僧祇劫，有佛名威音王、如來、應供、正偏知、明行足、善逝、世間解、無上士、調御丈夫、天人師、佛世尊。劫名離衰，國名大成。其威音王佛，於彼世中，爲天人阿修羅說法，爲求聲聞者，說應四諦法，度生老病死，究竟涅槃；爲求辟支佛者，說應十二因緣法；爲諸菩薩，因阿耨多羅三藐三菩提，說應六波羅密法，究竟佛慧。得大勢！是威音王佛，壽四十萬億那由他恒河沙劫；正法住世劫數，如一閻浮提

微塵；像法住世劫數，如四天下微塵。其佛饒益衆生已，然後滅度。正法、像法滅盡之後，於此國土，復有佛出，亦號威音王、如來、應供、正徧知、明行足、善逝、世間解、無上士、調御丈夫、天人師、佛世尊。如是次第有二萬億佛，皆同一號。

【註解】第二段引往事爲證。分二：今初明緣由。佛爲法王，圓音普被，威伏十方，故名「威音王」。時逢盛世，故劫名「離衰」。依報爲大因所感，故國名「大成」。餘如前解。

【語譯】得大勢！往昔過無量無邊，不可思議阿僧祇劫，有佛出世，別號：「威音王」。通號：「如來、應供、正徧知，明行足、善逝、世間解、無上士、調御丈夫、天人師、佛世尊。」劫名「離衰」。國名「大成」。

彼威音王佛，在他那世界裏，爲天、人、阿修羅等，應機說法：爲求聲聞乘的小機人，說四諦法以應之，度他們離生老病死，得證所謂究竟的但空涅槃；爲求辟支佛的中機人，說十二因緣法以應之；爲諸菩薩發無上菩提的大機人，說六波羅密以應之，使他們悟入了至理究極的佛慧。

得大勢！這威音王佛的應身壽命，四十萬億那由他恒河沙劫；正法住世的劫數，如閻浮提洲的微塵；像法住世的劫數，如四天下的微塵。

那威音王佛，於饒益衆生的化緣已盡，然後滅度。正法、像法都相繼滅盡之後，這國土上又有一佛出世，名號也稱為：威音王、如來、應供、正徧知、明行足、善逝、世間解、無上士、調御丈夫、天人師、佛世尊。如是前佛既滅，後佛又出，次第相續有二萬億佛，都同一名號。

最初威音王如來，既已滅度，正法滅後，於像法中，增上慢比丘有大勢力。爾時，有一菩薩比丘，名常不輕。得大勢！以何因緣名常不輕？是比丘，凡有所見：若比丘、比丘尼、優婆塞、優婆夷，皆悉禮拜讚歎而作是言：我深敬汝等不敢輕慢，所以者何？汝等皆行菩薩道，當得作佛。而是比丘，不專讀誦經典，但行禮拜，乃至遠見四衆，亦復故往禮拜讚歎而作是言：我不敢輕於汝等，汝等皆當作佛。四衆之中，有生瞋恚心不淨者，惡口罵詈，言：是無智比丘，從何所來，自言我不輕汝，而與我等授記，當得作佛，我等不用如是虛妄授記。如此經歷多年，常被罵詈，不生瞋恚，常作是言：汝當作佛。說是語時，衆人或以杖木瓦石而打擲之，避走遠住，猶高聲唱言：我不敢輕於汝等，汝等皆當作佛。以其常作是語故，增上慢比丘、比丘尼、優婆塞、優婆夷，號之為常不輕。

【註解】二、正引往事，又二：今初雙明善惡行因。見四衆，便禮拜讚歎，雖常被罵詈，亦不生瞋恚；無非為衆生皆有佛性，行菩薩道，當得作佛的獎勸；這就是以慈忍弘經的善人行因。惡口罵詈，木石打擲，拒不受記的四衆，就是毀辱弘經者的惡人行因。

【語譯】最初的威音王如來，既已滅度。正法滅後，在道化訛替的像法住世期間，未證謂證的增上慢比丘，有大勢力。此時另有一菩薩比丘，名叫「常不輕」。

得大勢！這位菩薩比丘，他以什麼因緣名「常不輕」呢？因為他對所有遇見的人，無論是比丘、比丘尼、優婆塞、優婆夷，都一律禮拜讚歎的說：「我很敬重你們，不敢輕慢，什麼緣故呢？你們都為行菩薩道故，當得作佛。」而此比丘，他不專尙讀誦經典，但行禮拜，甚至從遠處望見四衆，亦故意前往，禮拜讚歎的說：「我不敢輕慢你們，您當來都要成佛。」

四衆之中，有一類心生瞋恚，染著塵緣的不清淨者，反以惡口罵詈的說：「從那裏來的這個無智比丘，自言『我不輕慢你們，』給我們授記作佛，我們用不著他這樣的虛偽授記。」如此經歷了多年，常被罵詈，不生瞋恚，照舊的常說：「汝當作佛」。正說這話的時候，衆人或以瓦石木棍，向他擲打！他避走遠處，還高聲唱道：「我不敢輕慢你們，您當來都要成佛。」因為他常常說這樣的話，所以那些增上慢比丘、比丘尼、優婆塞、優婆夷，都稱他叫「常不輕」

是比丘，臨欲終時，於虛空中，具聞威音王佛先所說法華經二十千萬億偈，悉能受持，卽得如上眼根清淨，耳鼻舌身意根清淨。得是六根清淨已，更增壽命二百萬億那由他歲，廣為人說是法華經。於時增上慢四衆——比丘、比丘尼、優婆塞、優婆夷，輕賤是人，為作不輕名者，見其得大神通力、樂說辯力、大善寂力，聞其所說，皆信伏隨從。是菩薩復化千萬億衆，令住阿耨多羅三藐三菩提。命終之後，得值二千億佛，皆號日月燈明，於其法中，說是法華經。以是因緣，復值二千億佛，同號雲自在燈王，於此諸佛法中，受持讀誦，爲諸四衆說此經典故，得是常眼清淨，耳鼻舌身意諸根清淨，於四衆中說法，心無所畏。得大勢！是常不輕菩薩摩訶薩，供養如是若干諸佛，恭敬尊重讚歎，種諸善根，於後復值千萬億佛，亦於諸佛法中，說是經典，功德成就，當得作佛。

【註解】二、雙明善惡果報。分二：初明善報。又分爲二：今初正明果報。果報有三：1現報——聞法能持、六根清淨、增壽、惡人信伏等，爲現生所得的報果。2生報——命終值佛，爲來生所得的果報。3後報——六根常淨、當得作佛，爲二生已後所得的果報。

問：威音王佛已滅，何能於虛空中，聞其先所說法？答：今世由電臺廣播的錄音帶，尙能於空中收聽；何況佛菩薩的大神通力，而可以時空局限嗎？

【語譯】此不輕比丘，臨命終時，於虛空中，完全聽到威音王佛先前所說的法華經二十千萬億偈，都能受持；卽得如上品法師所得的眼、耳、鼻、舌、身、意六根清淨；旣已得了這六根清淨，便不卽捨報，更增添壽命二百萬億那由他歲，爲廣大羣衆，說此法華經典。當此之時，那些增上慢四衆——比丘、比丘尼、優婆塞、優婆夷，曾輕賤此人，爲其製造「常不輕」名者，他們見其得空中聞法的「大神通力」，廣爲人說的「樂說辯力」、對罵詈打擲，不起瞋恚的「大善寂力」，乃聞其所說，都信伏隨順其教化了。

此常不輕菩薩，又教化千萬億衆生，使之安住於阿耨多羅三藐三菩提。命終捨報之後，來生値遇二千億佛，通統都號稱「日月燈明」。在這日月燈明佛的法裏，爲衆生說此法華經典。

以此因緣，又値遇二千億佛，都同一名號，叫「雲自在燈王」。在這諸佛法裏，爲受持、讀誦、解說此經之故，感得父母所生的常眼等六根清淨，於四衆中說法，辯解自在，心無所畏。

得大勢！這常不輕菩薩，供養如是威音王、日月燈明、雲自在燈王諸佛，恭敬、尊重、讚歎，深深的種下了諸善根本；到後來，又値遇千萬億佛，也在這諸佛法中，說此經典，功德圓滿成就，當得作佛。

得大勢！於意云何？爾時常不輕菩薩，豈異人乎？則我身是。若我於宿世，不受持讀誦此經，爲他人說者，不能疾得阿耨多羅三藐三菩提；我於先佛所，受持讀誦此經，爲人說故，疾得阿耨多羅三藐三菩提。

【註解】二、結會古今。如文易解。

【語譯】得大勢！你的意思怎麼樣？那威音王時的常不輕菩薩，你猜是誰？就是今世我釋迦的前身哪。

假使、我於宿世不受持讀誦此經，爲他人解說的話；那我就不能於今世，很快的證得阿耨多羅三藐三菩提了。因爲我於先世諸佛處所，受持讀誦此經，爲他人說的緣故，才能於今世，很快的得了阿耨多羅三藐三菩提。

得大勢！彼時四衆：比丘、比丘尼、優婆塞、優婆夷，以瞋恚意，輕賤我故，二百億劫，常不値佛、不聞法、不見僧；千劫於阿鼻地獄，受大苦惱。畢是罪已，復遇常不輕菩薩，敎化阿耨多羅三藐三菩提。

【註解】上來初明善報竟，此下、二明惡報，亦分爲二：今初正明果報。問：經云：「諸佛菩薩，不爲衆生作煩惱因緣」。爲什麼菩薩要禮拜讚歎，生四衆的惡因呢？答：惡因起於增上慢，非禮拜讚歎。若謂禮拜讚歎，能爲惡因的話；那末，佛許說法華，豈非爲五千退席者，作煩惱因緣嗎？相反的，不但不是惡因，而且是出地獄後，聞無上菩提的善因哩。

【語譯】得大勢！彼威音王佛，像法時的四衆：比丘、比丘尼、優婆塞、優婆夷，因爲以瞋恚之意，罵詈打擲，輕賤於我之故，他們於二百億劫，常不遇佛、不聞法、不見僧；千劫之久，在阿鼻地獄裏，受大苦惱。

又爲信伏隨從故，受畢此地獄罪報已後，復遇常不輕菩薩，教化他們以阿耨多羅三藐三菩提。

得大勢！於汝意云何？爾時四衆，常輕是菩薩者，豈異人乎？今此會中，跋陀婆羅等五百菩薩、師子月等五百比丘尼、思佛等五百優婆塞，皆於阿耨多羅三藐三菩提，不退轉者是。

【註解】二、結會古今。「師子月等五百比丘尼，思佛等五百優婆塞」——在竺法護所譯的正法華中，是「師子月等五百比丘、比丘尼」顯然師子月是比丘，而不是比丘尼。所以有人把「尼」字倂入下句，成爲「師子月等五百比丘，尼思佛等五百優婆塞。」然據因緣經中「思佛千優婆塞」之句來看，又顯然思佛不名尼思佛。若據本品偈頌中「並及四部」之義，則不但「比丘尼」上應加「比丘」二字，而且「優婆塞」下亦應加「優婆夷」三字。這樣就不會有進退失據之弊了。今姑如此譯，以待考證。

【語譯】得大勢！你的意思怎麼樣？此時的四衆，常以罵詈打擲，輕賤此菩薩者，你猜是誰？現在這靈山會中的跋陀婆羅等五百菩薩；師子月等五百比丘、比丘尼；思佛等五百優婆塞、優婆夷；都於無上正等菩提，得不退轉者，就是啊。

得大勢！當知是法華經，大饒益諸菩薩摩訶薩，能令至於阿耨多羅三藐三菩提。是故諸菩薩摩訶薩，於如來滅後，常應受持、讀誦、解說、書寫是經。

【註解】第三段歎敎勸持。如文易解。

【語譯】得大勢！你應當知道，這法華經，於諸菩薩摩訶薩有大饒益，能敎他們到達阿耨多羅三藐三菩提的妙覺果地。

因此之故，所以諸菩薩摩訶薩，於如來滅度之後，應當如五種法師：受持、讀、誦、解說、書寫此經，以自行化他。

爾時，世尊欲重宣此義而說偈言：過去有佛，號威音王，神智無量，將導一切，天人龍神，所共供養。是佛滅後，法欲盡時，有一菩薩，名常不輕。時諸四衆，計著於法，不輕菩薩，往到其所，而語之言：我不輕汝，汝等行道，皆當作佛。諸人聞已，輕毀罵詈，不輕菩薩，能忍受之。

【註解】上來長行已竟。此下是以偈頌重宣前義凡十九頌半：今初五頌半，是重宣緣由及善惡行因。如文易解。

【語譯】爾時，世尊欲重宣此義，說偈頌道：過去世有一位佛，號稱威音王，以其無量的神力、智慧，將引導一切衆生，入於佛道，而爲天、人、龍神等八部，所共同供養。

此威音王佛，滅度已後，法將滅盡的像法時期，有一菩薩，名常不輕。同時又有四衆，於法妄計推度，堅執取著；不輕菩薩，常到他們的住處，向他們讚歎的說：「我不敢輕慢你們，你們行菩薩道的，當來都要成佛。」那四衆聞聽此言，反倒報之以輕賤、毀辱、罵詈！而不輕菩薩，却都能忍受，不起瞋恚。

其罪畢已，臨命終時，得聞此經，六根清淨，神通力故，增益壽命，復爲諸人，廣說是經。
諸著法衆，皆蒙菩薩，敎化成就，令住佛道。不輕命終，值無數佛，說是經故，得無量福，
漸具功德，疾成佛道。彼時不輕，則我身是。時四部衆，著法之者，聞不輕言，汝當作佛；
以是因緣，值無數佛，此會菩薩，五百之衆，並及四部，清信士女，今於我前，聽法者是。

【註解】這八頌重宣果報，及結會古今。初句「其罪畢已」，應在「諸著法衆」句下，方契長行。是說：那四衆慢人，畢其地獄罪已，復遇不輕菩薩，敎化成就。然，經家曲意善巧，釋謂：菩薩因四衆輕賤之故，其宿世罪畢，臨終得聞經根淨。如金剛經云：「以今世人輕賤故，先世罪業，則爲消滅，當得阿耨多羅三藐三菩提。」

【語譯】因此其宿世罪畢，才能於臨命終時，得聞此經，六根清淨；以神通力故，增添壽命，又爲衆生廣說此經。那計著於法的四衆，也都蒙受菩薩的敎化，而成就菩提，住於佛道了。不輕菩薩，命終之後，到來世遇無數佛，爲說此法華經故，得無量福，漸漸具足了六度萬行的菩薩功德，疾速的成就了佛道。

那時的不輕菩薩是誰？就是今日我釋迦的前身。那四部衆，計著於法，聞不輕菩薩說「

汝當作佛」，以此聞佛名字的因緣，遇無數佛的是誰？今天這靈山會上的五百菩薩，及四部衆——比丘、比丘尼、淸信男、淸信女，在我釋迦座前聽法者，便是。

我於前世，勸是諸人，聽受斯經，第一之法，開示教人，令住涅槃。世世受持，如是經典。
億億萬劫，至不可議，時乃得聞，是法華經。億億萬劫，至不可議，諸佛世尊，時說是經。
是故行者，於佛滅後，聞如是經，勿生疑惑，應當一心，廣說此經，世世値佛，疾成佛道。

【註解】這六頌重宣歎敎勸持。「聽受斯經……令住涅槃」——本經云：「諸法從本來，常自寂滅相」等，卽是「開示敎人令住涅槃」，而此涅槃，不是小乘的偏眞空理；而是中道實相的第一義空，所以歎之爲「第一之法」。

【語譯】我於前世，勸此五百菩薩，及四衆諸人，聽受這法華經的第一之法，開示敎人安住於究竟涅槃，要生生世世的受持此經。衆生於億億萬劫，乃至不可思議的劫期，才有機緣，聞此法華。諸佛世尊，亦於億億萬劫，乃至不可思議的劫期，方說此經。以是之故，行者於佛滅度之後，聞此法華，不可妄生疑惑；應當一心信受，廣爲人說，才能感得世世遇佛，疾速的成就了佛道。

——常不輕菩薩品竟。——

如來神力品第二十一

如來見從地涌出的微塵數菩薩，聞開顯壽量，乃至不輕弘經，疾成佛道等事，隨亦發願於佛滅後，弘傳此經；所以現大神力，以示如來秘藏，妙用不測，故題品名爲「如來神力」。

爾時，千世界微塵等菩薩摩訶薩，從地涌出者，皆於佛前一心合掌，瞻仰尊顏而白佛言：世尊！我等於佛滅後，世尊分身所在國土滅度之處，當廣說此經。所以者何？我等亦自欲得是眞淨大法，受持、讀誦、解說、書寫，而供養之。

【註解】本品開爲二段：今第一段菩薩發願。「眞淨大法」——一乘實法，非假設方便，所以名「眞」；究竟離垢，所以名「淨」；德無不備，所以名「大」。

【語譯】當不輕菩薩品，說竟之時，那從地涌出的千世界微塵數諸大菩薩，都在佛前一心合掌，恭恭敬敬的瞻仰着佛的尊容，稟白的說：「世尊！我們於佛滅度之後，在世尊分身所在的無量國土裏的滅度之處，當廣說此經。爲什麼要廣說此經？不但爲他，我們自己也願得此眞淨大法，來受持、讀誦、解說、書寫，而爲供養。」

爾時，世尊於文殊師利等，無量百千萬億，舊住娑婆世界，菩薩摩訶薩，及諸比丘、比丘尼

、優婆塞、優婆夷、天、龍、夜叉、乾闥婆、阿修羅、迦樓羅、緊那羅、摩睺羅伽、人非人等，一切衆前，現大神力，出廣長舌，上至梵世，一切毛孔，放於無量無數色光，皆悉遍照十方世界。衆寶樹下，師子座上諸佛，亦復如是，出廣長舌，放無量光。釋迦牟尼佛，及寶樹下諸佛，現神力時，滿百千歲，然後還攝舌相。一時謦欬，俱共彈指，是二音聲，遍至十方諸佛世界，地皆六種震動。

【註解】第二段佛現神力，分長行、偈頌之二。長行分三：今第一正現神力。凡有五瑞，玆依次釋之如下：

1「出廣長舌，上至梵世」——舌廣而長，能覆面上至髮際，是佛三十二相之一，爲多劫不妄語之所報得。故今爲顯佛語不虛，以大神力，更出此舌相，上至梵世，如彌陀經云：『出廣長舌相，徧覆三千大千世界，說誠實言。』

2「放光」——開經之初，放眉間一光，表中道慧光破無明癡闇；今於一切毛孔放無量光，表此經法寶之藏，攝義無量，能究竟斷惑。

3「謦欬」——欬嗽的聲音，叫做謦欬。通常爲欲暢所言之前，及已暢所言之後的表徵。今佛旣說開顯，卽是已暢所言；將付囑菩薩，卽是欲暢所言；所以謦欬。

4「彈指」——天竺國俗，歡喜時，必彈指。今佛喜見菩薩，發願弘經，所以指彈。

5「動地」——會初六種震動，表六番破無明惑；今六種震動，表持經得六根清淨。

【語譯】爾時，世尊在文殊師利等，無量千萬億，舊住娑婆，並非來自他方的菩薩摩訶薩；及諸比丘、比丘尼、優婆塞、優婆夷；還有天、龍、夜叉、阿修羅、迦樓羅、緊那羅、摩睺羅伽等似人非人的大衆之前，現大神力，出廣長舌相，上至梵世；又從周身的毛孔裏，放出無量無數的金色光明，遍照十方世界。坐在衆寶樹下師子座上的分身諸佛，也一樣的出廣長舌相，放無量光。

釋迦牟尼佛，和那寶樹下的諸佛，現神力時，只一刹那，而法住已滿百千歲月了。然後收攝舌相，恢復如初，一時不約而同的謦欬、彈指。這謦欬彈指的二種音聲，遍至十方諸佛世界，大地都撼得六種震動！

其中衆生：天、龍、夜叉、乾闥婆、阿修羅、迦樓羅、緊那羅、摩睺羅伽，人非人等，以佛神力故，皆見此娑婆世界，無量無邊百千萬億，衆寶樹下師子座上諸佛，及見釋迦牟尼佛，共多寶如來，在寶塔中坐師子座。又見無量無邊百千萬億菩薩摩訶薩，及諸四衆，恭敬圍繞釋迦牟尼佛。既見是已，皆大歡喜，得未曾有。

【註解】第二明時衆得益，分三：今初普見大會。如文易解。

【語譯】這十方佛土裏的衆生：天、龍、夜叉、乾闥婆、阿修羅、迦樓羅、緊那羅、摩睺羅伽，這人非人等；以佛的神力之故，都見到這娑婆世界中，無量無邊百千萬億，坐在衆寶樹下，師子座上的諸佛；及見釋迦牟尼佛，同多寶如來，並坐在寶塔裏的師子座上。又見無量無邊百千萬億的菩薩摩訶薩，及四衆弟子，恭敬圍繞着釋迦牟尼佛。

既已見此靈山勝會，大衆都很歡喜，得未曾有。

卽時諸天，於虛空中，高聲唱言：過此無量無邊百千萬億阿僧祇世界，有國名娑婆，是中有佛，名釋迦牟尼，今爲諸菩薩摩訶薩，說大乘經，名妙法蓮華敎菩薩法佛所護念。汝等當深心隨喜，亦當禮拜供養釋迦牟尼佛。

【註解】二、諸天唱勸。「妙法蓮華敎菩薩法佛所護念」，這十二個字，是本經的具名，簡稱「妙法蓮華」。

【語譯】卽時，諸天於虛空中，高聲唱道：「從此土以去，過無量無邊百千萬億阿僧祇世界，有一國土，名叫娑婆世界，這世界上有一佛，號釋迦牟尼，現正在爲諸菩薩摩訶薩，說大乘經，經名爲妙法蓮華敎菩薩法佛所護念。你們應當深心隨喜，更應當對釋迦牟尼佛，禮拜供養。」

彼諸衆生，聞虛空中聲已，合掌向娑婆世界作如是言：南無釋迦牟尼佛！南無釋迦牟尼佛！以種種華香、瓔珞，旛蓋，及諸嚴身之具，珍寶妙物，皆共遙散娑婆世界。所散諸物，從十

方來，譬如雲集，變成寶帳，遍覆此間諸佛之上。於時十方世界，通達無礙，如一佛土。

【註解】三、衆生響應。如文易解。

【語譯】彼十方世界的衆生，聽諸天在虛空中唱言的聲音已竟，便合掌向娑婆世界，連聲稱佛名號：「南無釋迦牟尼佛！南無釋迦牟尼佛！」以表皈敬。

又以種種華、香、瓔珞、旛蓋，及諸嚴身之具和珍寶妙物，都一齊散向遙遠的娑婆世界。所散的諸寶珍物，從十方而來，譬如祥雲聚集，變成了寶帳，普遍的覆蓋着這裏的諸佛。

當此之時，十方世界，都通達無礙，就像一個佛土似的。

爾時，佛告上行等菩薩大衆：諸佛神力，如是無量無邊，不可思議。若我以是神力，於無量無邊百千萬億阿僧祇劫，爲囑累故，說此經功德，猶不能盡。以要言之：如來一切所有之法、如來一切自在神力、如來一切秘要之藏、如來一切甚深之事，皆於此經宣示顯說。是故，汝等於如來滅後，應一心受持、讀誦、解說、書寫，如說修行。所在國土，若有受持、讀誦、解說、書寫，如說修行，若經卷所在之處，若於園中、若於林中、若於樹下、若於僧坊、若白衣舍、若在殿堂、若山谷曠野，是中皆應起塔供養。所以者何？當知是處，即是道場，諸佛於此得阿耨多羅三藐三菩提；諸佛於此轉於法輪；諸佛於此而般涅槃。

【註解】第三歎法勸修。歎法，如金剛經云：『一切諸佛，及諸佛阿耨多羅三藐三菩提法，皆從此經出。』所以如來的一切法、一切神力、一切秘要、一切甚深之事，皆於此經宣示顯說。

勸修，如金剛經云：『若是經典所在之處，則爲有佛。』所以佛坐道場、得菩提、轉法輪、入涅槃，無非都是經卷所在之處。反過來說，只要是經劵所在之處，也就是佛坐道、得菩提、轉法輪、入涅槃之處。所以應起塔供養。

【語譯】此時，佛告上行等從地涌出的菩薩大衆，說：「諸佛的神變之力，是如此的無量無邊，不可思議！即令我以此神變之力，於無量無邊百千萬億的阿僧祇劫，爲以弘經重任、囑累菩薩之故，來演說此經功德，也不能完全說盡。扼要的說：如來所有的一切權實諸法、一切放光現瑞的自在神力、久默斯要的一切秘密法藏、本迹二門的一切甚深之事；都在這法華經裏，宣說顯示了。

因爲這種緣故，你們於如來滅後，應當一心一意的受持、讀誦、解說、書寫，如說修行。隨你們所在的國土中，其有受持、讀誦、解說、書寫，如說修行者；及經卷所在之處，無論在園中、林中、孤樹之下、僧坊裏、白衣舍裏、殿堂裏、山谷曠野裏，都應當起塔供養。何以要起塔供養？當知，這弘經人及經卷所在之處，就是修行成佛的道場，諸佛在這裏得無上正等菩提；在這裏轉大法輪；在這裏入大涅槃；所以要起塔供養。

爾時，世尊欲重宣此義，而說偈言：諸佛救世者，住於大神通，為悅衆生故，現無量神力，舌相至梵天，身放無數光，為求佛道者，現此希有事。諸佛謦欬聲，及彈指之聲，周聞十方國，地皆六種動。以佛滅度後，能持是經故，諸佛皆歡喜，現無量神力。

【註解】上來長行已竟。此下是以偈頌重宣前義。凡十六頌：這初四頌明現神力之故。如前已解。

【語譯】爾時，世尊為重宣前義，說偈頌道：慈悲救世的諸佛，安住於大神通，為喜悅衆生求佛道故，現此無量神力的希有之事：出廣長舌相，上至梵天；周身放出無數色光；謦欬及彈指之聲，徧聞於十方國土，大地都撼得六種震動！因於佛滅度後，菩薩能持說此經的緣故，所以諸佛都歡喜顯現這無量神力。

囑累是經故，讚美受持者，於無量劫中，猶故不能盡，是人之功德，無邊無有窮，如十方虛空，不可得邊際。能持是經者，則為已見我，亦見多寶佛，及諸分身者，又見我今日，教化諸菩薩。能持是經者，令我及分身，滅度多寶佛，一切皆歡喜。十方現在佛，并過去未來，亦見亦供養，亦令得歡喜。諸佛坐道場，所得祕要法，能持是經者，不久亦當得。能持是經者，於諸法之義，名字及言辭，樂說無窮盡，如風於空中，一切無障礙。於如來滅後，知佛所說經，因緣及次第，隨義如實說，如日月光明，能除諸幽冥。斯人行世間，能滅衆生闇，

敎無量菩薩，畢竟住一乘。是故有智者，聞此功德利，於我滅度後，應受持斯經，是人於佛道，決定無有疑。

【註解】這十二頌明奬勸修行。如文易解。

【語譯】爲囑累流通此經，而讚美受持者，這讚美的言辭，縱經塵劫，也說不能盡。因爲此人的功德無邊，無有窮盡，好像那十方虛空，得不到邊際一樣。

能受持此經的人，那就是他已竟見到了我釋迦牟尼；也見到了多寶佛，及我的分身；又見到我今日敎化的諸大菩薩。

能受持此經的人，不但使我及我的分身諸佛，和久已滅度了的多寶如來，一切都很歡喜；而且於十方三世諸佛，亦得覲見、亦得供養、亦令諸佛皆大歡喜。

諸佛坐道場時，所證得的秘密要法；能受持此經的人，他不久，亦當證得。

能受持此經的人，他對於一切法的義理、名字、諸方言辭，樂說無窮；好像那淸風飄逸於太虛空中，一切都沒有障礙似的。他於如來滅後，知佛所說此經的大事因緣，及開顯次第，隨其義趣如實而說；又好像日月光明，能除一切幽冥似的。此持經人，行化世間，能滅除衆生的無明闇障，敎導無量菩薩，畢竟住於一乘佛道。

因此之故，有智慧的人，聞此持經者的功德利益，於我滅度之後，就應當受持此經，而於一乘佛道，決定無疑。

——如來神力品竟——

囑累品第二十二

付託爲囑，任重爲累，凡是以重任付託他人者，都叫做囑累。上品爲將囑累，而稱歎持經；故今品復以弘經重任囑累菩薩，令於佛滅度後，持說此經，自行化他；所以名爲「囑累品」。

爾時，釋迦牟尼佛，從法座起，現大神力，以右手摩無量菩薩摩訶薩頂，而作是言：我於無量百千萬億阿僧祇劫，修習是難得阿耨多羅三藐三菩提法，今以付囑汝等，汝等應當一心流布此法，廣令增益。如是三摩諸菩薩摩訶薩頂，而作是言：我於無量百千萬億阿僧祇劫，修習是難得阿耨多羅三藐三菩提法，今以付囑汝等，汝等當受持、讀誦、廣宣此法，令一切衆生，普得聞知。

【註解】本品開爲三段。第一段如來付囑，分三：今初摩頂付囑。

「從法座起」——就是從多寶如來所分的半座上起來，表示從第一義空，起無方大用。

「以右手摩無量菩薩頂」——摩頂，是佛對佛子表示慈愛的意思。右表權智，頂表實智；佛以右手摩菩薩頂，表卽權卽實。

【語譯】當神力品說竟之時，釋迦牟尼佛，從多寶塔裏的法座上起來，現大神力，以右手撫摩着無量菩薩摩訶薩的頭頂，這樣說道：「我於無量百千萬億阿僧祇劫，修學這難得的阿耨多羅三藐三菩提法，今以此法付囑你們，你們應當專志一心，廣行流布，使之日漸增益。」如此一連三次撫摩着諸菩薩頂，諄諄的付囑他們，說：「我於無量百千萬億阿僧祇劫，修學這難得的阿耨多羅三藐三菩提法，今以此法付囑你們，你們應當受持、讀誦、擴大宣傳，使一切衆生，都能够聞知。

所以者何？如來有大慈悲，無諸慳吝，亦無所畏，能與衆生佛之智慧、如來智慧、自然智慧。如來是一切衆生之大施主，汝等亦應隨學如來之法，勿生慳吝。

【註解】二、釋付囑意。

「佛之智慧……自然智慧」——法華義疏謂：『佛之智慧，照有慧也；如來智慧，照空慧也；自然智慧，空有二種，任運能知，卽無功用慧也。』文句云：『佛之智慧，一切智也；如來智慧，道種智也；自然智慧，一切種智也。』總之，儘管說者不一，其爲一乘佛智，分別說三，應無異議。

【語譯】所以付囑你們，要受持、讀誦、廣宣此經者，是什麼緣故呢？如來唯有平等大慈、無緣大悲；而沒有慳貪吝惜，也沒有障難的畏怖心理，所以能施予衆生三種智慧：1佛智慧、2如來智慧、3自然智慧。

如來是一切衆生的大施主，你們也應當隨順學習如來的施法，去教化衆生，不可稍存慳吝之心。

於未來世，若有善男子、善女人，信如來智慧者，當爲演說此法華經，使得聞知；爲令其人得佛慧故。若有衆生不信受者，當於如來餘深法中，示敎利喜。汝等若能如是，則爲已報諸佛之恩。

【註解】三、誡勸隨宜。「餘深法」——就是除實法外，其餘的方便權法。一乘實法爲深，其餘的權法何以亦深？前方便品云：『隨宜說法，意趣難解。』又云：『是法皆爲一佛乘故。』所以權法亦深。

【語譯】到未來之世，若有利根的善男子、善女人，能信受如來智慧者，就應當爲他們演說這法華深經，教他們聞知，得佛智慧。若有鈍根衆生，不能信受如來智慧者，那就應當於如來的一乘實法以外，其餘的方便深法中，開示教導，使他們得到了利喜。

假使你們能夠這樣去弘傳法華，續佛慧命；那就是已竟酬報諸佛的恩德了。

時諸菩薩摩訶薩，聞佛作是說已，皆大歡喜，遍滿其身，益加恭敬，曲躬低頭，合掌向佛，俱發聲言：如世尊勅，當具奉行，唯然世尊，願不有慮。諸菩薩摩訶薩衆，如是三反，俱發

聲言：如世尊勅，當具奉行，唯然世尊，願不有慮。

【註解】第二段菩薩領受。佛再三付囑，爲法珍重；故菩薩亦三反領受，如勅奉行。

【語譯】這時，諸菩薩摩訶薩，聽佛作了這再三叮嚀的付囑已罷，大家都喜氣洋溢的充滿全身，更加恭敬，曲躬低頭，合掌向佛，齊聲言道：「一如世尊的教勅，我們自當完全奉行，唯願世尊，勿須以此爲慮。」

那諸菩薩摩訶薩，又三復是言的說道：「一如世尊的教勅，我們自當完全奉行，唯願世尊，勿須以此爲慮。」

爾時，釋迦牟尼佛，令十方來諸分身佛，各還本土，而作是言：諸佛各隨所安，多寶佛塔，還可如故。說是語時，十方無量分身諸佛，坐寶樹下師子座上者，及多寶佛，幷上行等無邊阿僧祇菩薩大衆、舍利弗等聲聞四衆，及一切世間天、人、阿修羅等，聞佛所說，皆大歡喜。

【註解】第三段囑累事畢。問：何以遣分身諸佛，獨留多寶？答：分身諸佛，爲開塔而來，今開塔事竟，所以遣返。多寶佛，爲證經而來，今此經尙餘六品未竟，所以抑留。

【語譯】此時，釋迦牟尼佛，令其原爲開塔，從十方召來的分身諸佛，仍舊各還本土，他這樣說道：「今開塔事竟，諸佛應各隨其所化本土而得安住；唯多寶佛塔，還可以留此如故。」

佛說這話的時候，坐在寶樹下師子座上的無量分身諸佛，及多寶如來；並上行等無邊阿僧祇的菩薩大衆；舍利弗等的聲聞、四衆；及一切世間天、人、阿修羅等；他們聞佛以上所說，皆大歡喜。

——囑累品竟——

藥王菩薩本事品第二十三

上囑累品，明諸菩薩在領受佛的付囑時，三反其「如勅奉行」之言，故於囑累品後，復明諸菩薩的弘經之事，以資策勵。本品卽是明藥王菩薩本昔的難行苦行之事，所以題名爲「藥王菩薩本事品」。

爾時宿王華菩薩白佛言：世尊！藥王菩薩，云何遊於娑婆世界？世尊！是藥王菩薩，有若干百千萬億那由他難行苦行，善哉世尊！願少解說。諸天、龍神、夜叉、乾闥婆、阿修羅、迦樓羅、緊那羅、摩睺羅伽、人非人等；又他國土諸來菩薩，及此聲聞衆，聞皆歡喜。

【註解】本品開爲四段：此爲第一段宿王請問。前在法師品中，佛曾因藥王菩薩告八萬大士；藥王菩薩，亦於持品中發誓弘經，不惜身命；所以今品有宿王華菩薩的請問。

【語譯】爾時，宿王華菩薩問佛，說：「世尊！藥王菩薩，他如何遊化於娑婆世界？世尊！藥王菩薩，有若干百千萬億那由他，說不盡的難行苦行，善哉世尊！願略爲解說。今此會中的諸天、龍神、夜叉、乾闥婆、阿修羅、迦樓羅、緊那羅、摩睺羅伽，這八部的人非人等；還有來自他方國土的諸菩薩；及原住在此土的聲聞大衆；他們都歡喜欲聞。」

爾時，佛告宿王華菩薩，乃往過去無量恒河沙劫，有佛號：日月淨明德、如來、應供、正徧知、明行足、善逝、世間解、無上士、調御丈夫、天人師、佛世尊。其佛有八十億大菩薩摩訶薩，七十二恒河沙大聲聞衆。佛壽四萬二千劫，菩薩壽命亦等。彼國無有女人、地獄、餓鬼、畜生、阿修羅等，以及諸難。地平如掌，琉璃所成，寶樹莊嚴，寶帳覆上，垂寶華旛，寶瓶香爐，周徧國界，七寶爲臺，一樹一臺，其樹去臺，盡一箭道。此諸寶樹，皆有菩薩、聲聞而坐其下，諸寶臺上，各有百億諸天，作天技樂，歌歎於佛，以爲供養。

【註解】第二段如來垂答。分二：甲初明藥王本因，又分爲二：今乙初明緣由。如文易解。

【語譯】此時，佛告訴宿王華菩薩，道：乃已往過去世，無量恒河沙劫，有佛出世，號稱：日月淨明德、如來、應供、正徧知、明行足、善逝、世間解、無上士、調御丈夫、天人師、佛世尊。

彼淨明德佛的徒衆，有：八十億之多的大菩薩摩訶薩；七十二恒河沙數的大聲聞衆。佛住世的壽量，四萬二千劫；菩薩的壽命，也與佛相等。

彼佛的國土裏，沒有女人、地獄、餓鬼、畜生、阿修羅等的四惡趣，以及見佛聞法的諸多障難，如：盲、聾、瘖、啞等。地平如掌，爲琉璃所成；寶樹莊嚴，上覆寶帳，下垂華旛；寶瓶香爐，都周徧了國界；七寶爲臺，一樹一臺，臺樹相去，約有一箭射及的距離；這些寶樹下，都有菩薩、聲聞，在結跏趺坐；諸寶臺上，各有百億諸天，奏着天樂，歌歎佛德，以爲供養。

爾時，彼佛爲一切衆生喜見菩薩，及衆菩薩，諸聲聞衆，說法華經。是一切衆生喜見菩薩，樂習苦行，於日月淨明德佛法中，精進經行，一心求佛，滿萬二千歲已，得現一切色身三昧。

【註解】乙二、正明藥王本事，分三：今丙初明聞經修行。「一切衆生喜見菩薩」——此菩薩，樂習苦行，得現色身三昧，自在化他，爲一切衆生所喜見，故以爲名。

「精進經行」——卽專精進修，不坐不臥，身行無間的「般舟三昧」，亦名「常行道」。

「現一切色身三昧」——卽自在示現一切衆生的色身，而爲說法的三昧，一如妙音、觀音然。

【語譯】此時，彼日月淨明德佛，爲一切衆生喜見菩薩，及其餘的菩薩、聲聞大衆，說法華經。

這一切衆生喜見菩薩，他很樂於修習苦行，在日月淨明德佛的法中，精進經行，專志一心的勤求佛道，修滿一萬二千歲已，證得了「現一切色身三昧」。

得此三昧已，心大歡喜，即作念言：我得現一切色身三昧，皆是得聞法華經力，我今當供養日月淨明德佛，及法華經。即時入是三昧，於虛空中，雨曼陀羅華、摩訶曼陀羅華、細末堅黑旃檀，滿虛空中，如雲而下。又雨海此岸旃檀之香，此香六銖，價直娑婆世界，以供養佛。

【註解】丙二、明報恩供養，分二：丁初現世供養，又二：今戊初明外財供養。「海此岸栴檀香」——此檀香，出自南印海濱，形似牛頭的摩羅耶山，故名「海此岸栴檀」，亦名「牛頭栴檀」。

「六銖」——銖，是古代的衡量數名，合二十四銖為一兩。六銖，即一兩的四分之一。

【語譯】既已得此三昧，心大歡喜，即便念道：「我證得現一切色身三昧，都是得力於法華經的聞持，飲水思源，我今當供養說經的日月淨明德佛，及其所說的法華經。」念罷，即時入此色身三昧，於虛空中降下：曼陀羅華、大曼陀羅華、質堅色黑的栴檀細末，遍滿虛空的如雲雨而下；又降下牛頭栴檀香，此香六銖的價直，相當於娑婆世界，以此妙香來供養於佛。

作是供養已，從三昧起，而自念言：我雖以神力供養於佛，不如以身供養。卽服諸香：旃檀、薰陸、兜樓婆、畢力迦、沉水、膠香；又飲薝蔔諸華香油滿千二百歲已，香油塗身，於日月淨明德佛前，以天寶衣而自纏身，灌諸香油，以神通力願而自然身，光明遍照八十億恒河沙世界。其中諸佛，同時讚言：善哉善哉！善男子！是眞精進，是名眞法供養如來。若以華香、瓔珞、燒香、末香、塗香、天繒旛蓋，及海此岸旃檀之香，如是等種種諸物供養所不能及；假使國城妻子布施，亦所不及。善男子！是名第一之施，於諸施中，最尊最上，以法供養諸如來故。作是語已，而各默然。其身火然千二百歲，過是已後，其身乃盡。

【註解】戊二、明內身供養。「從三昧起……河沙世界」——此段正明然身供養。三昧爲定，自念爲慧，定能生慧，故曰「從三昧起，而自念言」。以神力供養，不過外財，故不如以身供養。然色身不淨，何堪供佛，故須服飲諸香，滌之使淨。「薰陸」，是一種香樹，葉如棠梨，落地成香，故名薰陸。「兜樓婆」，羅什謂此土所無，所以不翻。「畢力迦」，翻爲苜蓿香。「膠香」，卽是松香。餘如前解。

「其中諸佛……而各默然」——此段明諸佛稱歎。菩薩非了我、法俱空，契會眞如實相之理，不能然身供養，如法行施，所以諸佛讚謂：「是名眞法供養如來」。華香瓔珞等，無非色塵；國城妻子，亦屬愛緣，所以都不及以法供養。

問：燒身豈不犯了毘尼律制的偸蘭遮罪，何以諸佛反爲讚歎？答：小制遮禁，大制許開，所以梵網經云：「若不燒身臂指，供養諸佛，非出家菩薩。」

【語譯】作此華香供養已竟，從三昧定起，自心念道：「我雖以神力，雨華香供佛，還不如以身供養。」念畢，卽服下諸香——栴檀、薰陸、兜樓婆、畢力迦、沉水、膠香；又飲用薝蔔諸華所釀的香油。這樣滿了千二百歲，再以香油塗身，在日月淨明德佛座前，先以寶衣纒身，灌以香油，然後再以神通願力，引發三昧眞火，自然焚燒，光明照遍了八十億恒河沙數的世界。

那恒沙世界裏的諸佛，同時齊聲讚道：「善哉！善哉！善男子！這才是眞精進；這才名叫眞法供養如來哩！不但以華香、瓔珞、燒香、末香、塗香、天繒、旛蓋，及南海此岸的栴檀香等，種種外物供養所不能及；就是以國城、妻子布施，亦不能及。善男子！此名第一布施，在諸施之中，最爲尊上；因爲這不是外物供養，而是以法供養諸如來的緣故。」諸佛作此稱歎已畢，隨各默然。

喜見菩薩的燒身之火，直到千二百歲已後，才把我相的依身，燒盡無餘。

一切衆生喜見菩薩，作如是法供養已，命終之後，復生日月淨明德佛國中，於淨德王家，結跏趺坐，忽然化生。卽爲其父而說偈言：大王今當知，我經行彼處，卽時得一切，現諸身三昧，勤行大精進，捨所愛之身，供養於世尊，爲求無上慧。說是偈已，而白父言：日月淨明德佛，今故現在，我先供養佛已，得解一切衆生語言陀羅尼；復聞是法華經，八百千萬億那由他、甄迦羅、頻婆羅、阿閦婆等偈。大王！我今當還供養此佛。白已，卽坐七寶之臺，上升虛空，高七多羅樹，往到佛所，頭面禮足，合十指爪，以偈讚佛：容顏甚奇妙，光明照十方，我適曾供養，今復還親覲。爾時一切衆生喜見菩薩，說是偈已，而白佛言：世尊！世尊！猶故在世。

【註解】丁二、明轉身供養，分二：今戊初明佛住世時供養。「解一切衆生語言」——就是於諸方言辭，通達無礙的辯解。以用而言，名「陀羅尼」；以體而言，名爲「三昧」。蓋以三昧爲定體；陀羅尼，有總持之用也。

「甄迦羅、頻婆羅、阿閦婆」——如其次第，爲俱舍論所列五十二種大數的第十六、十八、二十，三種相當於本土的千千萬億、百千千萬億、萬千千萬億。

【語譯】一切衆生喜見菩薩，作了這樣燒身的法供養罷，命終之後，又轉生到日月淨明德佛的國裏，在淨德王家，忽然化生，結跏趺坐；卽對其父淨德王，說偈頌道：「大王！您今天應當知道，我昔日於淨明德佛處，修常行道，卽時證得現一切色身三昧；爲勤行大精進，求無上佛慧之故，捨棄了素所貪愛的五陰色身，以供養世尊。」說罷此偈，又對他父親說道：「日月淨明德佛，如今依舊在世，我先前於供養佛畢，得解一切衆生語言陀羅尼；又從佛聞此法華經八百千萬億那由他、甄迦羅、頻婆羅、阿閦婆等的偈頌。大王！我如今還應當去供養此佛。」

說畢，便坐着七寶臺座，上升虛空，高達七株多羅樹，往至佛所，頭面頂禮佛足，合掌恭敬，以偈讚佛，道：「佛的容顏，甚爲奇妙，光明遍照十方，我適於前生曾修供養，而今轉世，何幸又遇如來而得親覲。」此時那一切衆生喜見菩薩，說罷此偈，又禀白於佛，道：「世尊！世尊！猶依舊住世。」

爾時，日月淨明德佛，告一切衆生喜見菩薩：善男子！我涅槃時到，滅盡時至，汝可安施床座，我於今夜當般涅槃。又勅一切衆生喜見菩薩：善男子！我以佛法囑累於汝，及諸菩薩大弟子，并阿耨多羅三藐三菩提法，亦以三千大千七寶世界，諸寶樹、寶臺，及給侍諸天，悉付於汝；我滅度後，所有舍利，亦付囑汝，當令流布，廣設供養，應起若干千塔。如是日月淨明德佛，勅一切衆生喜見菩薩已，於夜後分入於涅槃。

【註解】戊二、明佛滅後供養。又二：今已初明如來滅度。如文易解。

【語譯】此時，日月淨明德佛，告訴一切衆生喜見菩薩，道：「善男子！我般涅槃，滅盡應化的時機，已竟到了！你可以安置床座，準備我今夜入大涅槃。」

又勑令一切衆生喜見菩薩，道：「善男子！我以諸佛法藏、諸菩薩大弟子、阿耨多羅三藐三菩提的究竟果法，付囑於你；亦以三千大千七寶世界、寶樹、寶臺，及供給侍衞的諸天，都付囑於你；我滅度後，所有的遺骨舍利，也付囑於你，當令流布十方，廣設供養，應起建若干千塔，以奉安舍利。」

如此，日月淨明德佛，勑令一切衆生喜見菩薩已竟，便於深夜最後時分，入於涅槃了。

爾時一切衆生喜見菩薩，見佛滅度，悲感懊惱，戀慕於佛，即以海此岸旃檀爲蘈，供養佛身，而以燒之，火滅已後，收取舍利，作八萬四千寶瓶，以起八萬四千塔，高三世界，表刹莊嚴，垂諸旛蓋，懸衆寶鈴。

【註解】己二、正明供養，復分爲二：今庚初明外物供養。「栴檀爲蘈……收取舍利」——聚薪爲「蘈」。蘈栴檀爲薪，以表佛淨德；荼毘火化，以表息化；收取舍利，以表永寂。

【語譯】此時，一切衆生喜見菩薩，見佛滅度，頓失依怙，不禁悲感懊惱，戀慕痛切！即以南海此岸的牛頭旃檀，聚積爲薪，供養佛的遺骸，擧火焚燒。火滅後，收取舍利，分貯於八萬四千寶瓶；一瓶一塔，更起建八萬四千寶塔，以奉安舍利寶瓶；塔高三千世界，上立表刹——幢竿，以爲莊嚴；並垂諸旛蓋，懸掛着衆多的寶鈴。

爾時，一切衆生喜見菩薩，復自念言：我雖作是供養，心猶未足，我今當更供養舍利。便語

諸菩薩大弟子，及天龍、夜叉等一切大衆：汝等當一心念，我今供養日月淨明德佛舍利。作是語已，卽於八萬四千塔前，然百福莊嚴臂，七萬二千歲，而以供養。令無數求聲聞衆，無量阿僧祇人，發阿耨多羅三藐三菩提心，皆使得住現一切色身三昧。

【註解】庚二、明內身供養。復分爲二：今辛初正明燒臂。問：前燒身，僅千二百歲；今燒臂，何七萬二千歲，反比燒身時長？答：前爲供佛應化而燒身；今爲供佛舍利而燒臂；應化時暫，舍利時久也。又、前爲自行，所以時短；今爲化他，所以時長。

【語譯】此時，一切衆生喜見菩薩，又自念道：「我雖作此起塔供養，猶未滿足所願，我今應當再供養舍利。」念畢，就告訴諸菩薩大弟子，及天龍、夜叉等一切大衆，道：「你們應當一心念佛，我現在要供養日月淨明德佛的舍利了。」說畢，卽以神力在八萬四千塔前，然燒着爲修百福所莊嚴的臂膊，直燒到七萬二千歲，以供佛舍利。

菩薩作此供養，非爲自利；爲令無數求聲聞者，回趣大乘；無量阿僧祇的初入道者，發阿耨多羅三藐三菩提心，使他們都得住於現一切色身三昧。

爾時，諸菩薩天人阿修羅等，見其無臂，憂惱悲哀，而作是言：此一切衆生喜見菩薩，是我等師，敎化我者，而今燒臂，身不具足。於時一切衆生喜見菩薩，於大衆中，立此誓言：我

捨兩臂，必當得佛金色之身，若實不虛，令我兩臂還復如故。作是誓已，自然還復，由是菩薩福德智慧淳厚所致。當爾之時，三千大千世界，六種震動，天雨寶華，一切人天得未曾有。

【註解】辛二、臂復如故。如文易解。

【語譯】此時，諸菩薩、天、人、阿修羅等，見一切衆生喜見菩薩，兩臂都無，不禁憂惱悲哀的這樣說道：「此一切衆生喜見菩薩，是我們從而受教的導師，爭奈他如今燒掉了臂膊，身體殘缺而不具足了。」

這時一切衆生喜見菩薩，爲除衆憂惱，在大衆中，立此誓言：「我捨棄兩臂，當來必定報得佛身的金色莊嚴，倘若此事眞實不虛的話，那就使我兩臂，還復如故。」作此誓畢，兩臂自然恢復舊觀；這是由於菩薩的福德智慧淳厚所致。

當此之時，感得三千大千世界，六種震動、天雨寶華，一切人天，都歎未曾有。

佛告宿王華菩薩，於汝意云何？一切衆生喜見菩薩，豈異人乎？今藥王菩薩是也。其所捨身布施，如是無量百千萬億那由他數。宿王華！若有發心欲得阿耨多羅三藐三菩提者，能然手指，乃至足一指，供養佛塔，勝以國城妻子，及三千大千國土，山林河池，諸珍寶物而供養者。

【註解】乙三、明結會古今。捨手足一指，以表「無我」；捨國城妻子，表「無我所」

。捨「我」難；捨「我所」易；故以燒指爲勝。

【語譯】佛告宿王華菩薩，道：你的意思怎麼樣？那一切衆生喜見菩薩，豈是別人嗎？就是今日在這靈山會上的藥王菩薩啊。他所行的這捨身布施，非止一次，總有無量百千萬億那由他數了。

宿王華！設若有人發心，欲得阿耨多羅三藐三菩提者，能然燒手指，乃至足部一指，以供養佛塔；其功德之勝，非以國城妻子，及三千大千國土、山林、河池、諸珍寶物的供養者，所可比擬。

若復有人，以七寶滿三千大千世界，供養於佛，及大菩薩、辟支佛、阿羅漢，是人所得功德，不如受持此法華經，乃至一四句偈，其福最多。

【註解】甲二、明歎教，分二：乙初總歎全經，分四：今丙初以校量歎。持經能長養慧命，得大菩提，故其福多，非布施之所能及。

【語譯】若更有人，以七寶充滿了三千大千世界，來供養佛，及大菩薩、辟支佛、阿羅漢；此人所得的功德，還不如受持這法華經，乃至一四句偈的福，爲最多哩。

宿王華！譬如：一切川流江河諸水之中，海爲第一。此法華經，亦復如是，於諸如來所說經中，最爲深大。又如：土山、黑山、小鐵圍山、大鐵圍山，及十寶山，衆山之中，須彌山爲

第一。此法華經，亦復如是，於諸經中，最爲其上。

【註解】丙二、以譬喩歎，分五：今丁初以山海爲喩。先以海喩，顯經深大；次以山喩，顯經最上。「十寶山」——卽：1雪山、2香山、3鞞陀梨山、4神仙山、5持雙山、6馬耳山、7持邊山、8輪圍山、9幢慧山、10須彌盧山。（出華嚴疏四十四）

【語譯】宿王華！譬如：一切川流江河的諸水之中，唯數百川滙歸，汪洋無際的海水，最爲第一。這會三歸一的法華圓教，也同海水一樣，在諸如來所說的經典裏，最爲深大。

又如：土山、黑山、小鐵圍山、大鐵圍山，及十寶山，這衆山之中，唯數須彌山王爲第一。這妙理窮極的法華經，也同須彌一樣，在諸經中，最爲無上。

又如：衆星之中，月天子最爲第一。此法華經，亦復如是，於千萬億種諸經法中，最爲照明。又如：日天子，能除諸闇。此經亦復如是，能破一切不善之闇。

【註解】丁二、以日月爲喩。先以月喩，顯經照明；次以日喩，顯經破闇。

【語譯】又如：衆星宿中，唯數一輪當空的朗月，最爲第一。這法華經，也是如此，在千萬億種的經典中，最能照明隱覆在衆生生死長夜裏的佛之知見。

又如：杲日，能除却大地的一切幽闇。這法華經，也是如此，能破一切五逆十惡的不善闇冥。

又如：諸小王中，轉輪聖王最爲第一。此經亦復如是，於衆經中，最爲其尊。又如：帝釋，於三十三天中王。此經亦復如是，諸經中王。又如：大梵天王，一切衆生之父。此經亦復如是，一切賢、聖、學、無學，及發菩提心者之父。

【註解】丁三、以三王爲喻。先以輪王爲喻，顯經尊上；次以釋、梵天王爲喻，顯經爲王、爲父。

「三十三天」——在須彌山頂，四方各有八天，帝釋天居中，共三十三天，而以帝釋爲王。

「一切賢聖」——聲聞乘，以預流果已前爲賢，已後爲聖。菩薩乘，以初地已前爲賢，已後爲聖。

【語譯】又如：各轄一州一國的諸小王中，唯數統轄四州的轉輪聖王，最爲第一。此一乘圓教的法華經，也是如此，他在各側重一義的衆經中，最爲尊上。

又如：帝釋，在三十三天中，獨稱爲王。這法華經，也是如此，在諸經中，獨稱經王。

又如：初禪的大梵天王，統三千界，而爲六趣衆生之父。這法華經，也是如此，爲一切賢、聖、學、無學，及初發菩提心者的慈父。

又如：一切凡夫人中，須陀洹、斯陀含、阿那含、阿羅漢，辟支佛爲第一。此經亦復如是，一切如來所說、若菩薩所說、若聲聞所說，諸經法中，最爲第一。有能受持是經典者，亦復

如是，於一切衆生中，亦爲第一。

【註解】丁四、以緣覺爲喻。此喻不但顯經爲第一，更顯持經人，亦爲第一。

【語譯】又如：在一切凡夫人中，及須陀洹、斯陀含、阿那含、阿羅漢，這小乘四果，獨數辟支佛爲第一。這一乘直超的法華經，也是如此，無論在一切如來所說、菩薩所說、聲聞所說的諸經法中，最爲第一。

此經在諸經法中，旣稱第一；那末！受持此經的人，當然也是如此，在一切衆生中，亦得稱爲第一了。

一切聲聞、辟支佛中，菩薩爲第一。此經亦復如是，於一切諸經法中，最爲第一。如佛爲諸法王，此經亦復如是諸經中王。

【註解】丁五、以佛菩薩爲喻。先以菩薩爲喻，顯此經爲諸經第一；次以佛爲喻，顯此經爲諸經之王。

【語譯】在證但空涅槃的一切聲聞、辟支佛中，數大覺有情的菩薩爲第一。這法華經，也是如此，在一切諸經法中，最爲第一。

又如：佛爲諸法之王。這究竟了義的法華經，也是如此，在諸經中，尊爲經王。

宿王華！此經能救一切衆生者。此經能令一切衆生，離諸苦惱。此經能大饒益一切衆生，充

滿其願：如清涼池，能滿一切諸渴乏者；如寒者得火；如躶者得衣；如商人得主；如子得母；如渡得船；如病得醫；如闇得燈；如貧得寶；如民得王；如賈客得海；如炬除闇。此法華經，亦復如是，能令衆生離一切苦、一切病痛，能解一切生死之縛。

【註解】丙三、約滅惡門歎。爲顯經用，有大饒益，舉十二譬：1如池，顯法性理水。2如火，顯燄慧。3如衣，顯莊嚴。4如主，顯宗趣。5如母，顯大慈。6如船，顯能到彼岸。7如醫，顯能使安隱。8如燈，顯能破惑。9如寶，顯法妙。10如王，顯法自在。11如海，顯法深廣。12如炬，顯智光。

【語譯】宿王華！這法華經，是一切衆生的救護者；能令一切衆生，離了分段、變易二種生死的苦惱；能大饒益一切衆生，滿足他們的願望。舉喻來說：如清涼水池，能滿足一切渴乏者的所須；如寒冷的人，得火禦寒；如裸體的人，得衣蔽體；如商人得了主顧；如赤子得了慈母；如渡者得船；如病者得醫；如闇中得燈；如貧人得寶；如民衆得王，統理國政；如賈客得海，貨暢其流；如大火炬，能除幽闇。

這法華經，也是如此，能使衆生離了一切苦惱、一切病痛；又能解除一切生死的束縛。

若人得聞此法華經，若自書、若使人書，所得功德，以佛智慧，籌量多少，不得其邊。若書是經卷，華、香、瓔珞、燒香、末香、塗香、旛蓋、衣服、種種之燈：蘇燈、油燈、諸香油

燈、薝蔔油燈、須曼那油燈、波羅羅油燈、婆利師迦油燈、那婆摩利油燈供養，所得功德，亦復無量。

【註解】丙四、約生善門歎。華香油燈等，具如前解。今不復釋。

【語譯】設若有人，聞此法華經者，或自己書寫，或使他人書寫；其所得功德，就是以佛的智慧，去籌量其多少，也得不到邊際；何況其餘的聖智，能測其邊際嗎？

若對所書寫的法華經卷，以華、香、瓔珞、燒香、末香、塗香、旛蓋、衣服，及種種之燈：蘇燈、油燈、諸香油燈、薝蔔華油燈、須曼那華油燈、波羅羅華油燈、婆利師迦華油燈、那婆摩利華油燈，以爲供養；所得功德，也是無量的。

宿王華！若有人聞是藥王菩薩本事品者，亦得無量無邊功德。若有女人聞是藥王菩薩本事品，能受持者，盡是女身，後不復受。

【註解】乙二、別歎一品，分四：今丙初總歎功德。因女身愛著障重，此品明菩薩捨身破著，故特寄此品言女身報盡，後不再受，並非聞餘品仍受女身也。

【語譯】宿王華！設若有人，聞此藥王菩薩本事品者，也一樣的得無量無邊功德，何況具聞全經？若有女人，聞此藥王菩薩本事品，而能受持不失者；命終盡此女身後，來世就不再受這女人的報身了。

若如來滅後，後五百歲中，若有女人。聞是經典，如說修行，於此命終，即往安樂世界，阿彌陀佛，大菩薩衆，圍繞住處，生蓮華中寶座之上，不復爲貪欲所惱，亦復不爲瞋恚愚癡所惱，亦復不爲憍慢嫉妬諸垢所惱，得菩薩神通，無生法忍。得是忍已，眼根清淨，以是清淨眼根，見七百萬二千億那由他恒河沙等諸佛如來。是時諸佛遙共讚言：善哉善哉！善男子！汝能於釋迦牟尼佛法中，受持讀誦思惟是經，爲他人說，所得福德無量無邊，火不能燒，水不能漂，汝之功德，千佛共說不能令盡。汝今已能破諸魔賊，壞生死軍，諸餘怨敵，皆悉摧滅。善男子！百千諸佛，以神通力，共守護汝，於一切世間天人之中，無如汝者，唯除如來，其諸聲聞、辟支佛，乃至菩薩，智慧禪定，無有與汝等者。宿王華！此菩薩，成就如是功德智慧之力。

【註解】丙二、約生報歎。「後五百歲……安樂世界」——後五百歲，就是自佛滅後，按佛法逐漸衰敗的情形，分爲五個時期，每一時期爲五百歲的最後時期。雖時至末法，鬪諍堅固；然若有女人聞經修行，一樣的能往生安樂世界——西方阿彌陀佛的極樂淨土。

問：阿彌陀佛，攝念佛人，往生彼國，何以受持此經亦得往生？答：此經所說，爲實相印；受持此經，了悟如來法身，非有非空的中道實相之理，就是「實相念佛」，所以亦得往生。由是可知，淨土法門被機之廣，而爲諸宗教學的指歸了。

「火不能燒……不能令盡」——實相無相，非有爲之福，所以火不能焚燒，水不能漂溺。妙理無窮，所以千佛說不能盡。

「破諸魔賊，壞生死軍」——能障正道，害慧命者，名之爲魔，略有：煩惱、五陰等四種，如序品已解。色等六塵，以眼等六根爲媒，劫掠法財，名爲六賊。分段、變易二種生死，有殺伐菩提涅槃之用，喩之爲軍。受持此經，得無生法忍，故能破諸魔賊，壞生死軍。

【語譯】到如來滅後，五個五百歲的最後五百歲中，若有女人，聞此經典，如說修行，他於此土命終，即往西方安樂世界，大菩薩衆圍繞着阿彌陀佛的住處，化生在蓮華中的寶座之上。旣往生淨土，就不再爲五濁惡世的貪愛、瞋恚、愚癡、憍慢、嫉妒所惱亂；而得菩薩神通，及無生法忍了。旣得此忍，則眼根淸淨；以此淸淨眼根，得見七百萬二千億那由他恒河沙數的諸佛如來。

此時，恒沙諸佛，遙共讚道：「善哉！善哉！善男子！你在釋迦牟尼佛的法中，受持讀誦思惟此經，爲他人說，所得功德，無量無邊，火不能焚燒，水不能漂溺，你這功德，雖千佛共說，亦不能盡。你現在，已能破諸魔賊，壞生死軍，乃至其餘的怨敵，也都能完全摧滅了。善男子！百千諸佛，都以神通之力，在守護着你，不但一切世間的天、人裏，沒有誰能如你；就是除如來外，其餘的聲聞、辟支佛，乃至菩薩的智慧禪定，也沒有那個與你相等。」

宿王華！此聞經修行，往生淨土的菩薩，成就了這樣的功德智慧之力。

若有人，聞是藥王菩薩本事品，能隨喜讚善者，是人現世口中，常出青蓮華香；身毛孔中，常出牛頭旃檀之香。所得功德，如上所說。

【註解】丙三、約現報歎。如文易解。

【語譯】設若有人，聞此藥王菩薩本事品，能隨順歡喜，讚歎一聲「善哉」的話；則此人現世的口中，常出青蓮華香；身上的毛孔中，也常出牛頭栴檀的香氣。其所得功德，與上文所說的功德，是一樣的無量無邊。

是故，宿王華！以此藥王菩薩本事品，囑累於汝，我滅度後，後五百歲中，廣宣流布於閻浮提，無令斷絕，惡魔、魔民、諸天龍、夜叉、鳩槃荼等，得其便也。宿王華！汝當以神通之力，守護是經。所以者何？此經則爲閻浮提人，病之良藥，若人有病，得聞是經，病卽消滅，不老不死。宿王華！汝若見有受持是經者，應以青蓮華，盛滿末香，供散其上，散已作是念言：此人不久，必當取草坐於道場，破諸魔軍，當吹法螺，擊大法鼓，度脫一切衆生，老病死海。是故，求佛道者，見有受持是經典人，應當如是生恭敬心。

【註解】丙四、付囑流布。「閻浮提人……不老不死」——閻浮提人，有癡愛等病，爲老死之緣；此經說佛智慧，能除癡愛，故名「良藥」；癡愛病除，則老死亦無；故曰「若聞是經，病卽消滅，不老不死」。

「必當取草……破諸魔軍」——佛將成道時，取吉祥童子所奉軟草爲座，坐菩提道場，故曰「必當取草，坐於道場」。佛成道時，魔王震驚，率魔軍來戰，佛力破之，故曰「破諸魔軍」。

【語譯】以是之故，宿王華！我以此藥王菩薩本事品，付囑於你，在我滅度後的後五百歲中，要廣事宣傳，使此品流布於閻浮提，無令斷絕，致使妨害正法的魔王、魔民，及諸天、龍、夜叉、鳩槃茶等，得伺其便。

宿王華！你應當以神通力，來守護此經；因爲此經是閻浮提人，治病的良藥；倘若有人得病，一聞此經，那病就立卽消滅，不老不死了。

宿王華！你如果見到有人受持此經，應以青蓮華，盛滿末香，散播在他的上面，以爲供養。散畢，再作此念道：「此持經人，他不久必當取草爲座，坐菩提道場，破諸魔軍，吹大法螺、擊大法鼓，度一切衆生，出離了老病死的苦海。因此之故，凡是求佛道者，見有受持此經典的人，就應當如此的生起恭敬之心。」

說是藥王菩薩本事品時，八萬四千菩薩，得解一切衆生語言陀羅尼。

的一切衆生語言的陀羅尼——三昧。

【註解】第三段說品利益。如文易解。

【語譯】如來說此藥王菩薩本事品時，會中有八萬四千菩薩，得到了解一切衆生語言的陀羅尼——三昧。

多寶如來，於寶塔中，讚宿王華菩薩言：善哉！善哉！宿王華！汝成就不可思議功德，乃能問釋迦牟尼佛如此之事，利益無量一切衆生。

【註解】第四段多寶稱歎。如文易解。

【語譯】多寶如來，在寶塔裏，讚歎宿王華菩薩道：「善哉！善哉！宿王華，你成就了不可思議功德，才能向釋迦牟尼佛，問起這藥王菩薩的難行苦行之事，利益於無量得聞此品的一切衆生。

——藥王菩薩本事品竟——

妙音菩薩品第二十四

此菩薩得解一切衆生語言三昧，智辯無礙，故名「妙音」。本品明此菩薩現一切色身，隨類應化，弘宣法華，故名「妙音菩薩品」。

爾時，釋迦牟尼佛，放大人相肉髻光明，及放眉間白毫相光，徧照東方百八萬億那由他恒河沙等諸佛世界。過是數已，有世界名淨光莊嚴，其國有佛，號淨華宿王智、如來、應供、正

徧知、明行足、善逝、世間解、無上士、調御丈夫、天人師、佛世尊。爲無量無邊菩薩大衆，恭敬圍繞，而爲說法。釋迦牟尼佛，白毫光明，徧照其國。

【註解】本品開爲六章。第一章放光東照分二：今初徧照佛土。

「放大人相肉髻光明」——大人相，即三十二大人相的簡稱。佛頂上有一肉團，其狀如髻，故名「肉髻」，即三十二相之一。開會之初，但放眉間白毫相光，以表中道；今兼放肉髻光明，並表一乘妙理，至高無上，超越空有。

「淨華宿王智」——此佛的行因，如淨蓮華；智果如星宿之王，故名。

【語譯】爾時，釋迦牟尼佛，從大人相的頂上肉髻，及眉間白毫裏放出光明，徧照東方百八萬億那由他恒河沙數的諸佛世界。過了這無數佛土，有一世界，名叫淨光莊嚴。其土有佛，別號：「淨華宿王智」；通號：「如來、應供、正徧知、明行足、善逝、世間解、無上士、調御丈夫、天人師、佛世尊」；正在爲恭敬圍繞著佛的無量無邊菩薩大衆說法。釋迦牟尼佛的白毫光明，徧照那淨華宿王智佛的國土。

爾時，一切淨光莊嚴國中，有一菩薩，名曰妙音，久已植衆德本，供養親近無量百千萬億諸佛，而悉成就甚深智慧，得妙幢相三昧、法華三昧、淨德三昧、宿王戲三昧、無緣三昧、智印三昧、解一切衆生語言三昧、集一切功德三昧、清淨三昧、神通遊戲三昧、慧炬三昧、莊

嚴王三昧、淨光明三昧、淨藏三昧、不共三昧、日旋三昧，得如是等百千萬億恒河沙等，諸大三昧，釋迦牟尼佛，光照其身。

【註解】二照妙音身。文中有十六種心與法合，離於邪亂的三昧正定，玆依次畧釋如下：

1妙法高顯，好像大將所建的幢旗，能威伏一切；故入此三昧，名「妙幢相」。
2三諦圓融之法，能證實相，如華能結實；故入此三昧，名爲「法華」。
3涅槃性德，究竟離垢；故入此三昧，名爲「淨德」。
4自在無礙，遊畢竟空，如星宿之王；故入此三昧，名「宿王戲」。
5雖隨緣應化，而不著所緣之境；故入此三昧，名爲「無緣」。
6一心三智，爲證入實相理境的印信；故入此三昧，名爲「智印」。
7解一切衆生語言三昧如前已釋。
8歷劫修行，萬德圓具的三昧，名「積一切功德」
9達法性空，遠離塵染的三昧，名爲「清淨」。
10以神通力，遊化世間的三昧，名「神通遊戲」。
11慧光如炬，能破暗冥的三昧，名爲「慧炬」。

12以佛的莊嚴，爲自莊嚴；此三昧，名「莊嚴王」。
13性淨光明的三昧，名「淨光明」。
14如來藏性含藏一切淨法的三昧，名爲「淨藏」
15如來大定，三乘無分，故名「不共」。
16圓定如日，徧照大千，周而復始，故名「日旋」。

【語譯】此時，一切淨光莊嚴國裏，有一位菩薩，名叫「妙音」，他久已在因地植衆德本，曾經供養親近無量百千萬億諸佛，在每一佛所，都成就了很深的智慧，得：妙幢相三昧、法華三昧、淨德三昧、宿王戲三昧、無緣三昧、智印三昧、解一切衆生語言三昧、集一切功德三昧、清淨三昧、神通遊戲三昧、慧炬三昧、莊嚴王三昧、淨光明三昧、淨藏三昧、不共三昧、日旋三昧，證得了如此百千萬億恒河沙等的諸大三昧。

釋迦牟尼佛所放的白毫相光，透過諸佛世界，直照著妙音菩薩之身。

卽白淨華宿王智佛言：世尊！我當往詣娑婆世界，禮拜親近供養釋迦牟尼佛，及見文殊師利法王子菩薩、藥王菩薩、勇施菩薩、宿王華菩薩、上行意菩薩、莊嚴王菩薩、藥上菩薩。

【註解】第二章妙音西來。分二：甲初叙西來意•分六：今乙初諳佛欲來。如文易解

【語譯】妙音菩薩旣蒙光召，卽稟白其師——淨華宿王智佛，道：「世尊！我應當到娑

婆世界，去禮拜、親近、供養釋迦牟尼佛及會見文殊師利法王子菩薩、藥王菩薩、勇施菩薩、宿王華菩薩、上行意菩薩、莊嚴王菩薩、藥上菩薩。」

爾時，淨華宿王智佛告妙音菩薩：汝莫輕彼國，生下劣想。善男子！彼娑婆世界，高下不平，土石諸山，穢惡充滿；佛身卑小，諸菩薩衆，其形亦小；而汝身四萬二千由旬，我身六百八十萬由旬，汝身第一端正，百千萬福，光明殊妙。是故汝往，莫輕彼國，若佛菩薩及國土，生下劣想。

【註解】乙二承佛誡許。問：依正二報的淨穢、長短，皆衆生的業因所感，佛菩薩隨類現身，本無勝劣。妙音菩薩豈不達此，而猶勞本師誡其勿生下劣想嗎？答：這不過是寄此以規誡不達者耳。

【語譯】這時，淨華宿王智佛，告妙音菩薩道：「你到娑婆世界，不要輕看彼國，生下劣想。善男子啊！彼娑婆世界的國土，高低不平，充滿了土石山丘，雜穢惡濁；佛身矮小，諸菩薩的身形更小；而你的身形，却有四萬二千由旬之高，我身更高到六百八十萬由旬；你的身相第一端正，爲百千萬福所莊嚴，清淨光明，殊勝妙絕。因此，你去到娑婆世界，不要輕慢彼國，對佛菩薩的矮小，國土的穢惡，而生起了下劣之想。」

妙音菩薩白其佛言：世尊！我今詣娑婆世界，皆是如來之力、如來神通遊戲、如來功德智慧

莊嚴。於是妙音菩薩不起於座，身不動搖而入三昧，以三昧力，於耆闍崛山，去法座不遠，化作八萬四千衆寶蓮華，閻浮檀金爲莖、白銀爲葉、金剛爲鬚、甄叔迦寶，以爲其臺。

【註解】乙三妙音受旨現瑞。妙音欲來，供養先至，化八萬四千衆寶蓮華，表一乘法華，含攝八萬四千法門。莖、葉、鬚、臺，依次表敎，理、行、果。「甄叔迦寶」，譯爲赤色寶。因此寶與甄叔迦花，同爲赤色，故藉花名寶。

【語譯】妙音菩薩，向彼佛表白他謹奉誡命說道：「世尊！我今往娑婆世界，完全是以如來的慈力、如來的神通遊戲、如來的功德智慧，而爲莊嚴；決不會輕慢彼國，生起下劣之想。」

於是，那妙音菩薩，就在座位上，身心不動的入於三昧，以此三昧定力，於耆闍崛山，離釋迦牟尼佛的法座不遠之處，化作八萬四千衆寶蓮華，而以閻浮檀金爲蓮莖、白銀爲蓮葉、金剛爲蓮鬚、甄叔迦寶作爲蓮臺。

爾時，文殊師利法王子，見是蓮華而白佛言：世尊！是何因緣先現此瑞，有若干千萬蓮華，閻浮檀金爲莖、白銀爲葉、金剛爲鬚、甄叔迦寶以爲其臺。爾時，釋迦牟尼佛告文殊師利：是妙音菩薩摩訶薩，欲從淨華宿王智佛國，與八萬四千菩薩圍繞而來，至此娑婆世界，供養親近禮拜於我，亦欲供養聽法華經。

【註解】乙四辨釋現瑞因緣。如文易解。

【語譯】此時，文殊師利法王子，見此蓮華，乃請問於佛，他說：「世尊！這是什麼因緣所現的瑞相——若干千萬蓮華，而以閻浮檀金爲莖、白銀爲葉、金剛爲鬚、甄叔迦寶，作爲蓮臺呢？」

此時，釋迦牟尼佛告文殊師利道：「這是妙音菩薩摩訶薩，欲從那淨華宿王智佛的國土，偕同八萬四千菩薩，到此娑婆世界，來供養、親近、禮拜我釋迦牟尼，亦擬供養聽法華經者，及所聽的法華經典。」

文殊師利白佛言：世尊是菩薩種何善本？修何功德？而能有是大神通力？行何三昧？願爲我等說是三昧名字，我等亦欲勤修行之，行此三昧，乃能見是菩薩色相大小，威儀進止。惟願世尊以神通力，彼菩薩來，令我得見。爾時，釋迦牟尼佛告文殊師利：此久滅度多寶如來，當爲汝等而現其相。

【註解】乙五問德請見。文殊三問一請，佛但酬其所請，推功多寶；而未答所問。迨後華德菩薩重提此問時，方爲酬答。

【語譯】文殊師利再向佛請問，他說：「世尊！這妙音菩薩，他宿世種何善本？修何功德？而能有這樣大的神通力呢？他又行何三昧？願說給我們這三昧的名稱，我們也想勤修此行，惟有行此三昧，才能見到這妙音菩薩的色身大小、行住威儀哩。唯願世尊，以神通力，迨彼菩薩到來，使我們能夠和他相見。」

此時，釋迦牟尼佛告文殊師利道：「這久已滅度的多寶如來，將為你們，使那妙音菩薩，現其色相。」

時多寶佛告彼菩薩：善男子！來！文殊師利法王子，欲見汝身。

【註解】乙六多寶介見。如文易解。

【語譯】這時，多寶佛，遠隔塵刹，告妙音菩薩道：「善男子！來啊，文殊師利法王子，想同你覿面相見。」

於時，妙音菩薩於彼國沒，與八萬四千菩薩，俱共發來，所經諸國，六種震動，皆悉雨於七寶蓮華，百千天樂，不鼓自鳴。是菩薩，目如廣大青蓮華葉，正使和合百千萬月，其面貌端正，復過於此。身眞金色，無量百千功德莊嚴，威德熾盛，光明照曜，諸相具足，如那羅延堅固之身。入七寶臺，上升虛空，去地七多羅樹，諸菩薩衆，恭敬圍繞，而來詣此娑婆世界耆闍崛山。

【註解】甲二正辨西來。分三：今乙初辨明來相。

【目如青蓮華葉】——肇師說：「天竺有青蓮華，其葉廣大，青白分明，有眼目之相。」

「那羅延」——什師云：「天力士，名那羅延，端正猛健」涅槃經疏云：「那羅延，此翻金剛」。

【語譯】在這個時候，妙音菩薩，於彼淨光莊嚴國，暫告隱沒，偕同八萬四千菩薩，出發來此。沿途所經過的諸佛國土，都感得六種震動，並雨下七寶蓮華，及百千種天樂，不鼓自鳴。

此菩薩的眼目，好像廣大的青蓮華葉一樣。縱使和合了光華明媚，玉潤珠圓的百千萬月，而菩薩的面貌端正，更超過於此。身眞金色，爲無量百千功德所莊嚴，威德熾盛，光明照曜，諸相具足，猶如那羅延身一樣的堅固。

乘著七寶蓮臺，上升虛空，離地高約七多羅樹，在諸菩薩的恭敬圍繞中，來到這娑婆世界的耆闍崛山。

到已，下七寶臺，以價直百千瓔珞，持至釋迦牟尼佛所，頭面禮足，奉上瓔珞而白佛言：世尊！淨華宿王智佛，問訊世尊，少病少惱，起居輕利，安樂行不？四大調和不？世事可忍不？衆生易度不？無多貪欲、瞋恚、愚癡、嫉妬、慳、慢不？無不孝父母、不敬沙門邪見不？善心不？攝五情不？世尊！衆生能降伏諸魔怨不？久滅度多寶如來，在七寶塔中，來聽法不？

又問訊多寶如來，安隱少惱，堪忍久住不？世尊！我今欲見多寶佛身，唯願世尊示我令見。

【註解】乙二御命問訊，求見多寶。諸佛隨順俗儀，亦常有少病、少惱等的問訊，並非智、斷具足的佛，尚有病惱。

眼等五根，對境能生情識，從其所生，名爲「五情」。故智度論云：「眼等五情，名爲內身。」

【語譯】妙音旣至，便下七寶臺，手持價直百千金的瓔珞，到釋迦牟尼佛處，頭面禮足，奉上瓔珞，稟白他的來意，說：「世尊！淨華宿王智佛，敎我來問訊世尊：少病、少惱、起居輕便、安樂行履不？四大色身調和不？世事尚可忍耐不？衆生之類：容易度脫不？沒有太多的貪欲、瞋恚、愚癡、嫉妒、慳、慢不？沒有不孝父母、不敬沙門的邪見不？有修道的善心不？能收攝五情，不使攀緣塵境不？世尊！衆生能降伏五陰等的諸魔怨敵不？久已滅度的多寶如來，在七寶塔中，前來聽法不？又問訊多寶如來，安隱少惱，尚堪忍耐久住於此不？

世尊！我今天想見多寶佛身，但願世尊，以佛力顯示，令我得見。」

爾時，釋迦牟尼佛，語多寶佛：是妙音菩薩，欲得相見。時，多寶佛告妙音言：善哉！善哉！汝能爲供養釋迦牟尼佛，及聽法華經，幷見文殊師利等，故來至此。

【註解】乙三世尊為介，多寶稱歎。問：妙音來意，原為供養釋迦牟尼佛，及見文殊師利；而文殊師利，亦請得見妙音；妙音既至，又請見多寶；何以文中不見有妙音見文殊，及多寶見妙音之處？

答：妙音既至靈山，那有不見會衆之理？何況諸佛菩薩，具大神力，縱使妙音不來，隔離絕域，亦得相見。不過文畧而義隱罷了。

【語譯】此時，釋迦牟尼佛，對多寶佛道：「此妙音菩薩，意欲同您相見。」這時，多寶佛既見妙音，便稱讚他道：「善哉！你能為供養釋迦牟尼佛，及聽講法華，並會見文殊師利等，而來此娑婆世界。」

爾時，華德菩薩白佛言：世尊！是妙音菩薩，種何善根，修何功德，有是神力？

【註解】第三章妙音弘經。分二：甲初辨妙音神力，又二：今乙初華德請問。前文殊所請三問，佛未即答，故今華德又重請問。

【語譯】此時，華德菩薩問佛：「世尊！這妙音菩薩，他宿世種何善根？修何功德？而有此大神通力呢？」

佛告華德菩薩：過去有佛，名雲雷音王、多陀阿伽度、阿羅訶、三藐三佛陀。國名現一切世間，劫名喜見。妙音菩薩於萬二千歲，以十萬種伎樂，供養雲雷音王佛，并奉上八萬四千七

寶鉢，以是因緣果報，今生淨華宿王智佛國，有是神力。華德！於汝意云何？爾時雲雷音王佛所妙音菩薩，伎樂供養，奉上寶器者，豈異人乎？今此妙音菩薩摩訶薩是。華德！是妙音菩薩，已曾供養親近無量諸佛，久植德本，又值恒河沙等百千萬億那由他佛。

【註解】乙二如來垂答。分二：今丙初正答善根、功德。「佛名雲雷音王」——佛智如雲，能雨法雨；法音如雷，驚覺羣萌；於法自在，喻之如王；故名雲雷音王。

「七寶鉢」——佛制乞食，所用盛飯的鉢盂，大小有一定容量，故亦名「應量器」。此鉢，質非瓦鐵，乃七寶所成，故名七寶鉢。

【語譯】佛告訴華德菩薩道：往昔有佛出世，名爲：雲雷音王，及如來、應供、正徧知等十號具足；國名「現一切世間」；劫名「喜見」。

妙音菩薩，在一萬二千年中，曾以十萬種伎樂，供養雲雷音王佛，並奉獻八萬四千個七寶鉢盂；以此因緣果報，得於今世生淨華宿王智佛的國土，有此神力。

華德！你的意思怎麼樣？那時在雲雷音王佛所的妙音菩薩，以伎樂供養，並奉獻寶鉢應量器者，豈是別人？就是現在這妙音菩薩摩訶薩啊。

華德！這妙音菩薩，先已供養親近過無量諸佛，久植德本；嗣又值遇恒河沙等百千萬億那由他佛。

華德！汝但見妙音菩薩，其身在此，而是菩薩現種種身，處處為諸衆生，說是經典。

【註解】丙二廣辨神力。分三：今丁初總標神力。如文易解。

【語譯】華德！你但見妙音菩薩，他身在靈鷲；而此菩薩却變現種種身形，處處為一切衆生，說此法華經典。

或現梵王身；或現帝釋身；或現自在天身；或現大自在天身；或現天大將軍身；或現毘沙門天王身。

【註解】丁二別釋神力。分二：戊初現凡夫身。分六：今己初應現天身。「天大將軍」——卽那羅延等的天上力士。「毘沙門天王」——卽四天王天中的北方多聞天王。餘如前序品已釋。

【語譯】怎樣變現種種身形？或於色界初禪諸天，現梵天王身；或於欲界地居諸天，現帝釋身；或現欲界第五的自在天身；或現欲界第六的大自在天身；或現天大將軍身；或現毘沙門天王身，來說此經典。

或現轉輪聖王身；或現諸小王身；或現長者身；或現居士身；或現宰官身；或現婆羅門身；或現比丘、比丘尼、優婆塞、優婆夷身；或現長者、居士婦女身；或現宰官婦女身；或現婆羅門婦女身；或現童男童女身。

【註解】己二應現人身。如前已解。

【語譯】或現身爲轉輪聖王；或現身爲粟散小王；或現身爲年高德劭的長者；或現身爲在家修道的居士；或現身爲輔弼朝政，剖斷邦邑的宰官；或現身爲事梵的婆羅門；或現身爲比丘、比丘尼、優婆塞、優婆夷；或現身爲長者、居士、宰官、婆羅門等的婦女；或現身爲矢志不娶、終身不嫁的童男、童女，來說此經典。

或現天、龍、夜叉、乾闥婆、阿修羅、迦樓羅、緊那羅、摩睺羅伽，人非人等身，而說是經。

【註解】己三應現八部。如前已解。

【語譯】或現身爲：天、龍、夜叉、乾闥婆、阿修羅、迦樓羅、緊那羅、摩睺羅伽，這人非人等，來說此經典。

諸有地獄、餓鬼、畜生、及衆難處，皆能救濟。

【註解】己四應現惡趣。三途八難，不得聞經，故但言救濟。

【語譯】於三界諸有：地獄、餓鬼、畜生，及盲、聾、瘖啞等的障難之處；都能以神力，予以拔濟。

乃至於王後宮，變爲女身，而說是經。

【註解】己五應現宮女。如文易解。

【語譯】乃至於國王的後宮禁地，也以神力變爲女身，來說此經典。

華德！是妙音菩薩，能救護娑婆世界諸衆生者。是妙音菩薩，如是種種變化現身，在此娑婆國土，爲諸衆生說是經典，於神通變化智慧，無所損減。是菩薩，以若干智慧，明照娑婆世界，令一切衆生，各得所知；於十方恒河沙世界中，亦復如是。

【註解】己六總結稱歎。妙用無方，現身說法的神通智慧，起於不增不減的眞如法性，所以他無所損減。

【語譯】華德！這妙音菩薩，他是能夠救護娑婆世界的一切衆生者。這妙音菩薩，他雖以如是種種變化現身，在這娑婆國土，爲諸衆生說此經典；而於其神通變化的智慧，却無所損減。

此菩薩，他不但以若干因緣、譬喻等的智慧光明，洞照娑婆世界，使一切衆生，各隨其根性的差別，而得開解；而且在十方恒河沙數的世界中，也是如此。

若應以聲聞形得度者，現聲聞形而爲說法。應以辟支佛形得度者，現辟支佛形而爲說法。應以菩薩形得度者，現菩薩形而爲說法。應以佛形得度者，卽現佛形而爲說法。如是種種隨所應度者而爲現形，乃至應以滅度而得度者，示現滅度。

【註解】戊二現聖人身。如文易解

【語譯】設若有人應以聲聞身形得度者；那就示現聲聞身形，爲他說法。設若有人應以辟支佛身得度者；就示現辟支佛身，爲他說法。設若有人應以菩薩身得度者；就示現菩薩身，而爲說法。設若有人應以佛身得度者；那就示現佛的身形，爲他說法了。

這樣隨所應度，而爲之示現種種身形；乃至有人應以滅度而得度者，就爲他示現滅度，而入於涅槃。

華德！妙音菩薩摩訶薩，成就大神通智慧之力，其事如是。

【註解】丁三總結神力。如文易解。

【語譯】華德！妙音菩薩摩訶薩，其所成就的大神通智慧之力，事實是如此。

爾時，華德菩薩白佛言：世尊！是妙音菩薩，深種善根。世尊，是菩薩住何三昧？而能如是在所變現，度脫衆生？佛告華德菩薩：善男子！其三昧，名現一切色身，妙音菩薩住是三昧中，能如是饒益無量衆生。

【註解】甲二辨妙音三昧。如文易解。

【語譯】此時，華德菩薩向佛請示的說：「世尊！此妙音菩薩，深種善根之事，已承佛開示，具如上聞。世尊！但不知此妙音菩薩，安住於何等三昧，而能如是隨在所應，變現種種身形，度脫一切衆生呢？」

佛告訴華德菩薩道：「善男子！其三昧的名稱，叫做：「現一切色身」，妙音菩薩，安住在這三昧中，方能如此的現身說法，饒益無量衆生。」

說是妙音菩薩品時，與妙音菩薩俱來者，八萬四千人，皆得現一切色身三昧；此娑婆世界，無量菩薩，亦得是三昧及陀羅尼。

【註解】第四章說品利益。兩土菩薩，但聞此品，卽得三昧及陀羅尼，何況聞此全經。

【語譯】佛說此妙音菩薩品時，與妙音菩薩同時俱來的八萬四千人，都得到了現一切色身三昧。原住在這娑婆世界的無量菩薩，也得此三昧，及發自三昧的陀羅尼——總持。

爾時，妙音菩薩摩訶薩，供養釋迦牟尼佛，及多寶佛塔已，還歸本土，所經諸國，六種震動，雨寶蓮華，作百千萬億種種伎樂。旣到本國，與八萬四千菩薩，圍繞至淨華宿王智佛所，白佛言：世尊！我到娑婆世界，饒益衆生，見釋迦牟尼佛，及見多寶佛塔，禮拜供養；又見文殊師利法王子菩薩，及見藥王菩薩、得勤精進力菩薩、勇施菩薩等；亦令是八萬四千菩薩，得現一切色身三昧。

【註解】第五章還歸本土。問：妙音來時，曾代表淨華宿王智佛，問訊釋迦；妙音去時，釋迦牟尼佛，何竟無一語寒暄，報答智佛？答：此爲娑婆，故須問訊；彼爲淨土，無須寒喧也。

【語譯】此時，妙音菩薩摩訶薩，供養釋迦牟尼佛，及多寶佛塔已罷，就還歸其本土去了。沿途所經過的國土，歡迎的儀節，和他來時一樣的隆重，也是六種震動、雨七寶蓮華、演奏百千萬億的種種伎樂。

既到本國，便率同八萬四千菩薩至淨華宿王智佛的所在，向佛報告經過，他說：「世尊！我此番到娑婆世界，去饒益衆生，得見釋迦牟尼佛，及多寶佛塔，禮拜供養；又見到文殊師利法王子菩薩、藥王菩薩、得勤精進力菩薩、勇施菩薩等。也使這八萬四千菩薩，證得了一切色身三昧。」

說是妙音菩薩來往品時，四萬二千天子，得無生法忍；華德菩薩，得法華三昧。

【註解】第六章明來往利益。觀菩薩來往，不著有來往之相，雖來而實無所來，雖去而實無所去。由是悟一切法本來無生之理，得「無生法忍」；悟三一開會，非三、非一之理，得「法華三昧」。

【語譯】佛說此妙音菩薩，於淨光莊嚴，及娑婆世界之間的來往品時，會中有四萬二千天子，得無生法忍；華德菩薩，證得了法華三昧。

——妙音菩薩品竟——

觀世音菩薩普門品第二十五

「觀世音」三字，是菩薩的名號。此菩薩，以一心三觀，爲能觀之智；以世人持菩薩名號的音聲，爲所觀之境；境智並稱，名「觀世音」。周徧法界爲「普」；通達無礙爲「門」。本品說觀世音菩薩，普於法界尋聲救難，無所滯礙，故以「觀世音菩薩普門」題此品名。

爾時，無盡意菩薩，即從座起，偏袒右肩，合掌向佛而作是言：世尊！觀世音菩薩，以何因緣，名觀世音？

【註解】本品開爲二章：第一章辨解名德，分長行、偈頌之二。長行又三：甲初問答名號，又二：今乙初無盡興問。

「無盡意菩薩」——法華義疏云：「衆生無盡，大悲無窮，故名無盡意。」。又引大集經云：「其人是東方不眴世界，普賢如來的補處大士。」今爲對揚觀世音菩薩，普門圓應的威神之力，代表會衆向世尊請問。

【語譯】當佛說妙音菩薩品已竟之時，無盡意菩薩，即從座起，偏袒右肩，合掌向佛，先恭肅禮儀，然後請問：「世尊！凡屬名相，必有其建立的因緣，那觀世音菩薩，他以何因緣，名爲觀世音呢？」

佛告無盡意菩薩：善男子！若有無量百千萬億衆生，受諸苦惱，聞是觀世音菩薩，一心稱名，觀世音菩薩，卽時觀其音聲，皆得解脫。

【註解】乙二如來垂答。分三：今丙初總答。本文的前二句，明衆生機感，也是「世音」二字的釋義；後二句，明菩薩赴應，也是「觀」字的釋義。

「無量衆生受諸苦惱」——無量衆生，應包括九界在內。雖菩薩，尚有微細無明未斷，變易生死未了；何況六道衆生，約言也有三惑、八苦，細推則無數可計。故曰受諸苦惱。

「一心稱名」——以唯一信心，稱菩薩名，不爲雜念所間，叫做一心稱名。若但稱名而不一心，那就不能收感應之效，而解脫苦惱了。

問：菩薩大悲，普門示現，何必讓苦惱衆生稱其名號，才得解脫呢？答：如洛鐘無聲，銅崩響應。所以觀音菩薩在楞嚴會上作證時說：「由我不自觀音，以觀觀者，令十方苦惱衆生，觀其音聲，卽得解脫。」這意思是說，菩薩自己並不觀世間音聲，而是返觀內照，以觀觀者是誰？這樣聞熏聞修金剛三昧，才能發神通智慧，無作妙力，令十方苦惱衆生，一心稱名，觀其音聲，卽得解脫。

【語譯】佛告訴無盡意菩薩說：善男子！若有無量百千萬億衆生，在受諸苦惱時，以唯一信心稱念其素所聞知的觀世音菩薩名號；菩薩卽時觀其音聲，使他們都解脫苦惱。

若有持是觀世音菩薩名者；設入大火，火不能燒，由是菩薩威神力故。

【註解】丙二別答。分三：丁初免七難分二：戊初正免七難分七：今己初免大火難。菩薩威神之力，能令衆生入火不燒，是事難信，理亦難明。今略舉事、理二證如左：

1楞嚴經云：「知見旋復，令諸衆生，設入大火，火不能燒。」知見旋復，就是旋轉緣塵的知見，還復自性，便能使火塵缺緣息滅。菩薩卽以此自證的威神之力，加被持名衆生，得免火難。這是理證。

2應驗傳云：「祝長舒，晉元康年中，於洛陽住草屋，忽値隣家失火，延燒將及，卽稱念觀世音菩薩名號，四隣蕩然，其屋獨存。爾時，里中有人不信，乃私於風夜，以火炬擲其屋頂，三擲三滅，方信爲實。」這是事證。

【語譯】設若有人，持此觀世音菩薩名號者，縱使入於大火，也不會被火所燒；這是由於觀世音菩薩，以威神之力加被的緣故。

若爲大水所漂，稱其名號，卽得淺處。

【註解】己二免大水難。今釋此文，亦擧事、理二證如左：

1楞嚴經云：「觀聽旋復，令諸衆生，大水所漂，水不能溺。」就是：旋轉反觀緣塵的聽聞，還復照性，便能使水塵缺緣，化深爲淺。菩薩卽以此自證的神力，加被持名衆生，得免水難。這是理證。

2傳云：「唐岑文本，棘陽人，嘗誦普門品。一日往吳江，舟覆而溺；俄聞有人言：「能誦普門品者，應免水難。」如是者三，遂漂浮水面，至岸獲救。」這是事證。

【語譯】設若有人，爲大水所漂，一心稱念觀世音菩薩名號，即得淺灘，水不能溺。

若有百千萬億衆生，爲求金、銀、琉璃、硨磲、碼碯、珊瑚、琥珀、眞珠等寶，入於大海，假使黑風吹其船舫，飄墮羅刹鬼國，其中若有，乃至一人稱觀世音菩薩名者，是諸人等，皆得解脫羅刹之難。以是因緣，名觀世音。

【註解】己三免黑風難。文中雖有「羅刹鬼國」之句，然按三災次第，應判屬風難。另有羅刹鬼難，排在第五節目。今釋本文，亦舉事、理二證如左：

1楞嚴經云：「斷滅妄想，心無殺害，令諸衆生，入諸鬼國，鬼不能害。」第六意識的分別妄想，對內能殺害法身慧命；對外能爲殺害作引發因緣。菩薩反聞入流，使根塵不偶，自然妄想斷滅，心無殺害；即以此神力，加被持名衆生，得免黑風羅刹鬼難。這是理證。

2如傳記所載，師子國商人，持菩薩名，得免羅刹鬼國的險難之事，在今日「上窮碧落下黃泉」的科學時代，頗難令人置信。然而持菩薩聖號，逃離了比羅刹鬼國更兇險萬倍的大陸匪區，却大有人在，筆者親身所歷。這是事證。

【語譯】若有百千萬億衆生，成羣結隊，爲求：金、銀、琉璃、硨磲、碼碯、珊瑚、琥珀、眞珠等的無價珍寶，航行入海；忽然爲惡風所吹，把他們的船隻，漂入羅刹鬼國；其中有人，那怕是最少一人，稱念觀世音菩薩名號者，這一伙百千萬億的人等，都可以得到菩薩神力的加被，解脫了羅刹鬼的險難。

菩薩，就是以這觀世人音聲而救苦救難的因緣，名爲「觀世音」的啊。

若復有人，臨當被害，稱觀世音菩薩名者，彼所執刀杖，尋段段壞，而得解脫。

【註解】已四免刀杖難。上文雖已結答了菩薩得名的因緣；然菩薩的悲願弘深，尚須繼續稱揚。今釋此文，亦擧事、理二證如左：

1楞嚴經云：「熏聞成聞，六根銷復，聞於聲聽。能令衆生，臨當被害，刀段段壞，使其兵戈，猶如割水，亦如吹光，性無搖動。」就是，菩薩修金剛三昧，本覺內熏，把向外緣塵的妄聞，熏成了反聞照性的眞聞；一根旣返源，六根成解脫，都同緣聲的聽聞，一齊銷歸自性了。菩薩卽以此自證的神力，加被衆生，能使臨被害時，敵方所持的兵器，寸寸段段的損壞；縱不損壞，也如以刀割水，風吹日光一樣；而銷歸自性的根身，却不爲所動。這是理證。

2齊書記載：「孫敬德防守北陲，造觀音聖像，禮拜供奉。後爲賊所誣陷，判處死刑；

忽來一梵僧，教他誦普門品，臨刑刀折三段，而首領無傷，遂蒙奏免。」這是事證。

【語譯】若又有人，臨當被人殺害之時，一心稱念觀世音菩薩名號；則敵方所持的刀杖，卽段段損壞，而解脫了死難。

若三千大千國土，滿中夜叉羅刹，欲來惱人，聞其稱觀世音菩薩名者，是諸惡鬼，尙不能以惡眼視之，況復加害。

【註解】己五免惡鬼難。三千大千國土，滿中夜叉羅刹，雖是假設之事；然而今日世界，不正是充滿了詐騙欺誑、奸盜、邪淫、兇殺的鬼世界嗎？至於批孔揚秦，滅絕人倫的共匪世界，那就更甭說了。可是，只要你稱念觀世音菩薩聖號，不管他是鬼人，還是人鬼，連睜眼看你都不能，何況加害？這是什麼理由呢？玆擧經以明之如下：

楞嚴經云：「聞熏精明，明徧法界，則諸幽暗，性不能全，能令衆生，藥叉、羅刹、鳩槃茶鬼，及毘舍遮、富單那等，雖近其旁，目不能視。」義謂：反聞熏修，還復本覺自性的眞精圓明，徧照法界，則一切性屬幽暗的鬼物，自身便不能保全。所以能令衆生，仗菩薩這神力的加被，使那藥叉、羅刹鬼等，雖近其旁，目不能視。

【語譯】假使充滿三千大千國土中的夜叉、羅刹，想來惱擾害人，聞聽其人稱念觀世音菩薩名號，這些惡鬼，尙不能睜開他們的鬼眼看人，何況加害。

設復有人、若有罪、若無罪，杻械枷鎖，檢繫其身，稱觀世音菩薩名者，皆悉斷壞，即得解脫。

【註解】己六免枷鎖難。被杻、械、枷、鎖各種刑具所禁制的人，何以稱菩薩名號，就能使刑具斷壞而得解脫呢？今釋此義，亦舉事、理二證如左：

1楞嚴經云：「音性圓銷，觀聽返入，離諸塵妄，能令衆生，禁繫枷鎖，所不能著。」義謂：菩薩對音聲的動、靜二性，都熏修圓滿，完全銷亡，觀照向外流逸的聽聞，亦返流而入；這不但離了聲塵的妄緣，即色等諸塵亦隨之而離。所以能令衆生，被禁繫的枷鎖塵妄，不能爲害。這是理證。

2據法苑珠林記載：「晉時，有一名竇傳者，永和七年，爲高昌步卒呂護所俘，將被刑戮，適有一方外朋友僧道山在護營中，乘便敎他默念觀世音菩薩聖號，至三晝夜，枷鎖忽然自解，傳復敎同囚亦念，枷鎖亦解，遂共遁去。」這是事證。

問：先王制法，旨在除暴安良；菩薩但救無辜則可，若並救有罪，豈非縱惡壞紀？答：菩薩大悲平等，遇難即救，若先以情識來分別有罪無罪，然後再決定救與不救，則是愛之欲其生，惡之欲其死了。怎能名爲菩薩？又、世間法案，原有特赦、假釋、緩刑等法外施仁的條款，怎能說是縱惡壞紀？不過有罪持名，應隨念懺悔。若把菩薩當作犯罪的庇護者，而怙惡不悛，那就沒有靈驗了。

【語譯】若更有人，不管是罪有應得，抑或無辜，被杻械枷鎖，繫身囹圄；能一心稱念觀世音菩薩名者，那枷鎖刑具，就頓時斷壞，而得解脫了。

若三千大千國土，滿中怨賊，有一商主將諸商人，齎持重寶，經過險路，其中一人，作是唱言：「諸善男子！勿得恐怖，汝等應當一心稱觀世音菩薩名號，是菩薩能以無畏施於衆生。汝等若稱名者，於此怨賊，當得解脫。」衆商人聞，俱發聲言：「南無觀世音菩薩」稱其名故，卽得解脫。

【註解】己七免怨賊難。怨賊，是心懷怨毒，劫財奪命的盜賊。齎，音咨，持物與人之謂。齎持重寶的商人，何以稱菩薩名號，就能解脫賊難呢？今釋此義，亦舉事、理二證如左：

1楞嚴經云：「滅音圓聞，徧生慈力，能令衆生，經過險路，賊不能劫。」義謂：菩薩修入流亡所，滅離了緣外的聲塵，圓證反聞的根性，根圓塵滅，悉歸一心，故能稱性，徧生大慈；以此慈力加被衆生，賊不能劫。這是理證。

2傳云：「晉朝隆安年間，僧慧達往北隴採藥，爲羌賊所執，禁閉柵中。達卽稱菩薩聖號，忽有一虎呼嘯而來，驚散羌賊，咬破欄柵，達遂脫逃。」這是事證。

【語譯】若有三千大千國土裏，滿是劫奪財命的怨賊，有一商界的主腦人物，率領着一幫商人，帶着大批貴重的寶物，經過一段可能有怨賊潛伏的危險道路，誰不提心吊胆！這時其中忽有一人，高聲唱道：「諸位！都不要害怕，你們應當一心稱念觀世音菩薩名號；此菩薩，他能以無畏施於衆生，你們若稱念其名，便得解脫這怨賊之難，平安無事。」這幫商人，聞聽此言，便齊聲念道：「南無觀世音菩薩」。的確，爲稱菩薩名故，即得解脫，平平安安的度過這段險路了。

無盡意！觀世音菩薩摩訶薩，威神之力，巍巍如是。

【註解】戊二總結神力。巍巍，是高大顯赫的意思。

【語譯】無盡意啊！觀世音菩薩摩訶薩，他那巍巍然的威神之力，大概如此。

若有衆生，多於婬欲，常念恭敬觀世音菩薩，便得離欲。

【註解】丁二離三毒。分二：戊初正明離毒，分三：今已初離貪欲毒。

貪、瞋、癡三，能毒害法身慧命，故名「三毒」，尤以多貪婬欲，爲三毒之最。他不但是有情的生死根本；而且也是一切惡業的上首。所以圓覺經云：「一切衆生，皆以婬欲而正性命。」古諺亦云：「萬惡婬爲首」。因此，不但行人要以離欲爲了生脫死的先決條件；就是世之高賢，也常清心寡欲，澹泊明志。

何以常念觀世音菩薩，便得離欲？楞嚴經云：「熏聞離塵，色所不劫，能令一切多婬衆生，遠離貪欲。」就是說：菩薩熏修反聞照性之功，遠離一切塵染，不但聲塵，即色塵亦不能劫奪家寶。以此神力，能令多婬衆生，常念菩薩聖號，便得離欲。

【語譯】若有衆生，於婬欲之事，多所貪著，宿習難改；常至心恭敬稱念觀世音菩薩，那自然仗菩薩神力的加被，就遠離婬欲了。

若多瞋恚，常念恭敬觀世音菩薩，便得離瞋。

【註解】己二離瞋恚毒。瞋恚，就是忿恨。經云：「一念瞋心起，障百法明門。」何況多瞋，其毒豈不更烈？所以行人非離瞋不可。

何以常念觀世音菩薩，便得離瞋？楞嚴經云：「純音無塵，根境圓融，無對所對，能令一切忿恨衆生，離諸瞋恚。」就是說：菩薩修反聞聞自性，只有歸性的純一圓音，而無塵相，則根、境雙泯，無能對與所對，那還會有引起瞋恚的拂逆之境？故能以此加被衆生，使之離瞋。

【語譯】若有衆生，性情暴戾，多諸瞋恚；常至心恭敬稱念觀世音菩薩，那自然仗菩薩神力的加被，就遠離瞋恚了。

若多愚癡，常念恭敬觀世音菩薩，便得離癡。

【註解】己三離愚癡毒。愚癡，就是心性闇昧，沒有通達事理的智慧，諸如：徧計所執、撥無因果、誹謗大乘等皆是。一切過惡，都起因於此，所以要離。

何以常念觀世音菩薩，便得離癡？楞嚴經云：「銷塵旋明，法界身心，猶如琉璃，朗徹無礙，能令一切昏鈍性障，諸阿顛迦，永離癡暗。」就是說：菩薩銷除所緣的妄塵，回復到自性的本覺妙明，外而法界，內而身心，都好像琉璃似的，朗然洞徹，無所障礙。以此神力，能令昏鈍性的闇障、無善心的阿顛迦，這一切衆生，都永遠的離了癡暗。

【語譯】若有衆生，昏迷暗鈍，多諸愚癡；常至心恭敬稱念觀世音菩薩，那自然仗菩薩神力的加被，就遠離愚癡了。

無盡意！觀世音菩薩有如是等大威神力，多所饒益。是故衆生，常應心念。

【註解】戊二總結神力。如文易解。

【語譯】無盡意啊！你瞧觀世音菩薩，他有這末大的威神之力，饒益多多。因此之故，願離三毒的衆生，都應當不斷的一心稱念——南無觀世音菩薩。

若有女人，設欲求男，禮拜供養觀世音菩薩，便生福德智慧之男。

【註解】丁三應二求。分二：戊初正明應求。又二：今己初求男得男。

「不孝有三，無後爲大」不但是儒家推崇人倫的極致，而傳宗接代，也是物情之常。然往往爲醫療所不及的生理病態，雖結褵多年，却不一定能生下個理想的麟兒。那就只有禮拜供養觀世音菩薩，求其以神力加被了。

菩薩何以有此神力？楞嚴經云：「融形復聞，不動道場，涉入世間，不壞世界，能徧十方供養微塵諸佛如來，各各佛邊，爲法王子；能令法界無子衆生，欲求男者，誕生福德智慧之男。」就是說：菩薩銷融五蘊假合的幻形，反聞歸性，於不動道場的實智理體，起涉入世間，不壞世界的權智妙用：能徧十方供養微塵諸佛而修福；於各各佛邊，禀受佛法而修慧；荷擔如來家業而爲法王之子。因此，能令法界無子衆生，如其所願的誕生個福德、智慧兼備的男子。

古禮，女人無子，爲七出之一，故文中偏說女人求子；並不是男人沒有求子的願望。

【語譯】若有女人，假使想求一男孩來傳宗接代，只要禮拜供養觀世音菩薩，便能如願以償，使你誕生個福德智慧的寧香兒。

設欲求女，便生端正有相之女，宿植德本，衆人愛敬。

【註解】已二求女得女。求男固可以接續後嗣，求女也未嘗不可以承歡膝下，何況時代進步，男女平等，女子一樣有繼承權呢。那末，求男要仗菩薩的神力加被，求女當然也要仗菩薩的神力加被了。

菩薩何以有此神力？楞嚴經云：「六根圓通，明照無二，含十方界，立大圓鏡空如來藏，承順十方微塵如來秘密法門，受領無失；能令法界無子衆生，欲求女者，誕生端正、福德、柔順，衆人愛敬，有相之女。」就是說：菩薩證六根互用，圓通無礙，明照無二，含容十方世界，建立如大圓鏡似的空如來藏，承順十方微塵如來的秘密法門，領受無失。因此，能令法界無子衆生，欲求女者，誕生有端正、福德、柔順之相，而爲衆人所愛敬的女兒。

【語譯】若欲求女，便生儀容端正，相好嚴身，宿世曾植德本，而爲衆人所愛敬的女兒。

無盡意！觀世音菩薩，有如是力。

【註解】戊二總結神力。如文易解。

【語譯】無盡意！觀世音菩薩，他有這樣有求必應的威神之力。

若有衆生，恭敬禮拜觀世音菩薩，福不唐捐。是故衆生皆應受持觀世音菩薩名號。無盡意！若有人受持六十二億恒河沙菩薩名字，復盡形供養：飲食、衣服、臥具、醫藥，於汝意云何？是善男子、善女人，功德多不？無盡意言：甚多世尊。佛言：若復有人，受持觀世音菩薩名號，乃至一時禮拜供養，是二人福，正等無異，於百千萬億劫，不可窮盡。無盡意！受持觀世音菩薩名號，得如是無量無邊福德之利。

【註解】丙三勸持。既說恭敬禮拜，福不唐捐；又說皆應受持名號。可知沒有不恭敬的持名；也沒有不持名的恭敬；恭敬、持名二者實不可分。

問：何以受持恒沙菩薩名號，與受持一觀音菩薩名號的福，正等無異呢？答：論事則迥別天淵；論理則一多相卽；所以觀世音菩薩，在楞嚴會上作證時說：「我一名號，與彼衆多名號無異，由我修習，得眞圓通。」得眞圓通，卽是證理。

【語譯】若有衆生，恭敬禮拜觀世音菩薩者，其求福之功，決不虛棄。因此，一切衆生，都應當受持觀世音菩薩名號。

無盡意！設若有人持念六十二億恒河沙數的菩薩名字，而且盡形壽，終身供養：飲食、衣服、臥具、醫藥，你的意思怎麼樣？這些善男子、善女人的功德，多不多呢？無盡意說：「很多喲！世尊。」佛說：「假使又有人持念觀世音菩薩名號，乃至最短一時禮拜供養，這二人所感得的福，正好相等，沒有差別，都於百千萬億劫，不可窮盡。無盡意！受持觀世音菩薩名號，感得了這樣無量無邊福德的利益。

無盡意菩薩白佛言：世尊！觀世音菩薩，云何遊此娑婆世界？云何而爲衆生說法？方便之力，其事云何？

【註解】甲二問答普門。分二：今乙初無盡請問。上來問菩薩以何因緣名觀世音？世尊已竟給我們解答得很清楚了。但我們於菩薩普門示現的無作妙力，還沒有了解，所以無盡意菩薩，才又替我們提出這一問題。

【語譯】無盡意菩薩向佛請問的說：「世尊！觀世音菩薩，原是西方彌陀淨土的補處大士，他爲什麼來遊此娑婆世界？又怎樣爲衆生說法？這些遊化的方便之力，他的事相，又是怎樣的呢？」

佛告無盡意菩薩：善男子！若有國土衆生，應以佛身得度者，觀世音菩薩，卽現佛身而爲說法。應以辟支佛身得度者，卽現辟支佛身而爲說法。應以聲聞身得度者，卽現聲聞身而爲說法。

【註解】乙二如來垂答。分三：丙一普門圓應。分五：今丁初現聖人身。

衆生的機感不同，所以應得度的緣法亦不同。這在楞嚴經上，觀世音菩薩自述圓通章裏，說得比較詳細，玆列擧如左，俾供參考：

衆生爲什麼應以佛身得度？經云：「若諸菩薩，入三摩地，進修無漏，勝解現圓，我現佛身而爲說法。」就是說：大士對那入三摩地進修無漏的定境，決定印可，將現圓滿，而尙未圓滿的諸菩薩，卽示現佛身而爲說法。

爲什麼應以辟支佛身得度？經云：「若諸有學，寂靜妙明，勝妙現圓，我於彼前，現獨覺身而爲說法，令其解脫。若諸有學，斷十二緣，緣斷勝性，勝妙現圓，我於彼前，現緣覺身而爲說法，令其解脫。」就是說：大士對閑居寂靜，修斷十二因緣，殊勝的無生妙性，將現圓滿，而尚未圓滿的諸有學人，即示現獨覺及緣覺身而爲說法。

爲什麼應以聲聞身得度呢？經云：「若諸有學，得四諦空，修道入滅，勝性現圓，我於彼前，現聲聞身而爲說法？」就是說：大士對那已斷見惑，得四諦苦集的空理，再繼續修道，證入滅諦的勝性，將現圓滿，而尚未圓滿的諸有學人，即示現聲聞身而爲說法。

【語譯】佛告訴無盡意菩薩道：善男子！無論在任何國土上的衆生，假如應以佛身得度的話；那觀世音菩薩，便投其所好，現作佛身，爲他說頓入一乘的圓妙大法。

假如應以辟支佛身得度的話；觀世音菩薩，便應其所求，現辟支佛身，爲他說緣起性空的無生之法。

假如應以聲聞身得度的話；觀世音菩薩，便隨其機宜，現聲聞身，爲他說解脫三界生死的四諦之法。

應以梵王身得度者，即現梵王身而爲說法。應以帝釋身得度者，即現帝釋身而爲說法。應以自在天身得度者，即現自在天身而爲說法。應以大自在天身得度者，即現大自在天身而爲說法。應以天大將軍身得度者，即現天大將軍身而爲說法。應以毘沙門身得度者，即現毘沙門身而爲說法。

【註解】丁二現天王身。諸天之說，數見前品，唯經家對自在天及大自在天的解釋，頗有出入：在序品裏，法華文句釋謂：「自在卽第五，大自在卽第六」。法華義疏也說是「欲界後二天的化自在、他化自在」二家所說，如出一轍。在本文裏，法華義疏又分諸天爲三雙，並指第二雙的自在、大自在，爲欲、色兩界的後王。（按欲界後王，卽他化自在天；色界後王，卽色究竟天）還有幾家的解釋，也是如此。然按經文次第，似應以前說爲是，稍一留意便知。至於衆生何緣應以天身得度，准楞嚴經解釋如左：

衆生沉迷於欲愛之心，已明了徹悟，想遠離欲塵，使此欲身獲得清淨；這就是應以梵王身得度的機緣。所以楞嚴經云：「若諸衆生，欲心明悟，不犯欲塵，欲身清淨，我於彼前現梵王身而爲說法。」

衆生想做忉利天主，統率三十三天；這就是應以帝釋身得度的機緣。所以楞嚴經云：「若諸衆生，欲爲天主，統領諸天，我於彼前現帝釋身而爲說法。」

衆生想自由自在的遊行十方；就是應以自在天身得度的機緣。所以經云：「若諸衆生，欲身自在，遊行十方，我於彼前現自在天身而爲說法。」

衆生想逍遙自在的飛行虛空；就是應以大自在天身得度的機緣。所以經云：「若諸衆生，欲身自在，飛行虛空，我於彼前現大自在天身而爲說法。」

衆生想統率八部鬼神，救護國土；就是應以天大將軍身得度的機緣。所以經云：「若諸衆生，愛統鬼神，救護國土，我於彼前現天大將軍身而爲說法。」

衆生想統率世間四大部洲，保護衆生；就是應以四天王身得度的機緣。所以經云：「若諸衆生，愛統世界，保護衆生，我於彼前現四天王身而爲說法。」

【語譯】應以色界初禪的梵天王身得度的；觀世音菩薩，就應緣示現梵天王身，爲他說離愛斷欲等法。應以欲界忉利天主——帝釋身得度的；菩薩就應緣示現帝釋身，爲他說上品十善等法。應以欲界第五的自在天身得度的；菩薩就應緣示現自在天身，爲他說上品十善等法。應以欲界第六的大自在天身得度的；菩薩就應緣示現大自在天身，爲他說上上品十善等法。應以志願救護國土的天大將軍身得度的；菩薩就應緣示現天大將軍身，爲他說五戒十善及統率八部鬼神等法。應以多聞天——毘沙門身得度的；菩薩就應緣示現毘沙門身，爲他說上品十善及護持佛教等法。

> 應以小王身得度者，即現小王身而爲說法。應以長者身得度者，即現長者身而爲說法。應以居士身得度者，即現居士身而爲說法。應以宰官身得度者，即現宰官身而爲說法。應以婆羅門身得度者，即現婆羅門身而爲說法。應以比丘、比丘尼、優婆塞、優婆夷身得度者，即現比丘、比丘尼、優婆塞、優婆夷身而爲說法。應以長者、居士、宰官、婆羅門婦女身得度者，即現婦女身而爲說法。應以童男、童女身得度者，即現童男、童女身而爲說法。

【註解】丁三現人倫身。問：世間人王，有統轄四大洲的轉輪聖王；乃至治理一國的粟散小王。何以本文但說應以小王得度；豈無應以輪王得度的衆生嗎？答：菩薩普門示現，但有機感，無不赴應；不過輪王僅出現於增劫，不在普門之列罷了。

如說：菩薩爲「樂爲人王」者，現人王身；爲「愛主族姓，世間推讓」者，現長者身；爲「愛談名言，清淨自居」者，現居士身；爲「愛治國土，剖斷邦邑」者，現宰官身；爲「愛諸術數，攝衞自居」者，現婆羅門身；爲「好學出家，持諸戒律」者，現比丘、比丘尼身；爲「樂持五戒」者，現優婆塞、優婆夷身；爲「內政立身，以修家國」者，現婦女身；爲「不壞男根」者，現童男身；爲「愛樂處身」者，現童女身。這都是觀世音菩薩，在楞嚴會上，自述其但有機感，無不赴應的話。

【語譯】應以喜歡統理一國的小王身得度的；觀世音菩薩，就示現小王身，爲他說帝王德業等法。

應以愛爲同宗族姓之主，並爲世人所推崇的長者身得度的；菩薩就示現長者身，爲他說仁民愛物，敦親睦隣等法。

應以愛談文物典章的古今名言，以道自居的居士身得度的；菩薩就示現居士身，爲他說潔身自愛，清心寡欲等法。

應以輔弼佐治，剖斷邦邑之事的宰官身得度的；菩薩就示現宰官身，爲他說四維八德，治國安邦等法。

應以愛好陰陽曆算，服氣煉形等的術數，來調攝身心，保衞生命的婆羅門身得度的；菩薩就示現婆羅門身，假同事攝的方便，爲他說返妄歸眞的正法。

應以好學佛法，出家受具，或在家修行，樂持五戒的比丘、比丘尼、優婆塞、優婆夷身得度的；菩薩就示現這四衆身，分別爲他們說戒、定、慧的三無漏學，及三皈五戒等法。

應以幽嫻貞靜，立身於閨範內政，助修家國的長者、居士、宰官、婆羅門等婦女身得度的；菩薩就示現此等婦女身，爲他們說三從四德及相夫教子等法。

應以志願不壞男根，終身不娶，及樂爲處女，終身不嫁的童男、童女身得度的；菩薩就示現童男、童女身，分別爲他們說抱樸守眞，及堅貞節操等法。

應以天、龍、夜叉、乾闥婆、阿修羅、迦樓羅、緊那羅、摩睺羅伽、人非人等身得度者，即皆現之而爲說法。

【註解】丁四現八部身。本經每將「人非人」納入八部序列，而殿其後。故前在序品裏，准舍利弗問經，釋爲「八部皆名人非人」。因八部本來非人，而變化爲人，所以必須以「人非人」來表明他們在衆會中的特殊身分。今釋本文，仍舊貫之。這和楞嚴經以別具一義，於八部之外，又續列「人」與「非人」的兩類不同。惟彼經謂「八部皆樂脫其倫」可與本文互通其義。

【語譯】若厭離無常，樂脫其倫，應以天、龍、夜叉、乾闥婆、阿修羅、迦樓羅、緊那羅、摩睺羅伽，這似人非人的八部身得度者；觀世音菩薩，就隨類現身，爲他們說解脫其本倫，而入道之法。

應以執金剛神得度者，卽現執金剛神而爲說法。

【註解】丁五現金剛身。如文易解。

【語譯】若有應以手執金剛杵的護法神得度者；觀世音菩薩，就示現執金剛神，爲他說摧邪輔正之法。

無盡意！是觀世音菩薩成就如是功德，以種種形，遊諸國土，度脫衆生。

【註解】丙二結釋功德。普門示現的功德，不止三十三身，故曰「以種種形」；不限娑婆世界，故曰「遊諸國土」。

【語譯】無盡意！此觀世音菩薩，成就了這樣的功德——以種種身形，遍遊十方國土，度脫衆生。

是故汝等應當一心供養觀世音菩薩。是觀世音菩薩摩訶薩，於怖畏急難之中，能施無畏，是

故此娑婆世界，皆號之爲施無畏者。

【註解】丙三勸與供養。分五：今丁初勸供。前在問答名號之後，衆生但仰慕菩薩尋聲救難的默默冥應，故勸受持。今於問答普門之後，衆生更希望菩薩現身說法赫赫顯應，故勸供養。

【語譯】因此，你們應當一心供養觀世音菩薩。此觀世音菩薩摩訶薩，他在衆生生死交關的怖畏急難當中，能施以無畏，使之脫離險難。以此之故，這娑婆世界的衆生，都稱他叫「施無畏者。」

無盡意菩薩白佛言：世尊！我今當供養觀世音菩薩。卽解頸衆寶珠瓔珞，價值百千兩金，而以與之，作是言：仁者受此法施珍寶瓔珞。

【註解】丁二受旨。問：何以把財施的珍寶瓔珞，說成法施呢？答：無住相布施，三輪體空：無能施的我相、所施的物相、受施的人相。這樣合法的布施，豈不就是法施嗎？

【語譯】無盡意菩薩向佛表示，他當遵奉佛的勸供意旨，他說：「世尊！我今日當供養觀世音菩薩。」隨卽解下他佩在頸上，那價值百千兩金的珠寶瓔珞，來供養觀音，說：「請仁者受此法施的珍寶瓔珞。」

時觀世音菩薩，不肯受之。無盡意復白觀世音菩薩言：仁者愍我等故，受此瓔珞。

【註解】丁三謙辭固請。一則盡辭讓之禮；二則生殷重心；所以觀音謙辭，無盡固請。

【語譯】這時觀世音菩薩，很謙遜的，不肯接受無盡意的供養。無盡意又向觀世音菩薩，表達他一定要供養的誠意，說：「仁者！請您爲憐愍我等之故，收下這珍寶瓔珞吧。」

爾時佛告觀世音菩薩：當愍此無盡意菩薩，及四衆、天、龍、夜叉、乾闥婆、阿修羅、迦樓羅、緊那羅、摩睺羅伽人非人等故，受是瓔珞。

【註解】丁四佛勸收受。無盡意菩薩，既爲奉佛旨而供養觀音；觀世音菩薩，亦必奉佛旨而後受施。

【語譯】此時，佛勸告觀世音菩薩道：「你應當爲憐愍無盡意菩薩，及會中的四衆、天、龍、夜叉、乾闥婆、阿修羅、迦樓羅、緊那羅、摩睺羅伽，這人非人等之故，收受此珍寶瓔珞。」

卽時觀世音菩薩，愍諸四衆，及於天、龍人非人等，受其瓔珞，分作二分：一分奉釋迦牟尼佛；一分奉多寶佛塔。

【註解】丁五受施廻奉。以一瓔珞分之爲二，則一而不一；二由一分，則異而不異；不一不異，以表中道。釋迦現生爲智；多寶涅槃爲斷；廻施二佛，卽是廻趣施者之福，於智、斷二果。

【語譯】即時，觀世音菩薩，愍憐四衆，及天、龍八部的人非人等，收受了無盡意菩薩所施的珍寶瓔珞，分爲二分：一分轉奉給釋迦牟尼佛；一分轉奉給多寶佛塔。

無盡意！觀世音菩薩，有如是自在神力，遊於娑婆世界。

【註解】甲三總結稱歎。此總歎以上尋聲救難，及現身說法等的神力，以酬答無盡意的所問。

【語譯】無盡意！觀世音菩薩，有這樣尋聲救難，及現身說法的自在神力，來遊此娑婆世界。

爾時無盡意菩薩，以偈問曰：世尊妙相具，我今重問彼，佛子何因緣，名爲觀世音。

【註解】上來長行已竟。此下有二十六頌重明前義，但不盡都與長行吻合，也有增益的，也有省略的。這最初一頌，是明無盡請問。據說什師所譯本品，原無偈頌，乃後人從闍那笈多的譯本中，移植而來。

【語譯】此時，無盡意菩薩以偈頌問佛道：「具足莊嚴妙相的世尊啊！我今天再請問那位佛子，他憑什麼因緣，名爲觀世音呢？」

具足妙相尊，偈答無盡意：汝聽觀音行，善應諸方所，弘誓深如海，歷劫不思議，侍多千億佛，發大淸淨願，我爲汝略說，聞名及見身，心念不空過，能滅諸有苦。

【註解】此下明如來垂答。這三頌是總答：初半頌爲經家敍置；次一頌半爲稱歎行願；末一頌爲正答。

【語譯】具足妙相的世尊，以偈頌答覆無盡意道：你要諦聽觀世音菩薩的深行大願：他不動眞際，隨類現身，赴機應化於十方國土；其誓願的弘深，猶如大海，縱經塵劫，亦不可思議；他曾侍奉過千萬億佛，在一一佛所，發不住生死、不住涅槃的清淨大願。

我現在給你說個大概：無論聞其名號，見其應身，而能恭敬禮拜，一心稱念者，都不會落空；觀世音菩薩，即以神力加被，使他滅除了三界諸有的苦難。

假使興害意，推落大火坑，念彼觀音力，火坑變成池。或漂流巨海，龍魚諸鬼難，念彼觀音力，波浪不能沒。

【註解】此下是別答。這二頌的第一頌，是重明能免火難；第二頌，是重明免風、水二難。如文易解。

【語譯】假使有人，興起謀害的惡意，把你推落在大火坑裏！只要你一心稱念觀世音菩薩名號，所感得的神力，便能使那火坑，變成蓮池。

或在航行中，突被颶風所吹，把你的船隻，漂流於波浪滔天的汪洋大海，加之龍魚及羅刹諸鬼，險難重重！只要你一心稱念觀世音菩薩名號，所感得的神力，便能使那洶湧的波浪，無法將你沉沒。

或在須彌峯，爲人所推墮，念彼觀音力，如日虛空住。或被惡人逐，墮落金剛山，念彼觀音力，不能損一毛。

【註解】這二頌是增益的。初頌免墮須彌；次頌免墮金剛。金剛山，就是鐵圍山，俱見前釋。

【語譯】或在須彌山的峯巔，被仇人推墮！只要你一心稱念觀世音菩薩名號，所感得的神力，便能使你如日懸空，得免此難。

或被惡人追逐，失足墮落於金剛山下！只要你一心稱念觀世音菩薩名號，所感得的神力，便能使你不損一毛。

或值怨賊繞，各執刀加害，念彼觀音力，咸卽起慈心。或遭王難苦，臨刑欲壽終，念彼觀音力，刀尋段段壞。或囚禁枷鎖，手足被杻械，念彼觀音力，釋然得解脫。

【註解】這三頌的第一頌免怨賊難；第二頌免刀杖難；第三頌免枷鎖難。如文易解。

【語譯】或當怨家盜賊，把你團團圍繞，各執利双，將要加害你的時候！只要你稱念觀世音菩薩名號，所感得的神力，便能使那些怨賊的惡意，化爲慈悲，而免予加害。

或遭遇王難，臨被刑戮，快要命終之際！你只要稱念觀世音菩薩名號，所感得的神力，便能使那行刑的兵刄，段段損壞。

或身陷囹圄，披枷帶鎖，手足都被杻械所制！只要你稱念觀世音菩薩名號，所感得的神力，便能使那枷鎖杻械，自然開釋而解脫此難。

呪詛諸毒藥，所欲害身者，念彼觀音力，還著於本人。

【註解】這一頌，也是增益的。有人說：「『還著於本人』之句，未免有報復之嫌，不如改爲『兩家都沒事』顯得平等大慈。」那知，與人爲敵，非勝卽敗，勝則害人，敗則害己。今以役鬼的邪咒，與正念觀音爲敵，當然邪不勝正，那有不慘遭敗北，反害於己之理？譬如仰面唾天，還著己面，難道說是天的報復不成？

【語譯】設或有人，以咒詛邪術，及諸毒藥，想傷害於你！只要你稱念觀世音菩薩名號，所感得的神力，便能使那咒毒，不但害不了你，反倒還著於其本人了。

或遇惡羅刹，毒龍諸鬼等，念彼觀音力，時悉不敢害。

【註解】這一頌免惡鬼難。如文易知。

【語譯】或遇到凶惡的羅刹諸鬼，及毒龍等，勢必被害！只要你稱念觀世音菩薩名號，所感得的神力，便能使那諸惡鬼等，一時畏避，不敢加害。

若惡獸圍繞，利牙爪可怖，念彼觀音力，疾走無邊方。蚖蛇及蝮蠍，氣毒煙火然，念彼觀音

力，尋聲自迴去，雲雷鼓掣電，降雹澍大雨，念彼觀音力，應時得消散。

【註解】這三頌，也是增益的。如其次第，免惡獸、蛇蝎、雹雨三難。如文易解。

【語譯】或獨行深山，爲成羣的惡獸所圍繞，牠那犀利的爪牙，着實可怕！這時，你只要稱念觀世音菩薩名號，所感得的神力，便能使那些惡獸，很快的四散奔逃。那怕蚖蛇蝮蝎，這類毒蟲的毒氣，如烟火然燒，觸卽被害！你只要稱念觀世音菩薩名號，所感得的神力，便能尋聲而至，使那些毒蟲，自然廻避。縱當密雲彌布，雷聲鼓震，電光閃爍，大雨冰雹一時俱下的災難臨頭！你只要稱念觀世音菩薩名號，所感的神力，便能使這些險象，應念消散，雨霽天晴。

衆生被困厄，無量苦逼身，觀音妙智力，能救世間苦。

【註解】這一頌是總結妙智。爲免七難、離三毒、應二求的所以；也是總結得名之由。雖三毒、二求，爲頌文所省略，却都爲這一頌中的「苦」字所收。

【語譯】衆生的身心，被貪、瞋、癡等的煩惱所困厄，備受三災七難等無量諸苦的逼迫！唯有觀世音菩薩的微妙智慧之力，能够拔濟這一切世間的苦厄。

具足神通力，廣修智方便。十方諸國土，無刹不現身，種種諸惡趣，地獄鬼畜生，生老病死苦，以漸悉令滅。

【註解】上來答菩薩之所以得名竟。此下答普門示現。這二頌明現身普應：初頌現身的妙力；次頌現身的妙德。如文易解。

【語譯】以圓滿具足的神通妙力，及廣修適應教化的智慧方便，於十方諸國，微塵刹土，無不隨類現身，使種種惡趣，如：地獄、餓鬼、畜生，他們的生、老、病、死、苦，都漸漸除滅。何況諸餘善趣，那是不消說的了。

眞觀淸淨觀，廣大智慧觀，悲觀及慈觀，常願常瞻仰。無垢淸淨光，慧日破諸暗，能伏災風火，普明照世間。

【註解】這二頌明觀智普照：初頌分別觀智；次頌稱歎觀智。

觀一切法，無非因緣所生，卽空、卽假、卽中。觀其卽空，顯眞如理，叫做「眞觀」。觀其卽假，隨緣利物，在塵離塵，叫做「淸淨觀」。觀其卽中，不着空、有二邊，叫做「廣大智慧觀」。以同體大悲，拔衆生之苦，叫做「悲觀」。以無緣大慈，與衆生以樂，叫做「慈觀」。

【語譯】眞觀、淸淨觀、廣大智慧觀、悲觀、慈觀；這是衆生常願瞻仰那觀世音菩薩，來加被他們的五種觀智。菩薩的智慧，無煩惱垢汚，淸淨光明；如日麗中天，能破幽暗一樣，伏滅了三災七難，普照世間。

悲體戒雷震，慈意妙大雲，澍甘露法雨，滅除煩惱燄。

【註解】這一頌讚三輪普化：初句讚身輪——菩薩的戒體，以救苦救難的大悲為主，故名「悲體」。以此悲體，於十方國土現三十三身，好像雷聲遠震，無物不為之肅然，故曰「悲體戒雷震」。

次句讚意輪——菩薩無不慈之意，故名「慈意」。而此慈意，妙在無緣，有機皆被，好像大雲密布，廕覆一切，故曰「慈意妙大雲」。

末二句讚口輪——菩薩說法，宣示至理，好像灌注不死之藥的甘露；及普潤三草二木的大雨，故曰「澍甘露法雨，滅除煩惱燄。」

【語譯】菩薩無刹不現的大悲戒體，如雷聲遠震，驚覺了九界凡聖的迷懵；他那只管利物，無所攀緣的慈意之妙，好像大雲似的廕覆一切；他宣說諸法實相的至理，又好像灌澍甘露，及法雨普潤，滅除了煩惱的烈燄。

諍訟經官處，怖畏軍陣中，念彼觀音力，衆怨悉退散。

【註解】這一頌免官陣難。是不次第的特別增益。如文易解。

【語譯】兩造諍訟，經官處斷，勝負難卜；兩軍陣前，彈如雨下，命在懸絲；試問誰不怖畏！然而，你只要稱念觀世音菩薩名號，所感得的神力，便能使那諍訟戰陣之所由起的積怨，完全退散而化敵爲友。

妙音觀世音，梵音海潮音，勝彼世間音，是故須常念，念念勿生疑。

【語譯】這一頌又一句，是釋義勸持：初三句解釋音義；次二句勸信持名。海潮准時漲退，信而有徵，故舉此以喻法音的應時適機，名「海潮音」。

【語譯】智辯無礙的妙音、尋聲救難的觀世音、清淨的梵音、不失時機的海潮音。菩薩具此四音，超勝一切，比較那出自情執的世間音聲，相去何止天壤。因此，衆生要時常持念觀世音菩薩名號，一念接一念的相續無間，堅信不移，自然有感斯應。否則，始勤終怠，狐疑不定，那就難怪大士不應了。

觀世音淨聖，於苦惱死厄，能爲作依怙，具一切功德，慈眼視衆生，福聚海無量，是故應頂禮。

【註解】這最後一頌又三句，是歎德勸供。如文易解。

【語譯】觀世音菩薩，是反聞離塵，三惑究盡的淨聖。他能給苦惱死厄中的衆生，作如父如母的依怙——保險可靠。他具足了一切神通、智慧的功德，以慈眼等視衆生，無所偏愛。他自累劫以來，上求下化所積的福報，如大海一般的深廣無量。因此，衆生應當歸命頂禮，恭敬供養。

爾時，持地菩薩，卽從座起，前白佛言：世尊！若有衆生，聞是觀世音菩薩品，自在之業，普門示現神通力者，當知是人功德不少。佛說是普門品時，衆中八萬四千衆生，皆發無等等阿耨多羅三藐三菩提心。

【註解】上來第一章辨釋名德竟。此爲第二章聞品得益。

持地菩薩，昔在因中，修橋補路，勤苦不懈，雖亦利物，却未證聖果。後毘舍如來，教以「當平心地，則世界一切皆平」才得心開，悟無生忍，展轉成阿羅漢果，廻趣大乘，入菩薩位。這就是菩薩得名「持地」的由來。

賢首心經略疏云：「獨絕無倫，名無等等」。阿耨多羅三藐三菩提，唯佛獨證，九界凡聖無與比倫，故名「無等等」。

【語譯】當佛說偈已竟之時，持地菩薩，卽從座起，到佛前稱歎衆生聞此普門品的功德，他說：「世尊！若有衆生，聞此觀世音菩薩品——自在無礙的行業，普門示現三十三身的神通力者；當知此人的功德無量。」

佛說此普門品時，會衆中有八萬四千衆生，都發起了無等等的阿耨多羅三藐三菩提心。

——普門品竟——

陀羅尼品第二十六

梵語「陀羅尼」翻成我們中國的話，叫做「總持」。就其所持的法言，分爲法、義、咒、忍四種。就其能持的體言，法、義以念、慧爲體；咒以定爲體；忍以無分別智爲體。就是：以念力總持佛的敎法，使之不忘，叫做「法陀羅尼」。以慧力總持諸法的義理，使之不忘，叫做「義陀羅尼」。以定力總持所發的密語，爲衆除患，有不測之神驗，叫做「咒陀羅尼」。以無分別智，安住於諸法實相的理體而不動，叫做「忍陀羅尼」。

本品明二聖、二天、十羅刹女等，說陀羅尼咒，以守護持經的法師，不使邪惡鬼，得便侵毁。所以題名爲「陀羅尼品」。

爾時，藥王菩薩，卽從座起，偏袒右肩，合掌向佛而白佛言：世尊！若善男子、善女人，有能受持法華經者，若讀誦通利、若書寫經卷，得幾所福？佛告藥王：若有善男子、善女人，供養八百萬億那由他恒河沙等諸佛，於意云何？其所得福，寧爲多不？甚多世尊。佛言：若善男子、善女人，能於是經，乃至受持一四句偈，讀誦解義，如說修行，功德甚多。

【註解】本品開爲三章。今第一章校顯功德。以受持此經一四句偈，與供養恒沙諸佛相較，來顯示持經人的功德，多於供養之福，作爲將欲說咒擁護法師的前緣。

【語譯】在佛說罷普門品時，藥王菩薩卽從座起，先偏袒右肩，合掌向佛，行禮如儀；然後問佛，他說：「世尊！假使有善男子、善女人，能夠受持法華經者，或讀誦通利、或書寫經卷，得幾許福呢？」

佛反問藥王：「若有善男子、善女人，供養八百萬億那由他恒河沙數諸佛，你的意思怎麼樣，他所得的福，可算多不？」藥王答：「很多哟，世尊！」

佛說：「若有善男子、善女人，於此法華經典，最少受持一四句偈，而能讀誦其文、了解其義、如說修行者，這功德，比那供養所得的福報更多。」

爾時藥王菩薩白佛言：世尊！我今當與說法者陀羅尼呪，以守護之。卽說呪曰：安爾。曼爾。摩禰。摩摩禰。旨隸。遮梨第。賒咩。賒履多瑋。羶帝。目帝。目多履。娑履。阿瑋娑履。桑履。娑履。叉裔。阿叉裔。阿耆膩。羶帝。賒履。陀羅尼。阿盧伽婆娑簸蔗毘叉膩。禰毘剃。阿便哆邏禰履剃。阿亶哆波隸輸地。歐究隸。牟究隸。阿羅隸。波羅隸。首迦差。阿三磨三履。佛陀毘吉利袠帝。達磨波利差帝。僧伽涅瞿沙禰。婆舍婆舍輸地。曼哆羅。曼哆羅叉夜多。郵樓哆。郵樓哆憍舍略，惡叉羅。惡叉冶多冶。阿婆盧。阿磨若。那多夜。

【註解】第二章說呪擁護。分五：甲初藥王說呪。分二：今乙初稟佛說呪。呪，爲諸佛密語，例在不翻。若翻，則如洩露軍機，使密令失其效用了。然而，正法華，却不存梵語，破例譯為華言，無非為但求知解者，開其茅塞耳。今姑從其譯，聊備本著「語譯」的一格。已下例此。

【語譯】此時，藥王菩薩，稟白於佛，他說：「世尊！我今天當說陀羅尼咒，來守護這受持法華經的法師。」即說咒如下：

「奇異。所思。意念。無意。永久。所行奉修。寂然。澹泊。志默。解脫。濟度。平等。無邪。安和。普平。滅盡。無盡。莫勝。玄默。澹然。總持。觀察。光耀。有所依倚恃怙於內。究竟清淨。無有坑坎。亦無高下。無有廻旋。所周旋處。其目清淨。等無所等。覺已越度。而察於法。合衆。無音。所說鮮明。而懷止足。盡除節限。宣暢音響。曉了衆聲。而了文字。無有窮盡。永無力勢。無所思念。」

世尊！是陀羅尼神呪，六十二億恒河沙等諸佛所說，若有侵毀此法師者，則為侵毀是諸佛已。時釋迦牟尼佛，讚藥王菩薩言：善哉！善哉！藥王，汝愍念擁護此法師故，說是陀羅尼，於諸衆生，多所饒益。

【註解】乙二稱歎神咒。如文易解。

【語譯】藥王菩薩又說：「世尊！此陀羅尼神咒，乃六十二億恒河沙等諸佛所授；假使有人敢侵毀這持經的法師，那就等於侵毀傳授神咒的諸佛了。」

這時，釋迦牟尼佛，讚歎藥王，道：「善哉！善哉！藥王，你為愍念衆生，擁護這弘經的法師之故，說此陀羅尼咒；這對受化的衆生來說，那利益可就多得很了。」

爾時，勇施菩薩白佛言：世尊！我亦為擁護讀誦受持法華經者，說陀羅尼。若此法師，得是陀羅尼，若夜叉、若羅刹、若富單那、若吉蔗、若鳩槃茶、若餓鬼等，伺求其短，無能得便。即於佛前而說咒曰：痤隸，摩訶痤隸。郁枳。目枳。阿隸。阿羅婆第。涅隸第。涅隸多婆第。伊緻柅。韋緻尼。旨緻柅。涅隸墀柅。涅犁墀婆底。

【註解】甲二勇施說咒。分二：今乙初稟佛說咒。譯如前例。

【語譯】此時，勇施菩薩，稟白於佛，他說：「世尊！我也為擁護讀誦受持法華經的法師，說陀羅尼咒；如果持經的法師得此神咒，那就無論是：夜叉、羅刹、熱病鬼的富單那、起尸鬼的吉蔗、魘魅鬼的鳩槃茶、惡道中的餓鬼等，想伺隙求法師之短而予以加害，是不能得乘其便的」即說咒如下：

「晃耀。大明。炎光。演暉。順來。富章。悅喜。欣然。住此。立制。永住。無合。無集。」

世尊！是陀羅尼神咒，恒河沙等諸佛所說，亦皆隨喜。若有侵毀此法師者，則為侵毀是諸佛已。

【註解】乙二稱歎神咒。如文易解。

【語譯】勇施菩薩又說：「世尊！這陀羅尼神咒，乃承傳自恒河沙等諸佛，今說此咒，諸佛也都隨順歡喜。假使有誰敢侵毀此法師，那就等於是侵毀諸佛。」

爾時，毘沙門天王護世者，白佛言：世尊！我亦爲愍念衆生，擁護此法師故，說是陀羅尼。即說咒曰：阿犂。那犂。㝹那犂。阿那盧。那履。拘那履。

【註解】甲三毘沙門天王說咒。分二：今乙初稟佛說咒。譯如前例。

【語譯】此時，四天王天的多聞天王，稟白於佛，他說：「世尊！我也爲愍念衆生，擁護此法師故，說此陀羅尼咒」即說咒如下：

「富有。調戲。無戲。無量。無富。何富。」

世尊！以是神咒，擁護法師，我亦自當擁護持是經者，令百由旬內，無諸衰患。

【註解】乙二稱歎神咒。如文易解。

【語譯】多聞天王又說：「世尊！除以此神咒擁護法師外，我自己也應當擁護法師，使之在百由旬內，沒有被邪惡侵毀的衰患。」

爾時，持國天王，在此會中，與千萬億那由他乾闥婆衆，恭敬圍繞，前詣佛所，合掌白佛言：世尊！我亦以陀羅尼神咒擁護持法華經者。即說咒曰：阿伽禰。伽禰。瞿利。乾陀利。旃

陀利。摩登耆。常求利。浮樓莎柅。頞底。

【註解】甲四，持國天王說咒。分二：今乙初稟佛說咒。譯如前例。

【語譯】此時，四天王天的持國天王，在此靈山會中，率領千萬億那由他之多的乾闥婆衆，前往佛所，恭敬圍繞，合掌白佛，他說：「世尊！我也以陀羅尼神咒，擁護受持法華經的法師。」即說咒如下：

「無數。有數。曜黑。持香。凶祝。大體。千器順。述暴言。至有。」

世尊，是陀羅尼神咒，四十二億諸佛所說，若有侵毀此法師者，則爲侵毀是諸佛已。

【註解】乙二稱歎神咒。如文易解。

【語譯】持國天王又說：「世尊！這陀羅尼神咒，乃四十二億諸佛所說，假使有誰敢侵毀這持經的法師，那就是已經侵毀說咒的諸佛了。」

爾時，有羅刹女等：一名藍婆；二名毘藍婆；三名曲齒；四名華齒；五名黑齒；六名多髮；七名無厭足；八名持瓔珞；九名皐帝；十名奪一切衆生精氣。是十羅刹女，與鬼子母，幷其子，及眷屬，俱詣佛所，同聲白佛言：世尊！我等亦欲擁護讀誦受持法華經者，除其衰患，若有伺求法師短者，令不得便。卽於佛前而說呪曰：伊提履。伊提泯。伊提履。阿提履。伊提履。泥履。泥履。泥履。泥履。泥履。樓醯。樓醯。樓醯。樓醯。多醯。多醯。多醯。兜

醯。㝹醯。

【註解】甲五羅刹女說咒。分四：今乙初稟佛說咒。

有關「羅刹女」的名數，複雜難明，今將本文所列十名，依正法華，略釋如下：一名藍婆——翻爲「有結縛」此約未歸佛前，爲煩惱結使所縛束而得名。二名毘藍婆——翻爲「離縛」此約歸佛已後，遠離煩惱結使而得名。三名曲齒——翻爲「施積」此約歸佛後，捨棄其牙齒相錯，令人怖畏的積習而得名。四名華齒——翻爲「施華」此約歸佛後，捨棄其以牙齒所造的惡業，必得惡報，如華能結果而得名。五名黑齒——翻爲「施黑」此約歸佛後，捨棄其以牙齒所造的黑業而得名。六名多髮——翻爲「被髮」此以其髮相而得名。七名無厭足——翻爲「無著」此約其未歸佛前，侵害衆生，無有厭足；旣歸後，慈心無著而得名。八名持瓔珞——翻爲「持華」此從其所持之物而得名。九名皐帝——翻爲「何所」天上人間，來往自在，無所住著，故名。十名奪一切衆生精氣——翻爲「取一切精」這是以十羅刹女的總名，別名第十。

然正法華謂：「時有一魅，名有結縛（中略）復名取一切精」顯然爲一羅刹女，具有十名，與本經所列的十羅刹女，出入甚大。

【語譯】這時候，有十名吃人的羅刹女鬼：一名有結縛、二名離結、三名施積、四名施、華、五名施黑、六名被髮、七名無著、八名持華、九名何所、十名取一切精。這十名羅剎女，和鬼子之母，及其鬼子眷屬，一齊去到佛的所在，向佛稟白他們的意思，說：「世尊！我們也想以陀羅尼咒，來擁護那讀誦受持法華經者，以除其衰患。假如有人想伺隙尋法師的短處，而予以加害，使他無隙可乘，不得其便。」即在佛前說咒如下：

「於是。於斯。於爾。於民。極甚。無我。無吾。無身。無所。俱同。已興。已生。已成。而住。而住。而立。亦住。嗟歎。亦非。消頭大疾無得加害。」

寧上我頭上。莫惱於法師。若夜叉、若羅剎、若餓鬼、若富單那、若吉蔗、若毘陀羅、若犍馱、若烏摩勒伽、若阿跋摩羅、若夜叉吉蔗、若人吉蔗、若熱病、若一日、若二日、若三日、若四日、若至七日、若常熱病，若男形、若女形，若童男形、若童女形，乃至夢中亦復莫惱。即於佛前而說偈言：若不順我呪，惱亂說法者：頭破作七分，如阿梨樹枝；如殺父母罪，亦如壓油殃，斗稱欺誑人，調達破僧罪。犯此法師者，當獲如是殃。

【註解】乙二稱歎神咒。文中所列諸鬼，釋者不一，今依法華義疏，釋之如下：「毘陀羅」是青色鬼。「犍馱」是赤色鬼。「烏摩勒伽」是食人精氣鬼。「阿跋摩羅」是影形鬼。「夜叉吉蔗、人吉蔗」就是能以咒術令死屍起而殺人的夜叉及人。餘如前解。

「壓油殃」——西域壓油，先將芝麻擣碎，使之生蟲，然後和蟲壓榨成油。故以此喻破法重罪。

「調達」——即提婆達多，阿難的胞兄，佛的從弟。造三逆罪，生墮地獄。

【語譯】十羅剎女，旣說咒畢，接着又說：「寧可上在我的頭上，也不可惱亂法師。如：夜叉、羅刹、餓鬼、熱病鬼、起屍鬼、青色鬼、赤色鬼、食人精氣鬼、影形鬼、夜叉所作的起屍鬼、人所作的起屍鬼，此等惡鬼，或與一日乃至七日的熱病，或常與熱病，或現男形、或現女形、或現童男形、或現童女形，來惱亂衆生，但於持經的法師，雖在夢中，也不許予以惱亂。」

卽於佛前說偈頌道：「若不服從我的禁咒，膽敢惱亂法師者，管教他頭破七分，如七股叉的阿梨樹枝。也如：殺害父母之罪、被壓榨成油的禍殃、輕秤小斗欺誑他人、調達破和合僧等的重罪一樣。凡是侵犯這持經的法師者，都應當獲得這樣罪惡深重的禍殃。」

諸羅刹女，說此偈已，白佛言：世尊！我等亦當身自擁護受持讀誦修行是經者，令得安隱，離諸衰患，消衆毒藥。

【註解】乙三佛前發願。如文易解。

【語譯】諸羅刹女，說偈已竟，卽在佛前發大誓願，說：「世尊！我們不但說咒，而且也應當以自身來擁護那受持讀誦此經，如說修行的法師；使他得以安隱，離諸衰患，消除了足以危害身命的毒藥。」

佛告諸羅剎女：善哉！善哉！汝等但能擁護受持法華名者，福不可量；何況擁護具足受持，供養經卷，華香、瓔珞、末香、塗香、燒香、旛蓋、技樂；然種種燈，蘇燈、油燈、諸香油燈、蘇摩那華油燈、薝蔔華油燈、婆師迦華油燈、優鉢羅華油燈，如是等百千種供養者。皐帝！汝等及眷屬，應當擁護如是法師。

【註解】乙四如來讚許。如文易解。

【語譯】佛告訴諸羅剎女道：「善哉！善哉！你們但能擁護那受持法華經的經名者，福德就不可限量了；何況擁護受持全經，供養經卷，以：華香、瓔珞、末香、塗香、燒香、旛蓋、技樂；然種種燈，如：蘇燈、油燈、諸香油燈、蘇摩那華油燈、薝蔔華油燈、婆師迦華油燈、優鉢羅華油燈，這樣百千種種供養者；那福德豈不更大嗎？皐帝！你們諸羅剎女，以及你們的眷屬，鬼子母等，都應當擁護這樣受持供養法華經的法師。」

說是陀羅尼品時，六萬八千人，得無生法忍。

【註解】第三章聞品得益。如文易解。

【語譯】說此陀羅尼品時，會中有六萬八千人，得眞智安住於一切法畢竟空寂的實相理體而不動的「無生法忍」。

妙莊嚴王本事品第二十七

佛說弟子宿世的行業事迹，叫做「本事」。本品明往昔雲雷音宿王華智佛時，有一國王名妙莊嚴，即今靈山會上的華德菩薩；其夫人淨德，即今之莊嚴相菩薩；其二子淨藏、淨眼，即今之藥王、藥上菩薩。他們全家，如何見佛聞說法華；如何出家修行法華的事迹。按說應題品名爲「華德菩薩等本事品」才對。良以妙莊嚴王的墮入世網，實爲四聖宿世構成眷屬，相將歸佛的主因，爲明此因，所以題名爲「妙莊嚴王本事品」。

據云：此四聖，乃過去世同修道侶，一人發心出入聚落，募化道糧，以此福業，感報爲王，深著邪見；三人勤修，得成聖果，爲念王前恩，乃托緣化現，一人爲王夫人，二人並爲王子，藉此親屬關係，巧設方便，誘王歸佛。

爾時，佛告諸大衆：乃往古世，過無量無邊不可思議阿僧祇劫，有佛名雲雷音宿王華智、多陀阿伽度、阿羅訶、三藐三佛陀。國名光明莊嚴。劫名喜見。

【註解】本品開爲四章：第一章敍緣由，分二：今初明往古佛、國、劫名。

佛法如雲，廕覆一切，無機不被；法音如雷，無遠不屆；果智圓明，如星宿之王，光華燦爛；所以名爲「雲雷音宿王華智」。以佛光明所莊嚴的國土，爲人所喜見；所以國名「光明莊嚴」，劫名「喜見」餘如前解。

【語譯】當佛說陀羅尼品已竟之時，告大衆會道：過去無量無邊不可思議阿僧祇劫的往古之世，有佛，號爲：「雲雷音宿王華智、如來、應供、正等正覺。」國名：「光明莊嚴」劫名：「喜見」。

彼佛法中，有王名妙莊嚴，其王夫人名曰淨德。有二子：一名淨藏；二名淨眼。是二子有大神力，福德智慧，久修菩薩所行之道，所謂：檀波羅蜜、尸羅波羅蜜、羼提波羅蜜、毘離耶波羅蜜、禪波羅蜜、般若波羅蜜、方便波羅蜜。慈、悲、喜、捨，乃至三十七品助道法，皆悉明了通達。又得菩薩淨三昧、日星宿三昧、淨光三昧、淨色三昧、淨照明三昧、長莊嚴三昧、大威德藏三昧，於此三昧，亦悉通達。

【註解】二標能所化人。妙莊嚴王，爲所化；其夫人、二子，爲能化。節次：先出四聖本名；次顯二子德行。

一、出四聖本名：1以衆妙福德，莊嚴諸根，故名「妙莊嚴」。2雖現染相，其德本淨，故名「淨德」。3其藏識唯藏淨法種子，故名「淨藏」。4得淸淨法眼，故名「淨眼」。

二、顯二子德行：檀等波羅蜜，及慈等四無量心，如前已釋。三十七品助道法，即四念處、四正勤、四如意足、五根、五力、七菩提、八正道，這三十七種資助大乘的道法。隨緣立名有七三昧：1離染名「淨」。2實智如日，權智如星，故名「日星宿」。3性自本淨，雖寂而照，故名「淨光」。4了色卽空，故名「淨色」。5定以淨爲體，以破闇爲用，故名「照明」。6理具法身，名「常莊嚴」。7具有伏惡的威勢，利他的德行，故名「大威德藏」。

【語譯】在彼宿王華智佛的正法期間，有一位國王，名叫妙莊嚴；他的夫人，名叫淨德；他有二子：一個名叫淨藏，一個名叫淨眼。

這兩個王子，有大神力、福德、智慧，宿世以來，久修菩薩所行的道法，卽所謂：能破慳貪的布施波羅蜜、防非止惡的戒波羅蜜、對治瞋恚的忍波羅蜜、通達諸法的智慧波羅蜜、隨宜巧變的方便波羅蜜；慈、悲、喜、捨的四無量心；乃至三十七品資助大乘的道法；他們全都明了通達。此外，他們還證得了菩薩的淨三昧、日星宿三昧、淨光三昧、淨色三昧、淨照明三昧、長莊嚴三昧、大威德三昧。對於這七種三昧，也都通達無礙。

爾時，彼佛欲引導妙莊嚴王，及愍念衆生故，說是法華經。

【註解】第二章正述本事。分二：甲初能化方便。分八：今乙初彼佛說法。如文易解。

【語譯】此時，彼宿王華智佛，欲引導妙莊嚴王，轉迷爲悟，及愍念在纏衆生故，說此一乘圓妙的法華經典。

時淨藏、淨眼二子，到其母所，合十指爪掌，白言：願母往詣雲雷音宿王華智佛所，我等亦當侍從親近，供養禮拜。所以者何？此佛於一切天、人衆中，說法華經，宜應聽受。

【註解】乙二勸母見佛。如文易解。

【語譯】此時，淨藏和淨眼這兩個王子，一同到他母親的所在，合掌說道：「惟願母親前往雲雷音宿王華智佛所，去走一趟，我兄弟倆，也隨侍在側，去親近、供養、禮拜於佛。因爲此佛正在一切天、人的大衆會中，說法華經，勝緣難再，應當前往聆聽受持。」

母告子言：汝父信受外道，深著婆羅門法，汝等應往白父，與共俱去。淨藏、淨眼，合十指爪掌白母：我等是法王子，而生此邪見家。母告子言：汝等當憂念汝父，爲現神變，若得見者，心必清淨，或聽我等，往至佛所。

【註解】乙三母令勸父。如文易解。

【語譯】淨德夫人，告二子說道：「你父親信受外道，深著婆羅門的事梵教法，你們應當去勸他，和我們同往見佛。」

淨藏和淨眼，向他母親合掌說道：「我們往世是法王之子，不幸生此邪見之家。」

淨德夫人，又告訴二子說道：「你們應當憂念你們的父王，爲他現神通變化的奇異之事，他若見此神異，必定心得清淨，或許聽從我們去見佛聞法。」

於是二子，念其父故，踊在虛空，高七多羅樹，現種種神變：於虛空中，行住坐臥；身上出水，身下出火；身下出水，身上出火。或現大身，滿虛空中，而復現小，小復現大；於空中滅，忽然在地；入地如水，履水如地。現如是等種種神變，令其父王，心淨信解。

【註解】乙四二子現通。如文易解。

【語譯】於是，二子爲念其父王，着邪見故，卽騰身踊起，在高於七多羅樹的虛空裏，現種種神變：或現行、住、坐、臥的威儀相；或現身上出水，身下出火；身下出水，身上出火；或現大身，彌滿虛空，而又由大現小，由小現大；或於空中隱沒，忽然又出現在地；或遁入地下，如水滲透；或履行水上，如在平陸。幻現以上這種種神變，使他的父王，心得淸淨，而於正法，生起信解。

時父見子，神力如是，心大歡喜，得未曾有，合掌向子言：汝等師爲是誰，誰之弟子？二子白言：大王！彼雲雷音宿王華智佛，今在七寶菩提樹下法座上坐，於一切世間天人衆中，廣說法華經，是我等師，我是弟子。父語子言：我今亦欲見汝等師，可共俱往。

【註解】乙五父王受化。如文易解。

【語譯】時，妙莊嚴王，見其二子的神力如此，覺得心大歡喜，爲空前未有，乃合掌向二子道：「你們依誰爲師，是誰的弟子？」

二子答道：「大王！現今坐在七寶菩提樹下的法座上，正對着一切世間天、人大衆，廣說法華經的雲雷音宿王華智佛，就是我師，我們就是佛的弟子。」

嚴王聞佛、法名，宿因機動，隨卽向二子說道：「我現在也想見佛，可以跟你們一同前往。」

於是二子，從空中下，到其母所，合掌白母：父王今已信解，堪任發阿耨多羅三藐三菩提心。

【註解】乙六喜報母知。如文易解。

【語譯】於是，二子收攝神變，從空中冉冉而下，到他母親的所在，合掌恭敬，將父王受化的喜訊，向母親稟報，說：「父王今已信解正法，無復邪見，頗堪勝任發阿耨多羅三藐三菩提心了。」

我等爲父已作佛事，願母見聽於彼佛所，出家修道。爾時二子欲重宣其意，以偈白母：願母放我等，出家作沙門。諸佛甚難值，我等隨佛學。如優曇鉢華，值佛復難是，脫諸難亦難，願聽我出家。母卽告言：聽汝出家，所以者何？佛難值故。

【註解】乙七願求出家。出家乃大丈夫之事，非將相之所能爲，今二子化父事畢，志求出家，非大丈夫而何？所以諸佛亦名「調御丈夫」。觀其「放我」的「放」字，可知三界見思，如牢獄也。

【語譯】二子又說：「我等既現神變，爲父王作方便化導的佛事已竟，但願母親聽許我們，於宿王華智佛所，出家修道。」

此時二子，想把出家的意思，再宣達一遍，乃說偈道：「但願慈母，放我們出此三界牢獄之家，到佛所去作修道的沙門，因爲諸佛出世，很難遭遇，我們要不失時機，隨佛修學。遇佛之難，更難於優曇鉢華；脫離世間一切苦難，也很不容易；因此，惟願母親，聽許我們出家修道。」

淨德夫人，隨卽告二子道：「我聽你們出家好了，因爲諸佛出世，難得值遇之故。」

於是二子白父母言：善哉父母，願時往詣雲雷音宿王華智佛所，親近供養。所以者何？佛難得值，如優曇鉢羅華，又如一眼之龜、值浮木孔。而我等宿福深厚，生値佛法，是故父母當聽我等，令得出家。所以者何？諸佛難值，時亦難遇。

【註解】乙八稱歎父母。涅槃經云：「生世爲人難，值佛世亦難，猶如大海中，盲龜遇浮孔。」而今幸得爲人，又遇佛法，豈可失之交臂？故二子稱歎父母，令得出家。

【語譯】父母旣許見佛，又聽出家，於是二子稱歎父母說道：「善哉父母！願卽時前往，雲雷音宿王華智佛所，親近供養。爲什麼？因爲佛難值遇，如難得一現的優曇鉢羅華；又如大海中的一眼盲龜，碰到浮木上的孔穴，得以藏身，是一樣的不易。然而，我等宿世的福業深厚，今生幸值佛法，所以父母應當聽許我等出家。因爲：一則是諸佛難值；二則是生時難遇啊。」

彼時妙莊嚴王，後宮八萬四千人，皆悉堪任受持是法華經。淨眼菩薩，於法華三昧，久已通達。淨藏菩薩，已於無量百千萬億劫，通達離諸惡趣三昧，欲令一切衆生，離諸惡趣故。其王夫人，得諸佛集三昧，能知諸佛秘密之藏。二子如是以方便力，善化其父，令心信解，好樂佛法。

【註解】甲二所化得益。分八：今乙初敍諸眷德。文中所列三種三昧，除法華三昧，如前已解外，玆將餘二三昧，分解如下：

「離諸惡趣三昧」——諸惡趣，有三、五之分類，即以三途爲三惡趣；再加人、天爲五惡趣。因爲此諸惡趣，皆由背覺合塵而得名；所以背塵合覺，即是離諸惡趣三昧。

「諸佛集三昧」——諸佛咸集於法身、般若、解脫，這三德，不一不異，非器不說的秘密藏中，叫做諸佛集三昧。所以得此三昧，能知諸佛的秘密法藏。

【語譯】那時，妙莊嚴王的後宮，有八萬四千嬪從采女，都能勝任受持此法華經了。他的二子：淨眼菩薩，於法華三昧，久已通達；淨藏菩薩，爲令一切衆生，離諸惡趣之故，他於無量百千萬億劫，先已通達離諸惡趣三昧了。其夫人淨德，也得了諸佛集三昧，能够了知諸佛的秘密法藏。

其二子，以這樣神異的方便之力，善能化導其父，使之心生信解，喜好佛法。

於是妙莊嚴王，與羣臣眷屬俱；淨德夫人，與後宮采女眷屬俱；其王二子，與四萬二千人俱；一時共詣佛所。到已，頭面禮足，繞佛三匝，却住一面。爾時，彼佛爲王說法，示教利喜，王大歡悅。

【註解】乙二見佛聞法。如文易解。

【語譯】於是，妙莊嚴王，同羣臣眷屬；淨德夫人，同後宮采女眷屬；其二子淨藏、淨眼，同四萬二千人；他們這一朝王臣，一門眷屬，同往佛所。既到佛所，便向佛禮足，繞佛三匝，然後退居一面。

此時，彼宿王華智佛，爲王等說法，開示教導，使他們聞法得益，而歡喜怡悅。

爾時，妙莊嚴王及其夫人，解頸眞珠瓔珞，價値百千，以散佛上。於虛空中，化成四柱寶臺，臺中有大寶牀，敷百千萬天衣，其上有佛，結跏趺坐，放大光明。爾時，妙莊嚴王作是念：佛身希有，端嚴殊特。成就第一微妙之色。

【註解】乙三施珠化佛。布施瓔珞，乃妙因的初發；空中化佛，是妙果的幢憬。將因趣果，故得授記作佛。「寶臺」，就是慈悲的如來室。「寶牀」，就是法空的如來座。「天衣」，就是忍辱的如來衣。

【語譯】此時，妙莊嚴王，同他的夫人淨德，從頸項上解下價值百千金的眞珠瓔珞，散於佛上，在虛空中，化成了四柱寶臺，臺中有大寶牀，敷着數以萬計的天衣，上面有佛結跏趺坐，放大光明。

此時，妙莊嚴王，見此瑞應，默默念道：「佛身希有罕見，端嚴殊絕，成就了第一微妙的色身，世無比倫。」

時雲雷音宿王華智佛，告四衆言：汝等見是妙莊嚴王，於我前合掌立不？此王於我法中作比丘，精勤修習助佛道法，當得作佛，號娑羅樹王，國名大光，劫名大高王。其娑羅樹王佛，有無量菩薩衆，及無量聲聞，其國平正，功德如是。

【註解】乙四授記作佛。王發心堅固，如娑羅樹，凌多不凋，故其成佛，號「娑羅樹王」。遠離邪癡暗，故其國土名爲「大光」。法王至大至高，獨超九界，故其住劫名爲「大高王」。

【語譯】此時，雲雷音宿王華智佛，告四衆弟子道：「你們可曾看見這妙莊嚴王，在我座前合掌恭立不？我告訴你們，此王於我法中，將作比丘，精勤修習三十七品的助佛道法，當來得成佛果，號「娑羅樹王」，國名「大光」，劫名「大高王」。那娑羅樹王佛，所化的弟子，有無量菩薩大衆，及無量聲聞；應化的國土，坦然平正，沒有崎嶇坎坷的山壑丘阜。其功德莊嚴的果地，是如此。

其王卽時以國付弟，與夫人二子，幷諸眷屬，於佛法中，出家修道。王出家已，於八萬四千歲，常勤精進，修行妙法華經，過是已後，得一切淨功德莊嚴三昧。

【註解】乙五出家修行。如文易解。

【語譯】那妙莊嚴王，卽時捨棄王位，將國家政權，委付其弟；同他的夫人、二子，及隨行眷屬，於宿王華智佛的法化中，出家修道了。王出家後，歷八萬四千歲，常精進不懈的修行妙法華經。過了這一段里程，便證得「一切淨功德三昧」了。

卽升虛空高七多羅樹，而白佛言：世尊！此我二子，已作佛事，以神通變化，轉我邪心，令得安住於佛法中，得見世尊。此二子者，是我善知識，爲欲發起宿世善根，饒益我故，來生我家。

【註解】乙六感歎二子。既已捨俗出家，則父子倫理，相忘以道，故直稱二子爲善知識。並明父子因緣，爲欲發起其宿世善根，並非隨業流轉。

【語譯】旣得三昧，卽飛升虛空，高達七多羅樹，稟佛說道：「世尊！我這兩個兒子，已竟爲我作了佛事，而以神通變化之力，轉我邪心，使我安住於佛法之中，得見世尊。此二子，實是我善知識，爲的想發起我宿世所植的善本，惠我以入道見佛的饒益之故；才方便託緣，來我家受生，並不是隨業流轉，構成了父子倫常的關係。」

爾時，雲雷音宿王華智佛告妙莊嚴王言：如是如是，如汝所言，若善男子、善女人，種善根故，世世得善知識，其善知識能作佛事，示教利喜，令入阿耨多羅三藐三菩提。大王當知，善知識者，是大因緣，所謂化導令得見佛，發阿耨多羅三藐三菩提心。大王！汝見此二子不？此二子，已曾供養六十五百千萬億那由他恒河沙諸佛，親近恭敬，於諸佛所，受持法華經，愍念邪見衆生，令住正見。

【註解】乙七述二子遠因。止觀說善知識，有外護、同行、教授三種：1能作佛事，就是令我安隱修道的外護知識。2示教利喜，就是訓誡使我去惡向善的教授知識。3令入菩提，就是互相策發的同行知識。

【語譯】此時，雲雷音宿王華智佛，告妙莊嚴王道：「不錯！不錯！你所說的，實在就是如此：假使善男子、善女人，種有善根的話；他世世都得遇善知識；他所遇到的善知識，能作佛事，示教利喜，使之悟入了阿耨多羅三藐三菩提。大王！你應當知道，善知識是大事因緣，非同小可；就是所謂的教化利導，令得見佛，發阿耨多羅三藐三菩提心啊。

大王！你見這二子的宿世遠因不？他們曾於往古之世，供養過百千萬億那由他恒河沙數諸佛，親近恭敬，在諸佛處所，受持妙法華經，愍念邪見衆生，使之住於正見；並不是自今日才開始，轉你個人的邪見哪。」

妙莊嚴王，卽從虛空中下，而白佛言：世尊！如來甚希有，以功德智慧故，頂上肉髻，光明顯照；其眼長廣，而紺靑色；眉間毫相，白如珂月；齒白齊密，常有光明；脣色赤好，如頻婆果。爾時，妙莊嚴王讚歎佛如是等無量百千萬億功德已，於如來前，一心合掌，復白佛言：世尊未曾有也，如來之法，具足成就不可思議微妙功德，敎戒所行，安隱快善，我從今日，不復自隨心行，不生邪見、憍慢、瞋恚諸惡之心，說是語已，禮佛而出。

【註解】乙八讚佛歎服。節次：讚佛相好、歎服敎化、事畢辭退。讚佛相好，就是讚佛的三十二相，八十隨形好；不過文中略舉三十二相之四，八十隨形好之一，以概其餘罷了。

【語譯】妙莊嚴王，卽從虛空中，收攝神通，飄然而下，稟佛說道：「世尊的相好，爲世所希有，以福、慧二嚴之故，所以頂上的肉髻，光明顯照；眼目長廣，呈紺靑色；眉間毫相的潔白，猶如珂月；齒白齊密，常有光明；唇色丹赤，如頻婆果。」

此時，妙莊嚴王，讚佛如是等的無量百千萬億功德已竟；又在佛前，一心合掌，稟佛說道：「世尊殊絕，實未曾有！如來的法化，成就了不可思議的微妙功德，敎、戒所行，使受化的人，得到身心安隱的快樂善利。我從今日起，就不再隨順自己的邪見、憍慢、瞋恚等的諸惡心行，而入於正道了。」

妙莊嚴王，說罷了這心悅誠服的話，便禮佛辭退，修行去了。

佛告大衆：於意云何？妙莊嚴王，豈異人乎，今華德菩薩是。其淨德夫人，今佛前光照莊嚴相菩薩是，哀愍妙莊嚴王，及諸眷屬故，於彼中生。其二子者，今藥王菩薩、藥上菩薩是。是藥王、藥上菩薩，成就如此諸大功德，已於無量百千萬億諸佛所，植衆德本，成就不可思議諸善功德。若有人識是二菩薩名字者，一切世間諸天人民，亦應禮拜。

【註解】第三章結會稱歎。節次：結會古今、歎二菩薩、勸應禮拜。

「佛前光照莊嚴相菩薩」——就是佛在前面說「妙音菩薩品」時，放光東照「淨光莊嚴國」中的妙音菩薩。因爲妙音菩薩所變現的種種身相，爲「現一切色身三昧」等的衆德所莊嚴，故名「莊嚴相」。

【語譯】佛告大衆道：「你們的意思怎麼樣？彼時的妙莊嚴王，豈是別人？就是今日靈山會中的華德菩薩啊。他的夫人淨德，卽今佛前放光東照的莊嚴相菩薩；爲哀愍妙莊嚴王，及其眷屬，墮入世網之故；所以才於彼國中示現受生，爲王夫人。其二子淨藏、淨眼，就是現在的藥王菩薩，和藥上菩薩的前身。

這藥王、藥上菩薩，成就了如此的諸大功德，並非無因，而是於無量百千萬億諸佛處所，植衆德本，早已成就不可思議的諸善功德了。設若有人識此藥王、藥上二菩薩的名字者，卽是入道之士，一切世間諸天人民，也應當對此人恭敬禮拜。」

佛說是妙莊嚴王本事品時，八萬四千人，遠塵離垢，於諸法中，得法眼淨。

【註解】第四章聞品得益。楞嚴經云：「想思爲塵，識情爲垢，二俱遠離，則汝法眼，應時精明。」嘉祥疏謂：「小乘初果，見四諦法，名爲法眼；大乘初地，得無生法，名爲法眼。」故曰：「於一切法中，得法眼淨。」

【語譯】佛說此妙莊嚴王本事品的時候，會中有八萬四千人，遠離煩惱塵垢，於一切法中，得清淨法眼。

——妙莊嚴王本事品竟——

普賢菩薩勸發品第二十八

據法華義疏：普賢，在梵語叫做「三曼多跋陀羅」此譯三曼多謂「普」；跋陀羅謂「賢」。又解：化無不周曰「普」；鄰極亞聖曰「賢」，故名「普賢」

此菩薩，爲行普賢行故，在東方寶威德佛的淨妙國土，聞此方靈鷲說法華經，特來聆聽，並勸人發心持經，故題此品名爲「普賢菩薩勸發品」。

爾時，普賢菩薩，以自在神通力，威德名聞，與大菩薩無量無邊不可稱數，從東方來，所經諸國，普皆震動，雨寶蓮華，作無量百千萬億種種伎樂。又與無數諸天、龍、夜叉、乾闥婆、阿修羅、迦樓羅、緊那羅、摩睺羅伽、人非人等，大衆圍繞，各現威德神通之力，到娑婆世界，耆闍崛山中，頭面禮釋迦牟尼佛，右繞七匝。

【註解】本品開爲四章。今第一章叙普賢來儀。華嚴經云：「普賢身相，猶如虛空，依於如如，不依佛國。」故本經明普賢菩薩，從東方來者；卽是不住於方，來而非來之義；不過經家叙其隨感應現的來儀罷了。

【語譯】在佛說罷妙莊嚴王本事品時，普賢菩薩，以其智、境如如，無方應物的自在神力，及名聞十方的威德，偕同無量無邊，不可稱數的大菩薩衆，從東方來了。所經過的諸佛國土，都感得大地震動，空中雨下妙寶蓮華，演奏著無量百千萬億種種伎樂。又與無數諸天、龍、夜叉、乾闥婆、阿修羅、迦樓羅、緊那羅、摩睺羅伽，這人非人等的大衆圍繞，大家都各自顯現其威德神力，到娑婆世界的靈山會中，向釋迦牟尼佛，頭面頂禮，右繞七匝，來表示他們對佛的誠敬。

白佛言：世尊！我於寶威德上王佛國，遙聞此娑婆世界，說法華經，與無量無邊百千萬億諸

菩薩衆，共來聽受，惟願世尊，當爲說之，若善男子、善女人，於如來滅後，云何能得是法華經？佛告普賢菩薩：若善男子、善女人，成就四法，於如來滅後，當得是法華經：一者、爲諸佛護念；二者、植衆德本；三者、入正定聚；四者、發救一切衆生之心。善男子、善女人，如是成就四法，於如來滅後，必得是經。

【註解】第二章明普賢勸發。分二：今甲初問答勸發。「寶威德上王」——這是東方佛的聖號：崇重威德，喻之如「寶」；至極尊仰，稱爲「上王」，故名。

「正定聚」——這是三聚之一的必定證悟者。簡非餘二不得證悟的「邪定聚」及有緣證悟，無緣不證悟的「不定聚」。

【語譯】旣已行禮如儀，便將他的來意，向佛禀白，他說：「世尊！我於寶威德上王佛國，遠遠的聽到佛在這娑婆世界，講法華經，所以才偕同無量無邊百千萬億諸菩薩衆，前來聆聽，惟願世尊善爲解說：若善男子、善女人，到如來滅後，畢竟如何，才能得此法華經一乘圓妙的宗趣？」

佛告普賢菩薩道：「若善男子、善女人，成就四法，到如來滅後，便能得此法華經的圓妙宗趣，這四法是：一者、道契佛心，爲諸佛之所護念，使外惡不侵，內善得生；二者、要深植福、慧兼辦的衆德根本；三者、要入於畢竟證悟的正定聚；四者，要發起救護一切衆生的大慈悲心。善男子、善女人如，果能成就如是四法，那就於如來滅後，必定能得此法華經了。

爾時，普賢菩薩白佛言：世尊！於後五百歲濁惡世中，其有受持是經典者，我當守護，除其衰患，令得安隱，使無伺求得其便者。若魔、若魔子、若魔女、若魔民、若爲魔所著者，若夜叉、若羅剎、若鳩槃荼、若毘舍闍、若吉蔗、若富單那、若韋陀羅等諸惱人者，皆不得便。

【註解】甲二誓願勸發。分二：乙初護人，分四：今丙初攘其外患。本文所列的夜叉諸惡鬼中，最後的「韋陀羅」亦名「毘陀羅」俱如前解，不復贅述。

【語譯】此時，普賢菩薩，稟佛說道：「世尊！假使於佛滅後，後五百歲的惡濁世中，有受持這法華經者，我當嚴爲守護，免其禍患，令得安隱，不使有人伺隙加害而得其便。無論：魔王、魔子、魔女、魔民、爲魔所著的人；及：夜叉、羅剎、鳩槃荼、毘舍闍、吉蔗、富單那、韋陀羅等，這些惱人的惡鬼，都不能得乘其便，而予以加害。」

是人若行若立，讀誦此經，我爾時乘六牙白象王，與大菩薩衆，俱詣其所，而自現身，供養守護，安慰其心，亦爲供養法華經故。

【註解】丙二安其內心。分四：今丁初現身安慰。「六牙白象王」，表六度清淨，爲萬行之首。

【語譯】這持經人，縱使在行走或站立的時候，仍於此經讀誦不輟。我於爾時，即乘六這不但爲牙白象王，同大菩薩衆，去到他的所在，自動現身，以供養守護來安慰他的心情。這不但爲供養持經人；兼亦爲供養法華經故。

是人若坐思惟此經，爾時我復乘白象王，現其人前。其人若於法華經有所忘失一句一偈，我當敎之，與共讀誦，還令通利。爾時受持讀誦法華經者，得見我身，甚大歡喜，轉復精進。以見我故，卽得三昧，及陀羅尼，名爲旋陀羅尼、百千萬億旋陀羅尼、法音方便陀羅尼，得如是等陀羅尼。

【註解】丁二現身教讀。思惟此經，則心與理應，故見普賢，卽得三昧及陀羅尼。旋假有而入於空理的智力，叫做「旋陀羅尼」。旋空出假而通達諸法的智力，叫做「百千萬億旋陀羅尼」。更入中道，空、假無礙，自在說法，叫做「法音方便陀羅尼」。

【語譯】此持經人，若在靜坐思惟此經；這時，我復乘白象王，出現在他的面前。他若於法華經，有所遺忘或一句一偈，我當敎他恢復記憶，讀誦通利。此時那受持讀誦法華經者，見我現身，異常歡喜，就更加精進了。因見我之故，所以才得了三昧及陀羅尼；這陀羅尼的名稱，叫做：旋陀羅尼、百千萬億旋陀羅尼、法音方便陀羅尼。就是得了諸如此類的陀羅尼門。

世尊，若後世後五百歲，濁惡世中，比丘、比丘尼、優婆塞、優婆夷，求索者、受持者、讀

誦者、書寫者，欲修習是法華經，於三七日中，應一心精進，滿三七日已，我當乘六牙白象，與無量菩薩而自圍繞，以一切衆生所喜見身，現其人前，而爲說法，示教利喜。

【註解】丁三現身說法。是經明諸法實相，修習是經，卽念念與本地理體的「實相普賢」相應。又、是經是教菩薩法，修習是經，卽是學菩薩行。故於三七日一心精進，得見普賢菩薩，現身說法。

【語譯】世尊！若於佛滅度後的後五百歲，五濁惡世之中，有：比丘、比丘尼、優婆塞、優婆夷這四衆弟子，他們求索經卷，受持讀誦書寫，欲修習此法華經者，應約期在三七日間，一心精進；期滿，我當乘六牙白象，爲無量菩薩所圍繞，以一切衆生所喜見的妙色身相，出現在他面前，爲他說法，開示教誨，使他得了善法的利益，而心生喜悅。

亦復與其陀羅尼呪，得是陀羅尼故，無有非人能破壞者，亦不爲女人之所惑亂，我身亦自常護是人。惟願世尊，聽我說此陀羅尼呪。卽於佛前而說呪曰：「阿檀地。檀陀婆地。檀陀婆帝。檀陀鳩舍隸。檀陀修陀隸。修陀地。修陀羅婆底。佛陀婆羶禰。薩婆陀羅尼阿婆多尼。薩婆婆沙阿婆多尼。修阿婆多尼。僧伽婆履叉尼。僧伽涅伽陀尼。阿僧祇。僧伽婆伽地。帝隸阿惰僧伽兜畧阿羅帝波羅帝。薩婆僧伽地三摩地伽蘭地。薩婆達磨修波利刹帝。薩婆薩埵樓馱憍舍畧阿㝹伽地。辛阿毘吉利地帝。」世尊！若有菩薩得聞是陀羅尼者，當知普賢神通

之力。

【註解】丁四說呪。呪爲諸佛密語，例在不翻，前已言之。今亦姑依正法華所翻，聊備語譯的一格。

【語譯】不但爲他說法，也爲他說陀羅尼呪，就沒有非人的惡魔，能破壞正法；亦不爲妖冶的淫女所惑亂了；我也常以自身，守護此人。惟願世尊，聽許我說此陀羅尼呪。

普賢菩薩白佛已畢，即在佛前說呪如下：「無我，除我，回我方便，賓仁和除。甚柔軟。甚柔弱。句見。諸佛回。諸總持。行衆說。善回轉。盡集會。除衆趣。無央數。計諸句。三世數等。越有爲。學諸法。曉衆生音。師子娛樂。」

世尊！若有菩薩，得聞此陀羅尼呪，他應當知道，這是普賢的神通之力。

若法華經行閻浮提，有受持者，應作此念：皆是普賢威神之力。若有受持、讀誦、正憶念、解其義趣、如說修行，當知是人行普賢行，於無量無邊諸佛所，深種善根，爲諸如來手摩其頭。

【註解】丙三示以勝因。如文易解。

【語譯】若法華經，流行到南閻浮提，有受持者，應當作此念道：「我今得受持此經，都是普賢菩薩的威神之力之所使然。」若更有人，於此法華，能够：受持、讀誦、正念思惟、解其義趣、如說修行者；當知此人行的是普賢之行，他已於無量無邊諸佛處所，深種善根，為諸如來親手撫摩其頭，以示器重了。

若但書寫，是人命終，當生忉利天上，是時八萬四千天女，作衆伎樂，而來迎之。其人即著七寶冠，於采女中娛樂快樂，何況受持、讀誦、正憶念、解其義趣、如說修行？若有人受持、讀誦、解其義趣，是人命終，爲千佛授手，令不恐怖，不墮惡趣，即往兜率天上彌勒菩薩所。彌勒菩薩，有三十二相大菩薩衆，所共圍繞，有百千萬億天女眷屬，而於中生，有如是等功德利益。是故智者，應當一心自書、若使人書、受持、讀誦、正憶念、如說修行。

【註解】丙四畧舉近果。受持此經的極果，是得大菩提；今言生天，不過是舉其近果而已。

【語譯】若不受持讀誦，憶念解行，而但書寫經卷者；此人命終，當轉生忉利天上；這時，有八萬四千天女，作種種伎樂，前來迎接；此人便著七寶衣冠，在采女中，享歡娛快樂；何況受持、讀誦、正憶念、解其義趣、如說修行呢？

設若有人，受持、讀誦、解其義趣；此人命終，爲千佛授之以手，相予提攜，使他心不恐怖，不墮惡趣，即往生兜率天上的彌勒菩薩之所。彌勒菩薩，有三十二相的大菩薩衆，圍繞擁護；又有百千萬億的天女眷屬，生在裏許，他有這樣的功德利益。

以此之故，凡是有智慧的人，就應當一心書寫，或使人代爲書寫，好依之而受持、讀誦、正念思惟，如經中所說的教法，去實踐修行。

世尊！我今以神通力故，守護是經，於如來滅後，閻浮提內，廣令流布，使不斷絕。

【註解】乙二護法。如文易解。

【語譯】世尊！我今以神通力，守護此經，到如來滅度之後，於閻浮提內，廣行流傳，使佛道綿延相續，永不斷絕。

爾時釋迦牟尼佛讚言：善哉！善哉！普賢，汝能護助是經，令多所衆生，安樂利益，汝已成就不可思議功德，深大慈悲，從久遠來，發阿耨多羅三藐三菩提意，而能作是神通之願，守護是經。我當以神通力守護，能受持普賢菩薩名者。

【註解】第三章釋迦稱歎。分二：今甲初歎其能護。如文易解。

【語譯】此時釋迦牟尼佛，稱讚普賢菩薩道：善哉！善哉！普賢，你能護助此經，廣行流布，使許多衆生，得到持經的安樂利益。這證明你已竟成就了的不可思議功德，深大慈悲；乃從久遠已來，發阿耨多羅三藐三菩提心，才能作如此的神通願力，來守護此經。我也應當以神通力，守護那能够受持「普賢菩薩」的名字者，使他得以勇銳精進。

普賢！若有受持、讀誦、正憶念、修習、書寫是法華經者，當知是人則見釋迦牟尼佛，如從佛口聞此經典，當知是人，供養釋迦牟尼佛；當知是人，佛讚善哉；當知是人，爲釋迦牟尼

佛，手摩其頭；當知是人，為釋迦牟尼佛，衣之所覆。

【註解】甲二歎其所護。分五：今乙初佛護念歎。經典，就是佛的法身；故持經人面對經典，無異見佛，從佛口聞法。

【語譯】普賢！設若有人受持、讀誦、正憶念、修習、書寫這法華經者：你應當知道，此人等於見我釋迦牟尼佛，如從佛口聞此經典；當知此人，就是以法供養釋迦牟尼佛；當知此人，為佛所稱歎；當知此人，為佛以手撫摩其頭；當知此人，為佛以衣遮覆其體，以示愛重了、

如是之人，不復貪著世樂，不好外道經書手筆，亦復不喜親近其人，及諸惡者：若屠兒，若畜豬、羊、雞、狗，若獵師，若衒賣女色。是人心意質直，有正憶念，有福德力。是人不為三毒所惱，亦不為嫉妬、我慢、邪慢、增上慢所惱。是人少欲知足，能修普賢之行。

【註解】乙二離諸惡歎。執有實我，恃己陵物，叫做「我慢」。己本無德，妄謂有德，叫做「邪慢」。餘如前解。

【語譯】像這樣持經的人，他以法自娛，不會再貪著世間欲樂；不喜歡外道的經書寫作；也不喜歡親近那外道邪見之人，及一切操惡業者，例如：殺生的屠夫；為製造殺業因緣，而畜養豬、羊、雞、狗者；捕捉鳥獸的獵人；衒賣女色的娼妓等。對這些惡人，都不喜歡和

他們親近。

此持經人的心意樸質，守正不阿，有正念的思惟，有莊嚴佛果的福德。此人不爲貪、瞋、癡三毒所惱亂；也不爲嫉妒、我慢、邪慢、增上慢人所惱亂。此人少欲知足，能修普賢菩薩的大行。

普賢！若如來滅後，後五百歲，若有人見受持、讀誦法華經者，應作是念：此人不久當詣道場，破諸魔衆，得阿耨多羅三藐三菩提，轉法輪、擊法鼓、吹法螺、雨法雨，當坐天人大衆中，師子座上。

【註解】乙三約後報歎。如文易解。

【語譯】普賢！若於如來滅後的後五百歲，有人見受持讀誦法華經者，應當作此念道：「此人於不久的將來，當往道場，破魔軍衆，證得無上正等菩提，爲度衆生而轉大法輪、擊大法鼓、吹大法螺、雨大法雨，端坐在天、人大衆會中的師子座上。」

普賢！若於後世，受持讀誦是經典者，是人不復貪著衣服、臥具、飲食、資生之物。所願不虛，亦於現世得其福報。若有人輕毀之，言：汝狂人耳，空作是行，終無所獲。如是罪報，當世世無眼。若有供養讚歎之者，當於今世得現果報。若復見受持是經者，出其過惡，若實、若不實，此人現世得白癩病。若有輕笑之者，當世世牙齒疏缺、醜脣、平鼻、手脚繚戾、

眼目角睞、身體臭穢、惡瘡膿血、水腹、短氣，諸惡重病。

【註解】乙四約現報歎。手足拘攣不申，叫做「繚戾」。眼目斜視，叫做「角睞」。

【語譯】普賢！若於末世，尚有受持讀誦這法華經者；此人少欲知足，就不再貪著：衣服、臥具、飲食等的資生之物了。他凡有所願，都不虛發，不一定要到來生、後世，也有於現世就獲得福報的。

設若有人對持經者，輕慢毀辱，說「你這個狂人，空修此行，有啥好處？到頭來，還不是一無所獲。」像這種駁無因果，誹謗大乘，毀人正見的罪報，應當感得世世無眼。相反的，若有供養讚歎持經人者，那他很快的就感得現世的福報了。

設若有人見受持此經者，不但不供養讚歎，反倒揚其過惡，玷其清譽，那無論實與不實，他非於現世感得白癩病不可。若對持經人，輕薄嘲笑，當世世生生，感得牙齒疎落、兎唇、塌鼻、手脚拘攣，眼目斜視、身體臭穢、惡瘡膿血、水鼓、氣喘等的諸惡重病。

是故普賢，若見受持是經典者，當起遠迎，當如敬佛。

【註解】乙五結歎。如文易解。

【語譯】普賢！因爲以上所說這毀敬罪福之故；所以若見受持此經典者，應當起身遠迎，如敬佛然。

說是普賢勸發品時，恒河沙等無量無邊菩薩，得百千萬億旋陀羅尼；三千大千世界微塵等諸菩薩，具普賢道。佛說是經時，普賢等諸菩薩，舍利弗等諸聲聞，及諸天、龍人非人等，一切大會，皆大歡喜，受持佛語，作禮而去。

【註解】第四章聞品成行。靈山一會，至此已圓滿結束，在教則暢佛本懷，在機則畢不被，故菩薩，聲聞、天龍八部，皆大歡喜，作禮而去。

【語譯】說此普賢勸發品時，會中有恒河沙等無量無邊菩薩，得百千萬億的旋陀羅尼；有三千大千世界的微塵數菩薩，具足了普賢所行的大菩提道。

當佛說此妙法蓮華經已竟之時，普賢等諸菩薩，舍利弗等諸聲聞，及天、龍人非人等一切大衆，都不勝歡喜，受持佛語，拳拳服膺，向佛作禮辭退，去修行去了。

——普賢勸發品竟——

妙法蓮華經易解終

國家圖書館出版品預行編目資料

法華經易解／普行法師著. -- 1 版. -- 新北市：
華夏出版有限公司, 2022.03
面； 公分. -- (Sunny 文庫；215)
ISBN 978-986-0799-82-8(平裝)
1.法華部

221.51 110020736

Sunny 文庫 215
法華經易解

著 作 普行法師
印 刷 百通科技股份有限公司
電話：02-86926066 傳真：02-86926016
出 版 華夏出版有限公司
220 新北市板橋區縣民大道 3 段 93 巷 30 弄 25 號 1 樓
電話：02-32343788 傳真：02-22234544
E-mail： pftwsdom@ms7.hinet.net
總 經 銷 貿騰發賣股份有限公司
新北市 235 中和區立德街 136 號 6 樓
電話：02-82275988 傳真：02-82275989
網址：www.namode.com
版 次 2022 年 3 月 1 版
特 價 新台幣 900 元 (缺頁或破損的書，請寄回更換)

ISBN： 978-986-0799-82-8